INFORMACIÓN IMPORTANTE: Si ha recibido previamente un correo electrónico con el asunto **"Proview – Confirmación de Acceso"**, para acceder a Thomson Reuters Proview™ deberá seguir los pasos que en él se detallan.

Estimado cliente,

Para acceder a la versión electrónica de este libro, por favor, acceda a **http://onepass.aranzadi.es**

Tras acceder a la página citada, introduzca su dirección de correo electrónico (*) y el código que encontrará en el interior de la cubierta del libro. A continuación pulse enviar.

Si se ha registrado anteriormente en **"One Pass"** (**), en la siguiente pantalla se le pedirá que introduzca la contraseña que usa para acceder a la aplicación **Thomson Reuters ProView™**. Finalmente, le aparecerá un mensaje de confirmación y recibirá un correo electrónico confirmando la disponibilidad de la obra en su biblioteca.

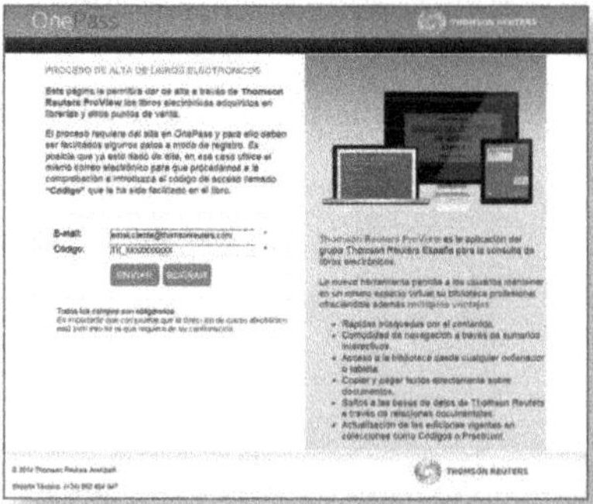

Si es la primera vez que se registra en **"One Pass"** (**), deberá cumplimentar los datos que aparecen en la siguiente imagen para completar el registro y poder acceder a su libro electrónico.

- Los campos **"Nombre de usuario"** y **"Contraseña"** son los datos que utilizará para acceder a las obras que tiene disponibles en **Thomson Reuters Proview™** una vez descargada la aplicación, explicado al final de esta hoja.

Cómo acceder a **Thomson Reuters Proview™**:

- **iPad:** Acceda a AppStore y busque la aplicación **"ProView"** y descárguela en su dispositivo.
- **Android:** acceda a Google Play y busque la aplicación **"ProView"** y descárguela en su dispositivo.
- **Navegador:** acceda a **www.proview.thomsonreuters.com**
- **Aplicación para ordenador:** acceda a **http://thomsonreuters.com/site/proview/download-proview** y en la parte inferior dispondrá de los enlaces necesarios para descargarse la aplicación de escritorio para ordenadores Windows y Mac.

(*) Si ya se ha registrado en **Proview™** o cualquier otro producto de Thomson Reuters (a través de One Pass), deberá introducir el mismo correo electrónico que utilizó la primera vez.

(**) **One Pass:** Sistema de clave común para acceder a Thomson Reuters Proview™ o cualquier otro producto de Thomson Reuters.

Poder Judicial y Ministerio Fiscal

Biblioteca de Legislación
Serie Menor

Poder Judicial y Ministerio Fiscal

22ª edición

CIVITAS

THOMSON REUTERS

Edición cerrada a 4 de abril de 2016

THOMSON REUTERS PROVIEW™ eBOOKS
Incluye versión en digital

Editorial Aranzadi, SA
Camino de Galar, 15
31190 Cizur Menor (Navarra)
ISBN: 978-84-470-5391-9
Depósito Legal: NA 591/2016
Printed in Spain. Impreso en España
Fotocomposición: Editorial Aranzadi, SA
Impresión: Rodona Industria Gráfica, SL
Polígono Agustinos, Calle A, Nave D-11
31013 - Pamplona

ÍNDICE

RELACIÓN DE NORMAS MODIFICADORAS

Ley Orgánica 6/1985, de 1 julio. Poder Judicial (§ 1)

1 Ley Orgánica 4/1987, de 15 julio. Regula la competencia y organización de la Jurisdicción Militar (BOE núm. 171, de 18 julio).

2 Ley Orgánica 7/1988, de 28 diciembre. Creación de los Juzgados de lo Penal y modificación de diversos preceptos de las Leyes Orgánica del Poder Judicial de Enjuiciamiento Criminal (BOE núm. 313, de 30 diciembre).

3 Ley Orgánica 7/1992, de 20 noviembre. Fija la edad de jubilación de Jueces y Magistrados e integra diverso personal médico en el Cuerpo de Médicos Forenses (BOE núm. 280, de 21 noviembre).

4 Ley Orgánica 16/1994, de 8 noviembre. Reforma de la Ley Orgánica 6/1985, de 1 julio 1985, del Poder Judicial (BOE núm. 268, de 9 noviembre; rect. BOE núm. 285, de 29 noviembre).

5 Ley Orgánica 5/1995, de 22 mayo. Regula el Tribunal del Jurado (BOE núm. 122, de 23 mayo).

6 Ley Orgánica 5/1997, de 4 diciembre. Reforma la Ley Orgánica 6/1985, de 1 julio, que aprueba el texto de la Ley Orgánica del Poder Judicial (BOE núm. 291, de 5 diciembre).

7 Ley Orgánica 6/1998, de13 julio. Reforma de la Ley Orgánica 6/1985, de 1 julio 1985, del Poder Judicial (BOE núm. 167, de 14 julio).

8 Ley Orgánica 11/1999, de 30 abril. Modifica el Título VIII del Libro II del Código Penal, aprobado por Ley Orgánica 10/1995, de 23 noviembre (BOE núm. 104, de 1 mayo).

9 Ley Orgánica 13/1999, de14 mayo. Modifica los artículos 19 y 240 de la Ley Orgánica 6/1985, de 1 julio 1985, que aprueba el texto del Poder Judicial (BOE núm. 116, de 15 mayo).

10 Ley Orgánica 7/2000, de 22 diciembre Modifica la Ley Orgánica 10/1995, de 23 noviembre 1995, del Código Penal y la Ley Orgánica 5/2000, de 12 enero 2000, reguladora de la Responsabilidad Penal de los Menores, en relación con los delitos de terrorismo (BOE núm. 307, de 23 diciembre).

11 Ley Orgánica 9/2000, de 22 diciembre. Medidas urgentes para la agilización de la Administración de Justicia, por la que se modifica la Ley Orgánica 6/1985, de 1 julio 1985, del Poder Judicial (BOE núm. 307, de 23 diciembre).

12 Ley Orgánica 2/2001, de 28 junio. Composición del Consejo General del Poder Judicial, por la que se modifica la Ley Orgánica 6/1985, de 1 julio, del Poder Judicial (BOE núm. 155, de 29 junio).

13 Ley Orgánica 2/2002, de 6 mayo. Reguladora del control judicial previo del Centro Nacional de Inteligencia (BOE núm. 109, de 7 mayo).

14 Ley Orgánica 6/2002, de 27 junio. Ley Orgánica de Partidos Políticos (BOE núm. 154, de 28 junio).

15 Ley Orgánica 9/2002, de 10 diciembre. Modificación de la Ley Orgánica 10/1995, de 23 noviembre 1995, del Código Penal, y del Código Civil, sobre sustracción de menores (BOE núm. 296, de 11 diciembre).

16 Ley Orgánica 2/2003, de 14 marzo. Complementaria de la Ley sobre la orden europea de detención y entrega (BOE núm. 65, de 17 marzo).

17 Ley Orgánica 4/2003, de 21 mayo. Complementa la Ley de prevención y bloqueo de la financiación del terrorismo, que modifica la Ley Orgánica 6/1985, de 1 julio 1985, del Poder Judicial, y la Ley 29/1998, de 13 julio 1998, reguladora de la Jurisdicción Contencioso-Administrativa (BOE núm. 122, de 22 mayo).

18 Ley Orgánica 5/2003, de 27 mayo. Modifica la Ley Orgánica 6/1985, de 1 julio 1985, del Poder Judicial, la Ley Orgánica 1/1979, de 26 septiembre 1979, General Penitenciaria, y la Ley 38/1988, de 28 diciembre 1988, de Demarcación y Planta Judicial (BOE núm. 127, de 28 mayo).

19 Ley Orgánica 7/2003, de 30 junio. Medidas de reforma para el cumplimiento íntegro y efectivo de las penas (BOE núm. 156, de 1 julio).

20 Ley Orgánica 8/2003, de 9 julio Para la Reforma Concursal, por la que se modifica la Ley Orgánica 6/1985, de 1 julio 1985, del Poder Judicial (BOE núm. 164, de 10 julio).

21 Ley Orgánica 13/2003, de 24 octubre. Reforma de la Ley de Enjuiciamiento Criminal en materia de prisión provisional (BOE núm. 257, de 27 octubre).

22. Ley Orgánica 19/2003, de 23 diciembre. Modificación de la Ley Orgánica 6/1985, de 1 julio, del Poder Judicial (BOE núm. 309, de 26 diciembre).

23. Ley Orgánica 1/2004, de 28 diciembre. Medidas de Protección Integral contra la Violencia de Género (BOE núm. 313, de 29 diciembre; rect. BOE núm. 87, de 12 abril 2005).

24. Ley Orgánica 2/2004, de 28 diciembre. Modifica la Ley Orgánica 6/1985, de 1 julio, del Poder Judicial (BOE núm. 313, de 29 diciembre).

25. Ley Orgánica 3/2005, de 8 julio. Modificación de la Ley Orgánica 6/1985, de 1 julio, del Poder Judicial, para perseguir extraterritorialmente la práctica de la mutilación genital femenina (BOE núm. 163, de 9 julio).
26. Ley Orgánica 5/2006, de 5 junio. Complementaria de la Ley para la eficacia en la Unión Europea de las resoluciones de embargo y de aseguramiento de pruebas en procedimientos penales, por la que se modifica la Ley Orgánica 6/1985, de 1 julio, del Poder Judicial (BOE núm. 134, de 6 junio; rect. BOE núm. 141, 14 junio).
27. Ley Orgánica 3/2007, de 22 marzo. Igualdad efectiva de mujeres y hombres (BOE núm. 71, de 23 marzo).
28. Ley Orgánica 6/2007, de 24 mayo. Modifica la Ley Orgánica 2/1979, de 3 octubre, del Tribunal Constitucional (BOE núm. 125, de 25 mayo).
29. Ley Orgánica 13/2007, de 19 noviembre. Persecución extraterritorial del tráfico ilegal o la inmigración clandestina de personas (BOE núm. 278, de 20 noviembre; rect. BOE núm. 310, de 27 diciembre).
30. Ley Orgánica 2/2008, de 4 diciembre. Modificación de la Ley Orgánica 6/1985, de 1 julio, del Poder Judicial, complementaria de la Ley para la ejecución en la Unión Europea de resoluciones que impongan sanciones pecuniarias (BOE núm. 293, de 5 diciembre).
31. Ley Orgánica 1/2009, de 3 noviembre. Complementaria de la Ley de reforma de la legislación procesal para la implantación de la nueva Oficina judicial, por la que se modifica la Ley Orgánica 6/1985, de 1 julio, del Poder Judicial (BOE núm. 266, de 4 noviembre).
32. Ley Orgánica 2/2009, de 11 diciembre. Reforma de la Ley Orgánica 4/2000, de 11 enero, sobre derechos y libertades de los extranjeros en España y su integración social (BOE núm. 299, de 12 diciembre).
33. Ley Orgánica 1/2010, de 19 febrero. Modificación de las leyes orgánicas del Tribunal Constitucional y del Poder Judicial (BOE núm. 45, de 20 febrero).
34. Ley Orgánica 3/2010, de 10 marzo. Modificación de la Ley Orgánica 6/1985, de 1 julio, del Poder Judicial, y complementaria a la Ley para la ejecución en la Unión Europea de resoluciones judiciales de decomiso por la comisión de infracciones penales (BOE núm. 61, de 11 marzo).
35. Ley Orgánica 5/2010, de 22 junio. Modifica la Ley Orgánica 10/1995, de 23 noviembre, del Código Penal (BOE núm. 152, de 23 junio).
36. Ley Orgánica 6/2010, de 27 julio. Complementaria de la Ley 31/ 2010, de 27 julio, sobre simplificación del intercambio de información e inteligencia entre los servicios de seguridad de los Estados miembros de la Unión Europea, por la que se modifica la Ley Orgánica 6/1985, de 1 julio, del Poder Judicial (BOE núm. 182, de 28 julio).

37. Ley Orgánica 4/2011, de 11 marzo. Complementaria de la Ley de Economía Sostenible, por la que se modifican las Leyes Orgánicas 5/2002, de 19 junio, de las Cualificaciones y de la Formación Profesional, 2/2006, de 3 mayo, de Educación, y 6/1985, de 1 julio, del Poder Judicial (BOE núm. 61, de 12 marzo).
38. Ley Orgánica 5/2011, de 20 mayo. Complementaria a la Ley 11/2011, de 20 mayo, de reforma de la Ley 60/2003, de 23 diciembre, de Arbitraje y de regulación del arbitraje institucional en la Administración General del Estado para la modificación de la Ley Orgánica 6/ 1985, de 1 julio, del Poder Judicial (BOE núm. 121, de 21 mayo).
39. Ley Orgánica 8/2011, de 21 julio. Complementaria de la Ley del Registro Civil, que modifica la Ley Orgánica 6/1985, de 1 julio, del Poder Judicial (BOE núm. 175, de 22 julio).
40. Ley Orgánica 12/2011, de 22 septiembre. Modificación de la Ley Orgánica 6/1985, de 1 julio, del Poder Judicial (BOE núm. 229, de 23 septiembre).
41. Ley Orgánica 8/2012, de 27 diciembre. Medidas de eficiencia presupuestaria en la Administración de Justicia, por la que se modifica la Ley Orgánica 6/1985, de 1 de julio, del Poder Judicial (BOE núm. 312, de 28 diciembre).
42. Ley Orgánica 4/2013, de 28 junio. Reforma del Consejo General del Poder Judicial, que modifica la Ley Orgánica 6/1985, de 1 de julio, del Poder Judicial (BOE núm. 155, de 29 junio).
43. Ley Orgánica 1/2014, de 13 marzo. Modifica la Ley Orgánica 6/1985 de 1 de julio, del Poder Judicial, relativa a la justicia universal (BOE núm. 63, de 14 marzo).
44. Ley Orgánica 4/2014, de 11 julio. Modifica la Ley Orgánica 6/1985, de 1 de julio, del Poder Judicial (BOE núm. 169, de 12 julio).
45. Ley Orgánica 6/2014, de 29 octubre. Complementa la Ley de reconocimiento mutuo de resoluciones penales en la Unión Europea, que modifica la Ley Orgánica 6/1985, de 1 de julio, del Poder Judicial (BOE núm. 263, de 30 octubre).
46. Ley Orgánica 2/2015, de 30 de marzo, por la que se modifica la Ley Orgánica 10/1995, de 23 de noviembre, del Código Penal, en materia de delitos de terrorismo (BOE núm. 77, de 31 de marzo).
47. Ley Orgánica 3/2015, de 30 de marzo, de control de la actividad económico-financiera de los Partidos Políticos, por la que se modifican la Ley Orgánica 8/2007, de 4 de julio, sobre financiación de los Partidos Políticos, la Ley Orgánica 6/2002, de 27 de junio, de Partidos Políticos y

la Ley Orgánica 2/1982, de 12 de mayo, del Tribunal de Cuentas (BOE núm. 77, de 31 de marzo).

48. Ley Orgánica 5/2015, de 27 de abril, por la que se modifican la Ley de Enjuiciamiento Criminal y la Ley Orgánica 6/1985, de 1 de julio, del Poder Judicial, para transponer la Directiva 2010/64/UE, de 20 de octubre de 2010, relativa al derecho a interpretación y a traducción en los procesos penales y la Directiva 2012/13/UE, de 22 de mayo de 2012, relativa al derecho a la información en los procesos penales (BOE núm. 101, de 28 de abril).
49. Ley Orgánica 7/2015, de 21 de julio, por la que se modifica la Ley Orgánica 6/1985, de 1 de julio, del Poder Judicial (BOE núm. 174, de 22 de julio).
50. Ley Orgánica 8/2015, de 22 de julio, de modificación del sistema de protección a la infancia y a la adolescencia (BOE núm. 175, de 23 de julio).
51. Ley Orgánica 10/2015, de 10 de septiembre, por la que se regula el acceso y publicidad de determinada información contenida en las sentencias dictadas en materia de fraude fiscal (BOE núm. 218, de 11 de septiembre).
52. Ley Orgánica 13/2015, de 5 de octubre, de modificación de la Ley de Enjuiciamiento Criminal para el fortalecimiento de las garantías procesales y la regulación de las medidas de investigación tecnológica (BOE núm. 239, de 6 de octubre; rect. en BOE núm. 285, de 28 de noviembre).
53. Ley Orgánica 16/2015, de 27 de octubre, sobre privilegios e inmunidades de los Estados extranjeros, las Organizaciones Internacionales con sede u oficina en España y las Conferencias y Reuniones Internacionales celebradas en España (BOE núm. 258, de 28 de octubre).

Ley 38/1988, de 28 diciembre. Demarcación y planta judicial (§ 2)

1. Ley 31/1991, de 30 diciembre. Presupuestos Generales del Estado para 1992 (BOE núm. 313, de 31 diciembre).
2. Ley 3/1992, de 20 marzo. Establece medidas de corrección de la Ley 38/1988, de 28 diciembre, de Demarcación y Planta Judicial (BOE núm. 70, de 21 marzo).
3. Ley 10/1992, de 30 abril. Medidas Urgentes de Reforma Procesal (BOE núm. 108, de 5 mayo).
4. Ley 13/1996, de 30 diciembre. Medidas fiscales, administrativas y del orden social (BOE núm. 315, de 31 diciembre).
5. Ley 26/1998, de 13 julio. Modifica la Ley 38/1988, de 28 diciembre, de Demarcación y Planta Judicial (BOE núm. 167, de 14 julio).

6. Ley 2/1999, de 11 enero. Modificación de la Ley 38/1988, de 28 diciembre, de Demarcación y Planta Judicial (BOE núm. 11, de 13 enero).
7. Ley 37/1999, de 28 octubre. Modifica la Ley 38/1988, de 28 diciembre, de Demarcación y Planta Judicial (BOE núm. 259, de 29 octubre).
8. Ley Orgánica 7/2000, de 22 diciembre. Modifica la Ley Orgánica 10/1995, de 23 noviembre, del Código Penal, y la Ley Orgánica 5/2000, de 12 enero, reguladora de la Responsabilidad Penal de los Menores, en relación con los delitos de terrorismo (BOE núm. 307, de 23 diciembre).
9. Ley Orgánica 9/2000, de 22 diciembre. Medidas urgentes para la agilización de la Administración de Justicia, por la que se modifica la Ley Orgánica 6/1985, de 1 julio, del Poder Judicial (BOE núm. 307, de 23 diciembre).
10. Ley 38/2002, de 24 octubre. Reforma parcial de la Ley de Enjuiciamiento Criminal, sobre procedimiento para el enjuiciamiento rápido e inmediato de determinados delitos y faltas, y de modificación del procedimiento abreviado (BOE núm. 258, de 28 octubre; rect. BOE núm. 281, de 23 noviembre).
11. Ley Orgánica 5/2003, de 27 mayo. Modifica la Ley Orgánica 6/1985, de 1 julio, del Poder Judicial, la Ley Orgánica 1/1979, de 26 septiembre, General Penitenciaria, y la Ley 38/1988, de 28 diciembre, de Demarcación y Planta Judicial (BOE núm. 127, de 28 mayo).
12. Ley Orgánica 19/2003, de 23 diciembre. Modificación de la Ley Orgánica 6/1985, de 1 julio, del Poder Judicial (BOE núm. 309, de 26 diciembre).
13. Ley Orgánica 1/2004, de 28 diciembre. Medidas de Protección Integral contra la Violencia de Género (BOE núm. 313, de 29 diciembre; rect. BOE núm. 87, de 12 abril 2005).
14. Ley 54/2007, de 28 diciembre. Adopción internacional (BOE núm. 312, de 29 diciembre).
15. Ley 4/2010, de 10 marzo. Ejecución en la Unión Europea de resoluciones judiciales de decomiso (BOE núm. 61, de 11 marzo).
16. Ley 20/2011, de 21 julio. Registro Civil (BOE núm. 175, de 22 julio).
17. Ley Orgánica 7/2015, de 21 de julio, por la que se modifica la Ley Orgánica 6/1985, de 1 de julio, del Poder Judicial (BOE núm. 174, de 22 de julio).

Ley 50/1981, de 30 diciembre. Regula el Estatuto Orgánico del Ministerio Fiscal (§ 4)

1. Ley Orgánica 9/2000, de 22 diciembre. Medidas urgentes para la agilización de la Administración de Justicia, por la que se modifica la Ley Orgánica 6/1985, de 1 julio, del Poder Judicial (BOE núm. 307, de 23 diciembre).

2. Ley 14/2003, de 26 mayo. Modificación de la Ley 50/1981, de 30 diciembre,que regula el Estatuto Orgánico del Ministerio Fiscal (BOE núm. 126, de 27 mayo).
3. Ley Orgánica 19/2003, de 23 diciembre. Modificación de la Ley Orgánica 6/1985, de 1 julio, del Poder Judicial (BOE núm. 309, de 26 diciembre).
4. Ley Orgánica 2/2004, de 28 diciembre. Modifica la Ley Orgánica 6/1985, de 1 julio, del Poder Judicial (BOE núm. 313, de 29 diciembre).
5. Ley 24/2007, de 9 octubre. Modifica la Ley 50/1981, de 30 diciembre, reguladora del Estatuto Orgánico del Ministerio Fiscal (BOE núm. 243, de 10 octubre).
6. Ley 4/2010, de 10 marzo. Ejecución en la Unión Europea de resoluciones judiciales de decomiso (BOE núm. 61, de 11 marzo).

§ 1. LEY ORGÁNICA 6/1985, DE 1 JULIO. PODER JUDICIAL

(BOE núm. 157, de 2 julio; rect. BOE núm. 264, de 4 noviembre)

- Modificado en cuanto a las referencias a Secretarios judiciales, Secretarios sustitutos profesionales, Instituto de Medicina Legal e Instituto Nacional de Toxicología, deberán entenderse hechas, respectivamente, a Letrados de la Administración de Justicia, Letrados de la Administración de Justicia suplentes, Instituto de Medicina Legal y Ciencias Forenses e Instituto Nacional de Toxicología y Ciencias Forenses por disp. adic. 1 de Ley Orgánica núm. 7/2015, de 21 julio.

EXPOSICIÓN DE MOTIVOS

I

El artículo 1 de la Constitución afirma que España se constituye en un Estado social y democrático de Derecho que propugna como valores superiores de su ordenamiento jurídico la libertad, la justicia, la igualdad y el pluralismo político.

El Estado de Derecho, al implicar, fundamentalmente, separación de los poderes del Estado, imperio de la ley como expresión de la soberanía popular, sujeción de todos los poderes públicos a la Constitución y al resto del ordenamiento jurídico y garantía procesal efectiva de los derechos fundamentales y de las libertades públicas, requiere la existencia de unos órganos que, institucionalmente caracterizados por su independencia, tengan un emplazamiento constitucional que les permita ejecutar y aplicar imparcialmente las normas que expresan la voluntad popular, someter a todos los poderes públicos al cumplimiento de la ley, controlar la legalidad de la actuación administrativa y ofrecer a todas las personas tutela efectiva en el ejercicio de sus derechos e intereses legítimos.

El conjunto de órganos que desarrollan esa función constituye el Poder Judicial del que se ocupa el Título VI de nuestra Constitución, configurándolo como uno de los tres poderes del Estado y encomendándole, con exclusividad, el ejercicio de la potestad jurisdiccional en todo tipo de procesos, juzgando y haciendo ejecutar lo juzgado, según las normas de competencia y procedimiento que las leyes establezcan.

El artículo 122 de la Constitución Española dispone que la Ley Orgánica del Poder Judicial determinará la constitución, funcionamiento y gobierno de los Juzgados y Tribunales, el estatuto jurídico de los Jueces y Magistrados de carrera, que formarán un cuerpo único, y del personal al servicio de la Administración de Justicia, así como el estatuto y el régimen de incompatibilidades de los miembros del Consejo General del Poder Judicial y sus funciones, en particular en materia de nombramientos, ascensos, inspección y régimen disciplinario.

Las exigencias del desarrollo constitucional demandaron la aprobación de una Ley Orgánica que regulara la elección, composición y funcionamiento del Consejo General del Poder Judicial, aun antes de que se procediese a la organización integral del Poder Judicial. Tal Ley Orgánica tiene, en no pocos aspectos, un carácter provisional que se reconoce explícitamente en sus disposiciones transitorias, las cuales remiten a la futura Ley Orgánica del Poder Judicial.

La presente Ley Orgánica satisface, por tanto, un doble objetivo: Pone fin a la situación de provisionalidad hasta ahora existente en la organización y funcionamiento del Poder Judicial y cumple el mandato constitucional.

II

En la actualidad, el Poder Judicial está regulado por la Ley Provisional sobre organización del Poder Judicial de 15 de septiembre de 1870, por la Ley Adicional a la Orgánica del Poder Judicial de 14 de octubre de 1882, por la Ley de Bases para la Reforma de la Justicia Municipal de 19 de julio de 1944 y por numerosas disposiciones legales y reglamentarias que, con posterioridad, se dictaron de forma dispersa en relación con la misma materia.

Estas normas no se ajustan a las demandas de la sociedad española de hoy. Desde el régimen liberal de separación de poderes, entonces recién conquistado, que promulgó aquellas leyes, se ha transitado, un siglo después, a un Estado Social y Democrático de Derecho, que es la organización política de una Nación que desea establecer una sociedad democrática avanzada y en la que los poderes públicos están obligados a promover las condiciones para que la libertad y la igualdad del individuo y de los grupos sean reales y efectivas, a remover los obstáculos que impidan o dificulten su plenitud y a facilitar la participación de todos los ciudadanos en la vida política, económica y social. El cumplimiento de estos objetivos constitucionales precisa de un Poder Judicial adaptado a una sociedad predominantemente industrial y urbana y diseñado en atención a los cambios producidos en la distribución territorial de su población, en la división social del trabajo y en las concepciones éticas de los ciudadanos.

A todo ello hay que añadir la notable transformación que se ha producido, por obra de la Constitución, en la distribución territorial del poder. La existencia de Comunidades Autónomas que tienen asignadas por la Constitución y los Estatutos competencias en relación con la Administración de Justicia obliga a modificar la legislación vigente a ese respecto. Tanto la Constitución como los Estatutos de Autonomía prevén la existencia de los Tribunales Superiores de Justicia que, según nuestra Carta Magna, culminarán la organización judicial en el ámbito territorial de la Comunidad Autónoma. La ineludible e inaplazable necesidad de acomodar la organización del Poder Judicial a estas previsiones constitucionales y estatutarias es, pues, un imperativo más que justifica la aprobación de la presente Ley Orgánica.

Por último, hay que señalar que ésta es solamente una de las normas que, en unión de otras muchas, tiene que actualizar el cuerpo legislativo –tanto sustantivo como procesal– español y adecuarlo a la realidad jurídica, económica y social. Será preciso para ello una ardua labor de reforma de la legislación española, parte de la cual ha sido ya acometida, al objeto de lograr un todo armónico caracterizado por su uniformidad.

III

Las grandes líneas de la Ley están expresadas en su título preliminar. Se recogen en él los principios que se consagran en la Constitución. El primero de ellos es la independencia, que constituye la característica esencial del Poder Judicial en cuanto tal. Sus exigencias se desenvuelven a través de mandatos concretos que delimitan con el rigor preciso su exacto contenido. Así, se precisa que la independencia en el ejercicio de la función jurisdiccional se extiende frente a todos, incluso frente a los propios órganos jurisdiccionales, lo que implica la imposibilidad de que ni los propios Jueces o Tribunales corrijan, a no ser con ocasión del recurso que legalmente proceda, la actuación de sus inferiores, quedando igualmente excluida la posibilidad de circulares o instrucciones con carácter general y relativas a la aplicación o interpretación de la ley.

De la forma en que la Ley Orgánica regula la independencia del Poder Judicial se puede afirmar que posee una característica: Su plenitud. Plenitud que se deriva de la obligación que se impone a los poderes públicos y a los particulares de respetar la independencia del Poder Judicial y de la absoluta sustracción del estatuto jurídico de Jueces y Magistrados a toda posible interferencia que parta de los otros poderes del Estado, de tal suerte que a la clásica garantía –constitucionalmente reconocida– de inamovilidad se añade una regulación, en virtud de la cual se excluye toda competencia del Poder Ejecutivo sobre la aplicación del estatuto orgánico de aquéllos. En lo sucesivo, pues, la carrera profesional de Jueces y Magistrados estará plena y regladamente gobernada por la norma o dependerá, con exclusividad absoluta, de las decisiones que en el ámbito discrecional estatutariamente delimitado adopte el Consejo General del Poder Judicial.

La importancia que la plenitud de la independencia judicial tendrá en nuestro ordenamiento debe ser valorada completándola con el carácter de totalidad con que la Ley dota a la potestad jurisdiccional. Los Tribunales, en efecto, controlan sin excepciones la potestad reglamentaria y la actividad administrativa, con lo que ninguna actuación del Poder Ejecutivo quedará sustraída a la fiscalización de un Poder independiente y sometido exclusivamente al imperio de la ley. Habrá que convenir que el Estado de Derecho proclamado en la Constitución alcanza, como organización regida por la ley que expresa la voluntad popular y como sistema en el que el gobierno de los hombres es sustituido por el imperio de la ley, la máxima potencialidad posible.

Corolarios de la independencia judicial son otros preceptos del título preliminar que concretan sus distintas perspectivas. Así, la unidad de la jurisdicción, que, en consecuencia con el mandato constitucional, es absoluta, con la única salvedad de la competencia de la jurisdicción militar, que queda limitada al ámbito estrictamente castrense regulado por la ley y a los supuestos de estado de sitio; la facultad que se reconoce a Jueces y Tribunales de requerir la colaboración de particulares y poderes públicos; y, en fin, la regulación del procedimiento y de las garantías en él previstas, para los supuestos de expropiación de los derechos reconocidos frente a la Administración Pública en una sentencia firme.

IV

Una de las características de la Constitución Española es la superación del carácter meramente programático que antaño se asignó a las normas constitucionales, la asunción de una eficacia jurídica directa e inmediata y, como resumen, la posición de indiscutible supremacía de que goza en el ordenamiento jurídico. Todo ello hace de nuestra Constitución una norma directamente aplicable, con preferencia a cualquier otra.

Todos estos caracteres derivan del propio tenor del texto constitucional. En primer lugar, del artículo 9.1, que prescribe que «los ciudadanos y los poderes públicos están sujetos a la Constitución y al resto del ordenamiento». Otras disposiciones constitucionales, como la que deroga cuantas normas se opongan al texto constitucional o la que regula los procedimientos de declaración de inconstitucionalidad, completan el efecto del citado párrafo 1 del artículo 9 y cierran el sistema que hace de la Carta Magna la norma suprema de nuestro ordenamiento con todos los efectos jurídicos a ello inherentes.

El Título preliminar de la presente Ley Orgánica singulariza en el Poder Judicial la vinculación genérica del artículo 9.1 de la Constitución, disponiendo que las leyes y reglamentos habrán de aplicarse según los preceptos y principios constitucionales y conforme a la interpretación de los mismos que realice el Tribunal Constitucional. Se ratifica así la importancia de los valores propugnados por la Constitución como superiores, y de todos los demás principios generales del Derecho que de ellos derivan, como fuente del

Derecho, lo que dota plenamente al ordenamiento de las características de plenitud y coherencia que le son exigibles y garantiza la eficacia de los preceptos constitucionales y la uniformidad en la interpretación de los mismos.

Además, se dispone que sólo procederá el planteamiento de la cuestión de inconstitucionalidad cuando no sea posible acomodar, por la vía interpretativa, la norma controvertida al mandato constitucional. Se refuerza, con ello, la vinculación del juzgador para con la norma fundamental, y se introduce en esa sujeción un elemento dinámico de protección activa, que trasciende del mero respeto pasivo por la Ley suprema.

El valor de la Constitución como norma suprema del ordenamiento se manifiesta, también, en otros preceptos complementarios. Así, se configura la infracción de precepto constitucional como motivo suficiente del recurso de casación y se menciona expresamente la directa aplicabilidad de los derechos fundamentales, haciéndose explícita protección del contenido esencial que salvaguarda la Constitución.

V

El Estado se organiza territorialmente, a efectos judiciales, en municipios, partidos, provincias y Comunidades Autónomas, sobre los que ejercen potestad jurisdiccional Juzgados de Paz, Juzgados de Primera Instancia e Instrucción, de lo Contencioso-Administrativo, de lo Social, de Vigilancia Penitenciaria y de Menores, Audiencias Provinciales y Tribunales Superiores de Justicia. Sobre todo el territorio nacional ejercen potestad jurisdiccional la Audiencia Nacional y el Tribunal Supremo.

La Ley contiene en este punto innovaciones importantes. Así, se democratiza el procedimiento de designación de los Jueces de Paz; se suprimen los Juzgados de Distrito, que se transforman en Juzgados de Primera Instancia o de Instrucción; se crean Juzgados unipersonales de lo Contencioso-Administrativo, así como de lo Social, sustitutivos estos últimos de las Magistraturas de Trabajo; se atribuyen competencias en materia civil a las Audiencias Provinciales y, en fin, se modifica la esfera de la Audiencia Nacional, creando en la misma una Sala de lo Social, y manteniendo las Salas de lo Penal y de lo Contencioso-Administrativo.

Sin embargo, las modificaciones más relevantes son las derivadas de la configuración territorial del Estado en Comunidades Autónomas que realiza la Constitución y que, lógicamente, se proyecta sobre la organización territorial del Poder Judicial.

La Ley Orgánica cumple en este punto las exigencias constitucionales y estatutarias. Por ello, y como decisiones más relevantes, se crean los Tribunales Superiores de Justicia, que culminarán la organización judicial en la Comunidad Autónoma, lo que implica la desaparición de las Audiencias

Territoriales hasta ahora existentes como órganos jurisdiccionales supraprovinciales de ámbito no nacional.

A ello hay que añadir la regulación de la participación reconocida a las Comunidades Autónomas en la delimitación de las demarcaciones territoriales, así como las competencias que se les asignan en referencia a la gestión de los medios materiales.

Con esta nueva organización judicial, necesitada del desarrollo que llevará a cabo la futura Ley de planta y demarcación judicial –que el Gobierno se compromete a remitir a las Cortes Generales en el plazo de un año–, se pretende poner a disposición del pueblo español una red de órganos judiciales que, junto a la mayor inmediación posible, garantice sobre todo la realización efectiva de los derechos fundamentales reconocidos en el artículo 24 de la Constitución Española, entre ellos, destacadamente, el derecho a un juicio público sin dilaciones indebidas y con todas las garantías.

VI

Para garantizar la independencia del Poder Judicial, la Constitución crea el Consejo General del Poder Judicial, al que encomienda el gobierno del mismo, y remite a la Ley Orgánica el desarrollo de las normas contenidas en su artículo 122.2 y 3.

En cumplimiento de tales mandatos, la presente Ley Orgánica reconoce al Consejo General todas las atribuciones necesarias para la aplicación del estatuto orgánico de los Jueces y Magistrados, en particular en materia de nombramientos, ascensos, inspección y régimen disciplinario. La Ley concibe las facultades de inspección de Juzgados y Tribunales, no como una mera actividad represiva sino, más bien, como una potestad que incorpora elementos de perfeccionamiento de la organización que se inspecciona.

Para la elección de los doce miembros del Consejo General del Poder Judicial que, de acuerdo con el artículo 122.2 de la Constitución Española, deben ser elegidos «entre Jueces y Magistrados de todas las categorías judiciales», la Ley, informada por un principio democrático, partiendo de la base de que se trata del órgano de gobierno de un Poder del Estado, recordando que todos los poderes del Estado emanan del pueblo y en atención al carácter de representantes del pueblo soberano que ostentan las Cortes Generales, atribuye a éstas la elección de dichos miembros de procedencia judicial del Consejo General. La exigencia de una muy cualificada mayoría de tres quintos –pareja a la que la Constitución requiere para la elección de los otros miembros– garantiza, a la par que la absoluta coherencia con el carácter general del sistema democrático, la convergencia de fuerzas diversas y evita la conformación de un Consejo General que responda a una mayoría parlamentaria concreta y coyuntural. La Ley regula también el estatuto de los miembros del Consejo y la composición y atribuciones de los órganos en que se articula. Igualmente, se refuerza la mayoría necesaria para la propuesta de nombramiento del Presidente del Tribunal Supremo y del Consejo General del Poder Judicial y otros cargos institucionales. Por último, se atribuye a la Sala de lo Contencioso-Administrativo del Tribunal Supremo la competencia para conocer de los recursos que se interpongan contra los actos y disposiciones emanados del pleno o de la comisión disciplinaria del Consejo General del Poder Judicial no susceptibles de alzada.

Resta añadir que la entrada en vigor de esta Ley Orgánica significará la derogación de la Ley del mismo carácter 1/1980, de 10 de enero, cuya provisionalidad ya ha sido puesta de manifiesto.

La Ley Orgánica modifica el sistema de designación de las Salas de Gobierno, introduciendo parcialmente los métodos electivos. Ello está aconsejado por las funciones gubernativas y no jurisdiccionales que vienen llamadas a cumplir, así como por las nuevas competencias que esta misma Ley Orgánica les atribuye. En estas condiciones, habida cuenta de que la actividad de las Salas de Gobierno afecta fundamentalmente a Jueces y Magistrados y no incide directamente sobre los particulares, se adopta un sistema parcial de elección abierto y mayoritario, en el que desempeña un papel notable el conocimiento personal de electores y elegidos.

La materialización de los principios de pluralismo y participación de que se quiere impregnar el gobierno del Poder Judicial impone una profunda modificación de la actual regulación del derecho de asociación profesional que el artículo 127.1 de la Constitución reconoce a Jueces, Magistrados y Fiscales. El régimen transitorio de libertad asociativa hasta ahora existente contiene restricciones injustificadas a las que se pone fin. De ahí que esta Ley Orgánica reconozca el derecho de libre asociación profesional con la única limitación de no poder llevar a cabo actuaciones políticas ni tener vinculaciones con partidos políticos o sindicatos. Las asociaciones profesionales quedarán válidamente constituidas desde que se inscriban en el Registro que será llevado al efecto por el Consejo General del Poder Judicial.

VII

La realización práctica del derecho, constitucionalmente reconocido, a la tutela judicial efectiva, requiere como presupuesto indispensable que todos los órganos jurisdiccionales estén provistos de sus correspondientes titulares, Jueces o Magistrados. Muy graves perjuicios se producen en la seguridad jurídica, en el derecho a un juicio sin dilaciones, cuando los Juzgados y Tribunales se encuentran vacantes durante prolongados lapsos de tiempo, con la correspondiente acumulación de asuntos pendientes y retraso en la Administración de Justicia. Ello ha obligado a recurrir a fórmulas de sustituciones o prórrogas de jurisdicción especialmente inconvenientes en aquellos territorios en los que tiene lugar un progresivo y creciente incremento del trabajo. Resulta por todo ello indemorable afrontar y resolver tal problema.

Los hechos demuestran que los clásicos mecanismos de selección de personal judicial no permiten que la sociedad española se dote de Jueces y Magistrados en número suficiente. Es obligado, pues, recurrir a mecanismos complementarios. A tal fin, la Ley Orgánica prevé un sistema de acceso a la carrera judicial de juristas de reconocido prestigio. Ello permitirá, en primer lugar, hacer frente a las necesidades y cubrir las vacantes que de otra forma no podrían serlo; en segundo término, incorporar a función tan relevante como la judicial a quienes, en otros campos jurídicos, han demostrado estar en condiciones de ofrecer capacidad y competencia acreditadas; por último, lograr entre la carrera judicial y el resto del universo jurídico la ósmosis que, a buen seguro, se dará cuando se integren en la judicatura quienes, por haber ejercido el Derecho en otros sectores, aportarán perspectivas diferentes e incorporarán distintas sensibilidades a un ejercicio que se caracteriza por la riqueza conceptual y la diversidad de enfoques. Los requisitos exigidos, y el hecho de que operarán aquí las mismas garantías de selección objetiva y rigurosa que rigen el clásico camino de la oposición libre, aseguran simultáneamente la imparcialidad del elector y la capacidad del elegido. No se hace con ello, en definitiva, otra cosa que incorporar a nuestro sistema de selección mecanismos experimentados con éxito de antiguo no sólo en varios países, sino, incluso, entre nosotros mismos, y precisamente en el Tribunal Supremo.

Sin embargo, el sistema básico de ingreso en la carrera judicial sigue siendo el de oposición libre entre licenciados en Derecho, completada por la aprobación de un curso en el Centro de Estudios Judiciales y con las prácticas en un órgano jurisdiccional.

El acceso a la categoría de Magistrado se verifica en las proporciones siguientes: De cada cuatro vacantes, dos se proveerán con los Jueces que ocupen el primer lugar en el escalafón dentro de la categoría; la tercera, por medio de pruebas selectivas y de especialización en los órdenes contencioso-administrativo y social entre los Jueces, y la cuarta, por concurso entre juristas de reconocida competencia y con más de diez años de ejercicio.

Por lo que se refiere al régimen de provisión de destinos, se sigue manteniendo como criterio básico, en lo que respecta a Juzgados, Audiencias y Tribunales Superiores de Justicia, el de la antigüedad. Ello no obsta, sin embargo, para que se introduzca también, como sistema de promoción en la carrera judicial, la especialización que es, por un lado, necesaria a la vista de la magnitud y complejidad de la legislación de nuestros días y, por otra parte, conveniente en cuanto introduce elementos de estímulo en orden a la permanente formación de Jueces y Magistrados.

Por lo demás, la regulación de la carrera judicial se realiza bajo el criterio básico de su homologación con las normas comunes que rigen el resto de los funcionarios públicos, manteniendo tan sólo aquellas peculiaridades que se derivan de su específica función.

VIII

Los cuatro primeros Libros de la Ley regulan cuanto se refiere a la organización, gobierno y régimen de los órganos que integran el Poder Judicial y de su órgano de gobierno. Los Libros V y VI establecen el marco básico regulador de aquellos otros órganos, cuerpos de funcionarios y profesionales que, sin integrar el Poder Judicial, colaboran de diversas formas con él, haciendo posible la efectividad de su tutela en los términos establecidos por la Constitución.

La Ley se refiere así, en primer lugar, al Ministerio Fiscal, que tiene por misión promover la acción de la justicia en defensa de la legalidad, de los derechos de los ciudadanos y el interés público, y la de velar por la independencia de los Tribunales y la satisfacción del interés social conforme a lo previsto por el artículo 124 de la Constitución.

Consagra también la Ley la función de los Abogados y Procuradores, a los que reserva la dirección y defensa y la representación de las partes, pues a ellos corresponde garantizar la asistencia jurídica al ciudadano en el proceso, de forma obligatoria cuando así lo exija y, en todo caso, como derecho a la defensa y asistencia letrada expresamente reconocido por la Constitución.

La Policía Judicial, como institución que coopera y auxilia a la Administración de Justicia, se ve potenciada por el establecimiento de unidades funcionalmente dependientes de las autoridades judiciales y del Ministerio Fiscal.

Regula también la Ley el personal que sirve a la Administración de Justicia, comprendiendo en él a los Secretarios, así como a los Médicos Forenses, Oficiales, Auxiliares y Agentes, cuerpos todos ellos de funcionarios que en sus respectivas competencias auxilian y colaboran con los Jueces y Tribunales.

Las funciones de los Secretarios merecen especial regulación en el Título IV del Libro III, pues a ellos corresponde la fe pública judicial al mismo tiempo que la ordenación e impulso del procedimiento, viéndose reforzadas sus funciones de dirección procesal.

Junto a las previsiones básicas sobre la estructura y funciones de los cuerpos de Oficiales, Auxiliares y Agentes, así como de los Médicos Forenses, la Ley establece la previsión de que otros técnicos puedan servir a la Administración de Justicia, constituyendo al efecto cuerpos y escalas, o bajo contrato laboral. Con ello se trata de garantizar y potenciar la estructura del personal al servicio de los órganos judiciales y su cada vez más necesaria especialización.

IX

El ciudadano es el destinatario de la Administración de Justicia. La Constitución exige y esta Ley Orgánica consagra los principios de oralidad y publicidad, para lo que se acentúa la necesaria inmediación que ha de desarrollarse en las leyes procesales y, junto a ello, se regula por primera vez la responsabilidad patrimonial del Estado que pueda derivarse del error judicial o del funcionamiento anormal de la Administración de Justicia, sin perjuicio de la responsabilidad individual de Jueces y Magistrados de carácter civil, penal y disciplinaria, complementándose de esta forma un Poder Judicial plenamente responsable.

X

Las disposiciones adicionales, transitorias y final de la Ley regulan los problemas de su aplicación sincrónica, haciendo posible la adecuación de la organización judicial vigente a la que esta Ley establece y previendo expresamente las leyes de desarrollo que han de implantar en su totalidad la nueva organización del Poder Judicial.

TÍTULO PRELIMINAR
Del Poder Judicial y del ejercicio de la potestad jurisdiccional

1. La Justicia emana del pueblo y se administra en nombre del Rey por Jueces y Magistrados integrantes del Poder Judicial, independientes, inamovibles, responsables y sometidos únicamente a la Constitución y al imperio de la ley.

2. 1. El ejercicio de la potestad jurisdiccional, juzgando y haciendo ejecutar lo juzgado, corresponde exclusivamente a los Juzgados y Tribunales determinados en las leyes y en los tratados internacionales.

2. Los Juzgados y Tribunales no ejercerán más funciones que las señaladas en el párrafo anterior, y las demás que expresamente les sean atribuidas por ley en garantía de cualquier derecho.

- Ap. 2 modificado por art. único.1 de Ley Orgánica núm. 8/2011, de 21 julio.

3. 1. La jurisdicción es única y se ejerce por los Juzgados y Tribunales previstos en esta Ley, sin perjuicio de las potestades jurisdiccionales reconocidas por la Constitución a otros órganos.

2. Los órganos de la jurisdicción militar, integrante del Poder Judicial del Estado, basan su organización y funcionamiento en el principio de unidad jurisdiccional y administran Justicia en el ámbito estrictamente castrense y, en su caso, en las materias que establezca la declaración del estado de sitio, de acuerdo con la Constitución y lo dispuesto en las leyes penales, procesales y disciplinarias militares.

- Ap. 2 modificado por art. único.1 de Ley Orgánica núm. 7/2015, de 21 julio.

4. La jurisdicción se extiende a todas las personas, a todas las materias y a todo el territorio español, en la forma establecida en la Constitución y en las leyes.

4 bis. 1. Los Jueces y Tribunales aplicarán el Derecho de la Unión Europea de conformidad con la jurisprudencia del Tribunal de Justicia de la Unión Europea.

2. Cuando los Tribunales decidan plantear una cuestión prejudicial europea lo harán de conformidad con la jurisprudencia del Tribunal de Justicia de la Unión Europea y, en todo caso, mediante auto, previa audiencia de las partes.

- Artículo añadido por art. único.2 de Ley Orgánica núm. 7/2015, de 21 julio.

5. 1. La Constitución es la norma suprema del ordenamiento jurídico, y vincula a todos los Jueces y Tribunales, quienes interpretarán y aplicarán las leyes y los reglamentos según los preceptos y principios constitucionales, conforme a la interpretación de los mismos que resulte de las resoluciones dictadas por el Tribunal Constitucional en todo tipo de procesos.

2. Cuando un órgano judicial considere, en algún proceso, que una norma con rango de ley, aplicable al caso, de cuya validez dependa el fallo, pueda ser contraria a la Constitución, planteará la cuestión ante el Tribunal Constitucional, con arreglo a lo que establece su Ley Orgánica.

3. Procederá el planteamiento de la cuestión de inconstitucionalidad cuando por vía interpretativa no sea posible la acomodación de la norma al ordenamiento constitucional.

4. En todos los casos en que, según la ley, proceda recurso de casación, será suficiente para fundamentarlo la infracción de precepto constitucional. En este supuesto, la competencia para decidir el recurso corresponderá

siempre al Tribunal Supremo, cualesquiera que sean la materia, el derecho aplicable y el orden jurisdiccional.

5 bis. Se podrá interponer recurso de revisión ante el Tribunal Supremo contra una resolución judicial firme, con arreglo a las normas procesales de cada orden jurisdiccional, cuando el Tribunal Europeo de Derechos Humanos haya declarado que dicha resolución ha sido dictada en violación de alguno de los derechos reconocidos en el Convenio Europeo para la Protección de los Derechos Humanos y Libertades Fundamentales y sus Protocolos, siempre que la violación, por su naturaleza y gravedad, entrañe efectos que persistan y no puedan cesar de ningún otro modo que no sea mediante esta revisión.

- Artículo añadido por art. único.3 de Ley Orgánica núm. 7/2015, de 21 julio.

6. Los Jueces y Tribunales no aplicarán los reglamentos o cualquier otra disposición contrarios a la Constitución, a la ley o al principio de jerarquía normativa.

7. 1. Los derechos y libertades reconocidos en el Capítulo Segundo del Título I de la Constitución vinculan, en su integridad, a todos los Jueces y Tribunales y están garantizados bajo la tutela efectiva de los mismos.

2. En especial, los derechos enunciados en el artículo 53.2 de la Constitución se reconocerán, en todo caso, de conformidad con su contenido constitucionalmente declarado, sin que las resoluciones judiciales puedan restringir, menoscabar o inaplicar dicho contenido.

3. Los Juzgados y Tribunales protegerán los derechos e intereses legítimos, tanto individuales como colectivos, sin que en ningún caso pueda producirse indefensión. Para la defensa de estos últimos se reconocerá la legitimación de las corporaciones, asociaciones y grupos que resulten afectados o que estén legalmente habilitados para su defensa y promoción.

8. Los Tribunales controlan la potestad reglamentaria y la legalidad de la actuación administrativa, así como el sometimiento de ésta a los fines que la justifican.

9. 1. Los Juzgados y Tribunales ejercerán su jurisdicción exclusivamente en aquellos casos en que les venga atribuida por esta u otra Ley.

2. Los Tribunales y Juzgados del orden civil conocerán, además de las materias que les son propias, de todas aquellas que no estén atribuidas a otro orden jurisdiccional.

En este orden civil, corresponderá a la jurisdicción militar la prevención de los juicios de testamentaría y de abintestato de los miembros de las Fuerzas Armadas que, en tiempo de guerra, fallecieren en campaña o navegación, limitándose a la práctica de la asistencia imprescindible para disponer el sepelio del difunto y la formación del inventario y aseguramiento provisorio de sus bienes, dando siempre cuenta a la Autoridad judicial civil competente.

3. Los del orden jurisdiccional penal tendrán atribuido el conocimiento de las causas y juicios criminales, con excepción de los que correspondan a la jurisdicción militar.

4. Los del orden contencioso-administrativo conocerán de las pretensiones que se deduzcan en relación con la actuación de las Administraciones públicas sujeta al derecho administrativo, con las disposiciones generales de rango inferior a la ley y con los reales decretos legislativos en los términos previstos en el artículo 82.6 de la Constitución, de conformidad con lo que establezca la Ley de esa Jurisdicción. También conocerán de los recursos contra la inactividad de la Administración y contra sus actuaciones materiales que constituyan vía de hecho. Quedan excluidos de su conocimiento los recursos directos o indirectos que se interpongan contra las Normas Forales fiscales de las Juntas Generales de los Territorios Históricos de Álava, Guipúzcoa y Vizcaya, que corresponderán, en exclusiva, al Tribunal Constitucional, en los términos establecidos por la disposición adicional quinta de su Ley Orgánica.

- Ap. 4 párr. 1º modificado por art. 2 de Ley Orgánica núm. 1/2010, de 19 febrero. Téngase en cuenta la redacción del art. 2 de la Ley Orgánica núm. 1/2010, de 19 febrero, dada por la disp. final 1 de la Ley Orgánica 4/2011, de 11 de marzo, que establece que el inciso «apartado 4 del artículo 9 de esta Ley» se sustituye por «párrafo primero del apartado 4 del artículo 9 de la Ley Orgánica 6/1985, de 1 julio, del Poder Judicial».

Conocerán, asimismo, de las pretensiones que se deduzcan en relación con la responsabilidad patrimonial de las Administraciones públicas y del personal a su servicio, cualquiera que sea la naturaleza de la actividad o el tipo de relación de que se derive. Si a la producción del daño hubieran concurrido sujetos privados, el demandante deducirá también frente a ellos su pretensión ante este orden jurisdiccional. Igualmente conocerán de las reclamaciones de responsabilidad cuando el interesado accione directamente contra la aseguradora de la Administración, junto a la Administración respectiva.

También será competente este orden jurisdiccional si las demandas de responsabilidad patrimonial se dirigen, además, contra las personas o entidades públicas o privadas indirectamente responsables de aquéllas.

- Ap. 4 modificado por art. único.1 de Ley Orgánica núm. 19/2003, de 23 diciembre.

5. Los del orden jurisdiccional social conocerán de las pretensiones que se promuevan dentro de la rama social del Derecho, tanto en conflictos individuales como colectivos, así como las reclamaciones en materia de Seguridad Social o contra el Estado cuando le atribuya responsabilidad la legislación laboral.

6. La jurisdicción es improrrogable. Los órganos judiciales apreciarán de oficio la falta de jurisdicción y resolverán sobre la misma con audiencia de las partes y del Ministerio Fiscal. En todo caso, esta resolución será fundada y se efectuará indicando siempre el orden jurisdiccional que se estime competente.

10. 1. A los solos efectos prejudiciales, cada orden jurisdiccional podrá conocer de asuntos que no le estén atribuidos privativamente.

2. No obstante, la existencia de una cuestión prejudicial penal de la que no pueda prescindirse para la debida decisión o que condicione directamente el contenido de ésta determinará la suspensión del procedimiento mientras aquélla no sea resuelta por los órganos penales a quienes corresponda, salvo las excepciones que la Ley establezca.

11. 1. En todo tipo de procedimiento se respetarán las reglas de la buena fe. No surtirán efecto las pruebas obtenidas, directa o indirectamente, violentando los derechos o libertades fundamentales.

2. Los Juzgados y Tribunales rechazarán fundadamente las peticiones, incidentes y excepciones que se formulen con manifiesto abuso de derecho o entrañen fraude de ley o procesal.

3. Los Juzgados y Tribunales, de conformidad con el principio de tutela efectiva consagrado, en el artículo 24 de la Constitución, deberán resolver siempre sobre las pretensiones que se les formulen, y sólo podrán desestimarlas por motivos formales cuando el defecto fuese insubsanable o no se subsanare por el procedimiento establecido en las leyes.

12. 1. En el ejercicio de la potestad jurisdiccional, los Jueces y Magistrados son independientes respecto a todos los órganos judiciales y de gobierno del Poder Judicial.

2. No podrán los Jueces y Tribunales corregir la aplicación o interpretación del ordenamiento jurídico hecha por sus inferiores en el orden jerárquico judicial sino cuando administren justicia en virtud de los recursos que las leyes establezcan.

3. Tampoco podrán los Jueces y Tribunales, órganos de gobierno de los mismos o el Consejo General del Poder Judicial dictar instrucciones, de carácter general o particular, dirigidas a sus inferiores, sobre la aplicación o

interpretación del ordenamiento jurídico que lleven a cabo en el ejercicio de su función jurisdiccional.

13. Todos están obligados a respetar la independencia de los Jueces y Magistrados.

14. 1. Los Jueces y Magistrados que se consideren inquietados o perturbados en su independencia lo pondrán en conocimiento del Consejo General del Poder Judicial, dando cuenta de los hechos al Juez o Tribunal competente para seguir el procedimiento adecuado, sin perjuicio de practicar por sí mismos, las diligencias estrictamente indispensables para asegurar la acción de la justicia y restaurar el orden jurídico.

2. El Ministerio Fiscal, por sí o a petición de aquéllos, promoverá las acciones pertinentes en defensa de la independencia judicial.

15. Los Jueces y Magistrados no podrán ser separados, suspendidos, trasladados ni jubilados sino por alguna de las causas y con las garantías previstas en esta Ley.

16. 1. Los Jueces y Magistrados responderán penal y civilmente en los casos y en la forma determinada en las leyes, y disciplinariamente de conformidad con lo establecido en esta ley.

2. Se prohíben los Tribunales de Honor en la Administración de Justicia.

17. 1. Todas las personas y entidades públicas y privadas están obligadas a prestar, en la forma que la ley establezca, la colaboración requerida por los Jueces y Tribunales en el curso del proceso y en la ejecución de lo resuelto, con las excepciones que establezcan la Constitución y las leyes, y sin perjuicio del resarcimiento de los gastos y del abono de las remuneraciones debidas que procedan conforme a la ley.

2. Las Administraciones Públicas, las Autoridades y funcionarios, las Corporaciones y todas las entidades públicas y privadas, y los particulares, respetarán y, en su caso, cumplirán las sentencias y las demás resoluciones judiciales que hayan ganado firmeza o sean ejecutables de acuerdo con las leyes.

18. 1. Las resoluciones judiciales sólo podrán dejarse sin efecto en virtud de los recursos previstos en las leyes.

2. Las sentencias se ejecutarán en sus propios términos. Si la ejecución resultare imposible, el Juez o Tribunal adoptará las medidas necesarias que aseguren la mayor efectividad de la ejecutoria, y fijará en todo caso la indemnización que sea procedente en la parte en que aquélla no pueda ser

objeto de cumplimiento pleno. Sólo por causa de utilidad pública o interés social, declarada por el Gobierno, podrán expropiarse los derechos reconocidos frente a la Administración Pública en una sentencia firme, antes de su ejecución. En este caso, el Juez o Tribunal a quien corresponda la ejecución será el único competente para señalar por vía incidental la correspondiente indemnización.

3. Lo dispuesto en este artículo se entiende sin perjuicio del derecho de gracia, cuyo ejercicio, de acuerdo con la Constitución y las leyes, corresponde al Rey.

19. 1. Los ciudadanos de nacionalidad española podrán ejercer la acción popular, en los casos y formas establecidos en la ley.

2. Asimismo, podrán participar en la Administración de Justicia: mediante la institución del Jurado, en la forma y con respecto a aquellos procesos penales que la ley determine; en los Tribunales consuetudinarios y tradicionales y en los demás casos previstos en esta Ley.

3. Tiene el carácter de Tribunal consuetudinario y tradicional el Tribunal de las Aguas de la Vega Valenciana.

4. Se reconoce el carácter de Tribunal consuetudinario y tradicional al denominado Consejo de Hombres Buenos de Murcia.

- Ap. 4 añadido por art. 1 de Ley Orgánica núm. 13/1999, de 14 mayo.

20. 1. La Justicia será gratuita en los supuestos que establezca la ley.

2. Se regulará por ley un sistema de justicia gratuita que dé efectividad al derecho declarado en los artículos 24 y 119 de la Constitución, en los casos de insuficiencia de recursos para litigar.

3. No podrán exigirse fianzas que por su inadecuación impidan el ejercicio de la acción popular, que será siempre gratuita.

LIBRO I
De la extensión y límites de la jurisdicción y de la planta y organización de los Juzgados y Tribunales

TÍTULO I
De la extensión y límites de la jurisdicción

21. 1. Los Tribunales civiles españoles conocerán de las pretensiones que se susciten en territorio español con arreglo a lo establecido en los tratados y convenios internacionales en los que España sea parte, en las normas de la Unión Europea y en las leyes españolas.

2. No obstante, no conocerán de las pretensiones formuladas respecto de sujetos o bienes que gocen de inmunidad de jurisdicción y de ejecución de conformidad con la legislación española y las normas de Derecho Internacional Público.

- Ap. 2 modificado por disp. final 3 de Ley Orgánica núm. 16/2015, de 27 octubre. Artículo modificado por art. único.4 de Ley Orgánica núm. 7/2015, de 21 julio.

22. Con carácter exclusivo, los Tribunales españoles serán competentes en todo caso y con preferencia de cualquier otro, para conocer de las pretensiones relativas a las siguientes materias:

a) Derechos reales y arrendamientos de bienes inmuebles que se hallen en España. No obstante, en materia de contratos de arrendamiento de bienes inmuebles celebrados para un uso particular durante un plazo máximo de seis meses consecutivos, serán igualmente competentes los órganos jurisdiccionales españoles si el demandado estuviera domiciliado en España, siempre que el arrendatario sea una persona física y que éste y el propietario estén domiciliados en el mismo Estado.

b) Constitución, validez, nulidad o disolución de sociedades o personas jurídicas que tengan su domicilio en territorio español, así como respecto de los acuerdos y decisiones de sus órganos.

c) Validez o nulidad de las inscripciones practicadas en un registro español.

d) Inscripciones o validez de patentes, marcas, diseños o dibujos y modelos y otros derechos sometidos a depósito o registro, cuando se hubiera solicitado o efectuado en España el depósito o el registro.

e) Reconocimiento y ejecución en territorio español de sentencias y demás resoluciones judiciales, decisiones arbitrales y acuerdos de mediación dictados en el extranjero.

- Artículo modificado por art. único.5 de Ley Orgánica núm. 7/2015, de 21 julio.

22 bis. 1. En aquellas materias en que una norma expresamente lo permita, los Tribunales españoles serán competentes cuando las partes, con independencia de su domicilio, se hayan sometido expresa o tácitamente a ellos. No surtirán efectos los acuerdos que atribuyan la competencia a los Tribunales españoles ni las estipulaciones similares incluidas en un contrato si son contrarios a lo establecido en los artículos 22 quáter, 22 quinquies, 22 sexies y 22 septies, o si excluyen la competencia de los órganos judiciales españoles exclusivamente competentes conforme lo establecido en el artículo 22, en cuyo caso se estará a lo establecido en dichos preceptos.

La sumisión a los Tribunales españoles en las materias contempladas en las letras *d)* y *e)* del artículo 22 quinquies sólo será válida si se fundamenta en un acuerdo de sumisión posterior a que surja la controversia, o ambos contratantes tuvieran ya su domicilio o residencia habitual en España en el momento de celebración del contrato o el demandante fuera el consumidor, asegurado o tomador del seguro.

2. Se entenderá por acuerdo de sumisión expresa aquel pacto por el cual las partes deciden atribuir a los Tribunales españoles el conocimiento de ciertas o todas las controversias que hayan surgido o puedan surgir entre ellas respecto de una determinada relación jurídica, contractual o no contractual. La competencia establecida por sumisión expresa se extenderá a la propia validez del acuerdo de sumisión.

El acuerdo de sumisión expresa deberá constar por escrito, en una cláusula incluida en un contrato o en un acuerdo independiente, o verbalmente con confirmación escrita, así como en alguna forma que se ajuste a los hábitos que las partes tengan establecidos entre ellas, o en el comercio internacional sea conforme a los usos que las partes conozcan o deban conocer y que, en dicho comercio, sean ampliamente conocidos y regularmente observados por las partes en los contratos del mismo tipo en el sector comercial considerado. Se entenderá que media acuerdo escrito cuando resulte de una transmisión efectuada por medios electrónicos que proporcione un registro duradero.

Se considerará igualmente que hay acuerdo escrito cuando esté consignado en un intercambio de escritos de demanda y contestación dentro del proceso iniciado en España, en los cuales la existencia del acuerdo sea afirmada por una parte y no negada por la otra.

3. Con independencia de los casos en los que su competencia resulte de otras disposiciones, serán competentes los Tribunales españoles cuando comparezca ante ellos el demandado. Esta regla no será de aplicación si la comparecencia tiene por objeto impugnar la competencia.

- Artículo añadido por art. único.6 de Ley Orgánica núm. 7/2015, de 21 julio.

22 ter. 1. En materias distintas a las contempladas en los artículos 22, 22 sexies y 22 septies y si no mediare sumisión a los Tribunales españoles de conformidad con el artículo 22 bis, éstos resultarán competentes cuando el demandado tenga su domicilio en España o cuando así venga determinado por cualquiera de los foros establecidos en los artículos 22 quáter y 22 quinquies.

2. Se entenderá, a los efectos de este artículo, que una persona física está domiciliada en España cuando tenga en ella su residencia habitual.

Se entenderá que una persona jurídica está domiciliada en España cuando radique en ella su sede social, su centro de administración o administración central o su centro de actividad principal.

3. En caso de pluralidad de demandados, serán competentes los Tribunales españoles cuando al menos uno de ellos tenga su domicilio en España, siempre que se ejercite una sola acción o varias entre las que exista un nexo por razón del título o causa de pedir que aconsejen su acumulación.

4. No obstante, la competencia establecida conforme a lo dispuesto en el apartado 1 de este artículo podrá ser excluida mediante un acuerdo de elección de foro a favor de un Tribunal extranjero. En tal caso, los Tribunales suspenderán el procedimiento y sólo podrán conocer de la pretensión deducida en el supuesto de que los Tribunales extranjeros designados hubieren declinado su competencia.

5. No tendrá efecto la exclusión de la competencia de los Tribunales españoles en aquellas materias en que no cabe sumisión a ellos.

- Artículo añadido por art. único.7 de Ley Orgánica núm. 7/2015, de 21 julio.

22 quater. En defecto de los criterios anteriores, los Tribunales españoles serán competentes:

a) En materia de declaración de ausencia o fallecimiento, cuando el desaparecido hubiera tenido su último domicilio en territorio español o tuviera nacionalidad española.

b) En materia relacionada con la capacidad de las personas y las medidas de protección de las personas mayores de edad o de sus bienes, cuando estos tuviesen su residencia habitual en España.

c) En materia de relaciones personales y patrimoniales entre cónyuges, nulidad matrimonial, separación y divorcio y sus modificaciones, siempre que ningún otro Tribunal extranjero tenga competencia, cuando ambos cónyuges posean residencia habitual en España al tiempo de la interposición de la demanda o cuando hayan tenido en España su última residencia habitual y uno de ellos resida allí, o cuando España sea la residencia habitual del demandado, o, en caso de demanda de mutuo acuerdo, cuando en España resida uno de los cónyuges, o cuando el demandante lleve al menos un año de residencia habitual en España desde la interposición de la demanda, o cuando el demandante sea español y tenga su residencia habitual en España al menos seis meses antes de la interposición de la demanda, así como cuando ambos cónyuges tengan nacionalidad española.

d) En materia de filiación y de relaciones paterno-filiales, protección de menores y de responsabilidad parental, cuando el hijo o menor tenga su residencia habitual en España al tiempo de la interposición de la demanda o el demandante sea español o resida habitualmente en España o, en todo caso, al menos desde seis meses antes de la presentación de la demanda.

e) En materia de adopción, en los supuestos regulados en la Ley 54/2007, de 28 de diciembre, de adopción internacional.

f) En materia de alimentos, cuando el acreedor o el demandado de los mismos tenga su residencia habitual en España o, si la pretensión de alimentos se formula como accesoria a una cuestión sobre el estado civil o de una acción de responsabilidad parental, cuando los Tribunales españoles fuesen competentes para conocer de esta última acción.

g) En materia de sucesiones, cuando el causante hubiera tenido su última residencia habitual en España o cuando los bienes se encuentren en España y el causante fuera español en el momento del fallecimiento. También serán competentes cuando las partes se hubieran sometido a los Tribunales españoles, siempre que fuera aplicable la ley española a la sucesión. Cuando ninguna jurisdicción extranjera sea competente, los Tribunales españoles lo serán respecto de los bienes de la sucesión que se encuentren en España.

- Artículo añadido por art. único.8 de Ley Orgánica núm. 7/2015, de 21 julio.

22 quinquies. Asimismo, en defecto de sumisión expresa o tácita y aunque el demandado no tuviera su domicilio en España, los Tribunales españoles serán competentes:

a) En materia de obligaciones contractuales, cuando la obligación objeto de la demanda se haya cumplido o deba cumplirse en España.

b) En materia de obligaciones extracontractuales, cuando el hecho dañoso se haya producido en territorio español.

c) En las acciones relativas a la explotación de una sucursal, agencia o establecimiento mercantil, cuando éste se encuentre en territorio español.

d) En materia de contratos celebrados por consumidores, estos podrán litigar en España si tienen su residencia habitual en territorio español o si lo tuviera la otra parte contratante; esta última solo podrá litigar en España si el consumidor tiene su residencia habitual en territorio español.

e) En materia de seguros, cuando el asegurado, tomador o beneficiario del seguro tuviera su domicilio en España; también podrá el asegurador ser demandado ante los Tribunales españoles si el hecho dañoso se produjere en territorio español y se tratara de un contrato de seguro de responsabilidad o de seguro relativo a inmuebles, o, tratándose de un seguro de responsabilidad civil, si los Tribunales españoles fueran competentes para conocer de la acción entablada por el perjudicado contra el asegurado en virtud de lo dispuesto en la letra *b)* de este artículo.

f) En las acciones relativas a derechos reales sobre bienes muebles, si estos se encontraren en territorio español al tiempo de la interposición de la demanda.

Respecto a los supuestos previstos en las letras *d)* y *e)* también serán competentes los Tribunales españoles cuando el consumidor, asegurado o tomador del seguro sea demandante y las partes hayan acordado la sumisión a los Tribunales españoles después de surgir la controversia, o ambos contratantes tuvieran ya su domicilio en España en el momento de celebración del contrato o el demandante fuera el consumidor, asegurado o tomador del seguro.

- Artículo añadido por art. único.9 de Ley Orgánica núm. 7/2015, de 21 julio.

22 sexies. Los Tribunales españoles serán competentes cuando se trate de adoptar medidas provisionales o de aseguramiento respecto de personas o bienes que se hallen en territorio español y deban cumplirse en España. Serán también competentes para adoptar estas medidas si lo son para conocer del asunto principal.

- Artículo añadido por art. único.10 de Ley Orgánica núm. 7/2015, de 21 julio.

22 septies. En materia concursal y demás procedimientos de insolvencia se estará a lo que disponga su legislación reguladora.

- Artículo añadido por art. único.11 de Ley Orgánica núm. 7/2015, de 21 julio.

22 octies. 1. No serán competentes los Tribunales españoles en aquellos casos en que los fueros de competencia previstos en las leyes españolas no contemplen dicha competencia.

2. Los Tribunales españoles apreciarán, de oficio o a instancia de parte, su competencia de conformidad con las normas vigentes y las circunstancias concurrentes en el momento de presentación de la demanda, y el proceso se sustanciará hasta su conclusión aunque dichas normas o circunstancias hayan sido modificadas con posterioridad, salvo que expresamente se determine lo contrario.

3. Los Tribunales españoles se declararán incompetentes si su competencia no estuviera fundada en las disposiciones de las leyes españolas, de conformidad con lo previsto en las leyes procesales.

Los Tribunales españoles no podrán abstenerse o declinar su competencia cuando el supuesto litigioso presente vinculación con España y los Tribunales de los distintos Estados conectados con el supuesto hayan declinado su competencia. Tampoco lo podrán hacer cuando se trate del reconocimiento y la ejecución de resoluciones judiciales, decisiones arbitrales y acuerdos de mediación dictados por los Tribunales extranjeros.

- Artículo añadido por art. único.12 de Ley Orgánica núm. 7/2015, de 21 julio.

22 nonies. Las excepciones de litispendencia y de conexidad internacionales se alegarán y tramitarán con arreglo a las normas generales que regulen las leyes procesales.

- Artículo añadido por art. único.13 de Ley Orgánica núm. 7/2015, de 21 julio.

23. 1. En el orden penal corresponderá a la jurisdicción española el conocimiento de las causas por delitos y faltas cometidos en territorio español o cometidos a bordo de buques o aeronaves españoles, sin perjuicio de lo previsto en los tratados internacionales en los que España sea parte.

2. También conocerá la jurisdicción española de los delitos que hayan sido cometidos fuera del territorio nacional, siempre que los criminalmente responsables fueren españoles o extranjeros que hubieran adquirido la nacionalidad española con posterioridad a la comisión del hecho y concurrieren los siguientes requisitos:

a) Que el hecho sea punible en el lugar de ejecución, salvo que, en virtud de un Tratado internacional o de un acto normativo de una Organización internacional de la que España sea parte, no resulte necesario dicho requisito, sin perjuicio de lo dispuesto en los apartados siguientes.

b) Que el agraviado o el Ministerio Fiscal interpongan querella ante los Tribunales españoles.

c) Que el delincuente no haya sido absuelto, indultado o penado en el extranjero, o, en este último caso, no haya cumplido la condena. Si sólo la hubiere cumplido en parte, se le tendrá en cuenta para rebajarle proporcionalmente la que le corresponda.

- Ap. 2 modificado por art. único.1 de Ley Orgánica núm. 1/2014, de 13 marzo.

3. Conocerá la jurisdicción española de los hechos cometidos por españoles o extranjeros fuera del territorio nacional cuando sean susceptibles

de tipificarse, según la ley penal española, como alguno de los siguientes delitos:

a) De traición y contra la paz o la independencia del Estado.

b) Contra el titular de la Corona, su Consorte, su Sucesor o el Regente.

c) Rebelión y sedición.

d) Falsificación de la firma o estampilla reales, del sello del Estado, de las firmas de los Ministros y de los sellos públicos u oficiales.

e) Falsificación de moneda española y su expedición.

f) Cualquier otra falsificación que perjudique directamente al crédito o intereses del Estado, e introducción o expedición de lo falsificado.

g) Atentado contra autoridades o funcionarios públicos españoles.

h) Los perpetrados en el ejercicio de sus funciones por funcionarios públicos españoles residentes en el extranjero y los delitos contra la Administración Pública española.

i) Los relativos al control de cambios.

4. Igualmente, será competente la jurisdicción española para conocer de los hechos cometidos por españoles o extranjeros fuera del territorio nacional susceptibles de tipificarse, según la ley española, como alguno de los siguientes delitos cuando se cumplan las condiciones expresadas:

a) Genocidio, lesa humanidad o contra las personas y bienes protegidos en caso de conflicto armado, siempre que el procedimiento se dirija contra un español o contra un ciudadano extranjero que resida habitualmente en España, o contra un extranjero que se encontrara en España y cuya extradición hubiera sido denegada por las autoridades españolas.

b) Delitos de tortura y contra la integridad moral de los artículos 174 a 177 del Código Penal, cuando:

1.º el procedimiento se dirija contra un español; o,

2.º la víctima tuviera nacionalidad española en el momento de comisión de los hechos y la persona a la que se impute la comisión del delito se encuentre en territorio español.

c) Delitos de desaparición forzada incluidos en la Convención internacional para la protección de todas las personas contra las desapariciones forzadas, hecha en Nueva York el 20 de diciembre de 2006, cuando:

1.º el procedimiento se dirija contra un español; o,

2.º la víctima tuviera nacionalidad española en el momento de comisión de los hechos y la persona a la que se impute la comisión del delito se encuentre en territorio español.

d) Delitos de piratería, terrorismo, tráfico ilegal de drogas tóxicas, estupefacientes o sustancias psicotrópicas, trata de seres humanos, contra los derechos de los ciudadanos extranjeros y delitos contra la seguridad de la navegación marítima que se cometan en los espacios marinos, en los supuestos previstos en los tratados ratificados por España o en actos normativos de una Organización Internacional de la que España sea parte.

e) Terrorismo, siempre que concurra alguno de los siguientes supuestos:

1.º el procedimiento se dirija contra un español;

2.º el procedimiento se dirija contra un extranjero que resida habitualmente o se encuentre en España o, sin reunir esos requisitos, colabore con un español, o con un extranjero que resida o se encuentre en España, para la comisión de un delito de terrorismo;

- Ap. 4 *e)* 2º modificado por disp. final 1 de Ley Orgánica núm. 2/2015, de 30 marzo.

3.º el delito se haya cometido por cuenta de una persona jurídica con domicilio en España;

4.º la víctima tuviera nacionalidad española en el momento de comisión de los hechos;

5.º el delito haya sido cometido para influir o condicionar de un modo ilícito la actuación de cualquier Autoridad española;

6.º el delito haya sido cometido contra una institución u organismo de la Unión Europea que tenga su sede en España;

7.º el delito haya sido cometido contra un buque o aeronave con pabellón español; o,

8.º el delito se haya cometido contra instalaciones oficiales españolas, incluyendo sus embajadas y consulados.

A estos efectos, se entiende por instalación oficial española cualquier instalación permanente o temporal en la que desarrollen sus funciones públicas autoridades o funcionarios públicos españoles.

f) Los delitos contenidos en el Convenio para la represión del apoderamiento ilícito de aeronaves, hecho en La Haya el 16 de diciembre de 1970, siempre que:

1.º el delito haya sido cometido por un ciudadano español; o,

2.º el delito se haya cometido contra una aeronave que navegue bajo pabellón español.

g) Los delitos contenidos en el Convenio para la represión de actos ilícitos contra la seguridad de la aviación civil, hecho en Montreal el 23 de septiembre de 1971, y en su Protocolo complementario hecho en Montreal el 24 de febrero de 1988, en los supuestos autorizados por el mismo.

h) Los delitos contenidos en el Convenio sobre la protección física de materiales nucleares hecho en Viena y Nueva York el 3 de marzo de 1980, siempre que el delito se haya cometido por un ciudadano español.

i) Tráfico ilegal de drogas tóxicas, estupefacientes o sustancias psicotrópicas, siempre que:

1.º el procedimiento se dirija contra un español; o,

2.º cuando se trate de la realización de actos de ejecución de uno de estos delitos o de constitución de un grupo u organización criminal con miras a su comisión en territorio español.

j) Delitos de constitución, financiación o integración en grupo u organización criminal o delitos cometidos en el seno de los mismos, siempre que se trate de grupos u organizaciones que actúen con miras a la comisión en España de un delito que esté castigado con una pena máxima igual o superior a tres años de prisión.

k) Delitos contra la libertad e indemnidad sexual cometidos sobre víctimas menores de edad, siempre que:

1.º el procedimiento se dirija contra un español;

2.º el procedimiento se dirija contra ciudadano extranjero que resida habitualmente en España;

3.º el procedimiento se dirija contra una persona jurídica, empresa, organización, grupos o cualquier otra clase de entidades o agrupaciones de personas que tengan su sede o domicilio social en España; o,

4.º el delito se hubiera cometido contra una víctima que, en el momento de comisión de los hechos, tuviera nacionalidad española o residencia habitual en España.

l) Delitos regulados en el Convenio del Consejo de Europa de 11 de mayo de 2011 sobre prevención y lucha contra la violencia contra las mujeres y la violencia doméstica, siempre que:

1.º el procedimiento se dirija contra un español;

2.º el procedimiento se dirija contra un extranjero que resida habitualmente en España; o,

3.º el delito se hubiera cometido contra una víctima que, en el momento de comisión de los hechos, tuviera nacionalidad española o residencia habitual en España, siempre que la persona a la que se impute la comisión del hecho delictivo se encuentre en España.

m) Trata de seres humanos, siempre que:

1.º el procedimiento se dirija contra un español;

2.º el procedimiento se dirija contra un ciudadano extranjero que resida habitualmente en España;

3.º el procedimiento se dirija contra una persona jurídica, empresa, organización, grupos o cualquier otra clase de entidades o agrupaciones de personas que tengan su sede o domicilio social en España; o,

4.º el delito se hubiera cometido contra una víctima que, en el momento de comisión de los hechos, tuviera nacionalidad española o residencia habitual en España, siempre que la persona a la que se impute la comisión del hecho delictivo se encuentre en España.

n) Delitos de corrupción entre particulares o en las transacciones económicas internacionales, siempre que:

1.º el procedimiento se dirija contra un español;

2.º el procedimiento se dirija contra un ciudadano extranjero que resida habitualmente en España;

3.º el delito hubiera sido cometido por el directivo, administrador, empleado o colaborador de una empresa mercantil, o de una sociedad, asociación, fundación u organización que tenga su sede o domicilio social en España; o,

4.º el delito hubiera sido cometido por una persona jurídica, empresa, organización, grupos o cualquier otra clase de entidades o agrupaciones de personas que tengan su sede o domicilio social en España.

o) Delitos regulados en el Convenio del Consejo de Europa de 28 de octubre de 2011, sobre falsificación de productos médicos y delitos que supongan una amenaza para la salud pública, cuando:

1.º el procedimiento se dirija contra un español;

2.º el procedimiento se dirija contra un extranjero que resida habitualmente en España;

3.º el procedimiento se dirija contra una persona jurídica, empresa, organización, grupos o cualquier otra clase de entidades o agrupaciones de personas que tengan su sede o domicilio social en España;

4.º la víctima tuviera nacionalidad española en el momento de comisión de los hechos; o,

5.º el delito se haya cometido contra una persona que tuviera residencia habitual en España en el momento de comisión de los hechos.

p) Cualquier otro delito cuya persecución se imponga con carácter obligatorio por un Tratado vigente para España o por otros actos normativos de una Organización Internacional de la que España sea miembro, en los supuestos y condiciones que se determine en los mismos.

Asimismo, la jurisdicción española será también competente para conocer de los delitos anteriores cometidos fuera del territorio nacional por ciudadanos extranjeros que se encontraran en España y cuya extradición hubiera sido denegada por las autoridades españolas, siempre que así lo imponga un Tratado vigente para España.

- Ap. 4 modificado por art. único.1 de Ley Orgánica núm. 1/2014, de 13 marzo.

5. Los delitos a los que se refiere el apartado anterior no serán perseguibles en España en los siguientes supuestos:

a) Cuando se haya iniciado un procedimiento para su investigación y enjuiciamiento en un Tribunal Internacional constituido conforme a los Tratados y Convenios en que España fuera parte.

b) Cuando se haya iniciado un procedimiento para su investigación y enjuiciamiento en el Estado del lugar en que se hubieran cometido los hechos o en el Estado de nacionalidad de la persona a que se impute su comisión, siempre que:

1.º la persona a la que se impute la comisión del hecho no se encontrara en territorio español; o,

2.º se hubiera iniciado un procedimiento para su extradición al país del lugar en que se hubieran cometido los hechos o de cuya nacionalidad fueran las víctimas, o para ponerlo a disposición de un Tribunal Internacional para que fuera juzgado por los mismos, salvo que la extradición no fuera autorizada.

Lo dispuesto en este apartado *b)* no será de aplicación cuando el Estado que ejerza su jurisdicción no esté dispuesto a llevar a cabo la investigación o no pueda realmente hacerlo, y así se valore por la Sala 2.ª del Tribunal Supremo, a la que elevará exposición razonada el Juez o Tribunal.

A fin de determinar si hay o no disposición a actuar en un asunto determinado, se examinará, teniendo en cuenta los principios de un proceso con las debidas garantías reconocidos por el Derecho Internacional, si se da una o varias de las siguientes circunstancias, según el caso:

a) Que el juicio ya haya estado o esté en marcha o que la decisión nacional haya sido adoptada con el propósito de sustraer a la persona de que se trate de su responsabilidad penal.

b) Que haya habido una demora injustificada en el juicio que, dadas las circunstancias, sea incompatible con la intención de hacer comparecer a la persona de que se trate ante la justicia.

c) Que el proceso no haya sido o no esté siendo sustanciado de manera independiente o imparcial y haya sido o esté siendo sustanciado de forma en que, dadas las circunstancias, sea incompatible con la intención de hacer comparecer a la persona de que se trate ante la justicia.

A fin de determinar la incapacidad para investigar o enjuiciar en un asunto determinado, se examinará si el Estado, debido al colapso total o sustancial de su administración nacional de justicia o al hecho de que carece de ella, no puede hacer comparecer al acusado, no dispone de las pruebas y los testimonios necesarios o no está por otras razones en condiciones de llevar a cabo el juicio.

- Ap. 5 modificado por art. único.1 de Ley Orgánica núm. 1/2014, de 13 marzo.

6. Los delitos a los que se refieren los apartados 3 y 4 solamente serán perseguibles en España previa interposición de querella por el agraviado o por el Ministerio Fiscal.

- Ap. 6 añadido por art. único.1 de Ley Orgánica núm. 1/2014, de 13 marzo.

24. En el orden contencioso-administrativo será competente, en todo caso, la jurisdicción española cuando la pretensión que se deduzca se refiera a disposiciones de carácter general o a actos de las Administraciones Públicas españolas. Asimismo conocerá de las que se deduzcan en relación con actos de los poderes públicos españoles, de acuerdo con lo que dispongan las leyes.

25. En el orden social, los Juzgados y Tribunales españoles serán competentes:

1º En materia de derechos y obligaciones derivados de contrato de trabajo, cuando los servicios se hayan prestado en España o el contrato se haya celebrado en territorio español; cuando el demandando tenga su domicilio en territorio español o una agencia, sucursal, delegación o cualquier otra representación en España; cuando el trabajador y el empresario tengan nacionalidad española, cualquiera que sea el lugar de prestación de los servicios, o de celebración del contrato; y además, en el caso de contrato de embarque, si el contrato fue precedido de oferta recibida en España por trabajador español.

2º En materia de control de legalidad de los convenios colectivos de trabajo celebrados en España y de pretensiones derivadas de conflictos colectivos de trabajo promovidos en territorio español.

3º En materia de pretensiones de Seguridad Social frente a entidades españolas o que tengan domicilio, agencia, delegación o cualquier otra representación en España.

TÍTULO II
De la planta y organización territorial

CAPÍTULO I
De los Juzgados y Tribunales

26. El ejercicio de la potestad jurisdiccional se atribuye a los siguientes juzgados y Tribunales:

– Juzgados de Paz.

– Juzgados de Primera Instancia e Instrucción, de lo Mercantil, de Violencia sobre la Mujer, de lo Penal, de lo Contencioso-Administrativo, de lo Social, de Menores y de Vigilancia Penitenciaria.

- Guión 2 modificado por disp. adic. 10.1 de Ley Orgánica núm. 1/2004, de 28 diciembre.

– Audiencias Provinciales.

– Tribunales Superiores de Justicia.

– Audiencia Nacional.

– Tribunal Supremo.

- Artículo modificado por art. 2.1 de Ley Orgánica núm. 8/2003, de 9 julio.

27. 1. En las Salas de los Tribunales en las que existan dos o más Secciones, se designarán por numeración ordinal.

2. En las poblaciones en que existan dos o más Juzgados del mismo orden jurisdiccional y de la misma clase, se designarán por numeración cardinal.

28. ...

- Artículo derogado por disp. derog. única.a) de Ley Orgánica núm. 19/2003, de 23 diciembre.

29. 1. La planta de los juzgados y tribunales se establecerá por Ley.

Será revisada, al menos, cada cinco años, previo informe del Consejo General del Poder Judicial, para adaptarla a las nuevas necesidades.

2. La revisión de la planta de los juzgados y tribunales podrá ser instada por las Comunidades Autónomas con competencia en materia de Justicia para adaptarla a las necesidades de su ámbito territorial.

- Artículo modificado por art. único.2 de Ley Orgánica núm. 19/2003, de 23 diciembre.

CAPÍTULO II
De la división territorial en lo judicial

30. El Estado se organiza territorialmente, a efectos judiciales, en municipios, partidos, provincias y Comunidades Autónomas.

31. El municipio se corresponde con la demarcación administrativa del mismo nombre.

32. 1. El partido es la unidad territorial integrada por uno o más municipios limítrofes, pertenecientes a una misma provincia.

2. La modificación de partidos se realizará, en su caso, en función del número de asuntos, de las características de la población, medios de comunicación y comarcas naturales.

3. El partido podrá coincidir con la demarcación provincial.

33. La provincia se ajustará a los límites territoriales de la demarcación administrativa del mismo nombre.

34. La Comunidad Autónoma será el ámbito territorial de los Tribunales Superiores de Justicia.

35. 1. La demarcación judicial, que determinará la circunscripción territorial de los órganos judiciales, se establecerá por ley o, en los casos expresamente contemplados en esta norma, por real decreto.

2. A tal fin, las Comunidades Autónomas participarán en la organización de la demarcación judicial de sus territorios respectivos, remitiendo al Gobierno, a solicitud de éste, una propuesta de la misma en la que fijarán los partidos judiciales.

3. El Ministerio de Justicia, vistas las propuestas de las Comunidades Autónomas, redactará la correspondiente disposición normativa, que será informada por el Consejo General del Poder Judicial en el plazo de dos meses.

4. Emitidos los precitados informes, el Gobierno procederá a la tramitación del oportuno proyecto normativo.

5. La demarcación judicial será revisada cada cinco años o antes si las circunstancias lo aconsejan, mediante ley elaborada conforme al procedimiento anteriormente establecido.

6. Las Comunidades Autónomas, previo informe del Consejo General del Poder Judicial, determinarán, por ley, la capitalidad de los partidos judiciales.

- Artículo modificado por art. único.14 de Ley Orgánica núm. 7/2015, de 21 julio.

36. La creación de Secciones y Juzgados corresponderá al Gobierno cuando no suponga alteración de la demarcación judicial, oídos preceptivamente la Comunidad Autónoma afectada y el Consejo General del Poder Judicial.

37. 1. Corresponde al Ministerio de Justicia o al órgano competente de la Comunidad Autónoma con competencias en materia de justicia proveer a los juzgados y tribunales de los medios precisos para el desarrollo de su función con independencia y eficacia.

2. A tal efecto, el Consejo General del Poder Judicial remitirá anualmente al Ministerio de Justicia o al órgano competente de la Comunidad Autónoma con competencias en materia de justicia una relación circunstanciada de las necesidades que estime existentes.

- Artículo modificado por art. único.3 de Ley Orgánica núm. 19/2003, de 23 diciembre.

TÍTULO III
De los conflictos de jurisdicción y de los conflictos y cuestiones de competencia

CAPÍTULO I
De los conflictos de jurisdicción

38. 1. Los conflictos de jurisdicción entre los Juzgados o Tribunales y la Administración serán resueltos por un órgano colegiado constituido por el Presidente del Tribunal Supremo, que lo presidirá, y por cinco vocales, de los que dos serán Magistrados de la Sala de lo Contencioso-Administrativo del Tribunal Supremo, designados por el Pleno del Consejo General del Poder Judicial, y los otros tres serán Consejeros Permanentes de Estado, actuando como Secretario el de Gobierno del Tribunal Supremo.

2. El Presidente tendrá siempre voto de calidad en caso de empate.

39. 1. Los conflictos de jurisdicción entre los Juzgados o Tribunales de cualquier orden jurisdiccional de la jurisdicción ordinaria y los órganos judiciales militares, serán resueltos por la Sala de Conflictos de Jurisdicción, compuesta por el Presidente del Tribunal Supremo, que la presidirá, dos Magistrados de la Sala del Tribunal Supremo del orden jurisdiccional en conflicto y dos Magistrados de la Sala de lo Militar, todos ellos designados por el Pleno del Consejo General del Poder Judicial. Actuará como Secretario de esta Sala el de Gobierno del Tribunal Supremo.

- Ap. 1 modificado por disp. adic. 5 de Ley Orgánica núm. 4/1987, de 15 julio.

2. El Presidente tendrá siempre voto de calidad en caso de empate.

40. Anualmente se renovarán los componentes de los órganos colegiados decisorios previstos en los dos artículos anteriores.

41. El planteamiento, tramitación y decisión de los conflictos de jurisdicción se ajustará a lo dispuesto en la ley.

CAPÍTULO II
De los conflictos de competencia

42. Los conflictos de competencia que puedan producirse entre Juzgados o Tribunales de distinto orden jurisdiccional, integrados en el Poder Judicial, se resolverán por una Sala especial del Tribunal Supremo, presidida por el Presidente y compuesta por dos Magistrados, uno por cada orden jurisdiccional en conflicto, que serán designados anualmente por la Sala de Gobierno. Actuará como Secretario de esta Sala especial el de Gobierno del Tribunal Supremo.

43. Los conflictos de competencia, tanto positivos como negativos, podrán ser promovidos de oficio o a instancia de parte o del Ministerio Fiscal, mientras el proceso no haya concluido por sentencia firme, salvo que el conflicto se refiera a la ejecución del fallo.

44. El orden jurisdiccional penal es siempre preferente. Ningún Juez o Tribunal podrá plantear conflicto de competencia a los órganos de dicho orden jurisdiccional.

45. Suscitado el conflicto de competencia en escrito razonado, en el que se expresarán los preceptos legales en que se funde, el Juez o Tribunal, oídas las partes y el Ministerio Fiscal por plazo común de diez días, decidirá por medio de auto si procede declinar el conocimiento del asunto o requerir al órgano jurisdiccional que esté conociendo para que deje de hacerlo.

46. 1. Al requerimiento de inhibición se acompañará testimonio del auto dictado por el Juez o Tribunal requirente, de los escritos de las partes y del Ministerio Fiscal y de los demás particulares que se estimen conducentes para justificar la competencia de aquél.

2. El requerido, con audiencia del Ministerio Fiscal y de las partes por plazo común de diez días, dictará auto resolviendo sobre su competencia.

47. 1. Si no se accediere al requerimiento, se comunicará así al requirente y se elevarán por ambos las actuaciones a la Sala de Conflictos, conservando ambos órganos, en su caso, los testimonios necesarios para cumplir lo previsto en el apartado 2 del artículo 48.

2. La Sala, oído el Ministerio Fiscal por plazo no superior a diez días, dictará auto en los diez siguientes, sin que contra él quepa recurso alguno. El auto que se dicte resolverá definitivamente el conflicto de competencia.

48. 1. Desde que se dicte el auto declinando la competencia o acordando el requerimiento, y desde que se tenga conocimiento de éste por el Juez o Tribunal requerido, se suspenderá el procedimiento en el asunto a que se refiere aquél.

2. No obstante, la suspensión no alcanzará a las actuaciones preventivas o preparatorias ni a las cautelares, cualesquiera que sean los órdenes jurisdiccionales en eventual conflicto, que tengan carácter urgente o necesario, o que, de no adoptarse, pudieran producir un quebranto irreparable o de difícil reparación. En su caso, los Jueces o Tribunales adoptarán las garantías procedentes para asegurar los derechos o intereses de las partes o de terceros o el interés público.

49. Las resoluciones recaídas en la tramitación de los conflictos de competencia no serán susceptibles de recurso alguno, ordinario o extraordinario.

50. 1. Contra la resolución firme en que el órgano del orden jurisdiccional indicado en la resolución a que se refiere el apartado 6 del artículo 9 declare su falta de jurisdicción en un proceso cuyos sujetos y pretensiones fuesen los mismos, podrá interponerse en el plazo de diez días recurso por defecto de jurisdicción.

2. El recurso se interpondrá ante el órgano que dictó la resolución, quien, tras oír a las partes personadas, si las hubiere, remitirá las actuaciones a la Sala de Conflictos.

3. La Sala reclamará del Juzgado o Tribunal que declaró en primer lugar su falta de jurisdicción que le remita las actuaciones y, oído el Ministerio

Fiscal por plazo no superior a diez días, dictará auto dentro de los diez siguientes.

CAPÍTULO III
De las cuestiones de competencia

51. 1. Las cuestiones de competencia entre Juzgados y Tribunales de un mismo orden jurisdiccional se resolverán por el órgano inmediato superior común, conforme a las normas establecidas en las leyes procesales.

2. En la resolución en que se declare la falta de competencia se expresará el órgano que se considere competente.

52. No podrán suscitarse cuestiones de competencia entre Jueces y Tribunales subordinados entre sí. El Juez o Tribunal superior fijará, en todo caso, y sin ulterior recurso, su propia competencia, oídas las partes y el Ministerio Fiscal por plazo común de diez días. Acordado lo procedente, recabarán las actuaciones del Juez o Tribunal inferior o le remitirán las que se hallare conociendo.

TÍTULO IV
De la composición y atribuciones de los órganos jurisdiccionales

CAPÍTULO I
Del Tribunal Supremo

53. El Tribunal Supremo, con sede en la villa de Madrid, es el órgano jurisdiccional superior en todos los órdenes, salvo lo dispuesto en materia de garantías constitucionales. Tendrá jurisdicción en toda España y ningún otro podrá tener el título de Supremo.

54. El Tribunal Supremo se compondrá de su Presidente, los Presidentes de Sala y los Magistrados que determine la Ley para cada una de las Salas y, en su caso, Secciones en que las mismas puedan articularse.

55. El Tribunal Supremo estará integrado por las siguientes Salas:

Primera: De lo Civil.

Segunda: De lo Penal.

Tercera: De lo Contencioso-Administrativo.

Cuarta: De lo Social.

Quinta: De lo Militar, que se regirá por su legislación específica y supletoriamente por la presente Ley y por el ordenamiento común a las demás Salas del Tribunal Supremo.

- Artículo modificado por disp. adic. 6 de Ley Orgánica núm. 4/1987, de 15 julio.

55 bis. Además de las competencias atribuidas a las Salas de lo Civil y de lo Penal del Tribunal Supremo en los artículos 56 y 57, dichas Salas conocerán de la tramitación y enjuiciamiento de las acciones civiles y penales, respectivamente, dirigidas contra la Reina consorte o el consorte de la Reina, la Princesa o Príncipe de Asturias y su consorte, así como contra el Rey o Reina que hubiere abdicado y su consorte.

- Artículo añadido por art. único.Uno de Ley Orgánica núm. 4/2014, de 11 julio.

56. La Sala de lo Civil del Tribunal Supremo conocerá:

1º De los recursos de casación, revisión y otros extraordinarios en materia civil que establezca la Ley.

2º De las demandas de responsabilidad civil por hechos realizados en el ejercicio de su cargo, dirigidas contra el Presidente del Gobierno, Presidentes del Congreso y del Senado, Presidente del Tribunal Supremo y del Consejo General del Poder Judicial, Presidente del Tribunal Constitucional, miembros del Gobierno, Diputados y Senadores, Vocales del Consejo General del Poder Judicial, Magistrados del Tribunal Constitucional y del Tribunal Supremo, Presidentes de la Audiencia Nacional y de cualquiera de sus Salas y de los Tribunales Superiores de Justicia, Fiscal General del Estado, Fiscales de Sala del Tribunal Supremo, Presidente y Consejeros del Tribunal de Cuentas, Presidente y Consejeros del Consejo de Estado, Defensor del Pueblo y Presidente y Consejeros de una Comunidad Autónoma, cuando así lo determine su Estatuto de Autonomía.

3º De las demandas de responsabilidad civil dirigidas contra Magistrados de la Audiencia Nacional o de los Tribunales Superiores de Justicia por hechos realizados en el ejercicio de sus cargos.

4º ...

- Ap. 4 suprimido por art. único.4 de Ley Orgánica núm. 19/2003, de 23 diciembre.

57. 1. La Sala de lo Penal del Tribunal Supremo conocerá:

1º De los recursos de casación, revisión y otros extraordinarios en materia penal que establezca la ley.

2º De la instrucción y enjuiciamiento de las causas contra el Presidente del Gobierno, Presidentes del Congreso y del Senado, Presidente del Tribunal Supremo y del Consejo General del Poder Judicial, Presidente del Tribunal Constitucional, miembros del Gobierno, Diputados y Senadores, Vocales del Consejo General del Poder Judicial, Magistrados del Tribunal Constitucional y del Tribunal Supremo, Presidente de la Audiencia Nacional y de cualquiera de sus Salas y de los Tribunales Superiores de Justicia, Fiscal General del Estado, Fiscales de Sala del Tribunal Supremo, Presidente y Consejeros del Tribunal de Cuentas, Presidente y Consejeros del Consejo de Estado y Defensor del Pueblo, así como de las causas que, en su caso, determinen los Estatutos de Autonomía.

3º De la instrucción y enjuiciamiento de las causas contra Magistrados de la Audiencia Nacional o de un Tribunal Superior de Justicia.

4.º De los demás asuntos que le atribuya esta Ley.

- Ap. 1. 4º añadido por art. único.2 de Ley Orgánica núm. 1/2014, de 13 marzo.
  Ap. 1 renumerado por art. 1.2 de Ley Orgánica núm. 7/1988, de 28 diciembre. Su anterior numeración era Párr. único.

5.º De los procedimientos de decomiso autónomo por los delitos para cuyo conocimiento sean competentes.

- Ap. 1.5º añadido por disp. final 1.1 de Ley Orgánica núm. 13/2015, de 5 octubre.

2. En las causas a que se refieren los números segundo y tercero del párrafo anterior se designará de entre los miembros de la Sala, conforme a un turno preestablecido, un instructor, que no formará parte de la misma para enjuiciarlas.

- Ap. 2 añadido por art. 1.2 de Ley Orgánica núm. 7/1988, de 28 diciembre.

58. La Sala de lo Contencioso-Administrativo del Tribunal Supremo conocerá:

Primero. En única instancia, de los recursos contencioso-administrativos contra actos y disposiciones del Consejo de Ministros, de las Comisiones Delegadas del Gobierno y del Consejo General del Poder Judicial y contra los actos y disposiciones de los órganos competentes del Congreso de los Diputados y del Senado, del Tribunal Constitucional, del Tribunal de Cuentas y del Defensor del Pueblo en los términos y materias que la Ley establezca y de aquellos otros recursos que excepcionalmente le atribuya la Ley.

Segundo. De los recursos de casación y revisión en los términos que establezca la Ley.

- Artículo modificado por art. único.2 de Ley Orgánica núm. 6/1998, de 13 julio.

59. La Sala de lo Social del Tribunal Supremo conocerá de los recursos de casación y revisión y otros extraordinarios que establezca la ley en materias propias de este orden jurisdiccional.

60. 1. Conocerá además, cada una de las Salas del Tribunal Supremo de las recusaciones que se interpusieren contra los Magistrados que las compongan, y de las cuestiones de competencia entre Juzgados o Tribunales del propio orden jurisdiccional que no tengan otro superior común.

2. A estos efectos, los Magistrados recusados no formarán parte de la Sala.

61. 1. Una Sala formada por el Presidente del Tribunal Supremo, los Presidentes de Sala y el Magistrado más antiguo y el más moderno de cada una de ellas conocerá:

1º De los recursos de revisión contra las sentencias dictadas en única instancia por la Sala de lo Contencioso-Administrativo de dicho Tribunal.

2º De los incidentes de recusación del Presidente del Tribunal Supremo, o de los Presidentes de Sala, o de más de dos Magistrados de una Sala.

En este caso, los afectados directamente por la recusación serán sustituidos por quienes corresponda.

3º De las demandas de responsabilidad civil que se dirijan contra los Presidentes de Sala o contra todos o la mayor parte de los Magistrados de una Sala de dicho Tribunal por hechos realizados en el ejercicio de su cargo.

4º De la instrucción y enjuiciamiento de las causas contra los Presidentes de Sala o contra los Magistrados de una Sala, cuando sean juzgados todos o la mayor parte de los que la constituyen.

5º Del conocimiento de las pretensiones de declaración de error judicial cuando éste se impute a una Sala del Tribunal Supremo.

6º De los procesos de declaración de ilegalidad y consecuente disolución de los partidos políticos, conforme a lo dispuesto en la Ley Orgánica 6/2002, de 27 de junio, de Partidos Políticos.

- Ap. 1 núm. 6º añadido por disp. adic. 1 de Ley Orgánica núm. 6/2002, de 27 junio. Ap. 1 renumerado por art. 1.3 de Ley Orgánica núm. 7/1988, de 28 diciembre. Su anterior numeración era Ap. único.

2. En las causas a que se refiere el número 4 del apartado anterior se designará de entre los miembros de la Sala, conforme a un turno preestablecido, un instructor que no formará parte de la misma para enjuiciarlos.

- Ap. 2 añadido por art. 1.3 de Ley Orgánica núm. 7/1988, de 28 diciembre.

3. Una Sección, formada por el Presidente del Tribunal Supremo, el de la Sala de lo Contencioso-Administrativo y cinco Magistrados de esta misma Sala, que serán los dos más antiguos y los tres más modernos, conocerá del recurso de casación para la unificación de doctrina cuando la contradicción se produzca entre sentencias dictadas en única instancia por Secciones distintas de dicha Sala.

- Ap. 3 añadido por art. único.3 de Ley Orgánica núm. 6/1998, de 13 julio.

61 bis. 1. Al servicio del Tribunal Supremo existirá un Gabinete Técnico, que asistirá a la Presidencia y a sus diferentes Salas en los procesos de admisión de los asuntos de que conozcan y mediante la elaboración de estudios e informes que se le soliciten. También prestará apoyo a las Salas especiales en el despacho de asuntos que les estén atribuidos.

2. El Gabinete Técnico estará integrado por un Director y por miembros de la Carrera judicial y otros juristas que ostentarán la denominación de Letrados del Gabinete Técnico.

3. A los efectos anteriores, en el Gabinete Técnico existirán tantas áreas como órdenes jurisdiccionales. Dentro de cada área podrá existir una sección de Admisión y otra sección de Estudios e Informes. En la Sala Quinta de lo Militar podrá haber un Letrado del Gabinete Técnico.

Los Letrados prestarán sus servicios en las diferentes áreas atendiendo a su especialización profesional.

4. En cada una de las áreas habrá uno o varios Letrados del Gabinete Técnico que asuman funciones de coordinación de los miembros del Gabinete que formen parte de la misma. Serán designados por el Presidente del Tribunal Supremo, preferentemente de entre los Letrados que pertenezcan a la Carrera Judicial, y deberán tener una antigüedad mínima de diez años en el ejercicio de su respectiva profesión.

5. El Ministerio de Justicia, oída la Sala de Gobierno del Tribunal Supremo y previo informe del Consejo General del Poder Judicial e informe favorable del Ministerio de Hacienda y Administraciones Públicas, determinará la composición y plantilla del Gabinete Técnico.

Excepcionalmente, por razones coyunturales y debidamente justificadas, a propuesta del Consejo General del Poder Judicial y oída la Sala de Gobierno del Tribunal Supremo, podrá el Ministerio de Justicia adscribir temporalmente, con el límite máximo de un año, un número adicional de miembros al servicio del Gabinete Técnico.

- Artículo añadido por art. único.15 de Ley Orgánica núm. 7/2015, de 21 julio.

61 ter. La superior dirección del Gabinete Técnico será ejercida por el Presidente del Tribunal Supremo o, en caso de delegación de éste, por el Vicepresidente del Tribunal Supremo.

- Artículo añadido por art. único.16 de Ley Orgánica núm. 7/2015, de 21 julio.

61 quater. 1. El Pleno del Consejo General del Poder Judicial nombrará al Director del Gabinete Técnico, a propuesta vinculante del Presidente del Tribunal Supremo, debiendo acreditar los requisitos legalmente exigidos para poder acceder a la categoría de Magistrado del Tribunal Supremo, teniendo dicha consideración, a efectos representativos, mientras desempeñe el cargo.

2. Los Letrados que hayan de prestar servicio en el Gabinete Técnico serán seleccionados mediante concurso de méritos, estableciéndose en el anuncio de la convocatoria los criterios de selección.

Los Letrados que no pertenezcan a la Carrera Judicial o Fiscal deberán ser funcionarios del Cuerpo de Letrados de la Administración de Justicia o funcionarios de las Administraciones Públicas u órganos constitucionales, con titulación en Derecho, pertenecientes a Cuerpos del Subgrupo A1 o asimilados.

La Comisión Permanente del Consejo General del Poder Judicial realizará la convocatoria a propuesta del Presidente del Tribunal Supremo, quien oirá previamente, a los efectos de fijar los criterios de selección, a la Sala de Gobierno de dicho Tribunal.

3. El Presidente del Tribunal Supremo, oídos los Presidentes de Sala y el Director del Gabinete Técnico, someterá a la Sala de Gobierno, para su aprobación, la propuesta de candidatos a cubrir las plazas de Letrado del Gabinete Técnico.

4. El Presidente del Tribunal Supremo elevará al Pleno del Consejo General del Poder Judicial la propuesta de la Sala de Gobierno del Tribunal Supremo, para que proceda al nombramiento de quienes vayan a ocupar las plazas de Letrado del Gabinete Técnico.

- Artículo añadido por art. único.17 de Ley Orgánica núm. 7/2015, de 21 julio.

61 quinquies. 1. Los Letrados que fueren seleccionados serán nombrados por un año. Una vez cumplido ese plazo, el Presidente del Tribunal Supremo, oídos el Presidente de Sala respectivo y el Director del Gabinete Técnico, propondrá, en su caso, la prórroga en la plaza, de conformidad con el procedimiento establecido para el nombramiento inicial. Los Letrados podrán ser prorrogados por sucesivos periodos de tres años. Sin perjuicio de lo anterior, los Letrados podrán ser cesados por el Presidente del Tribunal Supremo por incumplimiento grave de los deberes de su función.

2. El Director del Gabinete Técnico y los Letrados serán declarados en situación administrativa de servicios especiales en la Carrera o Cuerpo de procedencia.

3. A los efectos del cómputo de la antigüedad en la Carrera Judicial, a los Jueces o Magistrados que ocupen plaza de Letrado en el Gabinete Técnico se les tendrán en cuenta los servicios prestados en el orden jurisdiccional correspondiente al área del Gabinete Técnico en que estuvieran adscritos.

Esta previsión será también de aplicación a los efectos del cómputo de la antigüedad en el Cuerpo a los Letrados de la Administración de Justicia que ocupen plaza de Letrado en el Gabinete Técnico.

- Artículo añadido por art. único.18 de Ley Orgánica núm. 7/2015, de 21 julio.

61 sexies. La Sala de Gobierno, a propuesta del Presidente del Tribunal Supremo, aprobará las normas de funcionamiento del Gabinete Técnico.

- Artículo añadido por art. único.19 de Ley Orgánica núm. 7/2015, de 21 julio.

CAPÍTULO II
De la Audiencia Nacional

62. La Audiencia Nacional con sede en la villa de Madrid, tiene jurisdicción en toda España.

63. 1. La Audiencia Nacional se compondrá de su Presidente, los Presidentes de Sala y los magistrados que determine la Ley para cada una de sus Salas y Secciones.

2. El Presidente de la Audiencia Nacional, que tendrá la consideración de Presidente de Sala del Tribunal Supremo, es el Presidente nato de todas sus Salas.

- Artículo modificado por art. único.5 de Ley Orgánica núm. 19/2003, de 23 diciembre.

64. 1. La Audiencia Nacional estará integrada por las siguientes Salas:

De Apelación.

De lo Penal.

De lo Contencioso-Administrativo.

De lo Social.

2. En el caso de que el número de asuntos lo aconseje, podrán crearse dos o más Secciones dentro de una Sala.

- Artículo modificado por art. único.6 de Ley Orgánica núm. 19/2003, de 23 diciembre.

64 bis. 1. La Sala de Apelación de la Audiencia Nacional conocerá de los recursos de esta clase que establezca la Ley contra las resoluciones de la Sala de lo Penal.

2. Cuando la sensible y continuada diferencia en el volumen de trabajo lo aconseje, los magistrados de esta Sala, con el acuerdo favorable de la Sala de Gobierno, previa propuesta del Presidente del Tribunal, podrán ser adscritos por el Consejo General del Poder Judicial, total o parcialmente, y sin que ello signifique incremento retributivo alguno, a otra Sala de diferente orden.

Para la adscripción se valorarán la antigüedad en el escalafón y la especialidad o experiencia de los magistrados afectados y, a ser posible, sus preferencias.

- Artículo añadido por art. único.7 de Ley Orgánica núm. 19/2003, de 23 diciembre.

65. La Sala de lo Penal de la Audiencia Nacional conocerá:

1º Del enjuiciamiento, salvo que corresponda en primera instancia a los Juzgados Centrales de lo Penal, de las causas por los siguientes delitos:

- Ap. 1 inciso inicial modificado por art. 1.4 de Ley Orgánica núm. 7/1988, de 28 diciembre.

a) Delitos contra el titular de la Corona, su Consorte, su Sucesor, Altos Organismos de la Nación y forma de Gobierno.

b) Falsificación de moneda y fabricación de tarjetas de crédito y débito falsas y cheques de viajero falsos, siempre que sean cometidos por organizaciones o grupos criminales.

- Ap. 1 *b)* modificado por disp. final 3 de Ley Orgánica núm. 5/2010, de 22 junio.

c) Defraudaciones y maquinaciones para alterar el precio de las cosas que produzcan o puedan producir grave repercusión en la seguridad del tráfico mercantil, en la economía nacional o perjuicio patrimonial en una generalidad de personas en el territorio de más de una Audiencia.

d) Tráfico de drogas o estupefacientes, fraudes alimentarios y de sustancias farmacéuticas o medicinales, siempre que sean cometidos por bandas o grupos organizados y produzcan efectos en lugares pertenecientes a distintas Audiencias.

e) Delitos cometidos fuera del territorio nacional, cuando conforme a las leyes o a los tratados corresponda su enjuiciamiento a los Tribunales españoles.

En todo caso, la Sala de lo Penal de la Audiencia Nacional extenderá su competencia al conocimiento de los delitos conexos con todos los anteriormente reseñados.

2º De los procedimientos penales iniciados en el extranjero, de la ejecución de las sentencias dictadas por Tribunales extranjeros o del cumplimiento de pena de prisión impuesta por Tribunales extranjeros, cuando en virtud de un tratado internacional corresponda a España la continuación de un procedimiento penal iniciado en el extranjero, la ejecución de una sentencia penal extranjera o el cumplimiento de una pena o medida de seguridad privativa de libertad, salvo en aquellos casos en que esta Ley atribuya alguna de estas competencias a otro órgano jurisdiccional penal.

- Ap. 2º modificado por art. único.1 de Ley Orgánica núm. 2/2008, de 4 diciembre.

3º De las cuestiones de cesión de jurisdicción en materia penal derivadas del cumplimiento de Tratados internacionales en los que España sea parte.

4.º De los recursos respecto a los instrumentos de reconocimiento mutuo de resoluciones penales en la Unión Europea que les atribuya la ley, y la resolución de los procedimientos judiciales de extradición pasiva, sea cual fuere el lugar de residencia o en que hubiese tenido lugar la detención del afectado por el procedimiento.

- Ap. 4 modificado por art. único.1 de Ley Orgánica núm. 6/2014, de 29 octubre.

5º De los recursos establecidos en la Ley contra las sentencias y otras resoluciones de los Juzgados Centrales de lo Penal, de los Juzgados Centrales de Instrucción y del Juzgado Central de Menores.

- Ap. 5 modificado por art. 3.1 de Ley Orgánica núm. 7/2000, de 22 diciembre.

6º De los recursos contra las resoluciones dictadas por los Juzgados Centrales de Vigilancia Penitenciaria de conformidad con lo previsto en la disposición adicional quinta.

- Ap. 6 añadido pasando el anterior ap. 6 a ser ap. 7 por art. 1.1 de Ley Orgánica núm. 5/2003, de 27 mayo.

7.º De los procedimientos de decomiso autónomo por los delitos para cuyo conocimiento sean competentes.

- Ap. 7º añadido por disp. final 1.2 de Ley Orgánica núm. 13/2015, de 5 octubre.

8.º De cualquier otro asunto que le atribuyan las leyes.

- Ap. 8º modificado y renumerado por disp. final 1.2 de Ley Orgánica núm. 13/2015, de 5 octubre. Su anterior numeración era Ap. 7º.

66. La Sala de lo Contencioso-Administrativo de la Audiencia Nacional conocerá:

a) En única instancia, de los recursos contencioso-administrativos contra disposiciones y actos de los Ministros y Secretarios de Estado que la ley no atribuya a los Juzgados Centrales de lo Contencioso-Administrativo.

b) En única instancia, de los recursos contencioso-administrativos contra los actos dictados por la Comisión de Vigilancia de Actividades de Financiación del Terrorismo. Conocerá, asimismo, de la posible prórroga de los plazos que le plantee dicha Comisión de Vigilancia respecto de las medidas previstas en los artículos 1 y 2 de la Ley 12/2003, de Prevención y Bloqueo de la Financiación del Terrorismo.

c) De los recursos devolutivos que la ley establezca contra las resoluciones de los Juzgados Centrales de lo Contencioso-Administrativo.

d) De los recursos no atribuidos a los Tribunales Superiores de Justicia en relación a los convenios entre las Administraciones públicas y a las resoluciones del Tribunal Económico-Administrativo Central.

e) De las cuestiones de competencia que se puedan plantear entre los Juzgados Centrales de lo Contencioso-Administrativo y de aquellos otros recursos que excepcionalmente le atribuya la ley.

- Artículo modificado por art. 1 de Ley Orgánica núm. 4/2003, de 21 mayo.

67. La Sala de lo Social de la Audiencia Nacional conocerá en única instancia:

1º De los procesos especiales de impugnación de convenios colectivos cuyo ámbito territorial de aplicación sea superior al territorio de una Comunidad Autónoma.

2º De los procesos sobre conflictos colectivos cuya resolución haya de surtir efecto en un ámbito territorial superior al de una Comunidad Autónoma.

68. 1. Conocerá además cada una de las Salas de la Audiencia Nacional de las recusaciones que se interpusieren contra los Magistrados que las compongan.

2. A estos efectos, los Magistrados recusados no formarán parte de la Sala.

69. Una Sala formada por el Presidente de la Audiencia Nacional, los Presidentes de las Salas y el Magistrado más antiguo y el más moderno de cada una, o aquel que, respectivamente, le sustituya, conocerá de los incidentes de recusación del Presidente, de los Presidentes de Sala o de más de dos Magistrados de una Sala.

CAPÍTULO III
De los Tribunales Superiores de Justicia

70. El Tribunal Superior de Justicia de la Comunidad Autónoma culminará la organización judicial en el ámbito territorial de aquélla, sin perjuicio de la jurisdicción que corresponde al Tribunal Supremo.

71. El Tribunal Superior de Justicia tomará el nombre de la Comunidad Autónoma y extenderá su jurisdicción al ámbito territorial de ésta.

72. 1. El Tribunal Superior de Justicia estará integrado por las siguientes Salas: de lo Civil y Penal, de lo Contencioso-Administrativo y de lo Social.

2. Se compondrá de un Presidente, que lo será también de su Sala de lo Civil y Penal, y tendrá la consideración de Magistrado del Tribunal Supremo mientras desempeñe el cargo; de los Presidentes de Sala y de los Magistrados que determine la ley para cada una de las Salas y, en su caso, de las Secciones que puedan dentro de ellas crearse.

73. 1. La Sala de lo Civil y Penal del Tribunal Superior de Justicia conocerá, como Sala de lo Civil:

a) Del recurso de casación que establezca la Ley contra resoluciones de órganos jurisdiccionales del orden civil con sede en la Comunidad Autónoma, siempre que el recurso se funde en infracción de normas del derecho civil, foral o especial, propio de la comunidad, y cuando el correspondiente Estatuto de Autonomía haya previsto esta atribución.

b) Del recurso extraordinario de revisión que establezca la Ley contra sentencias dictadas por órganos jurisdiccionales del orden civil con sede en la Comunidad Autónoma, en materia de derecho civil, foral o especial, propio de la Comunidad Autónoma, si el correspondiente Estatuto de Autonomía ha previsto esta atribución.

c) De las funciones de apoyo y control del arbitraje que se establezcan en la ley, así como de las peticiones de exequátur de laudos o resoluciones arbitrales extranjeros, a no ser que, con arreglo a lo acordado en los tratados o las normas de la Unión Europea, corresponda su conocimiento a otro Juzgado o Tribunal.

- Ap. 1 *c)* añadido por art. único.1 de Ley Orgánica núm. 5/2011, de 20 mayo.

2. Esta Sala conocerá igualmente:

a) En única instancia, de las demandas de responsabilidad civil, por hechos cometidos en el ejercicio de sus respectivos cargos, dirigidas contra el Presidente y miembros del Consejo de Gobierno de la Comunidad Autónoma y contra los miembros de la Asamblea legislativa, cuando tal atribución no corresponda, según los Estatutos de Autonomía, al Tribunal Supremo.

b) En única instancia, de las demandas de responsabilidad civil, por hechos cometidos en el ejercicio de su cargo, contra todos o la mayor parte de los magistrados de una Audiencia Provincial o de cualesquiera de sus secciones.

c) De las cuestiones de competencia entre órganos jurisdiccionales del orden civil con sede en la Comunidad Autónoma que no tenga otro superior común.

3. Como Sala de lo Penal, corresponde a esta Sala:

a) El conocimiento de las causas penales que los Estatutos de Autonomía reservan al conocimiento de los Tribunales Superiores de Justicia.

b) La instrucción y el fallo de las causas penales contra jueces, magistrados y miembros del Ministerio Fiscal por delitos o faltas cometidos en el ejercicio de su cargo en la Comunidad Autónoma, siempre que esta atribución no corresponda al Tribunal Supremo.

c) El conocimiento de los recursos de apelación contra las resoluciones dictadas en primera instancia por las Audiencias Provinciales, así como el de todos aquellos previstos por las Leyes.

d) La decisión de las cuestiones de competencia entre órganos jurisdiccionales del orden penal con sede en la Comunidad Autónoma que no tengan otro superior común.

e) De los procedimientos de decomiso autónomo por los delitos para cuyo conocimiento sean competentes.

- Ap. 3 *e)* añadido por disp. final 1.3 de Ley Orgánica núm. 13/2015, de 5 octubre.

4. Para la instrucción de las causas a que se refieren los párrafos *a)* y *b)* del apartado anterior se designará de entre los miembros de la Sala, conforme a un turno preestablecido, un instructor que no formará parte de la misma para enjuiciarlas.

5. Le corresponde, igualmente, la decisión de las cuestiones de competencia entre Juzgados de Menores de distintas provincias de la Comunidad Autónoma.

6. En el caso de que el número de asuntos lo aconseje, podrán crearse una o más Secciones e incluso Sala de lo Penal con su propia circunscripción territorial en aquellas capitales que ya sean sedes de otras Salas del Tribunal Superior, a los solos efectos de conocer los recursos de apelación a los que se refiere la letra *c)* del apartado 3 de este artículo y aquellas otras apelaciones atribuidas por las leyes al Tribunal Superior de Justicia.

Los nombramientos para Magistrados de estas Secciones o Salas, a propuesta del Consejo General del Poder Judicial, recaerán en aquellos Magistrados que, ostentando la condición de especialista en el orden penal obtenida mediante la superación de las pruebas selectivas que reglamentariamente determine el Consejo General del Poder Judicial, tengan mejor puesto en su escalafón. A falta de éstos, recaerá en aquellos Magistrados que habiendo prestado sus servicios en el orden jurisdiccional penal durante diez años dentro de los quince años inmediatamente anteriores a la fecha de la convocatoria, tengan mejor puesto en el escalafón. La antigüedad en órganos mixtos se computará de igual manera a estos efectos. En su defecto, se nombrará a quien ostente mejor puesto en el escalafón.

- Ap. 6 modificado por art. único.20 de Ley Orgánica núm. 7/2015, de 21 julio.
  Artículo modificado por art. único.8 de Ley Orgánica núm. 19/2003, de 23 diciembre.

74. 1. Las Salas de lo Contencioso-Administrativo de los Tribunales Superiores de Justicia conocerán, en única instancia, de los recursos que se deduzcan en relación con:

a) Los actos de las Entidades locales y de las Administraciones de las Comunidades Autónomas, cuyo conocimiento no esté atribuido a los Juzgados de lo Contencioso-Administrativo.

b) Las disposiciones generales emanadas de las Comunidades Autónomas y de las Entidades locales.

c) Los actos y disposiciones de los órganos de gobierno de las Asambleas legislativas de las Comunidades Autónomas y de las instituciones autonómicas análogas al Tribunal de Cuentas y al Defensor del Pueblo, en materia de personal, administración y gestión patrimonial.

d) Los actos y resoluciones dictados por los Tribunales Económico-Administrativos Regionales y Locales que pongan fin a la vía económico-administrativa.

e) Las resoluciones dictadas en alzada por el Tribunal Económico-Administrativo Central en materia de tributos cedidos.

f) Los actos y disposiciones de las Juntas Electorales Provinciales y de Comunidades Autónomas, así como los recursos contencioso-electorales contra acuerdos de las Juntas Electorales sobre proclamación de electos y elección y proclamación de Presidentes de Corporaciones locales en los términos de la legislación electoral.

g) Los convenios entre Administraciones públicas cuyas competencias se ejerzan en el ámbito territorial de la correspondiente Comunidad Autónoma.

h) La prohibición o la propuesta de modificación de reuniones previstas en la Ley Orgánica reguladora del Derecho de Reunión.

i) Los actos y resoluciones dictados por órganos de la Administración General del Estado cuya competencia se extienda a todo el territorio nacional y cuyo nivel orgánico sea inferior a Ministro o Secretario de Estado, en materias de personal, propiedades especiales y expropiación forzosa.

j) Cualesquiera otras actuaciones administrativas no atribuidas expresamente a la competencia de otros órganos de este orden jurisdiccional.

2. Conocerán, en segunda instancia, de las apelaciones promovidas contra sentencias y autos dictados por los Juzgados de lo Contencioso-Administrativo y de los correspondientes recursos de queja.

3. También les corresponde, con arreglo a lo establecido en esta Ley, el conocimiento de los recursos de revisión contra las sentencias firmes de los Juzgados de lo Contencioso-Administrativo.

4. Conocerán de las cuestiones de competencia entre los Juzgados de lo Contencioso-Administrativo con sede en la Comunidad Autónoma.

5. Conocerán del recurso de casación para la unificación de doctrina en los casos previstos en la Ley reguladora de la Jurisdicción Contencioso-Administrativa.

6. Conocerán del recurso de casación en interés de la Ley en los casos previstos en la Ley reguladora de la Jurisdicción Contencioso-Administrativa.

- Artículo modificado por art. único.5 de Ley Orgánica núm. 6/1998, de 13 julio.

75. La Sala de lo Social del Tribunal Superior de Justicia conocerá:

1º En única instancia, de los procesos que la ley establezca sobre controversias que afecten a intereses de los trabajadores y empresarios en ámbito superior al de un Juzgado de lo Social y no superior al de la Comunidad Autónoma.

2º De los recursos que establezca la Ley contra las resoluciones dictadas por los Juzgados de lo Social de la Comunidad Autónoma, así como de los recursos de suplicación y los demás que prevé la Ley contra las resoluciones de los juzgados de lo mercantil de la Comunidad Autónoma en materia laboral, y las que resuelvan los incidentes concursales que versen sobre la misma materia.

- Ap. 2 modificado por art. 2.2 de Ley Orgánica núm. 8/2003, de 9 julio.

3º De las cuestiones de competencia que se susciten entre los Juzgados de lo Social de la Comunidad Autónoma.

76. Cada una de las Salas del Tribunal Superior de Justicia conocerá de las recusaciones que se formulen contra sus Magistrados cuando la competencia no corresponda a la Sala a que se refiere el artículo siguiente.

77. 1. Una Sala constituida por el Presidente del Tribunal Superior de Justicia, los Presidentes de Sala y el Magistrado más moderno de cada una de ellas conocerá de las recusaciones formuladas contra el Presidente, los Presidentes de Sala o de Audiencias Provinciales con sede en la Comunidad Autónoma o de dos o más Magistrados de una Sala o Sección o de una Audiencia Provincial.

2. El recusado no podrá formar parte de la Sala, produciéndose, en su caso, su sustitución con arreglo a lo previsto en esta Ley.

78. Cuando el número de asuntos procedentes de determinadas provincias u otras circunstancias lo requieran podrán crearse, con carácter excepcional, Salas de lo Contencioso-Administrativo o de lo Social con jurisdicción limitada a una o varias provincias de la misma Comunidad Autónoma, en cuya capital tendrán su sede. Dichas Salas estarán formadas, como mínimo, por su Presidente, y se completarán, en su caso, con Magistrados de la Audiencia Provincial de su sede.

79. La Ley de Planta podrá, en aquellos Tribunales Superiores de Justicia en que el número de asuntos lo justifique, reducir el de Magistrados, quedando compuestas las Salas por su respectivo Presidente y por los Presidentes y Magistrados, en su caso, que aquélla determine.

CAPÍTULO IV
De las Audiencias Provinciales

80. 1. Las Audiencias Provinciales, que tendrán su sede en la capital de la provincia, de la que tomarán su nombre, extenderán su jurisdicción a toda ella, sin perjuicio de lo dispuesto en el apartado 4 del artículo 82.

2. Podrán crearse Secciones de la Audiencia Provincial fuera de la capital de la provincia, a las que quedarán adscritos uno o varios partidos judiciales.

3. En todo caso, y previo informe de la correspondiente Sala de Gobierno, el Consejo General del Poder Judicial podrá acordar que el conocimiento de determinadas clases de asuntos se atribuya en exclusiva a una sección de la Audiencia Provincial, que extenderá siempre su competencia a todo su ámbito territorial aun cuando existieren secciones desplazadas. Este acuerdo se publicará en el «Boletín Oficial del Estado».

- Artículo modificado por art. único.9 de Ley Orgánica núm. 19/2003, de 23 diciembre.

81. 1. Las Audiencias Provinciales se compondrán de un Presidente y dos o más magistrados. También podrán estar integradas por dos o más Secciones de la misma composición, en cuyo caso el Presidente de la Audiencia presidirá una de las Secciones que determinará al principio de su mandato.

2. Cuando el escaso número de asuntos de que conozca una Audiencia Provincial lo aconseje, podrá constar su plantilla de uno a dos magistrados, incluido el Presidente. En este caso, la Audiencia Provincial se completará para el enjuiciamiento y fallo, y cuando la naturaleza de la resolución a dictar lo exija, con el número de magistrados que se precisen del Tribunal Superior de Justicia. A estos efectos, la Sala de Gobierno establecerá un turno para cada año judicial.

3. Del mismo modo, cuando así lo aconseje la mejor Administración de Justicia, las Secciones de la Audiencia podrán estar formadas por cuatro o más magistrados.

- Ap. 3 modificado por art. único.1 de Ley Orgánica núm. 8/2012, de 27 diciembre.

4. La adscripción de los magistrados a las distintas secciones tendrá carácter funcional cuando no estuvieren separadas por orden jurisdiccional o por especialidad. Si lo estuvieren, la adscripción será funcional exclusivamente dentro de las del mismo orden o especialidad.

- Artículo modificado por art. único.10 de Ley Orgánica núm. 19/2003, de 23 diciembre.

82. 1. Las Audiencias Provinciales conocerán en el orden penal:

1º De las causas por delito, a excepción de los que la Ley atribuye al conocimiento de los Juzgados de lo Penal o de otros Tribunales previstos en esta Ley.

2º De los recursos que establezca la ley contra las resoluciones dictadas por los Juzgados de Instrucción y de lo Penal de la provincia.

Para el conocimiento de los recursos contra resoluciones de los Juzgados de Instrucción en juicios por delitos leves la Audiencia se constituirá con un solo Magistrado, mediante un turno de reparto.

- Ap. 1.2º párr. 2º modificado por disp. final 1.4 de Ley Orgánica núm. 13/2015, de 5 octubre.

3º De los recursos que establezca la ley contra las resoluciones en materia penal dictadas por los Juzgados de Violencia sobre la Mujer de la provincia. A fin de facilitar el conocimiento de estos recursos, y atendiendo al número de asuntos existentes, deberán especializarse una o varias de sus secciones de conformidad con lo previsto en el artículo 98 de la presente Ley Orgánica. Esta especialización se extenderá a aquellos supuestos en que corresponda a la Audiencia Provincial el enjuiciamiento en primera instancia de asuntos instruidos por los Juzgados de Violencia sobre la Mujer de la provincia.

4º Las Audiencias Provinciales conocerán también de los recursos contra las resoluciones de los Juzgados de Menores con sede en la provincia y de las cuestiones de competencia entre los mismos.

5º De los recursos que establezca la ley contra las resoluciones de los Juzgados de Vigilancia Penitenciaria, cuando la competencia no corresponda a la Sala de lo Penal de la Audiencia Nacional.

6.º De los procedimientos de decomiso autónomo por los delitos para cuyo conocimiento sean competentes.

- Ap. 1.6º añadido por disp. final 1.4 de Ley Orgánica núm. 13/2015, de 5 octubre.

2. Las Audiencias Provinciales conocerán en el orden civil:

1º De los recursos que establezca la ley contra resoluciones dictadas en primera instancia por los Juzgados de Primera Instancia de la provincia.

Para el conocimiento de los recursos contra resoluciones de los Juzgados de Primera Instancia que se sigan por los trámites del juicio verbal por razón de la cuantía, la Audiencia se constituirá con un solo Magistrado, mediante un turno de reparto.

2º De los recursos que establezca la ley contra las resoluciones dictadas en primera instancia por los Juzgados de lo Mercantil, salvo las que se dicten en incidentes concursales que resuelvan cuestiones de materia laboral, debiendo especializarse a tal fin una o varias de sus Secciones, de conformidad con lo previsto en el artículo 98 de la presente Ley Orgánica. Estas Secciones especializadas conocerán también de los recursos que establezca la ley contra las resoluciones dictadas por los Juzgados de primera instancia en los procedimientos relativos a concursos de personas físicas y a acciones individuales relativas a condiciones generales de la contratación.

- Ap. 2. 2 modificado por art. único.21 de Ley Orgánica núm. 7/2015, de 21 julio.

3º Asimismo, la Sección o Secciones de la Audiencia Provincial de Alicante que se especialicen al amparo de lo previsto en el párrafo anterior conocerán, además, en segunda instancia y de forma exclusiva, de todos aquellos recursos a los que se refiere el artículo 101 del Reglamento núm. 40/94, del Consejo de la Unión Europea, de 20 de diciembre de 1993, sobre la marca comunitaria, y el Reglamento 6/2002, del Consejo de la Unión Europea, de 12 de diciembre de 2001, sobre los dibujos y modelos comunitarios. En el ejercicio de esta competencia extenderán su jurisdicción a todo el territorio nacional, y a estos solos efectos se denominarán Tribunales de Marca Comunitaria.

4º Las Audiencias Provinciales también conocerán de los recursos que establezca la ley contra las resoluciones dictadas en materia civil por los Juzgados de Violencia sobre la Mujer de la provincia. A fin de facilitar el conocimiento de estos recursos, y atendiendo al número de asuntos existentes, podrán especializarse una o varias de sus secciones de conformidad con lo previsto en el artículo 98 de la presente Ley Orgánica.

3. Corresponde igualmente a las Audiencias Provinciales el conocimiento:

1º De las cuestiones de competencia en materia civil y penal que se susciten entre juzgados de la provincia que no tengan otro superior común.

2º De las recusaciones de sus Magistrados, cuando la competencia no esté atribuida a la Sala especial existente a estos efectos en los Tribunales Superiores de Justicia.

- Artículo modificado por art. 1.2 de Ley Orgánica núm. 1/2009, de 3 noviembre.

83. 1. El juicio del Jurado se celebrará en el ámbito de la Audiencia Provincial u otros Tribunales y en la forma que establezca la ley.

2. La composición y competencia del Jurado es la regulada en la Ley Orgánica del Tribunal del Jurado.

- Ap. 2 modificado por disp. final 1 de Ley Orgánica núm. 5/1995, de 22 mayo.

CAPÍTULO V

De los Juzgados de Primera Instancia e Instrucción, de lo Mercantil, de lo Penal, de Violencia sobre la Mujer, de lo Contencioso-Administrativo, de lo Social, de Vigilancia Penitenciaria y de Menores

- Rúbrica modificada por art. 2.1 de Ley Orgánica núm. 7/1988, de 28 diciembre.
  Rúbrica modificada por art. 2.5 de Ley Orgánica núm. 8/2003, de 9 julio.
  Rúbrica modificada por disp. adic. 10.2 de Ley Orgánica núm. 1/2004, de 28 diciembre.

84. En cada partido habrá uno o más Juzgados de Primera Instancia e Instrucción con sede en la capital de aquél y jurisdicción en todo su ámbito territorial. Tomarán su designación del municipio de su sede.

85. Los Juzgados de Primera Instancia conocerán en el orden civil:

1. En primera instancia, de los juicios que no vengan atribuidos por esta Ley a otros juzgados o tribunales.

2. De los actos de jurisdicción voluntaria en los términos que prevean las Leyes.

3. De los recursos que establezca la Ley contra las resoluciones de los Juzgados de Paz del partido.

4. De las cuestiones de competencia en materia civil entre los Juzgados de Paz del partido.

5. De las solicitudes de reconocimiento y ejecución de sentencias y demás resoluciones judiciales extranjeras y de la ejecución de laudos o resoluciones arbitrales extranjeros, a no ser que, con arreglo a lo acordado en los tratados y otras normas internacionales, corresponda su conocimiento a otro Juzgado o Tribunal.

- Ap. 5 modificado por art. único.2 de Ley Orgánica núm. 5/2011, de 20 mayo.

6. De los concursos de persona natural que no sea empresario en los términos previstos en su Ley reguladora.

- Ap. 6 añadido por art. único.22 de Ley Orgánica núm. 7/2015, de 21 julio.
  Artículo modificado por art. único.11 de Ley Orgánica núm. 19/2003, de 23 diciembre.

86. ...

- Artículo derogado por art. único.2 de Ley Orgánica núm. 8/2011, de 21 julio.

86 bis. 1. Con carácter general, en cada provincia, con jurisdicción en toda ella y sede en su capital, habrá uno o varios juzgados de lo mercantil.

2. También podrán establecerse en poblaciones distintas de la capital de provincia cuando, atendidas la población, la existencia de núcleos industriales o mercantiles y la actividad económica, lo aconsejen, delimitándose en cada caso el ámbito de su jurisdicción.

3. Podrán establecerse juzgados de lo mercantil que extiendan su jurisdicción a dos o más provincias de la misma Comunidad Autónoma, con la salvedad de lo previsto en el apartado 4 de este artículo.

4. Los juzgados de lo mercantil de Alicante tendrán competencia, además, para conocer, en primera instancia y de forma exclusiva, de todos aquellos litigios que se promuevan al amparo de lo previsto en los Reglamentos números 40/1994, del Consejo de la Unión Europea, de 20 de diciembre de 1993, sobre la Marca Comunitaria, y 6/2002, del Consejo de la Unión Europea, de 12 de diciembre de 2001, sobre los Dibujos y Modelos Comunitarios. En el ejercicio de esta competencia dichos Juzgados extenderán su jurisdicción a todo el territorio nacional, y a estos solos efectos se denominarán Juzgados de Marca Comunitaria.

- Artículo añadido por art. 2.6 de Ley Orgánica núm. 8/2003, de 9 julio.

86 ter. 1. Los Juzgados de lo mercantil conocerán de cuantas cuestiones se susciten en materia concursal, en los términos previstos en su Ley reguladora y sin perjuicio de lo dispuesto en el artículo 85.6. En todo caso, la jurisdicción del juez del concurso será exclusiva y excluyente en las siguientes materias:

1.º Las acciones civiles con trascendencia patrimonial que se dirijan contra el patrimonio del concursado, con excepción de las que se ejerciten en los procesos sobre capacidad, filiación, matrimonio y menores a las que se refiere el título I del libro IV de la Ley 1/2000, de 7 de enero, de Enjuiciamiento Civil. Con el mismo alcance conocerá de la acción a que se refiere el artículo 17.1 de la Ley 22/2003, de 9 de julio, Concursal.

2.º Las acciones sociales que tengan por objeto la extinción, modificación o suspensión colectivas de los contratos de trabajo en los que sea empleador el concursado, así como la suspensión o extinción de contratos de alta dirección, sin perjuicio de que cuando estas medidas supongan modificar las condiciones establecidas en convenio colectivo aplicable a estos contratos se requerirá el acuerdo de los representantes de los trabajadores. En el enjuiciamiento de estas materias, y sin perjuicio de la aplicación de las normas específicas de la Ley Concursal, deberán tenerse en cuenta los principios inspiradores de la ordenación normativa estatutaria y del proceso laboral.

3.º Toda ejecución frente a los bienes y derechos de contenido patrimonial del concursado, cualquiera que sea el órgano que la hubiera ordenado.

4.º Toda medida cautelar que afecte al patrimonio del concursado, excepto las que se adopten en los procesos civiles que quedan excluidos de su jurisdicción en el número 1.º y sin perjuicio de las medidas cautelares que puedan decretar los árbitros durante un procedimiento arbitral.

5.º Las que en el procedimiento concursal debe adoptar en relación con la asistencia jurídica gratuita.

6.º Las acciones tendentes a exigir responsabilidad civil a los administradores sociales, a los auditores o, en su caso, a los liquidadores, por los perjuicios causados al concursado durante el procedimiento.

- Ap. 1 modificado por art. único.23 de Ley Orgánica núm. 7/2015, de 21 julio.

2. Los Juzgados de lo Mercantil conocerán, asimismo, de cuantas cuestiones sean de la competencia del orden jurisdiccional civil, respecto de:

a) Las demandas en las que se ejerciten acciones relativas a competencia desleal, propiedad industrial, propiedad intelectual y publicidad, así como todas aquellas cuestiones que dentro de este orden jurisdiccional se promuevan al amparo de la normativa reguladora de las sociedades mercantiles y cooperativas.

b) Las pretensiones que se promuevan al amparo de la normativa en materia de transportes, nacional o internacional.

c) Aquellas pretensiones relativas a la aplicación del Derecho marítimo.

d) Las acciones colectivas previstas en la legislación relativa a condiciones generales de la contratación y a la protección de consumidores y usuarios.

e) Los recursos contra las resoluciones de la Dirección General de los Registros y del Notariado en materia de recurso contra la calificación del Registrador Mercantil, con arreglo a lo dispuesto en la Ley Hipotecaria para este procedimiento.

f) De los procedimientos de aplicación de los artículos 81 y 82 del Tratado constitutivo de la Comunidad Europea y su Derecho derivado, así como los procedimientos de aplicación de los artículos que determine la Ley de Defensa de la Competencia.

- Ap. 2 modificado por art. único.23 de Ley Orgánica núm. 7/2015, de 21 julio.

3. Los Juzgados de lo Mercantil tendrán competencia para el reconocimiento y ejecución de sentencias y demás resoluciones judiciales extranjeras, cuando éstas versen sobre materias de su competencia, a no ser que, con arreglo a lo acordado en los tratados y otras normas internacionales, corresponda su conocimiento a otro Juzgado o Tribunal.

- Ap. 3 modificado por art. único.3 de Ley Orgánica núm. 5/2011, de 20 mayo. Artículo añadido por art. 2.7 de Ley Orgánica núm. 8/2003, de 9 julio.

87. 1. Los Juzgados de Instrucción conocerán, en el orden penal:

a) De la instrucción de las causas por delito cuyo enjuiciamiento corresponda a las Audiencias Provinciales y a los Juzgados de lo Penal, excepto de aquellas causas que sean competencia de los Juzgados de Violencia sobre la Mujer.

b) Les corresponde asimismo dictar sentencia de conformidad con la acusación en los casos establecidos por la Ley y en los procesos por aceptación de decreto.

- Ap. 1 *b)* modificado por disp. final 1.5 de Ley Orgánica núm. 13/2015, de 5 octubre.

c) Del conocimiento y fallo de los juicios de faltas, salvo los que sean competencia de los Jueces de Paz, o de los Juzgados de Violencia sobre la Mujer.

d) De los procedimientos de «habeas corpus».

e) De los recursos que establezca la Ley contra las resoluciones dictadas por los Juzgados de Paz del partido y de las cuestiones de competencia entre éstos.

f) De la adopción de la orden de protección a las víctimas de violencia sobre la mujer cuando esté desarrollando funciones de guardia, siempre que no pueda ser adoptada por el Juzgado de Violencia sobre la Mujer.

g) De la emisión y la ejecución de los instrumentos de reconocimiento mutuo de resoluciones penales en la Unión Europea que les atribuya la ley.

- Ap. 1 letra *g)* modificado por art. único.2 de Ley Orgánica núm. 6/2014, de 29 octubre.

h) De los procedimientos de decomiso autónomo por los delitos para cuyo conocimiento sean competentes.

- Ap. 1 *h)* añadido por disp. final 1.5 de Ley Orgánica núm. 13/2015, de 5 octubre. Ap. 1 modificado por disp. adic. 10.Tres de Ley Orgánica núm. 1/2004, de 28 diciembre.

2. Asimismo, los juzgados de instrucción conocerán de la autorización del internamiento de extranjeros en los centros de internamiento, así como

del control de la estancia de éstos en los mismos y en las salas de inadmisión de fronteras. También conocerán de las peticiones y quejas que planteen los internos en cuanto afecten a sus derechos fundamentales.

- Ap. 2 añadido por disp. adic. 4 de Ley Orgánica núm. 2/2009, de 11 diciembre.

87 bis. 1. En cada partido habrá uno o más Juzgados de Violencia sobre la Mujer, con sede en la capital de aquél y jurisdicción en todo su ámbito territorial. Tomarán su designación del municipio de su sede.

2. Sin perjuicio de lo previsto en la legislación vigente sobre demarcación y planta judicial, el Gobierno, a propuesta del Consejo General del Poder Judicial y en su caso, con informe de la Comunidad Autónoma con competencias en materia de Justicia, podrá establecer mediante real decreto que los Juzgados de Violencia sobre la Mujer que se determinen extiendan su jurisdicción a dos o más partidos dentro de la misma provincia.

- Ap. 2 modificado por art. único.24 de Ley Orgánica núm. 7/2015, de 21 julio.

3. El Consejo General del Poder Judicial podrá acordar, previo informe de las Salas de Gobierno, que, en aquellas circunscripciones donde sea conveniente en función de la carga de trabajo existente, el conocimiento de los asuntos referidos en el artículo 87 ter de la presente Ley Orgánica, corresponda a uno de los Juzgados de Primera Instancia e Instrucción, o de Instrucción en su caso, determinándose en esta situación que uno solo de estos Órganos conozca de todos estos asuntos dentro del partido judicial, ya sea de forma exclusiva o conociendo también de otras materias.

4. En los partidos judiciales en que exista un solo Juzgado de Primera Instancia e Instrucción será éste el que asuma el conocimiento de los asuntos a que se refiere el artículo 87 ter de esta Ley.

- Artículo añadido por art. 43 de Ley Orgánica núm. 1/2004, de 28 diciembre.

87 ter. 1. Los Juzgados de Violencia sobre la Mujer conocerán, en el orden penal, de conformidad en todo caso con los procedimientos y recursos previstos en la Ley de Enjuiciamiento Criminal, de los siguientes supuestos:

a) De la instrucción de los procesos para exigir responsabilidad penal por los delitos recogidos en los títulos del Código Penal relativos a homicidio, aborto, lesiones, lesiones al feto, delitos contra la libertad, delitos contra la integridad moral, contra la libertad e indemnidad sexuales, contra la intimidad y el derecho a la propia imagen, contra el honor o cualquier otro delito cometido con violencia o intimidación, siempre que se hubiesen cometido contra quien sea o haya sido su esposa, o mujer que esté o haya estado ligada al autor por análoga relación de afectividad, aun sin convivencia, así como de los cometidos sobre los descendientes, propios o de la esposa o conviviente, o sobre los menores o personas con la capacidad modificada judicialmente que con él convivan o que se hallen sujetos a la potestad, tutela, curatela, acogimiento o guarda de hecho de la esposa o conviviente, cuando también se haya producido un acto de violencia de género.

- Ap. 1 *a)* modificado por art. único.25 de Ley Orgánica núm. 7/2015, de 21 julio.

b) De la instrucción de los procesos para exigir responsabilidad penal por cualquier delito contra los derechos y deberes familiares, cuando la víctima sea alguna de las personas señaladas como tales en la letra anterior.

c) De la adopción de las correspondientes órdenes de protección a las víctimas, sin perjuicio de las competencias atribuidas al Juez de Guardia.

d) Del conocimiento y fallo de los delitos leves que les atribuya la ley cuando la víctima sea alguna de las personas señaladas como tales en la letra *a)* de este apartado.

- Ap. 1 *d)* modificado por art. único.25 de Ley Orgánica núm. 7/2015, de 21 julio.

e) Dictar sentencia de conformidad con la acusación en los casos establecidos por la Ley.

- Ap. 1 *e)* añadido por disp. final 1 de Ley Orgánica núm. 3/2005, de 8 julio.

f) De la emisión y la ejecución de los instrumentos de reconocimiento mutuo de resoluciones penales en la Unión Europea que les atribuya la ley.

- Ap. 1 *f)* añadido por art. único.3 de Ley Orgánica núm. 6/2014, de 29 octubre.

g) De la instrucción de los procesos para exigir responsabilidad penal por el delito de quebrantamiento previsto y penado en el artículo 468 del Código Penal cuando la persona ofendida por el delito cuya condena, medida cautelar o medida de seguridad se haya quebrantado sea o haya sido su esposa, o mujer que esté o haya estado ligada al autor por una análoga relación de afectividad aun sin convivencia, así como los descendientes, propios o de la esposa o conviviente, o sobre los menores o personas con la capacidad modificada judicialmente que con él convivan o que se hallen sujetos a la potestad, tutela, curatela, acogimiento o guarda de hecho de la esposa o conviviente.

- Ap. 1 *g)* añadido por art. único.25 de Ley Orgánica núm. 7/2015, de 21 julio.

2. Los Juzgados de Violencia sobre la Mujer podrán conocer en el orden civil, en todo caso de conformidad con los procedimientos y recursos previstos en la Ley de Enjuiciamiento Civil, de los siguientes asuntos:

a) Los de filiación, maternidad y paternidad.

b) Los de nulidad del matrimonio, separación y divorcio.

c) Los que versen sobre relaciones paterno filiales.

d) Los que tengan por objeto la adopción o modificación de medidas de trascendencia familiar.

e) Los que versen exclusivamente sobre guarda y custodia de hijos e hijas menores o sobre alimentos reclamados por un progenitor contra el otro en nombre de los hijos e hijas menores.

f) Los que versen sobre la necesidad de asentimiento en la adopción.

g) Los que tengan por objeto la oposición a las resoluciones administrativas en materia de protección de menores.

3. Los Juzgados de Violencia sobre la Mujer tendrán de forma exclusiva y excluyente competencia en el orden civil cuando concurran simultáneamente los siguientes requisitos:

a) Que se trate de un proceso civil que tenga por objeto alguna de las materias indicadas en el número 2 del presente artículo.

b) Que alguna de las partes del proceso civil sea víctima de los actos de violencia de género, en los términos a que hace referencia el apartado 1 *a)* del presente artículo.

c) Que alguna de las partes del proceso civil sea imputado como autor, inductor o cooperador necesario en la realización de actos de violencia de género.

d) Que se hayan iniciado ante el Juez de Violencia sobre la Mujer actuaciones penales por delito o falta a consecuencia de un acto de violencia sobre la mujer, o se haya adoptado una orden de protección a una víctima de violencia de género.

4. Cuando el Juez apreciara que los actos puestos en su conocimiento, de forma notoria, no constituyen expresión de violencia de género, podrá inadmitir la pretensión, remitiéndola al órgano judicial competente.

5. En todos estos casos está vedada la mediación.

- Artículo añadido por art. 44 de Ley Orgánica núm. 1/2004, de 28 diciembre.

88. En la villa de Madrid podrá haber uno o más Juzgados Centrales de Instrucción, con jurisdicción en toda España, que instruirán las causas cuyo enjuiciamiento corresponda a la Sala de lo Penal de la Audiencia Nacional o, en su caso, a los Juzgados Centrales de lo Penal y tramitarán los expedientes de ejecución de las órdenes europeas de detención y entrega, los procedimientos de extradición pasiva, los relativos a la emisión y la ejecución de otros instrumentos de reconocimiento mutuo de resoluciones penales en la Unión Europea que les atribuya la ley, así como las solicitudes de información entre los servicios de seguridad de los Estados miembros de la Unión Europea cuando requieran autorización judicial, en los términos previstos en la ley.

- Artículo modificado por art. único.4 de Ley Orgánica núm. 6/2014, de 29 octubre.

89. La Ley de Planta y Demarcación puede establecer, como órganos distintos, en aquellos partidos en que fuere conveniente, los Juzgados de Primera Instancia y los Juzgados de Instrucción.

89 bis. 1. En cada provincia, y con sede en su capital, habrá uno o varios Juzgados de lo Penal. Podrán establecerse Juzgados de lo Penal cuya jurisdicción se extienda a uno o varios partidos de la misma provincia, conforme a lo que disponga la legislación sobre demarcación y planta judicial, que fijará la ciudad donde tendrán su sede. Los Juzgados de lo Penal tomarán su denominación de la población donde tengan su sede.

2. Los Juzgados de lo Penal enjuiciarán las causas por delito que la ley determine.

A fin de facilitar el conocimiento de los asuntos instruidos por los Juzgados de Violencia sobre la Mujer, y atendiendo al número de asuntos existentes, deberán especializarse uno o varios Juzgados en cada provincia, de conformidad con lo previsto en el artículo 98 de la presente Ley.

Corresponde asimismo a los Juzgados de lo Penal la ejecución de las sentencias dictadas en causas por delito grave o menos grave por los Juzgados de Instrucción, el reconocimiento y ejecución de las resoluciones que impongan sanciones pecuniarias transmitidas por las autoridades competentes de otros Estados miembros de la Unión Europea, cuando las mismas deban cumplirse en territorio español, y los procedimientos de decomiso autónomo por los delitos para cuyo conocimiento sean competentes.

- Ap. 2 modificado por disp. final 1.6 de Ley Orgánica núm. 13/2015, de 5 octubre.

3. En la Villa de Madrid, con jurisdicción en toda España, habrá uno o varios Juzgados Centrales de lo Penal que conocerán, en los casos en que así lo establezcan las leyes procesales, de las causas por los delitos a que se refiere el artículo 65 y de los demás asuntos que señalen las leyes.

Corresponde asimismo a los Juzgados Centrales de lo Penal la ejecución de las sentencias dictadas en causas por delito grave o menos grave por los Juzgados Centrales de Instrucción, y los procedimientos de decomiso autónomo por los delitos para cuyo conocimiento sean competentes.

- Ap. 3 modificado por disp. final 1.7 de Ley Orgánica núm. 13/2015, de 5 octubre.

4. Corresponde a los Juzgados de lo Penal la emisión y la ejecución de los instrumentos de reconocimiento mutuo de resoluciones penales en la Unión Europea que les atribuya la ley.

- Ap. 4 modificado por art. único.5 de Ley Orgánica núm. 6/2014, de 29 octubre.
  Artículo añadido por art. 2.4 de Ley Orgánica núm. 7/1988, de 28 diciembre.

90. 1. En cada provincia, con jurisdicción en toda ella y sede en su capital, habrá uno o más Juzgados de lo Contencioso-Administrativo.

2. Cuando el volumen de asuntos lo requiera, se podrán establecer uno o más Juzgados de lo Contencioso-Administrativo en las poblaciones que por ley se determine. Tomarán la denominación del municipio de su sede, y extenderán su jurisdicción al partido correspondiente.

3. También pondrán crearse excepcionalmente Juzgados de lo Contencioso-Administrativo que extiendan su jurisdicción a más de una provincia dentro de la misma Comunidad Autónoma.

4. En la villa de Madrid, con jurisdicción en toda España, habrá Juzgados Centrales de lo Contencioso-administrativo que conocerán, en primera o única instancia, de los recursos contencioso-administrativos contra disposiciones y actos emanados de autoridades, organismos, órganos y entidades públicas con competencia en todo el territorio nacional, en los términos que la Ley establezca.

- Ap. 4 añadido por art. único.7 de Ley Orgánica núm. 6/1998, de 13 julio.

5. Corresponde también a los Juzgados Centrales de lo Contencioso-Administrativo autorizar, mediante auto, la cesión de los datos que permitan la identificación a que se refiere el artículo 8.2 de la Ley 34/2002, de 11 de julio, de Servicios de la Sociedad de la Información y de Comercio Electrónico, así como la ejecución material de las resoluciones adoptadas por la Sección Segunda de la Comisión de Propiedad Intelectual para que se interrumpa la prestación de servicios de la sociedad de la información o para que se retiren contenidos que vulneran la propiedad intelectual, en aplicación de la citada Ley 34/2002 y del texto refundido de la Ley de Propiedad Intelectual, aprobado por Real Decreto Legislativo 1/1996, de 12 de abril.

- Ap. 5 añadido por art. 3 de Ley Orgánica núm. 4/2011, de 11 marzo.

6. Igualmente conocerán los Juzgados Centrales de lo Contencioso Administrativo del procedimiento previsto en el artículo 12 bis de la Ley Orgánica 6/2002, de 27 de junio, de Partidos Políticos.

- Ap. 6 añadido por disp. final 1 de Ley Orgánica núm. 3/2015, de 30 marzo.

91. 1. Los Juzgados de lo Contencioso-Administrativo conocerán, en primera o única instancia, de los recursos contencioso-administrativos contra actos que expresamente les atribuya la ley.

2. Corresponde también a los Juzgados de lo Contencioso-administrativo autorizar, mediante auto, la entrada en los domicilios y en los restantes edificios o lugares cuyo acceso requiera el consentimiento de su titular, cuando ello proceda para la ejecución forzosa de actos de la Administración, salvo que se trate de la ejecución de medidas de protección de menores acordadas por la Entidad Pública competente en la materia.

- Ap. 2 modificado por disp. final 1 de Ley Orgánica núm. 8/2015, de 22 julio.
  Artículo modificado por art. único.8 de Ley Orgánica núm. 6/1998, de 13 julio.

92. 1. En cada provincia, con jurisdicción en toda ella y sede en su capital, habrá uno o más Juzgados de lo Social. También podrán establecerse en poblaciones distintas de la capital de provincia cuando las necesidades del servicio o la proximidad a determinados núcleos de trabajo lo aconsejen, delimitándose, en tal caso, el ámbito de su jurisdicción.

2. Los Juzgados de lo Social podrán excepcionalmente extender su jurisdicción a dos o más provincias dentro de la misma Comunidad Autónoma.

93. Los Juzgados de lo Social conocerán, en primera o única instancia, de los procesos sobre materias propias de este orden jurisdiccional que no estén atribuidos a otros órganos del mismo.

94. 1. En cada provincia, y dentro del orden jurisdiccional penal, habrá uno o varios Juzgados de Vigilancia Penitenciaria, que tendrán las funciones jurisdiccionales previstas en la Ley General Penitenciaria en materia de ejecución de penas privativas de libertad y medidas de seguridad, emisión y ejecución de los instrumentos de reconocimiento mutuo de resoluciones penales en la Unión Europea que les atribuya la ley, control jurisdiccional de la potestad disciplinaria de las autoridades penitenciarias, amparo de los derechos y beneficios de los internos en los establecimientos penitenciarios y demás que señale la ley.

- Ap. 1 modificado por art. único.6 de Ley Orgánica núm. 6/2014, de 29 octubre.

2. Podrán establecerse Juzgados de Vigilancia penitenciaria que extiendan su jurisdicción a dos o más provincias de la misma Comunidad Autónoma.

3. También podrán crearse Juzgados de Vigilancia penitenciaria cuya jurisdicción no se extienda a toda la provincia.

4. En la villa de Madrid, con jurisdicción en toda España, habrá uno o varios Juzgados Centrales de Vigilancia Penitenciaria que tendrán las fun-

ciones jurisdiccionales previstas en la Ley General Penitenciaria, descritas en el apartado 1 de este artículo, la competencia para la emisión y ejecución de los instrumentos de reconocimiento mutuo de resoluciones penales en la Unión Europea que les atribuya la ley y demás funciones que señale la ley, en relación con los delitos competencia de la Audiencia Nacional. En todo caso, la competencia de estos Juzgados Centrales será preferente y excluyente cuando el penado cumpla también otras condenas que no hubiesen sido impuestas por la Audiencia Nacional.

- Ap. 4 modificado por art. único.6 de Ley Orgánica núm. 6/2014, de 29 octubre.

5. El cargo de Juez de Vigilancia penitenciaria será compatible con el desempeño de un órgano del orden jurisdiccional penal.

95. 1. El número de Juzgados de Vigilancia penitenciaria se determinará en la Ley de Planta, atendiendo principalmente a los establecimientos penitenciarios existentes y a la clase de éstos.

2. El Gobierno establecerá la sede de estos Juzgados, previa audiencia de la Comunidad Autónoma afectada y del Consejo General del Poder Judicial.

96. 1. En cada provincia, con jurisdicción en toda ella y sede en su capital, habrá uno o más Juzgados de Menores. No obstante, cuando el volumen de trabajo lo aconseje, podrán establecerse Juzgados de Menores cuya jurisdicción se extienda o bien a un partido determinado o agrupación de partidos, o bien a dos o más provincias de la misma Comunidad Autónoma. Tomarán su nombre de la población donde radique su sede.

- Ap.1 renumerado por art. 3.Segundo de Ley Orgánica núm. 7/2000, de 22 diciembre. Su anterior numeración era Párr. único.

2. En la villa de Madrid, con jurisdicción en toda España, habrá un Juzgado Central de Menores, que conocerá de las causas que le atribuya la legislación reguladora de la responsabilidad penal de los menores, así como de la emisión y la ejecución de los instrumentos de reconocimiento mutuo de resoluciones penales en la Unión Europea que le atribuya la ley.

- Ap. 2 modificado por art. único.7 de Ley Orgánica núm. 6/2014, de 29 octubre.

97. Corresponde a los Jueces de Menores el ejercicio de las funciones que establezcan las leyes para con los menores que hubieren incurrido en conductas tipificadas por la ley como delito o falta y aquellas otras que, en relación con los menores de edad, les atribuyan las leyes así como de la emisión y la ejecución de los instrumentos de reconocimiento mutuo de resoluciones penales en la Unión Europea que les atribuya la ley.

- Artículo modificado por art. único.8 de Ley Orgánica núm. 6/2014, de 29 octubre.

98. 1. El Consejo General del Poder Judicial podrá acordar, previo informe de las Salas de Gobierno, que en aquellas circunscripciones donde exista más de un Juzgado de la misma clase, uno o varios de ellos asuman con carácter exclusivo, el conocimiento de determinadas clases de asuntos, o de las ejecuciones propias del orden jurisdiccional de que se trate, sin perjuicio de las labores de apoyo que puedan prestar los servicios comunes que al efecto se constituyan.

2. El Consejo General del Poder Judicial podrá acordar de manera excepcional y por el tiempo que se determine, con informe favorable del Ministerio de Justicia, oída la Sala de Gobierno y, en su caso, la Comunidad Autónoma con competencias en materia de Justicia, que uno o varios Juzgados de la misma provincia y del mismo orden jurisdiccional asuman el conocimiento de determinadas clases o materias de asuntos y, en su caso, de las ejecuciones que de los mismos dimanen, sin perjuicio de las labores de apoyo que puedan prestar los servicios comunes constituidos o que se constituyan.

En estos casos, el órgano u órganos especializados asumirán la competencia para conocer de todos aquellos asuntos que sean objeto de tal especialización, aun cuando su conocimiento inicial estuviese atribuido a órganos radicados en distinto partido judicial.

No podrá adoptarse este acuerdo para atribuir a los órganos así especializados asuntos que por disposición legal estuviesen atribuidos a otros de diferente clase. Tampoco podrán ser objeto de especialización por esta vía los Juzgados de Instrucción, sin perjuicio de cualesquiera otras medidas de exención de reparto o de refuerzo que fuese necesario adoptar por necesidades del servicio.

3. Este acuerdo se publicará en el «Boletín Oficial del Estado» y producirá efectos desde el inicio del año siguiente a aquel en que se adopte, salvo que razonadamente se justifique otro momento anterior por razones de urgencia.

4. Los Juzgados afectados continuarán conociendo de todos los procesos pendientes ante los mismos hasta su conclusión.

- Artículo modificado por art. único.26 de Ley Orgánica núm. 7/2015, de 21 julio.

CAPÍTULO VI
De los Juzgados de Paz

99. 1. En cada municipio donde no exista Juzgado de Primera Instancia e Instrucción, y con jurisdicción en el término correspondiente, habrá un Juzgado de Paz.

2. Podrá existir una sola Oficina judicial para varios juzgados.

- Artículo modificado por art. único.13 de Ley Orgánica núm. 19/2003, de 23 diciembre.

100. 1. Los Juzgados de Paz conocerán, en el orden civil, de la sustanciación en primera instancia, fallo y ejecución de los procesos que la ley determine y cumplirán también las demás funciones que la ley les atribuya.

- Ap. 1 modificado por art. único.3 de Ley Orgánica núm. 8/2011, de 21 julio.

2. En el orden penal, conocerán en primera instancia de los procesos por faltas que les atribuya la ley. Podrán intervenir, igualmente, en actuaciones penales de prevención, o por delegación, y en aquellas otras que señalen las leyes.

- Ap. 2 modificado por art. 2.5 de Ley Orgánica núm. 7/1988, de 28 diciembre.

101. 1. Los Jueces de Paz y sus sustitutos serán nombrados para un período de cuatro años por la Sala de Gobierno del Tribunal Superior de Justicia correspondiente. El nombramiento recaerá en las personas elegidas por el respectivo Ayuntamiento.

2. Los Jueces de Paz y sus sustitutos serán elegidos por el Pleno del Ayuntamiento, con el voto favorable de la mayoría absoluta de sus miembros, entre las personas que, reuniendo las condiciones legales, así lo soliciten. Si no hubiere solicitante, el Pleno elegirá libremente.

3. Aprobado el acuerdo correspondiente, será remitido al Juez de Primera Instancia e Instrucción, quien lo elevará a la Sala de Gobierno.

4. Si en el plazo de tres meses, a contar desde que se produjera la vacante en un Juzgado de Paz, el Ayuntamiento correspondiente no efectuase la propuesta prevenida en los apartados anteriores, la Sala de Gobierno del Tribunal Superior de Justicia procederá a designar al Juez de Paz. Se actuará de igual modo cuando la persona propuesta por el Ayuntamiento no reuniera, a juicio de la misma Sala de Gobierno y oído el Ministerio Fiscal, las condiciones exigidas por esta Ley.

5. Los Jueces de Paz prestarán juramento ante el Juez de Primera Instancia e Instrucción y tomarán posesión ante quien se hallara ejerciendo la jurisdicción.

102. Podrán ser nombrados Jueces de Paz, tanto titular como sustituto, quienes, aun no siendo licenciados en Derecho, reúnan los requisitos establecidos en esta Ley para el ingreso en la Carrera Judicial, y no estén incursos en ninguna de las causas de incapacidad o de incompatibilidad previstas para el desempeño de las funciones judiciales, a excepción del ejercicio de las actividades profesionales o mercantiles.

103. 1. Los Jueces de Paz serán retribuidos por el sistema y en la cuantía que legalmente se establezca, y tendrán, dentro de su circunscripción, el tratamiento y precedencia que se reconozcan en la suya a los Jueces de Primera Instancia e Instrucción.

2. Los Jueces de Paz y los sustitutos, en su caso, cesarán por el transcurso de su mandato y por las mismas causas que los Jueces de carrera en cuanto les sean de aplicación.

LIBRO II
Del gobierno del poder judicial

TÍTULO I
De los órganos de gobierno del poder judicial

CAPÍTULO ÚNICO
Disposiciones generales

104. 1. El Poder Judicial se organiza y ejerce sus funciones con arreglo a los principios de unidad e independencia.

2. El gobierno del Poder Judicial corresponde al Consejo General del Poder Judicial, que ejerce sus competencias en todo el territorio nacional, de acuerdo con la Constitución y lo previsto en la presente Ley. Con subordinación a él, las Salas de Gobierno del Tribunal Supremo, de la Audiencia Nacional y de los Tribunales Superiores de Justicia ejercerán las funciones que esta Ley les atribuye, sin perjuicio de las que correspondan a los Presidentes de dichos Tribunales y a los titulares de los restantes órganos jurisdiccionales.

105. El Presidente del Tribunal Supremo y del Consejo General del Poder Judicial es la primera autoridad judicial de la Nación y ostenta la representación del Poder Judicial y del órgano de gobierno del mismo. Su categoría y honores serán los correspondientes al titular de uno de los tres poderes del Estado.

106. 1. Las Salas de Gobierno del Tribunal Supremo y de la Audiencia

Nacional ejercen sus atribuciones en dichos Tribunales. La de la Audiencia Nacional las ejerce, además, sobre los Juzgados Centrales de Instrucción.

2. Las Salas de Gobierno de los Tribunales Superiores de Justicia ejercen sus competencias en el propio Tribunal con respecto a los Juzgados y Tribunales radicados en la respectiva Comunidad Autónoma.

3. El resto de los órganos jurisdiccionales ejercen sus atribuciones gubernativas con respecto a su propio ámbito orgánico.

TÍTULO II
Del Consejo General del Poder Judicial

...

- Título derogado por disp. derog.3 de Ley Orgánica núm. 4/2013, de 28 junio. Téngase en cuenta que esta derogación estaba condicionada a la fecha de constitución del Consejo y se tiene entendido que el mismo se constituyó en el mes de septiembre del año 2013.

107 a 148. ...

- Artículos derogados por disp. derog.3 de Ley Orgánica núm. 4/2013, de 28 junio. Téngase en cuenta que esta derogación estaba condicionada cuando a la fecha de constitución del Consejo y se tiene entendido que el mismo se constituyó en el mes de septiembre del año 2013.

TÍTULO III
Del gobierno interno de los Tribunales y Juzgados

CAPÍTULO I
De las Salas de gobierno del Tribunal Supremo, Audiencia Nacional y Tribunales Superiores de Justicia

Sección 1ª
De la composición de las Salas de gobierno y de la designación y sustitución de sus miembros

149. 1. Las Salas de Gobierno del Tribunal Supremo y de la Audiencia Nacional estarán constituidas por el Presidente de dichos órganos, que las presidirá, por los Presidentes de las Salas en ellos existentes y por un número de magistrados igual al de éstos.

2. Las Salas de Gobierno de los Tribunales Superiores de Justicia estarán constituidas por el Presidente de éstos, que las presidirá, por los Presidentes de las Salas en ellos existentes, por los Presidentes de las Audiencias Provinciales de la Comunidad Autónoma, y por un número igual de magistrados o jueces, elegidos por todos los miembros de la Carrera Judi-

cial destinados en ella. Uno, al menos, de los componentes de la Sala será de la categoría de juez, salvo que no hubiera candidatos de dicha categoría.

Además de éstos se integrarán también, con la consideración de miembros electos a todos los efectos, los decanos que de conformidad con lo establecido en el artículo 166.3 hayan sido liberados totalmente del trabajo que les corresponda realizar en el orden jurisdiccional respectivo.

3. Las Salas de Gobierno de los Tribunales Superiores de Justicia, cuando el número de miembros exceda de 10, se constituirán en Pleno o en Comisión.

La Comisión estará integrada por seis miembros, tres natos y tres electos. La designación de sus componentes corresponderá al Pleno, y de producirse vacantes, la de sus sustitutos. No obstante, formará parte de la misma el Decano liberado totalmente de tareas jurisdiccionales, o uno de ellos de existir varios.

La Comisión se renovará anualmente en la misma proporción y la presidirá el Presidente del Tribunal Superior de Justicia.

4. El Secretario de Gobierno del Tribunal Supremo, de la Audiencia Nacional y de los respectivos Tribunales Superiores de Justicia ejercerá las funciones de Secretario de la Sala de Gobierno, sin perjuicio de todas aquellas que expresamente esta Ley le atribuya.

- Artículo modificado por art. único.19 de Ley Orgánica núm. 19/2003, de 23 diciembre.

150. Los miembros electivos de las Salas de gobierno se renovarán en su totalidad cada cinco años, computados desde la fecha de constitución de aquélla. Transcurrido dicho plazo, la Sala de Gobierno continuará en el ejercicio de sus funciones hasta la fecha de constitución de la nueva.

151. 1. La elección de miembros de las Salas de gobierno se llevará a cabo conforme a las siguientes reglas:

1ª La elección se llevará a cabo mediante voto personal, libre, igual, directo y secreto, admitiéndose el voto por correo. Deberá convocarse con dos meses de antelación a la terminación del mandato de los anteriores miembros electivos.

2ª Las candidaturas podrán incluir uno o varios candidatos, junto con su correspondiente sustituto, hasta un número igual al de puestos a cubrir, y bastará para que puedan ser presentadas que conste el consentimiento de quienes las integren, aunque también podrán ser avaladas por un grupo de electores o por una asociación profesional legalmente constituida. Las candidaturas serán abiertas, y los electores podrán votar a tantos candidatos y a otros tantos suplentes como plazas a cubrir.

3ª Resultarán elegidos los candidatos que hubieren obtenido mayor número de votos. Si por aplicación estricta de esta regla no resultare elegido para la Sala de gobierno de un Tribunal Superior de Justicia ningún Juez, el Magistrado que hubiere resultado elegido con menor número de votos cederá su puesto en la misma al Juez que hubiere obtenido mayor número de votos entre los que fueren candidatos, salvo que no se hubieran presentado a elección candidatos de dicha categoría.

2. A los efectos de lo dispuesto en este artículo, existirá en cada Tribunal una Junta Electoral, presidida por su Presidente e integrada, además, por el Magistrado más antiguo y el más moderno del Tribunal Supremo, de la Audiencia Nacional o del Tribunal Superior de Justicia correspondiente.

3. Corresponde al Consejo General del Poder Judicial convocar las elecciones y dictar las instrucciones necesarias para su organización y, en general, para la correcta realización del proceso electoral.

4. A cada Junta Electoral corresponde proclamar las candidaturas, actuar como mesa electoral en el acto de la elección, proceder al escrutinio y proclamar los resultados, que se comunicarán al Consejo, y, en general, la dirección y ordenación de todo el proceso electoral. Contra los acuerdos de la Junta Electoral podrá interponerse recurso contencioso-administrativo electoral.

5. En los supuestos de cese anticipado, por cualquier causa, de alguno de los miembros elegidos de la Sala de Gobierno, su puesto será cubierto por el correspondiente sustituto.

6. Si se tratase de un miembro electo y el sustituto también cesare, el puesto será cubierto por el candidato no elegido que hubiera obtenido mayor número de votos. Si no restaren candidatos electos, se convocarán elecciones parciales para cubrir el puesto o puestos vacantes.

Sección 2ª
De las atribuciones de las Salas de gobierno

152. 1. Las Salas de Gobierno, también las constituidas en régimen de Comisión, desempeñarán la función de gobierno de sus respectivos tribunales, y en particular les compete:

1º Aprobar las normas de reparto de asuntos entre las distintas Secciones de cada Sala.

2º Establecer anualmente con criterios objetivos los turnos precisos para la composición y funcionamiento de las Salas y Secciones del Tribunal y de las Audiencias Provinciales del territorio, así como de modo vinculante las normas de asignación de las Ponencias que deban turnar los Magistrados.

3º Adoptar, con respeto a la inamovilidad judicial, las medidas necesarias en los casos de disidencia entre magistrados que puedan influir en el buen orden de los tribunales o en la Administración de Justicia.

4º Completar provisionalmente la composición de las Salas en los casos en que, por circunstancias sobrevenidas, fuera necesario para el funcionamiento del servicio, siempre sin perjuicio de respetar el destino específico de los magistrados de cada Sala.

Asimismo, tomar conocimiento, aprobar provisionalmente y remitir al Consejo General del Poder Judicial para su aprobación definitiva, en los términos y, en su caso, con las correcciones que procedan, la relación de jueces y magistrados propuestos de conformidad con lo previsto en los tres primeros apartados del artículo 200 de la presente Ley, así como velar por su cumplimiento.

- Ap. 1.4 párr. 2º añadido por art. único.2 de Ley Orgánica núm. 8/2012, de 27 diciembre.

5º Proponer motivadamente al Consejo General del Poder Judicial a los magistrados suplentes expresando las circunstancias personales y profesionales que en ellos concurran, su idoneidad para el ejercicio del cargo y para su actuación en uno o varios órdenes jurisdiccionales, las garantías de un desempeño eficaz de la función y la aptitud demostrada por quienes ya hubieran actuado en el ejercicio de funciones judiciales o de sustitución en la Carrera Fiscal, con razonada exposición del orden de preferencia propuesto y de las exclusiones de solicitantes. Las propuestas de adscripción de magistrados suplentes como medida de refuerzo estarán sujetas a idénticos requisitos de motivación de los nombres y del orden de preferencia propuestos y de las exclusiones de solicitantes.

6º Ejercer las facultades disciplinarias sobre magistrados en los términos establecidos en esta Ley.

7º Proponer al Presidente la realización de las visitas de inspección e información que considere procedentes.

8º Promover los expedientes de jubilación por causa de incapacidad de los Magistrados, e informarlos.

9º Elaborar los informes que le solicite el Consejo General del Poder Judicial y la memoria anual expositiva sobre el funcionamiento del Tribunal, con expresión detallada del número y clase de asuntos iniciados y terminados por cada Sala, así como de los que se hallaren pendientes, precisando el año de su iniciación, todo ello referido al 31 diciembre. La memoria deberá contener, en todo caso, la indicación de las medidas que se consideren necesarias para la corrección de las deficiencias advertidas.

10º Proponer al Consejo General del Poder Judicial la adopción de las medidas que juzgue pertinentes para mejorar la Administración de Justicia en cuanto a los respectivos órganos jurisdiccionales.

11º Recibir el juramento o promesa legalmente prevenidos de los magistrados que integran los respectivos tribunales y darles posesión.

12º Recibir informes del Secretario de Gobierno, por iniciativa de éste o de la propia Sala, en todos aquellos asuntos que, por afectar a las oficinas judiciales o secretarios judiciales que de él dependan, exijan de algún tipo de actuación. En este caso, el Secretario de Gobierno tendrá voto en el acuerdo que pueda llegar a adoptarse.

13º Promover ante el órgano competente la exigencia de las responsabilidades disciplinarias que procedan de secretarios judiciales, del personal al servicio de la Administración de Justicia o de cualquier otro que, sin ostentar esta condición, preste sus servicios de forma permanente u ocasional en ésta.

14º En general, cumplir las demás funciones que las Leyes atribuyan a los órganos de gobierno interno de los tribunales y que no estén atribuidas expresamente a los Presidentes.

2. A las Salas de Gobierno de los Tribunales Superiores de Justicia, en Pleno o en Comisión, compete además:

1º Aprobar las normas de reparto de asuntos entre las Salas del Tribunal y entre las Secciones de las Audiencias Provinciales y Juzgados del mismo orden jurisdiccional, con sede en la Comunidad Autónoma correspondiente.

Excepcionalmente, de forma motivada, y cuando las necesidades del servicio así lo exigieren, la Sala de Gobierno podrá ordenar que se libere del reparto de asuntos, total o parcialmente, por tiempo limitado, a una Sección o a un juez determinado.

2º Ejercer las facultades de los números quinto al decimocuarto del apartado anterior, pero referidas también a los órganos jurisdiccionales con sede en la Comunidad Autónoma correspondiente a los jueces y magistrados en ellos destinados.

3º Expedir los nombramientos de los Jueces de Paz.

4º Tomar conocimiento de los planes anuales de sustitución elaborados por las Juntas de Jueces, aprobarlos provisionalmente en los términos y, en su caso, con las correcciones que procedan y remitirlos al Consejo General del Poder Judicial para su aprobación definitiva. Además, velarán por su cumplimiento.

- Ap. 2.4 añadido por art. único.3 de Ley Orgánica núm. 8/2012, de 27 diciembre. Artículo modificado por art. único.20 de Ley Orgánica núm. 19/2003, de 23 diciembre.

Sección 3ª
Del funcionamiento de las Salas de gobierno y del régimen de sus actos

153. 1. Las Salas de Gobierno se reunirán, al menos, dos veces por mes, a no ser que no hubiere asuntos pendientes, y cuantas veces, además, tengan que tratar de asuntos urgentes de interés para la Administración de Justicia, cuando lo considere necesario el Presidente del Tribunal Superior de Justicia, cuando lo solicite la tercera parte de sus miembros mediante propuesta razonada y con expresión de lo que deba ser objeto de deliberación y decisión, o cuando lo solicite el Secretario de Gobierno a fin de tratar cuestiones que afecten a oficinas judiciales o Secretarios Judiciales que de él dependan. La convocatoria se hará por el Presidente, con expresión de los asuntos a tratar.

2. Las Salas de Gobierno de los Tribunales Superiores de Justicia, constituidas en Comisión, se reunirán semanalmente. La Comisión trimestralmente, pondrá en conocimiento del Pleno, previamente convocado, todos aquellos asuntos que han sido tratados y resueltos. Podrá reunirse, asimismo, el Pleno cuando, a juicio del Presidente o de la Comisión, la trascendencia, importancia o interés para la Administración de Justicia de los asuntos a tratar así lo aconsejen, cuando lo solicite la mayoría de sus miembros mediante propuesta razonada y con expresión de lo que debe ser objeto de deliberación y decisión o cuando lo solicite el Secretario de Gobierno a fin de tratar cuestiones que afecten a oficinas judiciales o a Secretarios Judiciales que de él dependan. La convocatoria del Pleno o de la Comisión se hará por el Presidente, con expresión de los asuntos a tratar.

3. La Sala podrá constituirse por el Presidente y dos miembros para las actuaciones no decisorias de carácter formal, tales como la recepción de juramento o promesa o la toma de posesión de jueces y magistrados u otras de carácter análogo.

4. En los demás casos, para su válida constitución, se requerirá la presencia, al menos, de la mayoría de sus miembros, que deberán ser citados personalmente con 24 horas de anticipación como mínimo.

- Artículo modificado por art. único.21 de Ley Orgánica núm. 19/2003, de 23 diciembre.

154. No podrán estar presentes en las discusiones y votaciones los que tuvieren interés directo o indirecto en el asunto de que se trate, siendo de aplicación en este caso lo dispuesto en la Ley para la abstención y recusación.

155. El Presidente designará un Ponente para cada asunto a tratar, que informará a la Sala y presentará, en su caso, la propuesta de acuerdo o resolución, salvo que, por razones de urgencia, no sea posible, o por la escasa importancia del asunto, a juicio del Presidente, no lo requiera.

156. El Presidente, por propia iniciativa, a petición del Ponente o por acuerdo de la Sala, pasará a dictamen del Ministerio Fiscal aquellos asuntos en los que deba intervenir o en los que la índole de los mismos lo haga conveniente. El Ponente, a la vista del dictamen del Fiscal, del que dará cuenta a la Sala, formulará la correspondiente propuesta.

157. 1. Concluida la discusión de cada asunto, se procederá a la votación, que comenzará por el Juez o Magistrado más moderno y seguirá por orden de menor antigüedad, hasta el que presidiere. La votación será secreta si lo solicitase cualquiera de los miembros.

2. El Juez o Magistrado que disintiere de la mayoría podrá pedir que conste su voto en el acta. Si lo desea, podrá formular voto particular, escrito y fundado, que se insertará en el acta, si la Sala lo estimare procedente por razón de su naturaleza o de las circunstancias concurrentes, siempre que lo presente dentro del plazo que fije la Sala, que no será superior a tres días.

3. El Presidente tendrá voto de calidad en caso de empate.

158. 1. El Secretario de Gobierno dará cuenta de los asuntos que se lleven a la Sala; estará presente en su discusión y votación; redactará las actas, en que se hará mención de todos los acuerdos, refiriéndolos a los expedientes en que se insertare; anotará al margen los apellidos de los que estén presentes en la sesión; custodiará el libro de actas y dará, en su caso, las certificaciones correspondientes.

2. Los actos de las Salas de gobierno gozarán de ejecutoriedad, serán recurribles en alzada ante el Consejo General del Poder Judicial y les serán de aplicación supletoria las normas de la Ley de Procedimiento Administrativo.

159. 1. Los acuerdos de las Salas de gobierno se llevarán a un libro de actas, que estará a cargo del Secretario de Gobierno y que no tendrá otra publicidad que la que se efectúe a instancia del que tenga un interés directo, legítimo y personal.

2. No obstante, a los acuerdos sobre normas de reparto entre Secciones y entre Juzgados de un orden jurisdiccional se les dará publicidad suficiente.

CAPÍTULO II
De los Presidentes de los Tribunales y Audiencias

160. Los Presidentes tendrán las siguientes funciones:

1. Convocar, presidir y dirigir las deliberaciones de la Sala de gobierno.

2. Fijar el orden del día de las sesiones de la Sala de gobierno, en el que deberán incluirse los asuntos que propongan al menos dos de sus componentes.

3. Someter cuantas propuestas considere oportunas en materia de competencia de la Sala de Gobierno.

4. Autorizar con su firma los acuerdos de la Sala de gobierno y velar por su cumplimiento.

5. Cuidar del cumplimiento de las medidas adoptadas por la Sala de gobierno para corregir los defectos que existieren en la administración de Justicia, si estuvieren dentro de sus atribuciones, y, en otro caso, proponer al Consejo, de acuerdo con la Sala, lo que considere conveniente.

6. Despachar los informes que le pida el Consejo General del Poder Judicial.

7. Adoptar las medidas necesarias, cuando surjan situaciones que por su urgencia lo requieran, dando cuenta en la primera reunión de la Sala de gobierno.

8. Dirigir la inspección de los Juzgados y Tribunales en los términos establecidos en esta Ley.

9. Determinar el reparto de asuntos entre las Salas del Tribunal del mismo orden jurisdiccional y entre las Secciones de éstas de acuerdo con las normas aprobadas por la Sala de Gobierno.

- Ap. 9 modificado por art. único.10 de Ley Orgánica núm. 6/1998, de 13 julio.

10. Presidir diariamente la reunión de los Presidentes de Salas y Magistrados y cuidar de la composición de las Salas y Secciones conforme al artículo 198 de esta Ley.

11. Ejercer todos los poderes dirigidos al buen orden del Tribunal o Audiencia respectivo, así como al cumplimiento de sus deberes por el personal de los mismos.

12. Comunicar al Consejo General las vacantes judiciales y las plazas vacantes de personal auxiliar del respectivo Tribunal o Audiencia.

13. Oír las quejas que les hagan los interesados en causas o pleitos, adoptando las prevenciones necesarias.

14. Las demás previstas en la ley.

161. 1. El Presidente del Tribunal Superior de Justicia ostenta la representación del Poder Judicial en la Comunidad Autónoma correspondiente, siempre que no concurra el Presidente del Tribunal Supremo.

2. El Presidente de Sala a que se refiere el artículo 78 de esta Ley representa al Poder Judicial en las provincias a que se extiende la jurisdicción de aquélla, salvo cuando concurra el del Tribunal Superior de Justicia o el del Tribunal Supremo. En el caso de que existan, conforme a dicho artículo, Salas de lo Contencioso-Administrativo y de lo Social, tal representación corresponde al presidente de Sala que designe el Consejo General del Poder Judicial.

3. El Presidente del Tribunal Superior de Justicia podrá delegar en el de Sala a que se refiere el artículo anterior las funciones gubernativas que tenga por conveniente, referidas a la Sala o Salas correspondientes y a los órganos jurisdiccionales con sede en las provincias a los que aquélla o aquéllas extiendan su jurisdicción.

162. Podrán los Presidentes del Tribunal Supremo, de la Audiencia Nacional, Tribunales Superiores de Justicia y de las Audiencias y, en su caso, las Salas de Gobierno, por conducto de aquéllos, dirigir a los Juzgados y Tribunales a ellos inferiores, que estén comprendidos en su respectiva circunscripción, dentro del ámbito de sus competencias gubernativas, las prevenciones que estimen oportunas para el mejor funcionamiento de los Juzgados y Tribunales, dando cuenta sin dilación al Tribunal Supremo, en su caso, y directamente al Consejo General del Poder Judicial.

163. ...

- Artículo suprimido por art. único.27 de Ley Orgánica núm. 7/2015, de 21 julio.

164. Los Presidentes de las Audiencias Provinciales presiden las mismas, adoptan las medidas precisas para su funcionamiento y ejercen las demás funciones que les atribuye la Ley, sin perjuicio, en todo caso, de las facultades de los órganos de gobierno del Tribunal Superior de Justicia.

- Artículo modificado por art. único.23 de Ley Orgánica núm. 19/2003, de 23 diciembre.

CAPÍTULO III
De los Presidentes de las Salas y de los Jueces

165. Los Presidentes de las Salas de Justicia y los jueces tendrán en sus respectivos órganos jurisdiccionales la dirección e inspección de todos los asuntos, adoptarán, en su ámbito competencial, las resoluciones que la buena marcha de la Administración de Justicia aconseje, darán cuenta a los Presidentes de los respectivos Tribunales y Audiencias de las anomalías o faltas que observen y ejercerán las funciones disciplinarias que les reconozcan las Leyes procesales sobre los profesionales que se relacionen con el tribunal.

Con respecto al personal adscrito al servicio de la sala o juzgado correspondiente se estará a lo previsto en su respectivo régimen disciplinario.

- Artículo modificado por art. único.24 de Ley Orgánica núm. 19/2003, de 23 diciembre.

CAPÍTULO IV
De los Jueces Decanos y de las Juntas de Jueces

166. 1. En las poblaciones donde haya diez o más Juzgados, sus titulares elegirán por mayoría de tres quintos a uno de ellos como Decano. De no obtenerse dicha mayoría en la primera votación, bastará la mayoría simple en la segunda, resolviéndose los empates en favor del que ocupe el mejor puesto en el escalafón. La elección deberá renovarse cada cuatro años o cuando el elegido cesare por cualquier causa.

2. Donde haya menos de diez Juzgados, ejercerá las funciones de Decano el Juez o Magistrado con mejor puesto en el escalafón.

3. Excepcionalmente, y cuando las circunstancias del Decanato lo justifiquen, el Consejo General del Poder Judicial, oída la Junta de Jueces, podrá liberar a su titular total o parcialmente del trabajo que le corresponda realizar en el orden jurisdiccional respectivo.

167. 1. Donde hubiere dos o más Juzgados del mismo orden jurisdiccional, los asuntos se distribuirán entre ellos conforme a normas de reparto prefijadas. Las normas de reparto se aprobarán por la Sala de Gobierno del Tribunal Superior de Justicia, a propuesta de la Junta de Jueces del respectivo orden jurisdiccional. A solicitud del interesado, la Junta de Jueces podrá proponer que se libere, total o parcialmente, a un Juez del reparto de asuntos, por tiempo limitado, cuando la buena administración de justicia lo haga necesario. El acuerdo se trasladará a la Sala de Gobierno para que ésta, si lo entiende pertinente, proceda a su aprobación. Las modificaciones que se adopten en las normas de reparto no podrán afectar a los procedimientos en trámite.

2. La Sala de Gobierno podrá acordar las modificaciones precisas en las normas de reparto de los Juzgados de lo Mercantil, de lo Penal, de Menores, de Vigilancia Penitenciaria, de lo Contencioso-administrativo o de lo Social, para equilibrar la distribución de asuntos que por materia les corresponde a cada uno de ellos según su clase, aun cuando alguno tuviese atribuido, por disposición legal o por acuerdo del Pleno del propio Consejo General del Poder Judicial, el despacho de asuntos de su competencia a una circunscripción de ámbito inferior a la provincia.

3. El reparto se realizará por el Letrado de la Administración de Justicia bajo la supervisión del Juez Decano, al cual corresponderá resolver con carácter gubernativo interno las cuestiones que se planteen y corregir las irregularidades que puedan producirse, adoptando las medidas necesarias y promoviendo, en su caso, la exigencia de las responsabilidades que procedan.

- Artículo modificado por art. único.28 de Ley Orgánica núm. 7/2015, de 21 julio.

168. 1. Los Decanos velarán por la buena utilización de los locales judiciales y de los medios materiales; cuidarán de que el servicio de guardia se preste continuadamente; adoptarán las medidas urgentes en los asuntos no repartidos cuando, de no hacerlo, pudiera quebrantarse algún derecho o producirse algún perjuicio grave e irreparable; oirán las quejas que les hagan los interesados en causas o pleitos, adoptando las prevenciones necesarias, y ejercerán las restantes funciones que les atribuya la Ley.

2. En todo caso, corresponde a los Jueces Decanos:

a) Resolver en única instancia los recursos gubernativos que quepa interponer contra las decisiones de los Secretarios Judiciales en materia de reparto.

b) Poner en conocimiento de la Sala de Gobierno toda posible anomalía en el funcionamiento de servicios comunes procesales de su territorio.

c) Resolver cuantos recursos les atribuyan las Leyes procesales.

d) Velar por la correcta ejecución de las sustituciones y de los planes anuales de sustitución en los términos previstos en esta Ley, resolver con carácter gubernativo interno las cuestiones que se planteen y corregir las irregularidades que puedan producirse adoptando las medidas necesarias y promoviendo, en su caso, la exigencia de las responsabilidades que procedan.

- Ap. 2 *d)* añadido por art. único.4 de Ley Orgánica núm. 8/2012, de 27 diciembre.
  Artículo modificado por art. único.25 de Ley Orgánica núm. 19/2003, de 23 diciembre.

169. El Decano ostentará ante los poderes públicos la representación de todos y presidirá la Junta de Jueces para tratar asuntos de interés común relativos a la actividad jurisdiccional de los titulares de todos o de alguno de los órganos judiciales. Esta Junta habrá de convocarse por el Decano siempre que lo solicitare la cuarta parte de los jueces de la población.

- Artículo modificado por art. único.26 de Ley Orgánica núm. 19/2003, de 23 diciembre.

170. 1. Los Jueces de cada orden jurisdiccional podrán reunirse en Junta, bajo la Presidencia del Decano, para proponer las normas de reparto entre los mismos, unificar criterios y prácticas, y para tratar asuntos comunes o sobre los que estimaren conveniente elevar exposición a la Sala de Gobierno correspondiente o al Consejo General del Poder Judicial por conducto del Presidente del Tribunal Superior de Justicia o aquél les solicitare informe.

2. El Decano convocará la Junta cuando lo estime necesario o cuando lo solicite, al menos, la cuarta parte de los miembros de derecho de la misma.

3. También podrán reunirse los Jueces de una misma provincia o Comunidad Autónoma, presididos por el más antiguo en el destino, para tratar aquellos problemas que les sean comunes.

4. La Junta se considerará válidamente constituida para tomar acuerdos cuando asistan la mitad más uno de sus miembros, adoptándose los acuerdos por mayoría simple.

5. La Junta elegirá como Secretario a uno de sus miembros, que será el encargado de redactar las actas de los acuerdos de las Juntas, así como de conservarlas y de expedir las certificaciones de las mismas.

6. Corresponde a la Junta de Jueces elaborar los planes anuales de sustitución entre jueces titulares a que se refiere el artículo 211 para su remisión a la Sala de Gobierno.

- Ap. 6 añadido por art. único.5 de Ley Orgánica núm. 8/2012, de 27 diciembre.

CAPÍTULO V
De la Inspección de los Juzgados y Tribunales

171. 1. El Consejo General del Poder Judicial ejerce la superior inspección y vigilancia sobre todos los Juzgados y Tribunales para la comprobación y control del funcionamiento de la Administración de Justicia.

2. El Presidente del Consejo y los Vocales del mismo, por acuerdo del Pleno, podrán realizar visitas de información a dichos órganos.

3. El Consejo o su Presidente, cuando lo consideren necesario, podrán ordenar que el Servicio de inspección dependiente de aquél, o los Presidentes, Magistrados o Jueces de cualquier Tribunal o Juzgado, realicen inspecciones a Juzgados o Tribunales o recaben información sobre el funcionamiento y el cumplimiento de los deberes del personal judicial.

4. El Ministerio de Justicia, cuando lo considere necesario, podrá instar del Consejo que ordene la inspección de cualquier juzgado o Tribunal. En este caso, el Consejo notificará al Ministerio de Justicia la resolución que adopte y, en su caso, las medidas adoptadas. Todo ello sin perjuicio de las facultades que la presente Ley concede al Ministerio Fiscal.

172. 1. El Presidente del Tribunal Supremo dirige la inspección ordinaria y vigila el funcionamiento de las Salas y Secciones de este Tribunal.

2. Los Presidentes de los Tribunales Superiores de Justicia ejercen las mismas funciones en sus respectivos ámbitos territoriales.

3. El Presidente de la Audiencia Nacional tiene las facultades de los apartados anteriores, respecto a las Salas de la misma y los Juzgados Centrales.

4. Los Presidentes de las Audiencias Provinciales podrán ejercer por delegación la inspección sobre los juzgados y tribunales en su respectivo ámbito y aquellas otras funciones de carácter administrativo que se les encomienden.

- Ap. 4 añadido por art. único.27 de Ley Orgánica núm. 19/2003, de 23 diciembre.

173. Se encomendará la inspección a Juez o Magistrado de igual o superior categoría a la del titular del órgano inspeccionado.

174. 1. Los Jueces y Presidentes de Secciones y Salas ejercerán su inspección en los asuntos de que conozcan.

2. Cuando a su juicio conviniere, para evitar abusos, adoptar alguna medida que no sea de su competencia o despachar visitas a algún Juzgado o Tribunal, lo manifestarán al Presidente del Tribunal Supremo, de la Audiencia Nacional o al Tribunal Superior de Justicia, para que éste decida lo que corresponda.

175. 1. Los Jueces y Magistrados y el personal al servicio de la Administración de Justicia deben prestar la colaboración necesaria para el buen fin de la inspección.

2. Las facultades inspectoras se ejercerán sin merma de la autoridad del Juez, Magistrado o Presidente.

3. El expediente de inspección se completará con los informes sobre el órgano inspeccionado, que podrán presentar los respectivos colegios de abogados, procuradores o, en el caso de la jurisdicción social, graduados sociales en todo aquello que les afecte. A tal fin, serán notificados, con la suficiente antelación, respecto a las circunstancias en que se lleve a cabo la actividad inspectora.

- Ap. 3 modificado por disp. final 1 de Ley Orgánica núm. 4/2013, de 28 junio.

176. 1. La inspección comprenderá el examen de cuanto resulte necesario para conocer el funcionamiento del Juzgado o Tribunal y el cumplimiento de los deberes del personal judicial, atendiendo especialmente a las exigencias de una pronta y eficaz tramitación de todos los asuntos.

2. La interpretación y aplicación de las leyes hechas por los Jueces o Tribunales, cuando administran justicia, no podrá ser objeto de aprobación, censura o corrección, con ocasión o a consecuencia de actos de inspección.

177. 1. El Juez o Magistrado que realice la inspección redactará un informe que elevará a quien la hubiere decretado.

2. De las visitas de inspección se levantará acta, en que se detallará el resultado de aquélla, y de la que se entregará copia al Juez o Presidente del órgano jurisdiccional inspeccionado. Estos, con respecto a dicha acta, podrán formular las correspondientes observaciones o precisiones y remitirlas a la Autoridad que hubiere ordenado la práctica de la inspección, dentro de los diez días siguientes.

3. El Presidente de la Sala de Gobierno, a la que, en su caso, se dará cuenta, adoptará, a la vista del informe, cuando proceda, las medidas que estime convenientes dentro de sus atribuciones, y, cuando no tuviere competencia para resolver, propondrá al Consejo General del Poder Judicial lo que considere procedente. La comunicación al Consejo General se hará por conducto de su Presidente. El Consejo General adoptará por sí mismo las medidas que procedan, cuando hubiere ordenado la inspección.

CAPÍTULO VI
De las Secretarías de Gobierno

178. 1. En el Tribunal Supremo, Audiencia Nacional y Tribunales Superiores de Justicia existirá una Secretaría de Gobierno, dependiente del Secretario de Gobierno respectivo, que estará auxiliado por el personal al servicio de la Administración de Justicia que determine la correspondiente relación de puestos de trabajo.

2. En estos tribunales podrá existir, además, un Vicesecretario de Gobierno.

- Artículo modificado por art. único.28 de Ley Orgánica núm. 19/2003, de 23 diciembre.

LIBRO III
Del régimen de los Juzgados y Tribunales

TÍTULO I
Del tiempo de las actuaciones judiciales

CAPÍTULO I
Del período ordinario de actividad de los Tribunales

179. El año judicial, período ordinario de actividad de los Tribunales, se extenderá desde el 1 de septiembre, o el siguiente día hábil, hasta el 31 de julio de cada año natural.

180. 1. Durante el período en que los Tribunales interrumpan su actividad ordinaria, se formará en los mismos una Sala compuesta por su Presidente y el número de Magistrados que determine el Consejo General del Poder Judicial, la cual asumirá las atribuciones de las Salas de Gobierno y de Justicia, procurando que haya Magistrados de las diversas Salas.

2. Los Magistrados que no formen parte de esta Sala podrán ausentarse, a partir del fin del período ordinario de actividad, una vez ultimados los asuntos señalados.

181. 1. Al inicio del año judicial se celebrará un acto solemne en el Tribunal Supremo.

2. El Presidente del Consejo General del Poder Judicial y del Tribunal Supremo presentará en dicho acto la Memoria anual sobre el estado, funcionamiento y actividades de los Juzgados y Tribunales de Justicia.

3. El Fiscal General del Estado leerá también en este acto la Memoria anual sobre su actividad, la evolución de la criminalidad, la prevención del delito y las reformas convenientes para una mayor eficacia de la justicia.

CAPÍTULO II
Del tiempo hábil para las actuaciones judiciales

182. 1. Son inhábiles a efectos procesales los sábados y domingos, los días 24 y 31 de diciembre, los días de fiesta nacional y los festivos a efectos laborales en la respectiva Comunidad Autónoma o localidad.

El Consejo General del Poder Judicial, mediante reglamento, podrá habilitar estos días a efectos de actuaciones judiciales en aquellos casos no previstos expresamente por las Leyes.

2. Son horas hábiles desde las ocho de la mañana a las ocho de la tarde, salvo que la Ley disponga lo contrario.

- Artículo modificado por art. único.29 de Ley Orgánica núm. 19/2003, de 23 diciembre.

183. Serán inhábiles los días del mes de agosto para todas las actuaciones judiciales, excepto las que se declaren urgentes por las Leyes procesales. No obstante, el Consejo General del Poder Judicial, mediante reglamento, podrá habilitarlos a efectos de otras actuaciones.

- Artículo modificado por art. único.30 de Ley Orgánica núm. 19/2003, de 23 diciembre.

184. 1. Sin perjuicio de lo dispuesto en los artículos anteriores, todos los días del año y todas las horas serán hábiles para la instrucción de las causas criminales, sin necesidad de habilitación especial.

2. Los días y horas inhábiles podrán habilitarse con sujeción a lo dispuesto en las leyes procesales.

- Ap. 2 modificado por art. 1.3 de Ley Orgánica núm. 1/2009, de 3 noviembre.

185. 1. Los plazos procesales se computarán con arreglo a lo dispuesto en el Código Civil. En los señalados por días quedarán excluidos los inhábiles.

2. Si el último día de plazo fuere inhábil, se entenderá prorrogado al primer día hábil siguiente.

TÍTULO II
Del modo de constituirse los Juzgados y Tribunales

CAPÍTULO I
De la audiencia pública

186. Los Juzgados y Tribunales celebrarán audiencia pública todos los días hábiles para la práctica de pruebas, las vistas de los pleitos y causas, la publicación de las sentencias dictadas y demás actos que señale la ley.

187. 1. En audiencia pública, reuniones del Tribunal y actos solemnes judiciales, los Jueces, Magistrados, Fiscales, Secretarios, Abogados y Procuradores usarán toga y, en su caso, placa y medalla de acuerdo con su rango.

2. Asimismo, todos ellos, en estrados, se sentarán a la misma altura.

188. 1. Los Jueces y los Presidentes de las Audiencias y Tribunales, dentro de los límites fijados por el Consejo General del Poder Judicial, señalarán las horas de audiencia pública que sean necesarias para garantizar que la tramitación de los procesos se produzca sin indebidas dilaciones. Se darán a conocer a través de un edicto fijado ostensiblemente en la parte exterior de las salas de los Juzgados y Tribunales.

- Ap. 1 modificado por art. 24 de Ley Orgánica núm. 16/1994, de 8 noviembre.

2. Los Jueces y Magistrados que formen Sala asistirán a la audiencia, de no mediar causa justificada.

189. Los jueces y magistrados, presidentes, secretarios judiciales, y demás personal al servicio de la Administración de Justicia deberán ejercer su actividad respectiva en los términos que exijan las necesidades del servicio, sin perjuicio de respetar el horario establecido.

- Artículo modificado por art. único.31 de Ley Orgánica núm. 19/2003, de 23 diciembre.

190. 1. Corresponde al Presidente del Tribunal o al juez mantener el orden en la Sala, a cuyo efecto acordará lo que proceda.

2. Asimismo ampararán en sus derechos a los presentes.

3. Estas mismas obligaciones recaerán sobre el Secretario en todas aquellas actuaciones que se celebren únicamente ante él en las dependencias de la Oficina judicial.

- Artículo modificado por art. único.32 de Ley Orgánica núm. 19/2003, de 23 diciembre.

191. A los efectos de lo dispuesto en el artículo anterior, los que perturbaren la vista de algún proceso, causa u otro acto judicial, dando señales ostensibles de aprobación o desaprobación, faltando al respeto y consideraciones debidas a los jueces, tribunales, Ministerio Fiscal, abogados, procuradores, secretarios judiciales, médicos forenses o resto del personal al servicio de la Administración de Justicia, serán amonestados en el acto por quien presida y expulsados de la sala o de las dependencias de la Oficina judicial, si no obedecieren a la primera advertencia, sin perjuicio de la responsabilidad penal en que incurran.

- Artículo modificado por art. único.33 de Ley Orgánica núm. 19/2003, de 23 diciembre.

192. Los que se resistieren a cumplir la orden de expulsión serán, además, sancionados con multa, cuyo máximo será la cuantía de la multa más elevada prevista en el Código Penal como pena correspondiente a las faltas.

193. 1. Con la misma multa serán sancionados los testigos, peritos o cualquiera otro que, como parte o representándola, faltaran en las vistas y actos judiciales de palabra, obra o por escrito a la consideración, respeto y obediencia debidos a jueces, fiscales, secretarios judiciales y resto del personal al servicio de la Administración de Justicia, cuando sus actos no constituyan delito.

2. No están comprendidos en esta disposición los abogados y procuradores de las partes, respecto de los cuales se observará lo dispuesto en el título V del libro VII.

- Artículo modificado por art. único.34 de Ley Orgánica núm. 19/2003, de 23 diciembre.

194. 1. Se hará constar en el acta el hecho que motiva la sanción, la explicación que, en su caso, dé el sancionado y el acuerdo que se adopte por quien presida el acto.

2. Contra el acuerdo de imposición de sanción podrá interponerse en el plazo de tres días recurso de audiencia en justicia ante el propio juez, Presidente o Secretario Judicial, que lo resolverá en el siguiente día. Contra el acuerdo resolviendo la audiencia en justicia o contra el de imposición de la sanción, si no se hubiese utilizado aquel recurso, cabrá recurso de alzada, en el plazo de cinco días, ante la Sala de Gobierno, que lo resolverá, previo informe del juez, Presidente o secretario judicial que impuso la sanción, en la primera reunión que se celebre.

- Artículo modificado por art. único.35 de Ley Orgánica núm. 19/2003, de 23 diciembre.

195. Cuando los hechos de que tratan los artículos anteriores llegaren a constituir delito, sus autores serán detenidos en el acto y puestos a disposición del Juez competente.

CAPÍTULO II
De la formación de las Salas y de los Magistrados suplentes

196. En los casos en que la ley no disponga otra cosa bastarán tres Magistrados para formar Sala.

197. Ello no obstante, podrán ser llamados, para formar Sala, todos los

Magistrados que la componen, aunque la ley no lo exija, cuando el Presidente, o la mayoría de aquéllos, lo estime necesario para la administración de justicia.

198. 1. La composición de las Secciones se determinará por el Presidente según los criterios aprobados anualmente por la Sala de Gobierno, a propuesta de aquél.

2. Serán presididas por el Presidente de la Sala, por el Presidente de la Sección o, en su defecto, por el Magistrado más antiguo de los que la integren.

199. 1. Cuando no asistieren magistrados en número suficiente para constituir Sala en las Audiencias Provinciales o Tribunales Superiores de Justicia, concurrirán para completarla aquellos miembros de la carrera judicial que designe el Presidente del órgano colegiado respectivo, por el orden y de conformidad con las reglas siguientes:

En primer lugar, se llamará a los magistrados del mismo órgano que obren en la relación de suplentes profesionales a los que se refiere el artículo siguiente, comenzando por los de la misma Sección, si los hubiere, llamando a continuación al resto siempre que se encuentren libres de señalamiento.

En segundo, a los jueces y magistrados ajenos al órgano que obren en la relación de miembros de la carrera judicial a los que se refiere el artículo siguiente, por el orden que allí se establezca.

En tercero, el Presidente del Tribunal Superior de Justicia, por iniciativa propia, o a propuesta del Presidente de la Audiencia Provincial respectiva en la que no pueda constituirse Sala, llamará a los jueces de adscripción territorial a que se refiere el artículo 347 bis.

En cuarto, el Presidente de Tribunal Superior o, en su caso, el Presidente de la Audiencia Provincial respectiva, llamará a los miembros de la carrera judicial del orden correspondiente que tengan menor carga de trabajo en el respectivo territorio, de conformidad con los datos que obren en el Servicio de Inspección, siempre que no exista incompatibilidad de señalamientos.

En quinto lugar, los del mismo órgano en el turno que se establezca, en el que serán preferidos los que se hallaren libres de señalamiento y, entre estos, los más modernos.

En último término y excepcionalmente, cuando no resulte posible la formación de Sala con un miembro de la carrera judicial de conformidad con lo anterior y exista disponibilidad presupuestaria, se llamará a un magistrado suplente no profesional conforme a lo previsto en la presente Ley.

2. En la Audiencia Nacional, cuando no asistieren Magistrados en número suficiente para constituir Sala, concurrirán para completarla otros Magistrados que designe el Presidente de la Sala o, en su caso, del Tribunal, con arreglo a un turno en el que serán preferidos los que se hallaren libres de señalamiento y, entre éstos, los más modernos. En su defecto, se llamará a un Magistrado suplente de conformidad con lo previsto en el apartado 2 del artículo siguiente.

- Ap. 2 modificado por art. único.29 de Ley Orgánica núm. 7/2015, de 21 julio.

3. Cuantas dudas puedan surgir en la aplicación de las anteriores reglas se resolverán dando preferencia en todo caso a la sustitución profesional entre miembros de la carrera judicial y atendiendo al criterio de máximo aprovechamiento de los recursos públicos.

4. Los llamamientos que tengan lugar conforme a lo establecido en este precepto serán retribuidos en los casos y cuantía que se determinen reglamentariamente. En ningún caso lo serán cuando la carga de trabajo asumida por el llamado, computada junto con la de su órgano de procedencia, no alcance el mínimo fijado según los criterios técnicos establecidos por el Consejo General del Poder Judicial.

5. El coste total de los llamamientos anuales no podrá sobrepasar el límite fijado anualmente en los Presupuestos del Ministerio de Justicia. A tal efecto, dicho Ministerio, tras la aprobación de la correspondiente Ley de Presupuestos Generales del Estado, comunicará al Consejo General del Poder Judicial dicho límite, quien velará por su estricto cumplimiento.

6. El Consejo General del Poder Judicial antes del día uno de enero deberá haber aprobado las relaciones a las que se refieren los apartados anteriores, que le fueran remitidas por las Salas de Gobierno correspondientes con arreglo a lo dispuesto en el artículo 152 de la presente Ley.

7. Dentro de los límites del llamamiento o adscripción, los magistrados designados actuarán, como miembros de la Sala que sean llamados a formar, con los mismos derechos y deberes que los magistrados titulares.

- Artículo modificado por art. único.6 de Ley Orgánica núm. 8/2012, de 27 diciembre.

200. 1. En los Tribunales Superiores de Justicia y Audiencias Provinciales se elaborará anualmente una relación de miembros de la carrera judicial que voluntariamente quieran participar para ser llamados a completar Sala. La relación comprenderá, para cada orden jurisdiccional, la prelación con la que deban hacerse los llamamientos.

En todo caso, los solicitantes de integrar dicha relación deberán justificar, en el momento de la solicitud, el estado de la agenda de señalamientos y pendencia de asuntos del órgano de que son titulares, así como el número y razón de las resoluciones pendientes de dictar que les corresponden.

2. A los efectos de lo previsto en el artículo anterior podrá haber en la Audiencia Nacional, en los Tribunales Superiores de Justicia y en las Audiencias Provinciales una relación de Magistrados suplentes no integrantes de la Carrera judicial, que serán llamados a formar Sala según la prelación que se establezca dentro de cada orden u órdenes jurisdiccionales para el que hubieren sido nombrados.

Para su llamamiento habrá de respetarse la disponibilidad presupuestaria y la prioridad establecida en el artículo anterior, sin que nunca pueda concurrir a formar Sala más de un Magistrado suplente.

- Ap. 2 modificado por art. único.30 de Ley Orgánica núm. 7/2015, de 21 julio.

3. Corresponde a los Presidentes de las Audiencias Provinciales y Tribunales Superiores de Justicia elaborar ambas relaciones, tanto de titulares como de suplentes no profesionales, que contemplarán la prelación de llamamientos y las remitirá a la Sala de Gobierno respectiva para su aprobación provisional. Verificada ésta se elevarán al Consejo General del Poder Judicial para su aprobación definitiva en los términos que procedan.

4. ...

- Ap. 4 suprimido por art. único.30 de Ley Orgánica núm. 7/2015, de 21 julio.

5. ...

- Ap. 5 suprimido por art. único.30 de Ley Orgánica núm. 7/2015, de 21 julio.
  Artículo modificado por art. único.7 de Ley Orgánica núm. 8/2012, de 27 diciembre.

201. 1. El cargo de Magistrado suplente será remunerado en la forma que reglamentariamente se determine por el Gobierno, dentro de las previsiones presupuestarias.

2. Sólo podrá recaer en quienes reúnan las condiciones necesarias para el ingreso en la Carrera Judicial, excepto las derivadas de la jubilación por edad. No podrá ser propuesto ni actuar como suplente quien haya alcanzado la edad de 70 años y, para el Tribunal Supremo, quien no tenga, como mínimo, 15 años de experiencia jurídica.

- Ap. 2 modificado por art. único.37 de Ley Orgánica núm. 19/2003, de 23 diciembre.

3. Tendrán preferencia los que hayan desempeñado funciones judiciales o de Secretarios Judiciales o de sustitución en la Carrera Fiscal, con aptitud demostrada o ejercido profesiones jurídicas o docentes, siempre que estas circunstancias no resulten desvirtuadas por otras que comporten su falta de

idoneidad. En ningún caso recaerá el nombramiento en quienes ejerzan las profesiones de abogado o procurador.

4. El cargo de Magistrado suplente será sujeto al régimen de incompatibilidades y prohibiciones regulado en los artículos 389 a 397 de esta Ley. Se exceptúa:

a) Lo dispuesto en el artículo 394, sin perjuicio de lo previsto en el apartado 5, letra *d)*, del presente artículo.

b) La causa de incompatibilidad relativa a la docencia o investigación jurídica, que en ningún caso será aplicable, cualquiera que sea la situación administrativa de quienes las ejerzan.

5. Los Magistrados suplentes estarán sujetos a las mismas causas de remoción que los Jueces y Magistrados, en cuanto les fueren aplicables. Cesarán, además:

a) Por el transcurso del plazo para el que fueron nombrados.

b) Por renuncia, aceptada por el Consejo General del Poder Judicial.

c) Por cumplir la edad de setenta y dos años.

d) Por acuerdo del Consejo General del Poder Judicial, previa una sumaria información con audiencia del interesado y del Ministerio Fiscal, cuando se advirtiere en ellos falta de aptitud o idoneidad para el ejercicio de cargo, incurrieren en causa de incapacidad o de incompatibilidad o en la infracción de una prohibición, o dejaren de atender diligentemente los deberes del cargo.

- Artículo modificado por art. 4.9 de Ley Orgánica núm. 16/1994, de 8 noviembre.

202. La designación de los Magistrados que no constituyan plantilla de la Sala se hará saber inmediatamente a los mismos y a las partes, a efectos de su posible abstención o recusación.

CAPÍTULO III
Del Magistrado ponente

203. 1. En cada pleito o causa que se tramite ante un Tribunal o Audiencia habrá un Magistrado ponente, designado según el turno establecido para la Sala o Sección al principio del año judicial, exclusivamente sobre la base de criterios objetivos.

2. La designación se hará en la primera resolución que se dicte en el proceso y se notificará a las partes el nombre del Magistrado ponente y, en su caso, del que con arreglo al turno ya establecido le sustituya, con expresión de las causas que motiven la sustitución.

204. En la designación de ponente turnarán todos los Magistrados de la Sala o Sección, incluidos los Presidentes.

205. Corresponderá al ponente, en los pleitos o causas que le hayan sido turnadas.

1. El despacho ordinario y el cuidado de su tramitación.

2. Examinar los interrogatorios, pliegos de posiciones y proposición de pruebas presentadas por las partes e informar sobre su pertinencia.

3. Presidir la práctica de las pruebas declaradas pertinentes, siempre que no deban practicarse ante el Tribunal.

4. Informar los recursos interpuestos contra las decisiones de la Sala o Sección.

5. Proponer los autos decisorios de incidentes, las sentencias y las demás resoluciones que hayan de someterse a discusión de la Sala o Sección, y redactarlos definitivamente, si se conformase con lo acordado.

6. Pronunciar en Audiencia Pública las sentencias.

206. 1. Cuando el ponente no se conforme con el voto de la mayoría declinará la redacción de la resolución, debiendo formular motivadamente su voto particular.

2. En este caso, el Presidente encomendará la redacción a otro Magistrado y dispondrá la rectificación necesaria en el turno de ponencias para restablecer la igualdad en el mismo.

CAPÍTULO IV
De las sustituciones

207. Procederá la sustitución de los Jueces y Magistrados en los casos de vacante, licencia, servicios especiales u otras causas que lo justifiquen. Las sustituciones se harán en la forma establecida en el presente Capítulo, sin perjuicio de lo dispuesto en esta Ley para la composición de las Salas y Secciones de los Tribunales.

208. 1. El Presidente del Tribunal Supremo, el Presidente de la Audiencia Nacional y los Presidentes de los Tribunales Superiores de Justicia serán sustituidos por el Presidente de la Sala de la misma sede más antiguo en el cargo. No obstante, la Sala de gobierno será convocada y presidida por el Presidente de Sala más antiguo en el cargo, aunque sea de distinta sede.

- Ap. 1 modificado por art. 4.10 de Ley Orgánica núm. 16/1994, de 8 noviembre.

2. Los Presidentes de las Audiencias Provinciales, serán sustituidos por el Presidente de Sección más antiguo o, si no las hubiere, por el Magistrado con mejor puesto en el escalafón.

3. Cuando la plantilla de la Audiencia no comprenda otra plaza que la de su Presidente, le sustituirá el Magistrado titular que se hallare en turno para acudir a completar la Audiencia.

209. 1. Los Presidentes de las Salas y de las Secciones serán sustituidos por el Magistrado con mejor puesto en el escalafón de la Sala o Sección de que se trate.

2. En caso de vacante, asumirá la Presidencia de la Sala el Presidente de la Audiencia o Tribunal, si lo estimare procedente.

210. 1. Las sustituciones de jueces y magistrados en órganos judiciales unipersonales se regirán por las siguientes reglas y orden de prelación:

a) Por su orden, quienes participen voluntariamente en los planes anuales de sustitución.

En todo caso, los solicitantes de integrar dicha relación deberán justificar, en el momento de la solicitud, el estado de la agenda de señalamientos y pendencia de asuntos del órgano de que son titulares, así como el número y razón de las resoluciones pendientes de dictar que les corresponden.

b) De existir compatibilidad en los señalamientos, será llamado el correspondiente sustituto ordinario o natural del sustituido, según lo propuesto por la Junta de Jueces y aprobado por la Sala de Gobierno respectiva.

c) A continuación, serán llamados por el siguiente orden: los jueces de adscripción territorial a los que se refiere el artículo 347 bis que se encontrasen disponibles, comenzando por el más antiguo en el escalafón; los jueces en expectativa de destino que regula el artículo 308.2 por idéntica prelación; y los jueces que estén desarrollando prácticas conforme al artículo 307.2 de esta Ley por el orden que al efecto haya establecido la Escuela Judicial.

d) En cuarto lugar, se estará al régimen de sustituciones previsto en el artículo siguiente con respecto al resto de miembros de la carrera judicial del mismo partido judicial.

e) En todo caso y sin sujeción al orden referido en los anteriores apartados de este número, podrá prorrogarse la jurisdicción de otro Juzgado, conforme a lo previsto en esta Ley.

f) En último término y agotadas las anteriores posibilidades, se procederá al llamamiento de un sustituto no profesional de conformidad con lo previsto en el artículo 213 de esta Ley.

2. Los planes anuales de sustitución a los que se refiere el número anterior consistirán en la elaboración de calendarios en los que se fijarán turnos rotatorios de sustitución y se coordinarán los señalamientos y las funciones de guardia, de forma que quede asegurada la disponibilidad de aquellos jueces y magistrados titulares que voluntariamente participen en los mismos para cubrir de forma inmediata las ausencias que puedan producirse. La previsión de las sustituciones se hará, en todo caso, conforme a las preferencias que establece el artículo siguiente.

3. Los planes anuales de sustitución se elaborarán a propuesta de las correspondientes Juntas de Jueces y serán remitidos a la respectiva Sala de Gobierno para su aprobación provisional, que se llevará a cabo, en su caso, previa audiencia de la Fiscalía correspondiente a fin de coordinar en lo posible los señalamientos que afecten a procedimientos en los que las Leyes prevean su intervención. Verificada tal aprobación provisional, se elevarán al Consejo General del Poder Judicial para su aprobación definitiva en los términos que procedan.

4. Los Jueces Decanos, Presidentes de Audiencias Provinciales, Tribunales Superiores de Justicia y Audiencia Nacional velarán, en el ámbito de sus respectivas competencias, por la exacta ejecución del régimen de sustituciones previsto en este precepto y, especialmente, de los planes anuales de sustitución.

5. El Consejo General del Poder Judicial, de oficio o a instancia de cualquiera de los anteriores, procederá a adoptar las medidas correspondientes en caso de incumplimiento del régimen de sustituciones previsto en este precepto. También adoptará las medidas que sean precisas para corregir cualquier disfunción que pudiera acaecer en la ejecución de los planes anuales de sustitución.

- Artículo modificado por art. único.8 de Ley Orgánica núm. 8/2012, de 27 diciembre.

211. A los efectos de lo previsto en los apartados 1.*b)* y 1.*d)* del artículo anterior, se observarán las siguientes reglas:

1.ª Los Jueces de Primera Instancia y de Instrucción, de lo Mercantil, de lo Penal, de Violencia sobre la Mujer, de lo Contencioso-Administrativo, de Menores y de lo Social se sustituirán entre sí en las poblaciones donde existan varios del mismo orden jurisdiccional en la forma que acuerde la Sala de Gobierno del Tribunal Superior de Justicia, a propuesta de la Junta de Jueces.

Si fuere el Decano el que deba ser sustituido sus funciones se ejercerán por el Juez que le sustituya en el Juzgado de que aquél sea titular, conforme a lo dispuesto en el párrafo anterior, o, en su caso, por el más antiguo en el cargo.

2.ª Cuando en una población no hubiere otro Juez de la misma clase la sustitución corresponderá a un Juez de clase distinta.

3.ª También sustituirán los de distinto orden jurisdiccional, aun existiendo varios Jueces pertenecientes al mismo, cuando se agotaren las posibilidades de sustitución entre ellos.

4.ª Corresponderá a los Jueces de Primera Instancia e Instrucción la sustitución de los Jueces de los demás órdenes jurisdiccionales y de los Jueces de Menores, cuando no haya posibilidad de que la sustitución se efectúe entre los del mismo orden.

5.ª La sustitución de los Jueces de lo Penal corresponderá, en el caso del artículo 89, a los de Primera Instancia. En los demás casos, los Jueces de lo Penal e, igualmente, los de Primera Instancia e Instrucción serán sustituidos por los Jueces de lo Mercantil, de Menores, de lo Contencioso-Administrativo y de lo Social, según el orden que establezca la Sala de Gobierno del Tribunal Superior de Justicia.

6.ª Los Jueces de Violencia sobre la Mujer serán sustituidos por los Jueces de Instrucción o de Primera Instancia e Instrucción, según el orden que acuerde la Sala de Gobierno del Tribunal Superior de Justicia respectivo.

- Artículo modificado por art. único.9 de Ley Orgánica núm. 8/2012, de 27 diciembre.

212. 1. Cuando resultare aconsejable para un mejor despacho de los asuntos, atendida la escasa carga de trabajo de un juzgado de otra localidad del mismo grado y orden del que deba ser sustituido, el Presidente del Tribunal Superior de Justicia prorrogará, previa audiencia, la jurisdicción del titular de aquél, quien desempeñará ambos cargos con derecho a la retribución correspondiente dentro de las previsiones presupuestarias en los términos que se establezcan reglamentariamente.

En todo caso, cualquier titular de un juzgado del mismo grado y orden del que deba ser sustituido podrá interesar del Presidente del Tribunal Superior de Justicia que se le prorrogue su jurisdicción a fin de desempeñar ambos cargos, con idéntico derecho a la retribución prevista en el párrafo anterior.

2. Las prórrogas de jurisdicción se comunicarán, por conducto de la Sala de Gobierno respectiva, al Consejo General del Poder Judicial para su aprobación, sin perjuicio de empezar a desempeñarlas, si así lo acordase motivadamente el Presidente.

- Artículo modificado por art. único.10 de Ley Orgánica núm. 8/2012, de 27 diciembre.

213. 1. Solo en casos excepcionales, cuando no resulte posible la sustitución por un miembro de la carrera judicial o por un juez en prácticas conforme a lo previsto en los artículos precedentes, ejercerá la jurisdicción con idéntica amplitud que si fuese titular del órgano un juez sustituto.

2. Los jueces sustitutos serán nombrados en la misma forma que los magistrados suplentes y sometidos a su mismo régimen jurídico.

3. En el caso de ser varios los sustitutos nombrados para la localidad y orden jurisdiccional correspondiente, serán llamados por el orden de prelación establecido en el nombramiento.

4. En ningún caso procederá efectuar llamamiento a jueces sustitutos sin constatar previamente la existencia de disponibilidad presupuestaria.

5. Reglamentariamente se determinará por el Gobierno la remuneración de los jueces sustitutos dentro de las previsiones presupuestarias.

- Artículo modificado por art. único.11 de Ley Orgánica núm. 8/2012, de 27 diciembre.

214. Los jueces desempeñarán las funciones inherentes a su juzgado, tanto en calidad de titulares como en expectativa de destino o de apoyo, y al cargo que sustituyan.

Las sustituciones profesionales, cuando se produzcan, serán retribuidas en los casos y cuantía que se determinen reglamentariamente.

- Artículo modificado por art. único.12 de Ley Orgánica núm. 8/2012, de 27 diciembre.

215. Los jueces de paz serán sustituidos por los respectivos jueces sustitutos.

- Artículo modificado por art. único.13 de Ley Orgánica núm. 8/2012, de 27 diciembre.

216. 1. No podrán conferirse comisiones de servicios para Juzgados o Tribunales si no es por tiempo determinado, concurriendo circunstancias de especial necesidad y previa conformidad del interesado.

2. Las comisiones se otorgarán por el Consejo General del Poder Judicial, oídas las Salas de Gobierno correspondientes.

3. No se conferirán comisiones para los cargos de Presidente y Presidentes de Sala de la Audiencia Nacional y Tribunales Superiores de Justicia, ni para el de Presidente de Audiencia Provincial.

CAPÍTULO IV bis
De las medidas de refuerzo en la titularidad de los órganos judiciales

- Capítulo añadido por art. 8.1 de Ley Orgánica núm. 16/1994, de 8 noviembre.

216 bis. 1. Cuando el excepcional retraso o la acumulación de asuntos en un determinado juzgado o tribunal no puedan ser corregidos mediante el reforzamiento de la plantilla de la Oficina judicial o la exención temporal de reparto prevista en el artículo 167.1, el Consejo General del Poder Judicial podrá acordar excepcionales medidas de apoyo judicial consistentes en la adscripción de jueces y magistrados titulares de otros órganos judiciales mediante el otorgamiento de comisiones de servicio.

2. Los Presidentes de los Tribunales Superiores de Justicia podrán proponer como medida de apoyo la adscripción obligatoria, en régimen de comisión sin relevación de funciones, de aquellos jueces y magistrados titulares de órganos que tuviesen escasa carga de trabajo de conformidad con los criterios técnicos establecidos por el Consejo General del Poder Judicial. Dicha comisión no será retribuida, aún siendo aprobada, si la carga de trabajo asumida por el adscrito, computada junto con la de su órgano de procedencia, no alcanza el mínimo establecido en los referidos criterios técnicos.

3. También se podrá acordar la adscripción en calidad de jueces de apoyo, por este orden, a los jueces de adscripción territorial a que se refiere el artículo 347 bis, a los jueces en expectativa de destino conforme al artículo 308.2, a los jueces que estén desarrollando prácticas conforme al artículo 307.2 y excepcionalmente a jueces sustitutos y magistrados suplentes.

4. Quien participase en una medida de apoyo en régimen de comisión de servicio sin relevación de funciones quedarán exentos, salvo petición voluntaria, de realizar las sustituciones que le pudiesen corresponder en el órgano del que sea titular, conforme al plan anual de sustitución.

5. La aprobación por parte del Consejo General del Poder Judicial de cualquier medida de apoyo precisará la previa aprobación del Ministerio de Justicia quien únicamente podrá oponerse por razones de disponibilidad presupuestaria, todo ello dentro del marco que establezca el Protocolo que anualmente suscribirán ambos a los efectos de planificar las medidas de este tipo que sea posible adoptar.

6. Si la causa del retraso tuviera carácter estructural, el Consejo General del Poder Judicial, junto con la adopción de las referidas medidas provisionales, formulará las oportunas propuestas al Ministerio de Justicia o a las Comunidades Autónomas con competencias en la materia, en orden a la adecuación de la plantilla del juzgado o tribunal afectado o a la corrección de la demarcación o planta que proceda.

- Artículo modificado por art. único.14 de Ley Orgánica núm. 8/2012, de 27 diciembre.

216 bis 2. Las propuestas de medidas de apoyo judicial, que han de elevarse al Consejo General del Poder Judicial a través de las correspondientes Salas de Gobierno, deberán contener:

1º Explicación sucinta de la situación por la que atraviesa el órgano jurisdiccional de que se trate.

2º Expresión razonada de las causas que hayan originado el retraso o la acumulación de asuntos.

3º Reseña del volumen de trabajo del órgano jurisdiccional y del número y clase de asuntos pendientes.

4º Plan de actualización del Juzgado o Tribunal con indicación de su extensión temporal y del proyecto de ordenación de la concreta función del Juez o equipo de apoyo, cuyo cometido, con plena jurisdicción, se proyectará en el trámite y resolución de los asuntos de nuevo ingreso o pendientes de señalamiento, quedando reservados al titular o titulares del órgano los asuntos en tramitación que no hubieren alcanzado aquel estado procesal.

- Artículo añadido por art. 8.1 de Ley Orgánica núm. 16/1994, de 8 noviembre.

216 bis 3. 1. Las Salas de gobierno que proyecten el establecimiento de medidas de apoyo mediante comisión de servicio habrán de dar adecuada publicidad a su propósito para que los Jueces y Magistrados que pudieran estar interesados en el nombramiento tengan oportunidad de deducir la correspondiente petición.

2. En el supuesto de que existan varios peticionarios para el otorgamiento de la misma comisión de servicio, la Sala de gobierno correspondiente, al proponer con preferencia a aquel que estime más idóneo, habrá de valorar las siguientes circunstancias:

a) Pertenencia del Juez o Magistrado solicitante al mismo orden jurisdiccional en que esté integrado el Juzgado o Tribunal a reforzar.

b) El lugar y distancia del destino del peticionario.

c) La situación del órgano el que es titular.

d) El conocimiento del derecho o de la lengua y el derecho sustantivo propios de la Comunidad Autónoma en que vaya a tener lugar la comisión.

En todos los casos en que la comisión vaya a proponerse con relevación de funciones, será requisito previo para su otorgamiento que, a juicio del Consejo General del Poder Judicial, previo informe de la Sala de Gobierno del Tribunal Superior de Justicia bajo cuya jurisdicción se encuentre el órgano de procedencia, la ausencia del Juez o Magistrado a quien afecte vaya a cubrirse, al tiempo de producirse, de forma satisfactoria mediante sustitución o cualquiera otra de las fórmulas previstas en esta Ley.

De dichas apreciaciones se hará la oportuna mención en la propuesta de la Sala de Gobierno que, además, habrá de reflejar la aceptación del Juez o Magistrado cuya comisión se propone y expresar si éste ha de quedar o no relevado de sus funciones, en su propio destino.

3. Toda propuesta de comisión de servicio habrá de expresar si su concesión debe acordarse o no con derecho al percibo de dietas y gastos de desplazamiento, así como el régimen retributivo correspondiente.

4. Excepcionalmente, cuando las peculiaridades del refuerzo impidan que la comisión de servicio pueda ser atendida por un único Juez durante toda su extensión temporal, el Consejo General del Poder Judicial podrá autorizar que su desempeño se realice por quienes participen voluntariamente en los planes de sustitución del órgano judicial que haya de ser reforzado, con sujeción a la secuencia de llamamiento entre ellos que el propio Consejo General del Poder Judicial establezca.

- Ap. 4 añadido por art. único.31 de Ley Orgánica núm. 7/2015, de 21 julio.
  Artículo añadido por art. 8.1 de Ley Orgánica núm. 16/1994, de 8 noviembre.

216 bis 4. Las comisiones de servicio y las adscripciones en régimen de apoyo de Jueces y Magistrados suplentes se solicitarán y se otorgarán por un plazo máximo de seis meses, que comenzará a correr desde el momento de la incorporación de los designados a los Juzgados o Tribunales objeto de refuerzo.

No obstante si durante dicho plazo no se hubiere logrado la actualización pretendida, podrá proponerse la nueva aplicación de la medida por otro plazo igual o inferior si ello bastase a los fines de la normalización perseguida.

Las propuestas de renovación se sujetarán a las mismas exigencias que las previstas para las medidas de apoyo judicial originarias.

- Artículo añadido por art. 8.1 de Ley Orgánica núm. 16/1994, de 8 noviembre.

CAPÍTULO V
De la abstención y recusación

217. El juez o magistrado en quien concurra alguna de las causas establecidas legalmente se abstendrá del conocimiento del asunto sin esperar a que se le recuse.

- Artículo modificado por art. único.41 de Ley Orgánica núm. 19/2003, de 23 diciembre.

218. Únicamente podrán recusar:

1º En los asuntos civiles, sociales y contencioso-administrativos, las partes; también podrá hacerlo el Ministerio Fiscal siempre que se trate de un proceso en el que, por la naturaleza de los derechos en conflicto, pueda o deba intervenir.

2º En los asuntos penales, el Ministerio Fiscal, el acusador popular, particular o privado, el actor civil, el procesado o inculpado, el querellado o denunciado y el tercero responsable civil.

- Artículo modificado por art. único.42 de Ley Orgánica núm. 19/2003, de 23 diciembre.

219. Son causas de abstención y, en su caso, de recusación:

1ª El vínculo matrimonial o situación de hecho asimilable y el parentesco por consanguinidad o afinidad dentro del cuarto grado con las partes o el representante del Ministerio Fiscal.

2ª El vínculo matrimonial o situación de hecho asimilable y el parentesco por consanguinidad o afinidad dentro del segundo grado con el letrado o el procurador de cualquiera de las partes que intervengan en el pleito o causa.

3ª Ser o haber sido defensor judicial o integrante de los organismos tutelares de cualquiera de las partes, o haber estado bajo el cuidado o tutela de alguna de éstas.

4ª Estar o haber sido denunciado o acusado por alguna de las partes como responsable de algún delito o falta, siempre que la denuncia o acusación hubieran dado lugar a la incoación de procedimiento penal y éste no hubiera terminado por sentencia absolutoria o auto de sobreseimiento.

5ª Haber sido sancionado disciplinariamente en virtud de expediente incoado por denuncia o a iniciativa de alguna de las partes.

6ª Haber sido defensor o representante de alguna de las partes, emitido dictamen sobre el pleito o causa como letrado, o intervenido en él como fiscal, perito o testigo.

7ª Ser o haber sido denunciante o acusador de cualquiera de las partes.

8ª Tener pleito pendiente con alguna de éstas.

9ª Amistad íntima o enemistad manifiesta con cualquiera de las partes.

10ª Tener interés directo o indirecto en el pleito o causa.

11ª Haber participado en la instrucción de la causa penal o haber resuelto el pleito o causa en anterior instancia.

12ª Ser o haber sido una de las partes subordinado del juez que deba resolver la contienda litigiosa.

13ª Haber ocupado cargo público, desempeñado empleo o ejercido profesión con ocasión de los cuales haya participado directa o indirectamente en el asunto objeto del pleito o causa o en otro relacionado con el mismo.

14ª En los procesos en que sea parte la Administración pública, encontrarse el juez o magistrado con la autoridad o funcionario que hubiese dictado el acto o informado respecto del mismo o realizado el hecho por razón de los cuales se sigue el proceso en alguna de las circunstancias mencionadas en las causas 1ª a 9ª, 12ª, 13ª y 15ª de este artículo.

15ª El vínculo matrimonial o situación de hecho asimilable, o el parentesco dentro del segundo grado de consanguinidad o afinidad, con el juez o magistrado que hubiera dictado resolución o practicado actuación a valorar por vía de recurso o en cualquier fase ulterior del proceso.

16ª Haber ocupado el juez o magistrado cargo público o administrativo con ocasión del cual haya podido tener conocimiento del objeto del litigio y formar criterio en detrimento de la debida imparcialidad.

- Artículo modificado por art. único.43 de Ley Orgánica núm. 19/2003, de 23 diciembre.

220. ...

- Artículo derogado por disp. derog. única.a) de Ley Orgánica núm. 19/2003, de 23 diciembre.

221. 1. El magistrado o juez comunicará la abstención, respectivamente, a la Sección o Sala de la que forme parte o al órgano judicial al que corresponda la competencia funcional para conocer de los recursos contra las sentencias que el juez dicte. La comunicación de la abstención se hará por escrito razonado tan pronto como sea advertida la causa que la motive.

El órgano competente para resolver sobre la abstención resolverá en el plazo de 10 días.

2. La abstención suspenderá el curso del proceso hasta que se resuelva sobre ella o transcurra el plazo previsto para su resolución.

3. Si la Sección o Sala o el órgano judicial a que se refiere el apartado 1 de este artículo no estimare justificada la abstención, ordenará al juez o magistrado que continúe el conocimiento del asunto, sin perjuicio del derecho de las partes a hacer valer la recusación. Recibida la orden, el juez o magistrado dictará la providencia poniendo fin a la suspensión del proceso.

4. Si se estimare justificada la abstención por el órgano competente según el apartado 1, el abstenido dictará auto apartándose definitivamente del asunto y ordenando remitir las actuaciones al que deba sustituirle. Cuando el que se abstenga forme parte de un órgano colegiado, el auto lo dictará la Sala o Sección a que aquél pertenezca. El auto que se pronuncie sobre la abstención no será susceptible de recurso alguno.

5. En todo caso, la suspensión del proceso terminará cuando el sustituto reciba las actuaciones o se integre en la Sala o Sección a que pertenecía el abstenido.

- Artículo modificado por art. único.44 de Ley Orgánica núm. 19/2003, de 23 diciembre.

222. La abstención y la sustitución del juez o magistrado que se ha abstenido serán comunicadas a las partes, incluyendo el nombre del sustituto.

- Artículo modificado por art. único.45 de Ley Orgánica núm. 19/2003, de 23 diciembre.

223. 1. La recusación deberá proponerse tan pronto como se tenga conocimiento de la causa en que se funde, pues, en otro caso, no se admitirá a trámite.

Concretamente, se inadmitirán las recusaciones:

1º Cuando no se propongan en el plazo de 10 días desde la notificación de la primera resolución por la que se conozca la identidad del juez o magistrado a recusar, si el conocimiento de la concurrencia de la causa de recusación fuese anterior a aquél.

2º Cuando se propusieren, pendiente ya un proceso, si la causa de recusación se conociese con anterioridad al momento procesal en que la recusación se proponga.

2. La recusación se propondrá por escrito que deberá expresar concreta y claramente la causa legal y los motivos en que se funde, acompañando un principio de prueba sobre los mismos. Este escrito estará firmado por el abogado y por procurador si intervinieran en el pleito, y por el recusante, o por alguien a su ruego, si no supiera firmar. En todo caso, el procurador deberá acompañar poder especial para la recusación de que se trate. Si no intervinieren procurador y abogado, el recusante habrá de ratificar la recusación ante el secretario del tribunal de que se trate.

3. Formulada la recusación, se dará traslado a las demás partes del proceso para que, en el plazo común de tres días, manifiesten si se adhieren o se oponen a la causa de recusación propuesta o si, en aquel momen-

to, conocen alguna otra causa de recusación. La parte que no proponga recusación en dicho plazo, no podrá hacerlo con posterioridad, salvo que acredite cumplidamente que, en aquel momento, no conocía la nueva causa de recusación.

El día hábil siguiente a la finalización del plazo previsto en el párrafo anterior, el recusado habrá de pronunciarse sobre si admite o no la causa o causas de recusación formuladas.

- Artículo modificado por art. único.46 de Ley Orgánica núm. 19/2003, de 23 diciembre.

224. 1. Instruirán los incidentes de recusación:

1º Cuando el recusado sea el Presidente o un Magistrado del Tribunal Supremo, de la Audiencia Nacional o de un Tribunal Superior de Justicia, un magistrado de la Sala a la que pertenezca el recusado designado en virtud de un turno establecido por orden de antigüedad.

2º Cuando el recusado sea un Presidente de Audiencia Provincial, un Magistrado de la Sala de lo Civil y Penal del Tribunal Superior de Justicia correspondiente designado en virtud de un turno establecido por orden de antigüedad.

3º Cuando el recusado sea un Magistrado de una Audiencia, un Magistrado de esa misma Audiencia designado en virtud de un turno establecido por orden de antigüedad, siempre que no pertenezca a la misma Sección que el recusado.

4º Cuando se recusare a todos los magistrados de una Sala de Justicia, un magistrado de los que integren el tribunal correspondiente designado en virtud de un turno establecido por orden de antigüedad, siempre que no estuviere afectado por la recusación.

5º Cuando el recusado sea un juez o magistrado titular de órgano unipersonal, un magistrado del órgano colegiado que conozca de sus recursos, designado en virtud de un turno establecido por orden de antigüedad.

6º Cuando el recusado fuere un Juez de Paz, el Juez de Primera Instancia del partido correspondiente o, si hubiere varios Juzgados de Primera Instancia, el designado en virtud de un turno establecido por orden de antigüedad.

La antigüedad se regirá por el orden de escalafón en la carrera judicial.

2. En los casos en que no fuere posible cumplir lo prevenido en el apartado anterior, la Sala de Gobierno del Tribunal correspondiente designará al

instructor, procurando que sea de mayor categoría o, al menos, de mayor antigüedad que el recusado o recusados.

- Artículo modificado por art. único.47 de Ley Orgánica núm. 19/2003, de 23 diciembre.

225. 1. Dentro del mismo día en que finalice el plazo a que se refiere el apartado 3 del artículo 223, o en el siguiente día hábil, pasará el pleito o causa al conocimiento del sustituto, debiendo remitirse al tribunal al que corresponda instruir el incidente el escrito y los documentos de la recusación.

También deberá acompañarse un informe del recusado relativo a si admite o no la causa de recusación.

2. No se admitirán a trámite las recusaciones en las que no se expresaren los motivos en que se funden, o a las que no se acompañen los documentos a que se refiere el apartado 2 del artículo 223.

3. Si el recusado aceptare como cierta la causa de recusación, se resolverá el incidente sin más trámites.

En caso contrario, el instructor, si admitiere a trámite la recusación propuesta, ordenará la práctica, en el plazo de 10 días, de la prueba solicitada que sea pertinente y la que estime necesaria y, acto seguido, remitirá lo actuado al tribunal competente para decidir el incidente.

Recibidas las actuaciones por el tribunal competente para decidir la recusación, se dará traslado de las mismas al Ministerio Fiscal para informe por plazo de tres días. Transcurrido ese plazo, con o sin informe del Ministerio Fiscal, se decidirá el incidente dentro de los cinco días siguientes. Contra dicha resolución no cabrá recurso alguno.

4. La recusación suspenderá el curso del pleito hasta que se decida el incidente de recusación salvo en el orden jurisdiccional penal, en el que el juez de instrucción que legalmente sustituya al recusado continuará con la tramitación de la causa.

- Artículo modificado por art. único.48 de Ley Orgánica núm. 19/2003, de 23 diciembre.

226. 1. En los procesos que se sustancien por los cauces del juicio verbal cualquiera que sea el orden jurisdiccional, y en los de faltas, si el juez recusado no aceptare en el acto como cierta la causa de recusación, pasarán las actuaciones al que corresponda instruir el incidente, quedando entretanto en suspenso el asunto principal. El instructor acordará que comparezcan las partes a su presencia el día y hora que fije, dentro de los cinco siguientes, y, oídas las partes y practicada la prueba declarada pertinente, resolverá mediante providencia en el mismo acto sobre si ha o no lugar a la recusación.

2. Para la recusación de jueces o magistrados posterior al señalamiento de vistas, se estará a lo dispuesto en los artículos 190 a 192 de la Ley de Enjuiciamiento Civil.

- Artículo modificado por art. único.49 de Ley Orgánica núm. 19/2003, de 23 diciembre.

227. Decidirán los incidentes de recusación:

1º La Sala prevista en el artículo 61 de esta Ley cuando el recusado sea el Presidente del Tribunal Supremo, Presidente de la Sala o dos o más magistrados de una misma Sala.

2º La Sala del Tribunal Supremo de que se trate, cuando se recuse a uno de los Magistrados que la integran. A estos efectos, el recusado no formará parte de la Sala.

3º La Sala prevista en el artículo 69 cuando el recusado sea el Presidente de la Audiencia Nacional, Presidentes de Sala o más de dos magistrados de una Sala.

4º La Sala de la Audiencia Nacional de que se trate, cuando se recuse a los Magistrados que la integran, de conformidad con lo previsto en el artículo 68 de esta Ley.

5º La Sala a que se refiere el artículo 77 de esta Ley, cuando se hubiera recusado al Presidente del Tribunal Superior de Justicia, al Presidente de cualquiera de sus Salas, al Presidente de la Audiencia Provincial con sede en la Comunidad Autónoma correspondiente o a dos o más magistrados de una misma Sala de los Tribunales Superiores de Justicia o a dos o más magistrados de una misma Sección de una Audiencia Provincial. El recusado no podrá formar parte de la Sala, produciéndose, en su caso, su sustitución con arreglo a lo previsto en esta Ley.

6º La Sala de los Tribunales Superiores de Justicia de que se trate, cuando se recusara a uno de los magistrados que la integran. A estos efectos, el recusado no formará parte de la Sala.

7º Cuando el recusado sea magistrado de una Audiencia Provincial, la Audiencia Provincial, sin que forme parte de ella el recusado; si ésta se compusiere de dos o más Secciones, la Sección en la que no se encuentre integrado el recusado o la Sección que siga en orden numérico a aquella de la que el recusado forme parte.

8º Cuando el recusado sea un Juez de Primera Instancia, de Primera Instancia e Instrucción, de lo Mercantil, de Instrucción, de lo Penal, de Menores, de Vigilancia Penitenciaria, de lo Contencioso-Administrativo o de lo Social, la Sección de la Audiencia Provincial o Sala del Tribunal Superior de Justicia o de la Audiencia Nacional respectiva que conozca de los recursos contra sus resoluciones, y, si fueren varias, se establecerá un turno comenzando por la Sección o Sala de número más bajo.

9º Cuando el recusado sea un Juez de Paz, resolverá el mismo juez instructor del incidente de recusación.

- Artículo modificado por art. único.50 de Ley Orgánica núm. 19/2003, de 23 diciembre.

228. 1. El auto que desestime la recusación acordará devolver al recusado el conocimiento del pleito o causa, en el estado en que se hallare y condenará en las costas al recusante, salvo que concurrieren circunstancias excepcionales que justifiquen otro pronunciamiento. Cuando la resolución que decida el incidente declare expresamente la existencia de mala fe en el recusante, se podrá imponer a éste una multa de 180 a 6.000 euros.

2. El auto que estime la recusación apartará definitivamente al recusado del conocimiento del pleito o causa. Continuará conociendo de él, hasta su terminación, aquel a quien corresponda sustituirle.

3. Contra la decisión del incidente de recusación no se dará recurso alguno, sin perjuicio de hacer valer, al recurrir contra la resolución que decida el pleito o causa, la posible nulidad de ésta por concurrir en el juez o magistrado que dictó la resolución recurrida, o que integró la Sala o Sección correspondiente, la causa de recusación alegada.

- Artículo modificado por art. único.51 de Ley Orgánica núm. 19/2003, de 23 diciembre.

TÍTULO III
De las actuaciones judiciales

CAPÍTULO I
De la oralidad, publicidad y lengua oficial

229. 1. Las actuaciones judiciales serán predominantemente orales, sobre todo en materia criminal, sin perjuicio de su documentación.

2. Las declaraciones, interrogatorios, testimonios, careos, exploraciones, informes, ratificación de los periciales y vistas, se llevarán a efecto ante juez o tribunal con presencia o intervención, en su caso, de las partes y en audiencia pública, salvo lo dispuesto en la Ley.

- Ap. 2 modificado por art. único.52 de Ley Orgánica núm. 19/2003, de 23 diciembre.

3. Estas actuaciones podrán realizarse a través de videoconferencia u otro sistema similar que permita la comunicación bidireccional y simultánea de la imagen y el sonido y la interacción visual, auditiva y verbal entre dos personas o grupos de personas geográficamente distantes, asegurando en todo caso la posibilidad de contradicción de las partes y la salvaguarda del derecho de defensa, cuando así lo acuerde el juez o tribunal.

En estos casos, el secretario judicial del juzgado o tribunal que haya acordado la medida acreditará desde la propia sede judicial la identidad de las personas que intervengan a través de la videoconferencia mediante la previa remisión o la exhibición directa de documentación, por conocimiento personal o por cualquier otro medio procesal idóneo.

- Ap. 3 añadido por disp. adic. única de Ley Orgánica núm. 13/2003, de 24 octubre.

230. 1. Los Juzgados y Tribunales y las Fiscalías están obligados a utilizar cualesquiera medios técnicos, electrónicos, informáticos y telemáticos, puestos a su disposición para el desarrollo de su actividad y ejercicio de sus funciones, con las limitaciones que a la utilización de tales medios establecen el Capítulo I bis de este Título, la Ley Orgánica 15/1999, de 13 de diciembre, de Protección de Datos de Carácter Personal y las demás leyes que resulten de aplicación.

Las instrucciones generales o singulares de uso de las nuevas tecnologías que el Consejo General del Poder Judicial o la Fiscalía General del Estado dirijan a los Jueces y Magistrados o a los Fiscales, respectivamente, determinando su utilización, serán de obligado cumplimiento.

2. Los documentos emitidos por los medios anteriores, cualquiera que sea su soporte, gozarán de la validez y eficacia de un documento original siempre que quede garantizada su autenticidad, integridad y el cumplimiento de los requisitos exigidos por las leyes procesales.

3. Las actuaciones orales y vistas grabadas y documentadas en soporte digital no podrán transcribirse.

4. Los procesos que se tramiten con soporte informático garantizarán la identificación y el ejercicio de la función jurisdiccional por el órgano que la ejerce, así como la confidencialidad, privacidad y seguridad de los datos de carácter personal que contengan en los términos que establezca la ley.

5. Las personas que demanden la tutela judicial de sus derechos e intereses podrán relacionarse con la Administración de Justicia a través de los medios técnicos a que se refiere el apartado 1 cuando sean compatibles con los que dispongan los Juzgados y Tribunales y se respeten las garantías y requisitos previstos en el procedimiento que se trate.

6. Los programas y aplicaciones informáticos que se utilicen en la Administración de Justicia deberán ser previamente informados por el Consejo General del Poder Judicial.

Los sistemas informáticos que se utilicen en la Administración de Justicia deberán ser compatibles entre sí para facilitar su comunicación e integración, en los términos que determine el Comité Técnico Estatal de la Administración de Justicia Electrónica

- Artículo modificado por art. único.32 de Ley Orgánica núm. 7/2015, de 21 julio.

231. 1. En todas las actuaciones judiciales, los Jueces, Magistrados, Fiscales, Secretarios y demás funcionarios de Juzgados y Tribunales usarán el castellano, lengua oficial del Estado.

2. Los Jueces, Magistrados, Fiscales, Secretarios y demás funcionarios de Juzgados y Tribunales podrán usar también la lengua oficial propia de la Comunidad Autónoma, si ninguna de las partes se opusiere, alegando desconocimiento de ella que pudiere producir indefensión.

3. Las partes, sus representantes y quienes les dirijan, así como los testigos y peritos, podrán utilizar la lengua que sea también oficial en la Comunidad Autónoma en cuyo territorio tengan lugar las actuaciones judiciales, tanto en manifestaciones orales como escritas.

4. Las actuaciones judiciales realizadas y los documentos presentados en el idioma oficial de una Comunidad Autónoma tendrán, sin necesidad de traducción al castellano, plena validez y eficacia. De oficio se procederá a su traducción cuando deban surtir efecto fuera de la jurisdicción de los órganos judiciales sitos en la Comunidad Autónoma, salvo si se trata de Comunidades Autónomas con lengua oficial propia coincidente. También se procederá a su traducción cuando así lo dispongan las leyes o a instancia de parte que alegue indefensión.

- Ap. 4 modificado por art. 8.3 de Ley Orgánica núm. 16/1994, de 8 noviembre.

5. La habilitación como intérprete en las actuaciones orales o en lengua de signos se realizará de conformidad con lo dispuesto en la ley procesal aplicable.

- Ap. 5 modificado por art. 3 de Ley Orgánica núm. 5/2015, de 27 abril.

232. 1. Las actuaciones judiciales serán públicas, con las excepciones que prevean las leyes de procedimiento.

2. La relación de señalamientos del órgano judicial deberá hacerse pública. Los Letrados de la Administración de Justicia velarán por que los funcionarios competentes de la Oficina judicial publiquen en un lugar visible al

público, el primer día hábil de cada semana, la relación de señalamientos correspondientes a su respectivo órgano judicial, con indicación de la fecha y hora de su celebración, tipo de actuación y número de procedimiento.

- Ap. 2 modificado por art. único.33 de Ley Orgánica núm. 7/2015, de 21 julio.

3. Excepcionalmente, por razones de orden público y de protección de los derechos y libertades, los Jueces y Tribunales, mediante resolución motivada, podrán limitar el ámbito de la publicidad y acordar el carácter secreto de todas o parte de las actuaciones.

- Ap. 3 añadido por art. único.33 de Ley Orgánica núm. 7/2015, de 21 julio.

233. Las deliberaciones de los Tribunales son secretas. También lo será el resultado de las votaciones, sin perjuicio de lo dispuesto en esta Ley sobre la publicación de los votos particulares.

234. 1. Los Letrados de la Administración de Justicia y funcionarios competentes de la Oficina judicial facilitarán a los interesados cuanta información soliciten sobre el estado de las actuaciones judiciales, que podrán examinar y conocer, salvo que sean o hubieren sido declaradas secretas o reservadas conforme a la ley.

2. Las partes y cualquier persona que acredite un interés legítimo y directo tendrán derecho a obtener, en la forma dispuesta en las leyes procesales y, en su caso, en la Ley 18/2011, de 5 de julio, reguladora del uso de las tecnologías de la información y la comunicación en la Administración de Justicia, copias simples de los escritos y documentos que consten en los autos, no declarados secretos ni reservados. También tendrán derecho a que se les expidan los testimonios y certificados en los casos y a través del cauce establecido en las leyes procesales.

- Artículo modificado por art. único.34 de Ley Orgánica núm. 7/2015, de 21 julio.

235. Los interesados tendrán acceso a los libros, archivos y registros judiciales que no tengan carácter reservado, mediante las formas de exhibición, testimonio o certificación que establezca la ley.

235 bis. Sin perjuicio de lo establecido en el párrafo segundo del apartado 1 del artículo 236 quinquies y de las restricciones que, en su caso, pudieran establecerse en las leyes procesales, el acceso al texto de las sentencias, o a determinados extremos de las mismas, o a otras resoluciones dictadas en el seno del proceso, sólo podrá llevarse a cabo previa disociación de los datos de carácter personal que los mismos contuvieran y con pleno respeto al derecho a la intimidad, a los derechos de las personas que requieran un especial deber de tutela o a la garantía del anonimato de las víctimas o perjudicados, cuando proceda.

En todo caso se adoptarán las medidas necesarias para evitar que las sentencias y el resto de resoluciones dictadas en el seno del proceso puedan ser usadas con fines contrarios a las leyes.

- Artículo añadido por art. único.35 de Ley Orgánica núm. 7/2015, de 21 julio.

235 ter. 1. Es público el acceso a los datos personales contenidos en los fallos de las sentencias firmes condenatorias, cuando se hubieren dictado en virtud de los delitos previstos en los siguientes artículos:

a) Los artículos 305, 305 bis y 306 de la Ley Orgánica 10/1995, de 23 de noviembre, del Código Penal.

b) Los artículos 257 y 258 de la Ley Orgánica 10/1995, de 23 de noviembre, del Código Penal, cuando el acreedor defraudado hubiese sido la Hacienda Pública.

c) El artículo 2 de la Ley Orgánica 12/1995, de 12 de diciembre, de Represión del Contrabando, siempre que exista un perjuicio para la Hacienda Pública estatal o de la Unión Europea.

2. En los casos previstos en el apartado anterior, el Secretario Judicial, emitirá certificado en el que se harán constar los siguientes datos:

a) Los que permitan la identificación del proceso judicial.

b) Nombre y apellidos o denominación social del condenado y, en su caso, del responsable civil.

c) Delito por el que se le hubiera condenado.

d) Las penas impuestas.

e) La cuantía correspondiente al perjuicio causado a la Hacienda Pública por todos los conceptos, según lo establecido en la sentencia.

Mediante diligencia de ordenación el Secretario Judicial ordenará su publicación en el "Boletín Oficial del Estado".

3. Lo dispuesto en este artículo no será de aplicación en el caso de que el condenado o, en su caso, el responsable civil, hubiera satisfecho o consignado en la cuenta de depósitos y consignaciones del órgano judicial competente la totalidad de la cuantía correspondiente al perjuicio causado a la Hacienda Pública por todos los conceptos, con anterioridad a la firmeza de la sentencia.

- Artículo añadido por art. único de Ley Orgánica núm. 10/2015, de 10 septiembre.

236. 1. La publicidad de los edictos se entenderá cumplida mediante la inserción, según proceda, en los Boletines Oficiales que señalen las leyes procesales.

Cuando expresamente así se prevea, tal publicidad y comunicaciones podrán sustituirse, en los términos que reglamentariamente se determinen, por la utilización de medios telemáticos, informáticos o electrónicos.

- Ap. 1 párr. 2º añadido por art. 2.10 de Ley Orgánica núm. 8/2003, de 9 julio.

2. La publicación en cualquier otro medio se podrá acordar a petición y a costa de la parte que lo solicite.

CAPÍTULO I BIS
Protección de datos de carácter personal en el ámbito de la Administración de Justicia

- Capítulo añadido por art. único.36 de Ley Orgánica núm. 7/2015, de 21 julio.

236 bis. El tratamiento de datos llevado a cabo con ocasión de la tramitación por los Tribunales de los procesos de los que sean competentes, así como el realizado dentro de la gestión de la Oficina judicial se someterán a lo dispuesto en la Ley Orgánica 15/1999, de 13 de diciembre, de Protección de Datos de Carácter Personal y su normativa de desarrollo, sin perjuicio de las especialidades establecidas en el presente Capítulo.

- Artículo añadido por art. único.36 de Ley Orgánica núm. 7/2015, de 21 julio.

236 ter. 1. Los Tribunales podrán tratar datos de carácter personal con fines jurisdiccionales o no jurisdiccionales. En el primer caso, el tratamiento se limitará a los datos en tanto se encuentren incorporados a los procesos de que conozcan y su finalidad se relacione directamente con el ejercicio de la potestad jurisdiccional.

2. Los Tribunales mantendrán, con pleno respeto a las garantías y derechos establecidos en la normativa de protección de datos de carácter personal, los ficheros que resulten necesarios para la tramitación de los procesos que en ellos se siguen, así como los que se precisen para su adecuada gestión.

Dichos ficheros se clasificarán en jurisdiccionales y no jurisdiccionales atendiendo a la naturaleza del tratamiento de los datos que los integran.

- Artículo añadido por art. único.36 de Ley Orgánica núm. 7/2015, de 21 julio.

236 quater. De conformidad con lo dispuesto en el artículo 11.2 de Ley Orgánica 15/1999, de 13 de diciembre, no será necesario el consentimiento del interesado para que los Tribunales procedan al tratamiento de los datos en el ejercicio de la potestad jurisdiccional, ya sean éstos facilitados por las partes o recabados a solicitud del propio Tribunal, sin perjuicio de lo dispuesto en las normas procesales para la validez de la prueba.

Cuando se trate de datos tratados con fines no jurisdiccionales se estará a lo dispuesto en la Ley Orgánica 15/1999, de 13 de diciembre.

- Artículo añadido por art. único.36 de Ley Orgánica núm. 7/2015, de 21 julio.

236 quinquies. 1. Los Jueces y Tribunales, y los Letrados de la Administración de Justicia conforme a sus competencias procesales, podrán adoptar las medidas que sean necesarias para la supresión de los datos personales de los documentos a los que puedan acceder las partes durante la tramitación del proceso siempre que no sean necesarios para garantizar su derecho a la tutela judicial efectiva.

Del mismo modo procederán respecto del acceso por las partes a los datos personales que pudieran contener las sentencias y demás resoluciones dictadas en el seno del proceso, sin perjuicio de la aplicación en los demás supuestos de lo establecido en el artículo 235 bis.

2. En todo caso será de aplicación lo dispuesto en la legislación de protección de datos de carácter personal al tratamiento que las partes lleven a cabo de los datos que les hubieran sido revelados en el desarrollo del proceso.

3. Podrán cederse al Consejo General del Poder Judicial y al Ministerio de Justicia, en lo que proceda, los datos tratados con fines jurisdiccionales que sean estrictamente necesarios para el ejercicio de las funciones de inspección y control establecidas en esta Ley.

4. Los datos tratados con fines no jurisdiccionales podrán cederse entre los órganos jurisdiccionales o por éstos al Consejo General del Poder Judicial o al Ministerio de Justicia cuando ello esté justificado por la interposición de un recurso o sea necesario para el ejercicio de las competencias que tengan legalmente atribuidas.

- Artículo añadido por art. único.36 de Ley Orgánica núm. 7/2015, de 21 julio.

236 sexies. 1. A los efectos previstos en la Ley Orgánica 15/1999, de 13 de diciembre, será responsable de los ficheros jurisdiccionales el órgano jurisdiccional u Oficina judicial ante el que se tramiten los procesos cuyos datos se incorporen al fichero, y dentro de él decidirá quien tenga la competencia atribuida por la normativa vigente de acuerdo a la solicitud que se reciba del ciudadano.

Igualmente, será responsable de los ficheros no jurisdiccionales la Oficina judicial correspondiente al órgano judicial con el que se relacionen los datos que a los mismos se incorporen.

2. Lo dispuesto en el apartado anterior se entiende sin perjuicio de la responsabilidad disciplinaria que pudiera corresponder a quien hubiera sido, en su caso, causante de la comisión de una infracción en materia de protección de datos de carácter personal, a la que se refiere el artículo 46.2 de la Ley Orgánica 15/1999, de 13 de diciembre.

3. En todo caso corresponderá al Letrado de la Administración de Justicia que se indique en el acuerdo de creación velar por la adopción de las medidas que impidan la alteración, pérdida, tratamiento o acceso no deseado a los datos de carácter personal incorporados a los ficheros, tanto jurisdiccionales como no jurisdiccionales, ostentando aquél la condición de responsable de seguridad a los efectos previstos en la legislación de protección de datos de carácter personal.

- Artículo añadido por art. único.36 de Ley Orgánica núm. 7/2015, de 21 julio.

236 septies. 1. Los ficheros de datos de carácter personal de los Tribunales serán creados, modificados o suprimidos por acuerdo del Consejo General del Poder Judicial, adoptado a propuesta de la Sala de Gobierno del Tribunal Supremo, de la Audiencia Nacional o del Tribunal Superior de Justicia u órgano de la Administración competente en materia de Justicia correspondiente.

El acuerdo de creación, de modificación o de supresión de los ficheros se ajustará a lo dispuesto en la legislación vigente en materia de protección de datos de carácter personal y se publicará en el «Boletín Oficial del Estado» y, en su caso, en los diarios oficiales de las Comunidades Autónomas.

2. Una vez publicado el acuerdo, el Consejo General del Poder Judicial dará traslado del mismo para su inscripción en el Registro General de Protección de Datos de la Agencia Española de Protección de Datos.

- Artículo añadido por art. único.36 de Ley Orgánica núm. 7/2015, de 21 julio.

236 octies. 1. Las solicitudes de ejercicio de los derechos de acceso, rectificación, cancelación y oposición en relación con los datos tratados con fines jurisdiccionales se tramitarán conforme a las normas que resulten de aplicación al proceso en que los datos fueron recabados, no siendo de aplicación las disposiciones establecidas al efecto por la legislación vigente en materia de protección de datos de carácter personal.

En todo caso se denegará el acceso a los datos objeto de tratamiento con fines jurisdiccionales cuando las diligencias judiciales en que se haya recabado la información hayan sido declaradas secretas o reservadas.

2. Tratándose de datos sometidos a tratamiento con fines no jurisdiccionales, los interesados podrán ejercitar sus derechos de acceso, rectificación, cancelación y oposición en los términos establecidos en la normativa vigente en materia de protección de datos de carácter personal, dirigiendo su solicitud ante el funcionario competente para decidir conforme a la normativa vigente que sea responsable del fichero al que se refiere el párrafo segundo del apartado 1 del artículo 236 sexies.

- Artículo añadido por art. único.36 de Ley Orgánica núm. 7/2015, de 21 julio.

236 nonies. 1. Las competencias que la Ley Orgánica 15/1999, de 13 de diciembre, atribuye a la Agencia Española de Protección de Datos, serán ejercidas, respecto de los tratamientos efectuados con fines jurisdiccionales y los ficheros de esta naturaleza, por el Consejo General del Poder Judicial.

2. Los tratamientos de datos llevados a cabo con fines no jurisdiccionales y sus correspondientes ficheros quedarán sometidos a la competencia de la Agencia Española de Protección de Datos, prestando el Consejo General del Poder Judicial a la misma la colaboración que al efecto precise.

El Consejo General del Poder Judicial podrá adoptar las medidas reglamentarias que estime necesarias para garantizar el cumplimiento, en los tratamientos de datos con fines no jurisdiccionales y los ficheros no jurisdiccionales, de las medidas de seguridad establecidas en la normativa vigente en materia de protección de datos de carácter personal.

3. Cuando con ocasión de la realización de actuaciones de investigación relacionadas con la posible comisión de una infracción de la normativa de protección de datos las autoridades competentes a las que se refieren los dos apartados anteriores apreciasen la existencia de indicios que supongan la competencia de la otra autoridad, darán inmediatamente traslado a esta última a fin de que prosiga con la tramitación del procedimiento.

- Artículo añadido por art. único.36 de Ley Orgánica núm. 7/2015, de 21 julio.

236 decies. 1. Los tratamientos de datos llevados a cabo por el Consejo General del Poder Judicial en el ejercicio de sus competencias quedarán sometidos a lo dispuesto en la legislación vigente en materia de protección de datos de carácter personal. Dichos tratamientos no serán considerados en ningún caso realizados con fines jurisdiccionales.

2. Los ficheros de datos de carácter personal del Consejo General del Poder Judicial y de los órganos integrantes del mismo serán creados, modificados o suprimidos por acuerdo del Consejo General del Poder Judicial, a propuesta de la Secretaría General, que ostentará la condición de responsable del tratamiento respecto de los mismos.

Una vez publicado el acuerdo, el Consejo General del Poder Judicial dará traslado del mismo para su inscripción en el Registro General de Protección de Datos de la Agencia Española de Protección de Datos.

- Artículo añadido por art. único.36 de Ley Orgánica núm. 7/2015, de 21 julio.

CAPÍTULO II
Del impulso procesal

237. Salvo que la Ley disponga otra cosa, se dará de oficio al proceso el curso que corresponda, dictándose al efecto las resoluciones necesarias.

- Artículo modificado por art. único.54 de Ley Orgánica núm. 19/2003, de 23 diciembre.

CAPÍTULO III
De la nulidad de los actos judiciales

238. Los actos procesales serán nulos de pleno derecho en los casos siguientes:

1º Cuando se produzcan por o ante tribunal con falta de jurisdicción o de competencia objetiva o funcional.

2º Cuando se realicen bajo violencia o intimidación.

3º Cuando se prescinda de normas esenciales del procedimiento, siempre que, por esa causa, haya podido producirse indefensión.

4º Cuando se realicen sin intervención de abogado, en los casos en que la Ley la establezca como preceptiva.

5º Cuando se celebren vistas sin la preceptiva intervención del secretario judicial.

6º En los demás casos en los que las Leyes procesales así lo establezcan.

- Artículo modificado por art. único.55 de Ley Orgánica núm. 19/2003, de 23 diciembre.

239. 1. Los tribunales cuya actuación se hubiere producido con intimidación o violencia, tan luego como se vean libres de ella, declararán nulo todo lo practicado y promoverán la formación de causa contra los culpables, poniendo los hechos en conocimiento del Ministerio Fiscal.

2. También se declararán nulos los actos de las partes o de personas que intervengan en el proceso si se acredita que se produjeron bajo intimidación o violencia.

La nulidad de estos actos entrañará la de todos los demás relacionados con él o que pudieren haberse visto condicionados o influidos sustancialmente por el acto nulo.

- Artículo modificado por art. único.56 de Ley Orgánica núm. 19/2003, de 23 diciembre.

240. 1. La nulidad de pleno derecho, en todo caso, y los defectos de forma en los actos procesales que impliquen ausencia de los requisitos indispensables para alcanzar su fin o determinen efectiva indefensión, se harán valer por medio de los recursos legalmente establecidos contra la resolución de que se trate, o por los demás medios que establezcan las Leyes procesales.

2. Sin perjuicio de ello, el juzgado o tribunal podrá, de oficio o a instancia de parte, antes de que hubiere recaído resolución que ponga fin al proceso, y siempre que no proceda la subsanación, declarar, previa audiencia de las partes, la nulidad de todas las actuaciones o de alguna en particular.

En ningún caso podrá el juzgado o tribunal, con ocasión de un recurso, decretar de oficio una nulidad de las actuaciones que no haya sido solicitada en dicho recurso, salvo que apreciare falta de jurisdicción o de competencia objetiva o funcional o se hubiese producido violencia o intimidación que afectare a ese tribunal.

- Artículo modificado por art. único.57 de Ley Orgánica núm. 19/2003, de 23 diciembre.

241. 1. No se admitirán con carácter general incidentes de nulidad de actuaciones. Sin embargo, excepcionalmente, quienes sean parte legítima o hubieran debido serlo podrán pedir por escrito que se declare la nulidad de actuaciones fundada en cualquier vulneración de un derecho fundamental de los referidos en el artículo 53.2 de la Constitución, siempre que no haya podido denunciarse antes de recaer resolución que ponga fin al proceso y siempre que dicha resolución no sea susceptible de recurso ordinario ni extraordinario.

- Ap. 1 párr. 1º modificado por disp. final 1 de Ley Orgánica núm. 6/2007, de 24 mayo.

Será competente para conocer de este incidente el mismo juzgado o tribunal que dictó la resolución que hubiere adquirido firmeza. El plazo para pedir la nulidad será de 20 días, desde la notificación de la resolución o, en todo caso, desde que se tuvo conocimiento del defecto causante de indefensión, sin que, en este último caso, pueda solicitarse la nulidad de actuaciones después de transcurridos cinco años desde la notificación de la resolución.

El juzgado o tribunal inadmitirá a trámite, mediante providencia sucintamente motivada, cualquier incidente en el que se pretenda suscitar otras cuestiones. Contra la resolución por la que se inadmita a trámite el incidente no cabrá recurso alguno.

2. Admitido a trámite el escrito en que se pida la nulidad fundada en los vicios a que se refiere el apartado anterior de este artículo, no quedará en suspenso la ejecución y eficacia de la sentencia o resolución irrecurribles, salvo que se acuerde de forma expresa la suspensión para evitar que el incidente pudiera perder su finalidad, y se dará traslado de dicho escrito, junto con copia de los documentos que se acompañasen, en su caso, para acreditar el vicio o defecto en que la petición se funde, a las demás partes, que en el plazo común de cinco días podrán formular por escrito sus alegaciones, a las que acompañarán los documentos que se estimen pertinentes.

Si se estimara la nulidad, se repondrán las actuaciones al estado inmediatamente anterior al defecto que la haya originado y se seguirá el procedimiento legalmente establecido. Si se desestimara la solicitud de nulidad, se condenará, por medio de auto, al solicitante en todas las costas del incidente y, en caso de que el juzgado o tribunal entienda que se promovió con temeridad, le impondrá, además, una multa de 90 a 600 euros.

Contra la resolución que resuelva el incidente no cabrá recurso alguno.

- Artículo modificado por art. único.58 de Ley Orgánica núm. 19/2003, de 23 diciembre.

242. Las actuaciones judiciales realizadas fuera del tiempo establecido sólo podrán anularse si lo impusiere la naturaleza del término o plazo.

- Artículo modificado por art. único.59 de Ley Orgánica núm. 19/2003, de 23 diciembre.

243. 1. La nulidad de un acto no implicará la de los sucesivos que fueren independientes de aquel ni la de aquellos cuyo contenido hubiese permanecido invariado aun sin haberse cometido la infracción que dio lugar a la nulidad.

2. La nulidad parcial de un acto no implicará la de las partes del mismo independientes de la declarada nula.

3. El juzgado o tribunal cuidará de que puedan ser subsanados los defectos en que incurran los actos procesales de las partes, siempre que en dichos actos se hubiese manifestado la voluntad de cumplir los requisitos exigidos por la Ley.

4. Los actos de las partes que carezcan de los requisitos exigidos por la Ley serán subsanables en los casos, condiciones y plazos previstos en las Leyes procesales.

- Artículo modificado por art. único.60 de Ley Orgánica núm. 19/2003, de 23 diciembre.

CAPÍTULO IV
De las resoluciones judiciales

244. 1. Las resoluciones de los Tribunales cuando no estén constituidos en Sala de Justicia, las de las Salas de Gobierno y las de los Jueces y Presidentes cuando tuvieren carácter gubernativo, se llamarán acuerdos.

2. La misma denominación se dará a las advertencias y correcciones que por recaer en personas que estén sujetas a la jurisdicción disciplinaria se impongan en las sentencias o en otros actos judiciales.

245. 1. Las resoluciones de los Jueces y Tribunales que tengan carácter jurisdiccional se denominarán:

a) Providencias, cuando tengan por objeto la ordenación material del proceso.

b) Autos, cuando decidan recursos contra providencias, cuestiones incidentales, presupuestos procesales, nulidad del procedimiento o cuando, a tenor de las leyes de enjuiciamiento, deban revestir esta forma.

c) Sentencias, cuando decidan definitivamente el pleito o causa en cualquier instancia o recurso, o cuando, según las leyes procesales, deban revestir esta forma.

2. Las sentencias podrán dictarse de viva voz cuando lo autorice la ley.

3. Son sentencias firmes aquellas contra las que no quepa recurso alguno, salvo el de revisión u otros extraordinarios que establezca la ley.

4. Llámase ejecutoria el documento público y solemne en que se consigna una sentencia firme. Las ejecutorias se encabezarán en nombre del Rey.

246. En los casos en que la ley ordene al Secretario formular propuesta de resolución, el Juez podrá adoptar la modalidad de «conforme» o dictar la resolución que proceda.

247. Las resoluciones judiciales que se dicten oralmente y deban ser documentadas en acta en los juicios verbales, vistas de los pleitos o causas y demás actos solemnes incluirán la fundamentación que proceda.

248. 1. La fórmula de las providencias se limitará a la determinación de lo mandado y del Juez o Tribunal que las disponga, sin más fundamento ni adiciones que la fecha en que se acuerden, la firma o rúbrica del Juez o Presidente y la firma del Secretario. No obstante, podrán ser sucintamente motivadas sin sujeción a requisito alguno cuando se estime conveniente.

2. Los autos serán siempre fundados y contendrán en párrafos separados y numerados los hechos y los razonamientos jurídicos y, por último, la parte dispositiva. Serán firmados por el Juez, Magistrado o Magistrados que los dicten.

3. Las sentencias se formularán expresando, tras un encabezamiento, en párrafos separados y numerados, los antecedentes de hecho, hechos probados, en su caso, los fundamentos de derecho y, por último, el fallo. Serán firmadas por el Juez, Magistrado o Magistrados que las dicten.

4. Al notificarse la resolución a las partes se indicará si la misma es o no firme y, en su caso, los recursos que procedan, órgano ante el que deben interponerse y plazo para ello.

CAPÍTULO V
De la vista, votación y fallo

249. Las vistas de los asuntos se señalarán por el orden de su conclusión, salvo que en la ley se disponga otra cosa.

250. Corresponderá a los Presidentes de Sala y a los de Sección el señalamiento de las vistas o trámite equivalente y el del comienzo de las sesiones del juicio oral.

251. 1. El Juez o el Ponente tendrán a su disposición los autos para dictar sentencia o resolución decisoria de incidentes o de recursos.

2. El Presidente y los Magistrados podrán examinar los autos en cualquier tiempo.

252. 1. Concluida la vista de los autos, pleitos o causas o desde el día señalado para la votación y fallo, podrá cualquiera de los Magistrados pedirlos para su estudio.

2. Cuando los pidieren varios, fijará el que presida el plazo que haya de tenerlos cada uno, de modo que puedan dictarse las sentencias dentro del tiempo señalado para ello.

253. Los autos y sentencias se deliberarán y votarán inmediatamente después de las vistas y, cuando así no pudiera hacerse, señalará el Presidente el día en que deban votarse, dentro del plazo señalado para dictar la resolución.

254. 1. La votación, a juicio del Presidente podrá tener lugar separadamente sobre los distintos pronunciamientos de hecho o de derecho que hayan de hacerse, o parte de la decisión que haya de dictarse.

2. Votará primero el Ponente y después los demás Magistrados por orden inverso al de su antigüedad. El que presida votará el último.

3. Empezada la votación, no podrá interrumpirse sino en caso de fuerza mayor.

255. 1. Los autos y sentencias se dictarán por mayoría absoluta de votos, salvo que expresamente la ley señale una mayor proporción.

2. En ningún caso podrá exigirse un número determinado de votos conformes que altere la regla de la mayoría.

256. Cuando fuere trasladado o jubilado algún Juez o Magistrado deliberará, votará, redactará y firmará las sentencias, según proceda, en los pleitos a cuya vista hubiere asistido y que aún no se hubieren fallado, salvo que concurriera causa de incompatibilidad o proceda la anulación de aquélla por otro motivo.

- Artículo modificado por art. 4.13 de Ley Orgánica núm. 16/1994, de 8 noviembre.

257. 1. Si después de la vista y antes de la votación algún Magistrado se imposibilitare y no pudiere asistir al acto, dará un voto fundado y firmado y lo remitirá directamente al Presidente.

2. Si no pudiere escribir ni firmar, lo extenderá ante un Secretario de la Sala.

3. El voto así emitido se unirá a los demás y se conservará, rubricado por el que presida, con el libro de sentencias.

4. Cuando el impedido no pudiere votar ni aun de este modo, se votará el pleito o la causa por los no impedidos que hubieren asistido a la vista y, si hubiere los necesarios para formar mayoría, éstos dictarán sentencia.

258. Cuando no hubiere votos bastantes para constituir la mayoría que exige el artículo 255, se verá de nuevo el asunto, sustituyéndose el impedido, separado o suspenso en la forma establecida en esta Ley.

259. Las sentencias se firmarán por el Juez o por todos los Magistrados no impedidos dentro del plazo establecido para dictarlas.

260. 1. Todo el que tome parte en la votación de una sentencia o auto definitivo firmará lo acordado, aunque hubiere disentido de la mayoría; pero podrá, en este caso, anunciándolo en el momento de la votación o en el de la firma, formular voto particular, en forma de sentencia, en la que podrán aceptarse, por remisión, los puntos de hecho y fundamentos de derecho de la dictada por el Tribunal con los que estuviere conforme.

2. El voto particular, con la firma del autor, se incorporará al libro de sentencias y se notificará a las partes junto con la sentencia aprobada por mayoría. Cuando, de acuerdo con la ley, sea preceptiva la publicación de la sentencia, el voto particular, si lo hubiere, habrá de publicarse junto a ella.

3. También podrá formularse voto particular, con sujeción a lo dispuesto en el párrafo anterior, en lo que resulte aplicable, respecto de los autos decisorios de incidentes.

261. Cuando, después de fallado un pleito por un Tribunal, se imposibilite algún Magistrado de los que votaron y no pudiere firmar, el que hubiere presidido el Tribunal lo hará por él, expresando el nombre de aquél por quien firme y después las palabras «votó en Sala y no pudo firmar».

262. 1. Cuando en la votación de una sentencia o auto no resultare mayoría de votos sobre cualquiera de los pronunciamientos de hecho o de derecho que deban hacerse, volverán a discutirse y a votarse los puntos en que hayan disentido los votantes.

2. Si no se obtuviere acuerdo, la discordia se resolverá mediante celebración de nueva vista, concurriendo los Magistrados que hubieran asistido a la primera, aumentándose dos más, si hubiese sido impar el número de los discordantes, y tres en el caso de haber sido par. Concurrirá para ello, en primer lugar, el Presidente de la Sala, si no hubiere ya asistido; en segundo lugar, los Magistrados de la misma Sala que no hayan visto el pleito; en tercer lugar, el Presidente de la Audiencia, y, finalmente, los Magistrados de las demás Salas, con preferencia de los del mismo orden jurisdiccional.

263. 1. El que deba presidir la Sala de Discordia hará el señalamiento de las vistas de discordia y designaciones oportunas.

2. Cuando en la votación de una sentencia o auto por la Sala de Discordia o, en su caso, por el Pleno de la Sala no se reuniere tampoco mayoría sobre los puntos discordados, se procederá a nueva votación, sometiendo sólo a ésta los dos pareceres que hayan obtenido mayor número de votos en la precedente.

264. 1. Los Magistrados de las diversas Secciones de una misma Sala se reunirán para la unificación de criterios y la coordinación de prácticas procesales, especialmente en los casos en que los Magistrados de las diversas Secciones de una misma Sala o Tribunal sostuvieren en sus resoluciones diversidad de criterios interpretativos en la aplicación de la ley en asuntos sustancialmente iguales. A esos efectos, el Presidente de la Sala o Tribunal respectivo, por sí o a petición mayoritaria de sus miembros, convocará Pleno jurisdiccional para que conozca de uno o varios de dichos asuntos al objeto de unificar el criterio.

2. Formarán parte de este Pleno todos los Magistrados de la Sala correspondiente que por reparto conozcan de la materia en la que la discrepancia se hubiera puesto de manifiesto.

3. En todo caso, quedará a salvo la independencia de las Secciones para el enjuiciamiento y resolución de los distintos procesos de que conozcan, si bien deberán motivar las razones por las que se aparten del criterio acordado.

- Artículo modificado por art. único.37 de Ley Orgánica núm. 7/2015, de 21 julio.

265. En cada Juzgado o Tribunal se llevará, bajo la custodia del Secretario respectivo, un libro de sentencias, en el que se incluirán firmadas todas las definitivas, autos de igual carácter, así como los votos particulares que se hubieren formulado, que serán ordenados correlativamente según su fecha.

266. 1. Las sentencias, una vez extendidas y firmadas por el juez o por todos los Magistrados que las hubieren dictado, serán depositadas en la Oficina judicial y se permitirá a cualquier interesado el acceso al texto de las mismas.

El acceso al texto de las sentencias, o a determinados extremos de las mismas, podrá quedar restringido cuando el mismo pudiera afectar al derecho a la intimidad, a los derechos de las personas que requieran un especial deber de tutela o a la garantía del anonimato de las víctimas o perjudicados, cuando proceda, así como, con carácter general, para evitar que las sentencias puedan ser usadas con fines contrarios a las Leyes.

2. Los secretarios pondrán en los autos certificación literal de la sentencia.

- Artículo modificado por art. único.61 de Ley Orgánica núm. 19/2003, de 23 diciembre.

267. 1. Los tribunales no podrán variar las resoluciones que pronuncien después de firmadas, pero sí aclarar algún concepto oscuro y rectificar cualquier error material de que adolezcan.

2. Las aclaraciones a que se refiere el apartado anterior podrán hacerse de oficio dentro de los dos días hábiles siguientes al de la publicación de la resolución, o a petición de parte o del Ministerio Fiscal formulada dentro del mismo plazo, siendo en este caso resuelta por el tribunal dentro de los tres días siguientes al de la presentación del escrito en que se solicite la aclaración.

3. Los errores materiales manifiestos y los aritméticos en que incurran las resoluciones judiciales podrán ser rectificados en cualquier momento.

4. Las omisiones o defectos de que pudieren adolecer sentencias y autos y que fuere necesario remediar para llevarlas plenamente a efecto podrán ser subsanadas, mediante auto, en los mismos plazos y por el mismo procedimiento establecido en el apartado anterior.

5. Si se tratase de sentencias o autos que hubieren omitido manifiestamente pronunciamientos relativos a pretensiones oportunamente deducidas y sustanciadas en el proceso, el tribunal, a solicitud escrita de parte en el plazo de cinco días a contar desde la notificación de la resolución, previo traslado de dicha solicitud a las demás partes, para alegaciones escritas por otros cinco días, dictará auto por el que resolverá completar la resolución con el pronunciamiento omitido o no haber lugar a completarla.

6. Si el tribunal advirtiese, en las sentencias o autos que dictara, las omisiones a que se refiere el apartado anterior, podrá, en el plazo de cinco días a contar desde la fecha en que se dicten, proceder de oficio, mediante auto, a completar su resolución, pero sin modificar ni rectificar lo que hubiere acordado.

7. Del mismo modo al establecido en los apartados anteriores se procederá por el Secretario Judicial cuando se precise aclarar, rectificar, subsanar o completar los decretos que hubiere dictado.

- Ap. 7 modificado por art. 1.5 de Ley Orgánica núm. 1/2009, de 3 noviembre.

8. No cabrá recurso alguno contra los autos o decretos en que se resuelva acerca de la aclaración, rectificación, subsanación o complemento a que se refieren los anteriores apartados de este artículo, sin perjuicio de los recursos que procedan, en su caso, contra la sentencia, auto o decreto a que se refiera la solicitud o actuación de oficio del Tribunal o del Secretario Judicial.

- Ap. 8 modificado por art. 1.5 de Ley Orgánica núm. 1/2009, de 3 noviembre.

9. Los plazos para los recursos que procedan contra la resolución de que se trate se interrumpirán desde que se solicite su aclaración, rectificación, subsanación o complemento y, en todo caso, comenzarán a computarse desde el día siguiente a la notificación del auto o decreto que reconociera o negase la omisión del pronunciamiento y acordase o denegara remediarla.

- Ap. 9 añadido por art. 1.5 de Ley Orgánica núm. 1/2009, de 3 noviembre.
  Artículo modificado por art. único.62 de Ley Orgánica núm. 19/2003, de 23 diciembre.

CAPÍTULO VI
Del lugar en que deben practicarse las actuaciones

268. 1. Las actuaciones judiciales deberán practicarse en la sede del órgano jurisdiccional.

2. No obstante lo dispuesto en el apartado anterior, los Juzgados y Tribunales podrán constituirse en cualquier lugar del territorio de su jurisdicción para la práctica de aquéllas, cuando fuere necesario o conveniente para la buena administración de justicia.

269. 1. Los Juzgados y Tribunales sólo podrán celebrar juicios o vistas de asuntos fuera de la población de su sede cuando así lo autorice la ley.

2. Sin embargo, el Consejo General del Poder Judicial, cuando las circunstancias o el buen servicio de la administración de justicia lo aconsejen, y a petición de las Salas de Gobierno de los Tribunales Superiores de

Justicia, podrá disponer que los Juzgados y las Secciones o Salas de los Tribunales o Audiencias se constituyan en población distinta de su sede para despachar los asuntos correspondientes a un determinado ámbito territorial comprendido en la circunscripción de aquéllos.

3. Igualmente, las Salas de Gobierno de los Tribunales Superiores de Justicia, previa determinación del número de causas que justifican los traslados de los Tribunales fuera de su sede y siempre que su desplazamiento venga justificado por una mejor administración de justicia, dispondrán que los Jueces de lo Penal, asistidos del Letrado de la Administración de Justicia, se constituyan para celebrar juicios orales en las ciudades donde tengan sede los Juzgados que hayan instruido las causas de las que les corresponde conocer. Los Juzgados de Instrucción y los funcionarios que en ellos sirvieren prestarán en estos casos cuanta colaboración sea precisa.

- Artículo modificado por art. único.38 de Ley Orgánica núm. 7/2015, de 21 julio.

CAPÍTULO VII
De las notificaciones

270. Las resoluciones dictadas por jueces y tribunales, así como las que lo sean por secretarios judiciales en el ejercicio de las funciones que le son propias, se notificarán a todos los que sean parte en el pleito, causa o expediente, y también a quienes se refieran o puedan parar perjuicios, cuando así se disponga expresamente en aquellas resoluciones, de conformidad con la Ley.

- Artículo modificado por art. único.63 de Ley Orgánica núm. 19/2003, de 23 diciembre.

271. Las notificaciones podrán practicarse por medio del correo, del telégrafo o de cualquier medio técnico que permita la constancia de su práctica y de las circunstancias esenciales de la misma según determinen las leyes procesales.

272. Podrá establecerse un local de notificaciones común a los varios juzgados y tribunales de una misma población, aunque sean de distinto orden jurisdiccional. En este supuesto, el Colegio de Procuradores organizará un servicio para recibir las notificaciones que no hayan podido hacerse en aquel local común por incomparecencia del procurador que deba ser notificado. La recepción de la notificación por este servicio producirá plenos efectos.

- Artículo modificado por art. único.64 de Ley Orgánica núm. 19/2003, de 23 diciembre.

CAPÍTULO VIII
De la cooperación jurisdiccional

273. Los Jueces y Tribunales cooperarán y se auxiliarán entre sí en el ejercicio de la función jurisdiccional.

274. 1. Se recabará la cooperación judicial cuando debiere practicarse una diligencia fuera de la circunscripción del Juzgado o Tribunal que la hubiere ordenado o ésta fuere de la específica competencia de otro Juzgado o Tribunal.

2. La petición de cooperación, cualquiera que sea el Juzgado o Tribunal a quien se dirija, se efectuará siempre directamente, sin dar lugar a traslados ni reproducciones a través de órganos intermedios.

275. No obstante, podrán los Jueces realizar cualesquiera diligencias de instrucción penal en lugar no comprendido en el territorio de su jurisdicción, cuando el mismo se hallare próximo y ello resultare conveniente, dando inmediata noticia al Juez competente. Los Jueces y Tribunales de otros órdenes jurisdiccionales podrán también practicar diligencias de instrucción o prueba fuera del territorio de su jurisdicción cuando no se perjudique la competencia del Juez correspondiente y venga justificado por razones de economía procesal.

276. Las peticiones de cooperación internacional se tramitarán de conformidad con lo previsto en los tratados internacionales, las normas de la Unión Europea y las leyes españolas que resulten de aplicación.

- Artículo modificado por art. único.39 de Ley Orgánica núm. 7/2015, de 21 julio.

277. Los Juzgados y Tribunales españoles prestarán a las autoridades judiciales extranjeras la cooperación que les soliciten para el desempeño de su función jurisdiccional, de conformidad con lo establecido en los tratados y convenios internacionales en los que España sea parte, las normas de la Unión Europea y las leyes españolas sobre esta materia.

- Artículo modificado por art. único.40 de Ley Orgánica núm. 7/2015, de 21 julio.

278. La prestación de cooperación internacional sólo será denegada por los Juzgados y Tribunales españoles:

1.º Cuando el objeto o finalidad de la cooperación solicitada sea manifiestamente contrario al orden público.

2.º Cuando el proceso de que dimane la solicitud de cooperación sea de la exclusiva competencia de la jurisdicción española.

3.º Cuando el contenido del acto a realizar no corresponda a las atribuciones propias de la autoridad judicial española requerida. En tal caso, ésta remitirá la solicitud a la autoridad judicial competente, informando de ello a la autoridad judicial requirente.

4.º Cuando la solicitud de cooperación internacional no reúna el contenido y requisitos mínimos exigidos por las leyes para su tramitación.

- Artículo modificado por art. único.41 de Ley Orgánica núm. 7/2015, de 21 julio.

TÍTULO IV
De la fe pública judicial y de la documentación

...

- Título que queda sin contenido por disp. derog. única.b) de Ley Orgánica núm. 19/2003, de 23 diciembre.

279 a 291. ...

- Artículos que quedan sin contenido por disp. derog. única.b) de Ley Orgánica núm. 19/2003, de 23 diciembre.

TÍTULO V
De la responsabilidad patrimonial del Estado por el funcionamiento de la Administración de Justicia

292. 1. Los daños causados en cualesquiera bienes o derechos por error judicial, así como los que sean consecuencia del funcionamiento anormal de la Administración de Justicia, darán a todos los perjudicados derecho a una indemnización a cargo del Estado, salvo en los casos de fuerza mayor, con arreglo a lo dispuesto en este Título.

2. En todo caso, el daño alegado habrá de ser efectivo, evaluable económicamente e individualizado con relación a una persona o grupo de personas.

3. La mera revocación o anulación de las resoluciones judiciales no presupone por sí sola derecho a indemnización.

293. 1. La reclamación de indemnización por causa de error deberá ir precedida de una decisión judicial que expresamente lo reconozca. Esta previa decisión podrá resultar directamente de una sentencia dictada en virtud de recurso de revisión. En cualquier otro caso distinto de éste se aplicarán las reglas siguientes:

a) La acción judicial para el reconocimiento del error deberá instarse inexcusablemente en el plazo de tres meses a partir del día en que pudo ejercitarse.

b) La pretensión de declaración del error se deducirá ante la Sala del Tribunal Supremo correspondiente al mismo orden jurisdiccional que el órgano a quien se imputa el error y si éste se atribuyese a una Sala o Sección del Tribunal Supremo la competencia corresponderá a la Sala que se establece en el artículo 61. Cuando se trate de órganos de la jurisdicción militar, la competencia corresponderá a la Sala Quinta de lo Militar del Tribunal Supremo.

- Ap. 1 *b)* modificado por disp. adic. 7 de Ley Orgánica núm. 4/1987, de 15 julio.

c) El procedimiento para substanciar la pretensión será el propio del recurso de revisión en materia civil, siendo partes, en todo caso, el Ministerio Fiscal y la Administración del Estado.

d) El Tribunal, dictará sentencia definitiva, sin ulterior recurso, en el plazo de quince días con informe previo del órgano jurisdiccional a quien se atribuye el error.

e) Si el error no fuera apreciado se impondrán las costas al peticionario.

f) No procederá la declaración de error contra la resolución judicial a la que se impute mientras no se hubieren agotado previamente los recursos previstos en el ordenamiento.

g) La mera solicitud de declaración del error no impedirá la ejecución de la resolución judicial a la que aquél se impute.

2. Tanto en el supuesto de error judicial declarado como en el de daño causado por el anormal funcionamiento de la Administración de Justicia, el interesado dirigirá su petición indemnizatoria directamente al Ministerio de Justicia, tramitándose la misma con arreglo a las normas reguladoras de la responsabilidad patrimonial del Estado. Contra la resolución cabrá recuso contencioso-administrativo. El derecho a reclamar la indemnización prescribirá al año, a partir del día en que pudo ejercitarse.

294. 1. Tendrán derecho a indemnización quienes, después de haber sufrido prisión preventiva, sean absueltos por inexistencia del hecho imputado o por esta misma causa haya sido dictado auto de sobreseimiento libre, siempre que se le hayan irrogado perjuicios.

2. La cuantía de la indemnización se fijará en función del tiempo de privación de libertad y de las consecuencias personales y familiares que se hayan producido.

3. La petición indemnizatoria se tramitará de acuerdo con lo establecido en el apartado 2 del artículo anterior.

295. En ningún caso habrá lugar a la indemnización cuando el error judicial o el anormal funcionamiento de los servicios tuviera por causa la conducta dolosa o culposa del perjudicado.

296. 1. Los daños y perjuicios causados por los Jueces y Magistrados en el ejercicio de sus funciones darán lugar, en su caso, a responsabilidad del Estado por error judicial o por funcionamiento anormal de la Administración de Justicia sin que, en ningún caso, puedan los perjudicados dirigirse directamente contra aquéllos.

2. Si los daños y perjuicios provinieren de dolo o culpa grave del Juez o Magistrado, la Administración General del Estado, una vez satisfecha la indemnización al perjudicado, podrá exigir, por vía administrativa a través del procedimiento reglamentariamente establecido, al Juez o Magistrado responsable el reembolso de lo pagado sin perjuicio de la responsabilidad disciplinaria en que éste pudiera incurrir, de acuerdo con lo dispuesto en esta Ley.

El dolo o culpa grave del Juez o Magistrado se podrá reconocer en sentencia o en resolución dictada por el Consejo General del Poder Judicial conforme al procedimiento que éste determine. Para la exigencia de dicha responsabilidad se ponderarán, entre otros, los siguientes criterios: el resultado dañoso producido y la existencia o no de intencionalidad.

- Artículo modificado por art. único.42 de Ley Orgánica núm. 7/2015, de 21 julio.

297. ...

- Artículo suprimido por art. único.43 de Ley Orgánica núm. 7/2015, de 21 julio.

LIBRO IV
De los Jueces y Magistrados

TÍTULO I
De la Carrera Judicial y de la provisión de destinos

CAPÍTULO I
De la Carrera Judicial

298. 1. Las funciones jurisdiccionales en los juzgados y tribunales de todo orden regulados en esta Ley se ejercerán únicamente por jueces y magistrados profesionales, que forman la Carrera Judicial.

2. También ejercen funciones jurisdiccionales sin pertenecer a la Carrera Judicial, con sujeción al régimen establecido en esta Ley, sin carácter de profesionalidad y con inamovilidad temporal, los magistrados suplentes, los que sirven plazas de jueces como sustitutos, los jueces de paz y sus sustitutos.

- Artículo modificado por art. único.65 de Ley Orgánica núm. 19/2003, de 23 diciembre.

299. 1. La Carrera Judicial consta de tres categorías:

– Magistrado del Tribunal Supremo.

– Magistrado.

– Juez.

- Ap. 1 renumerado por art. 5.2 de Ley Orgánica núm. 5/1997, de 4 diciembre. Su anterior numeración era Párr. único.

2. Los Magistrados del Tribunal Supremo, sin perjuicio de su pertenencia a la Carrera Judicial, tendrán el estatuto especial regulado en la presente Ley Orgánica.

- Ap. 2 añadido por art. 5.2 de Ley Orgánica núm. 5/1997, de 4 diciembre.

3. Sólo adquirirán la categoría de Magistrado del Tribunal Supremo quienes efectivamente pasen a ejercer funciones jurisdiccionales como miembros de este Tribunal.

- Ap. 3 añadido por art. 5.2 de Ley Orgánica núm. 5/1997, de 4 diciembre.

300. El Consejo General del Poder Judicial aprobará cada tres años, como máximo, y por períodos menores cuando fuere necesario, el escalafón de la Carrera Judicial, que será publicado en el «Boletín Oficial del Estado», y comprenderá los datos personales y profesionales que se establezcan reglamentariamente.

CAPÍTULO II
Del ingreso y ascenso en la Carrera Judicial

301. 1. El ingreso en la carrera judicial estará basado en los principios de mérito y capacidad para el ejercicio de la función jurisdiccional.

2. El proceso de selección para el ingreso en la carrera judicial garantizará, con objetividad y transparencia, la igualdad en el acceso a la misma de todos los ciudadanos que reúnan las condiciones y aptitudes necesarias,

así como la idoneidad y suficiencia profesional de las personas seleccionadas para el ejercicio de la función jurisdiccional.

3. El ingreso en la Carrera Judicial por la categoría de juez se producirá mediante la superación de oposición libre y de un curso teórico y práctico de selección realizado en la Escuela Judicial.

4. La convocatoria para el ingreso en la Carrera Judicial, que se realizará conjuntamente con la de ingreso en la Carrera Fiscal, comprenderá todas las plazas vacantes existentes en el momento de la misma y un número adicional que permita cubrir las que previsiblemente puedan producirse hasta la siguiente convocatoria.

Los candidatos aprobados, de acuerdo con las plazas convocadas, optarán, según el orden de la puntuación obtenida, por una u otra Carrera en el plazo que se fije por la Comisión de Selección.

5. También ingresarán en la Carrera Judicial por la categoría de magistrado del Tribunal Supremo, o de magistrado, juristas de reconocida competencia en los casos, forma y proporción respectivamente establecidos en la Ley. Quienes pretendan el ingreso en la carrera judicial en la categoría de magistrado precisarán también superar un curso de formación en la Escuela Judicial.

6. En todos los casos se exigirá no estar incurso en ninguna de las causas de incapacidad e incompatibilidad que establece esta Ley y no tener la edad de jubilación en la Carrera Judicial ni alcanzarla durante el tiempo máximo previsto legal y reglamentariamente para la duración del proceso selectivo, hasta la toma de posesión incluido, si es el caso, el curso de selección en la Escuela Judicial.

7. El Ministerio de Justicia, en colaboración, en su caso, con las Comunidades Autónomas competentes, podrá instar del Consejo General del Poder Judicial la convocatoria de las oposiciones, concursos y pruebas selectivas de promoción y de especialización necesarios para la cobertura de las vacantes existentes en la plantilla de la Carrera Judicial.

Iguales facultades que el Ministerio de Justicia, ostentarán las Comunidades Autónomas con competencias en la materia.

8. También se reservará en la convocatoria un cupo no inferior al cinco por ciento de las vacantes para ser cubiertas entre personas con discapacidad en grado igual o superior al 33 por ciento, siempre que superen las pruebas selectivas y que acrediten el grado de discapacidad y la compatibilidad para el desempeño de las funciones y tareas correspondientes en la forma que se determine reglamentariamente. El ingreso de las personas con discapacidad en las Carreras judicial y fiscal se inspirará en los principios de igualdad de oportunidades, no discriminación y compensación de desventa-

jas, procediéndose, en su caso, a la adaptación de los procesos selectivos a las necesidades especiales y singularidades de estas personas, mediante las adaptaciones y ajustes razonables de tiempos y medios en los procesos selectivos.

Asimismo, una vez superados dichos procesos, se procederá a las adaptaciones y ajustes razonables para las necesidades de las personas con discapacidad de cualquier tipo en los puestos de trabajo y en el entorno laboral del centro o dependencia pública donde desarrollen su actividad.

- Ap. 8 modificado por art. único.44 de Ley Orgánica núm. 7/2015, de 21 julio.
  Artículo modificado por art. único.66 de Ley Orgánica núm. 19/2003, de 23 diciembre.

302. Para concurrir a la oposición libre de acceso a la Escuela Judicial se requiere ser español, mayor de edad y licenciado en Derecho, así como no estar incurso en alguna de las causas de incapacidad que establece la Ley.

- Artículo modificado por art. único.67 de Ley Orgánica núm. 19/2003, de 23 diciembre.

303. Están incapacitados para el ingreso en la Carrera Judicial los impedidos física o psíquicamente para la función judicial, los condenados por delito doloso mientras no hayan obtenido la rehabilitación; los procesados o inculpados por delito doloso en tanto no sean absueltos o se dicte auto de sobreseimiento, y los que no estén en el pleno ejercicio de sus derechos civiles.

304. 1. El tribunal que evaluará las pruebas de ingreso en las Carreras Judicial y Fiscal, por las categorías de juez y de abogado fiscal respectivamente, estará presidido por un magistrado del Tribunal Supremo o de un Tribunal Superior de Justicia o un fiscal de Sala o fiscal del Tribunal Supremo o de una Fiscalía de Tribunal Superior de Justicia, y serán vocales dos magistrados, dos fiscales, un catedrático de universidad de disciplina jurídica en que consistan las pruebas de acceso, un abogado del Estado, un abogado con más de 10 años de ejercicio profesional y un secretario judicial de la categoría primera, que actuará como secretario.

2. El nombramiento de los miembros del tribunal, a que se refiere el apartado anterior, será realizado por la Comisión de Selección de la siguiente manera: el Presidente, a propuesta conjunta del Presidente del Consejo General del Poder Judicial y del Fiscal General del Estado; los dos magistrados, a propuesta del Consejo General del Poder Judicial; los dos fiscales, a propuesta del Fiscal General del Estado; el catedrático, a propuesta del

Consejo de Coordinación Universitaria; el abogado del Estado y el secretario judicial, a propuesta del Ministerio de Justicia; y el abogado, a propuesta del Consejo General de la Abogacía.

El Consejo de Coordinación Universitaria y el Consejo General de la Abogacía elaborarán ternas, que remitirán a la Comisión de Selección para la designación, salvo que existan causas que justifiquen proponer sólo a una o dos personas.

- Artículo modificado por art. único.68 de Ley Orgánica núm. 19/2003, de 23 diciembre.

305. 1. La Comisión de Selección, a la que se refiere el artículo anterior, estará compuesta por un vocal del Consejo General del Poder Judicial y un Fiscal de Sala, que la presidirán anualmente con carácter alternativo, por un Magistrado, un Fiscal, el Director de la Escuela Judicial, el Director del Centro de Estudios Jurídicos de la Administración de Justicia y un miembro de los órganos técnicos del Consejo General del Poder Judicial, así como un funcionario del Ministerio de Justicia con nivel mínimo de Subdirector general, ambos licenciados en Derecho, que actuarán alternativamente como secretarios de la Comisión.

2. La composición de la Comisión de Selección se publicará en el «Boletín Oficial del Estado», mediante Orden del Ministro de Justicia. Los miembros de la misma serán designados por un período de cuatro años, de acuerdo con las siguientes reglas:

a) El vocal del Consejo General del Poder Judicial, el Magistrado y el miembro de los órganos técnicos del Consejo General del Poder Judicial, por el Pleno del Consejo General del Poder Judicial.

b) Los Fiscales, por el Fiscal General del Estado.

c) El funcionario del Ministerio de Justicia, por el Ministro de Justicia.

3. Los acuerdos de la Comisión de Selección serán adoptados por mayoría de sus miembros. En caso de empate, decidirá el voto de su Presidente.

4. La Comisión de Selección, además de lo dispuesto en el artículo anterior, será competente para:

a) Proponer el temario, el contenido de los ejercicios y las normas complementarias que han de regir la oposición para el acceso a las Carreras Judicial y Fiscal, sometiéndolos a la aprobación del Ministerio de Justicia y del Pleno del Consejo General del Poder Judicial.

b) Realizar los trámites administrativos precisos para la distribución de los aprobados a las respectivas Escuelas según la opción que hayan realizado, conforme se dispone en el artículo 301.2.

5. Las resoluciones previstas en el presente artículo y en el apartado 2 del artículo anterior agotarán la vía administrativa y serán susceptibles de recurso contencioso-administrativo ante la Sala de lo Contencioso-Administrativo del Tribunal Supremo.

- Artículo modificado por art. 1.3 de Ley Orgánica núm. 9/2000, de 22 diciembre.

306. 1. La oposición para el ingreso en las Carreras Judicial y Fiscal por la categoría de juez y de abogado fiscal se convocará al menos cada dos años, realizándose la convocatoria por la Comisión de Selección prevista en el apartado 1 del artículo 305, previa propuesta del Consejo General del Poder Judicial y del Ministerio de Justicia, atendiendo al número máximo de plazas que corresponda ofrecer de acuerdo con lo dispuesto en el apartado 4 del artículo 301 y en atención a las disponibilidades presupuestarias.

2. En ningún caso podrá el tribunal seleccionar en las pruebas previstas en el artículo 301 a un número de candidatos superior al de las plazas que hubieran sido convocadas según lo dispuesto en dicho artículo.

3. Los que hubiesen superado la oposición como aspirantes al ingreso en la Carrera Judicial, tendrán la consideración de funcionarios en prácticas.

- Artículo modificado por art. único.69 de Ley Orgánica núm. 19/2003, de 23 diciembre.

307. 1. La Escuela Judicial, configurada como centro de selección y formación de jueces y magistrados dependiente del Consejo General del Poder Judicial, tendrá como objeto proporcionar una preparación integral, especializada y de alta calidad a los miembros de la Carrera Judicial, así como a los aspirantes a ingresar en ella.

La Escuela Judicial llevará a cabo la coordinación e impartición de la enseñanza inicial, así como de la formación continua, en los términos establecidos en el artículo 433 bis.

2. El curso de selección incluirá necesariamente: un programa teórico de formación multidisciplinar, un período de prácticas tuteladas en diferentes órganos de todos los órdenes jurisdiccionales y un período en el que los jueces en prácticas desempeñarán funciones de sustitución y refuerzo. Solamente la superación de cada uno de ellos posibilitará el acceso al siguiente.

3. Superada la fase teórica de formación multidisciplinar, se iniciará el período de prácticas. En su primera fase, los jueces en prácticas tutela-

das, que se denominarán jueces adjuntos, ejercerán funciones de auxilio y colaboración con sus titulares. En este período sus funciones no podrán exceder de la redacción de borradores o proyectos de resolución que el juez o ponente podrá, en su caso, asumir con las modificaciones que estime pertinentes. También podrán dirigir vistas o actuaciones bajo la supervisión y dirección del juez titular.

4. Superada asimismo esta fase de prácticas tuteladas, existirá un período obligatorio en el que los jueces en prácticas desempeñarán labores de sustitución y refuerzo conforme a lo previsto en los artículos 210 y 216 bis, teniendo preferencia sobre los jueces sustitutos en cualquier llamamiento para el ejercicio de tales funciones.

En esta última fase ejercerán la jurisdicción con idéntica amplitud a la de los titulares del órgano judicial y quedarán a disposición del Presidente del Tribunal Superior de Justicia correspondiente, quien deberá elaborar un informe sobre la dedicación y rendimiento en el desempeño de sus funciones, para su valoración por la Escuela Judicial.

El Consejo General del Poder Judicial y los Presidentes de los Tribunales Superiores de Justicia velarán porque el desempeño de tales labores tenga lugar, preferentemente, en órganos judiciales de similares características a los que los jueces en prácticas puedan luego ser destinados.

5. La duración del período de prácticas, sus circunstancias, el destino y las funciones de los jueces en prácticas serán regulados por el Consejo General del Poder Judicial a la vista del programa elaborado por la Escuela Judicial.

En ningún caso la duración del curso teórico de formación será inferior a nueve meses. Las prácticas tuteladas tendrán una duración mínima de cuatro meses; idéntica duración mínima tendrá la destinada a realizar funciones de sustitución o apoyo.

6. Los que superen el curso teórico y práctico serán nombrados jueces por el orden de la propuesta hecha por la Escuela Judicial.

7. El nombramiento se extenderá por el Consejo General del Poder Judicial, mediante orden, y con la toma de posesión quedarán investidos de la condición de juez.

• Artículo modificado por art. único.15 de Ley Orgánica núm. 8/2012, de 27 diciembre.

308. 1. La Escuela Judicial elaborará una relación con los aspirantes que aprueben el curso teórico y práctico, según su orden de calificación, que se elevará al Consejo General del Poder Judicial.

2. Sin perjuicio de lo establecido en el artículo 301.4, aquellos aspirantes aprobados que no pudieran ser nombrados jueces titulares de órganos judiciales ingresarán en la Carrera Judicial en calidad de jueces en expectativa de destino, tomando posesión ante el Presidente del Consejo General del Poder Judicial, al que quedarán adscritos a los efectos previstos en los artículos 210.1, 216, 216 bis, 216 bis 2, 216 bis 3 y 216 bis 4.

Los jueces en expectativa de destino tendrán preferencia sobre los jueces sustitutos en cualquier llamamiento para el ejercicio de las funciones a las que se refieren los artículos indicados en el párrafo anterior y cesarán en su cometido en el momento en el que sean nombrados jueces titulares y destinados a las vacantes que se vayan produciendo, según el orden numérico que ocupen en la lista de aspirantes aprobados.

- Ap. 2 modificado por art. único.16 de Ley Orgánica núm. 8/2012, de 27 diciembre. Artículo modificado por art. único.71 de Ley Orgánica núm. 19/2003, de 23 diciembre.

309. 1. Los que no superen el curso podrán repetirlo en el siguiente, al que se incorporarán con la nueva promoción.

2. Si tampoco superaren este curso, quedarán definitivamente excluidos y decaídos en la expectativa de ingreso en la Carrera Judicial derivada de las pruebas de acceso que hubiesen aprobado.

310. Todas las pruebas selectivas para el ingreso y la promoción en las Carreras Judicial y Fiscal contemplarán el estudio del principio de igualdad entre mujeres y hombres, incluyendo las medidas contra la violencia de género, y su aplicación con carácter transversal en el ámbito de la función jurisdiccional.

- Artículo añadido por disp. adic. 3.5 de Ley Orgánica núm. 3/2007, de 22 marzo.

311. 1. De cada cuatro vacantes que se produzcan en la categoría de Magistrado, dos darán lugar al ascenso de los Jueces que ocupen el primer lugar en el escalafón dentro de esta categoría.

El Magistrado así ascendido podrá optar por continuar en la plaza que venía ocupando o por ocupar la vacante que en el momento del ascenso le sea ofertada, comunicándolo al Consejo General del Poder Judicial en la forma y plazo que éste determine. En el primer supuesto no podrá participar en los concursos ordinarios de traslado durante tres años si la plaza que venía ocupando es de categoría de Juez y un año si es de categoría de Magistrado.

La tercera vacante se proveerá, entre Jueces, por medio de pruebas selectivas en los órdenes jurisdiccionales civil y penal, y de especialización en los órdenes contencioso-administrativo, social y mercantil.

La cuarta vacante se proveerá por concurso entre juristas de reconocida competencia y con más de diez años de ejercicio profesional que superen el curso de formación al que se refiere el apartado 5 del artículo 301. A su vez, una tercera parte de estas vacantes se reservará a miembros del Cuerpo de Secretarios Judiciales de primera o segunda categoría.

Por este procedimiento sólo podrá convocarse un número de plazas que no supere el total de las efectivamente vacantes más las previsibles que vayan a producirse durante el tiempo en que se prolongue la resolución del concurso.

En las Comunidades Autónomas en las que exista más de una lengua oficial o tengan Derecho Civil propio se aplicarán, para la provisión de estas plazas, las previsiones establecidas a tal efecto en la presente Ley.

- Ap. 1 modificado por art. 1.6 de Ley Orgánica núm. 1/2009, de 3 noviembre.

2. Para el ascenso por escalafón será necesario que hayan prestado tres años de servicios efectivos como jueces. Para presentarse a las pruebas selectivas o de especialización bastará, sin embargo, con dos años de servicios efectivos, cualquiera que fuere la situación administrativa del candidato. Podrán presentarse también a las pruebas de especialización en los órdenes contencioso-administrativo y social, los miembros de la Carrera Judicial con categoría de magistrado y, como forma de acceso a la Carrera Judicial, los de la Carrera Fiscal; en ambos casos, será necesario haber prestado al menos dos años de servicios efectivos en sus respectivas carreras. Igual exigencia se requerirá a quienes se presenten a las pruebas selectivas a las que se refiere el apartado 4 del artículo 329.

3. El Consejo General del Poder Judicial podrá realizar por especialidades todas o algunas de las convocatorias de concurso para el acceso a la Carrera Judicial por la categoría de magistrado de juristas de reconocida competencia, limitando aquéllas a la valoración de méritos relativos a la materia correspondiente y reservando al efecto plazas de características adecuadas dentro de la proporción general establecida en el apartado 1.

4. Quienes accedieran a la categoría de magistrado sin pertenecer con anterioridad a la Carrera Judicial se incorporarán al escalafón inmediatamente a continuación del último magistrado que hubiese accedido a la categoría. No podrán obtener la situación de excedencia voluntaria, salvo en los

casos previstos en el artículo 356 *d)* y *e)*, hasta haber completado el tiempo de servicios efectivos en la Carrera Judicial que establece el párrafo *c)* del citado artículo.

5. A quienes superen las pruebas de especialización en los órdenes contencioso-administrativo y social perteneciendo con anterioridad a la carrera fiscal, se les computará en la carrera judicial el tiempo de servicios prestados en aquélla cuando participen en concursos que tengan por objeto la provisión de plazas y cargos de nombramiento discrecional.

6. Quienes, de acuerdo con las previsiones del apartado 4 de este artículo, en lo sucesivo ingresen en la carrera judicial en concurso limitado conforme al apartado 3, no podrán ocupar plazas correspondientes a un orden jurisdiccional o una especialidad distinta, salvo que superen las pruebas de especialización previstas en esta Ley en materia contencioso-administrativa, social o mercantil.

7. Las vacantes que no resultaren cubiertas por este procedimiento acrecerán al turno de pruebas selectivas y de especialización, si estuvieren convocadas, o, en otro caso, al de antigüedad.

8. En los órdenes contencioso-administrativo y social, el número de plazas de magistrado especialista que se convoquen no podrá ser superior al del número de vacantes a la fecha de la convocatoria.

- Artículo modificado por art. único.72 de Ley Orgánica núm. 19/2003, de 23 diciembre.

312. 1. Las pruebas selectivas para la promoción de la categoría de juez a la de magistrado en los órdenes jurisdiccionales civil y penal se celebrarán en la Escuela Judicial, y tenderán a apreciar el grado de capacidad y la formación jurídica de los candidatos, así como sus conocimientos en las distintas ramas del derecho. Podrán consistir en la realización de estudios, superación de cursos, elaboración de dictámenes o resoluciones y su defensa ante el Tribunal, exposición de temas y contestación a las observaciones que el Tribunal formule o en otros ejercicios similares.

- Ap. 1 modificado por art. único.73 de Ley Orgánica núm. 19/2003, de 23 diciembre.

2. Las pruebas para la promoción de la categoría de Juez a la de Magistrado especialista de lo contencioso-administrativo y de lo social tenderán además a apreciar, en particular, aquellos conocimientos que sean propios de cada orden jurisdiccional.

3. Las normas por las que han de regirse estas pruebas, los ejercicios y, en su caso, los programas se aprobarán por el Consejo General del Poder Judicial.

- Ap. 3 modificado por art. 1.12 de Ley Orgánica núm. 16/1994, de 8 noviembre.

313. 1. El Consejo General del Poder Judicial, al tiempo de convocar los concursos de méritos a que se refiere el artículo 311, aprobará las bases a que deba sujetarse la celebración de los mismos, en las que graduará la puntuación máxima con arreglo al baremo que se establece en el siguiente apartado.

2. El baremo establecerá la valoración de los siguientes méritos:

a) Título de Licenciado en Derecho con calificación superior a aprobado, incluido el expediente académico.

b) Título de Doctor en Derecho y calificación alcanzada en su obtención, incluido el expediente académico.

c) Años de ejercicio efectivo de la abogacía ante los juzgados y tribunales, dictámenes emitidos y asesoramientos prestados.

d) Años de servicio efectivo como catedráticos o como profesores titulares de disciplinas jurídicas en universidades públicas o en categorías similares en universidades privadas, con dedicación a tiempo completo.

e) Años de servicio como funcionario de carrera en cualesquiera otros cuerpos de las Administraciones públicas para cuyo ingreso se exija expresamente estar en posesión del título de Doctor o Licenciado en Derecho e impliquen intervención ante los Tribunales de Justicia, en la Carrera Fiscal o en el Cuerpo de Secretarios Judiciales, destinos servidos y funciones desempeñadas en los mismos.

f) Años de ejercicio efectivo de funciones judiciales sin pertenecer a la Carrera Judicial y número de resoluciones dictadas, valorándose además la calidad de las mismas.

g) Publicaciones científico-jurídicas.

h) Ponencias y comunicaciones en congresos y cursos de relevante interés jurídico.

i) Realización de cursos de especialización jurídica de duración no inferior a trescientas horas, así como la obtención de la suficiencia investigadora acreditada por la Agencia Nacional de la Calidad y Acreditación.

j) Haber aprobado alguno de los ejercicios que integren las pruebas de acceso por el turno libre a la Carrera Judicial.

3. También se incluirán en las bases la realización de pruebas prácticas relativas a la elaboración de un dictamen que permita al tribunal valorar la aptitud del candidato.

4. El Consejo General del Poder Judicial, al tiempo de convocarse el concurso, determinará la puntuación máxima de los méritos comprendidos en cada una de las letras del apartado 2 anterior, de modo que no supere la máxima que se atribuya a la suma de otros dos. La puntuación de los méritos comprendidos en los párrafos *c)*, *d)*, *e)* y *f)* de dicho apartado, no podrá ser inferior a la máxima que se atribuya a cualesquiera otros méritos de las restantes letras del mismo.

5. Sólo podrán apreciarse por el tribunal calificador los méritos que, estando comprendidos en el baremo, guarden relación con las materias propias del orden jurisdiccional a que se refiere la convocatoria del concurso, siempre que hubieran sido debidamente acreditados por el interesado.

6. En las bases se establecerán las previsiones necesarias para que el tribunal calificador pueda tener conocimiento de cuantas incidencias hayan podido afectar a los concursantes durante su vida profesional y que pudieran tener importancia para valorar su aptitud en el desempeño de la función judicial.

7. Para valorar los méritos a que se refiere el apartado 2 de este artículo, que hubiesen sido aducidos por los solicitantes, las bases de las convocatorias establecerán la facultad del tribunal de convocar a los candidatos o a aquellos que alcancen inicialmente una determinada puntuación a una entrevista, de una duración máxima de una hora, en la que se debatirán los méritos aducidos por el candidato y su «curriculum» profesional. La entrevista tendrá como exclusivo objeto el acreditar la realidad de la formación jurídica y capacidad para ingresar en la Carrera Judicial, aducida a través de los méritos alegados, y no podrá convertirse en un examen general de conocimientos jurídicos.

8. En las bases se fijará la forma de valoración de los méritos profesionales que se pongan de manifiesto con ocasión de la entrevista.

Dicha valoración tendrá como límite el aumento o disminución de la puntuación inicial de aquéllos en la proporción máxima que se fije, sin perjuicio de lo dispuesto en el apartado 10 de este artículo.

9. El tribunal levantará acta suficientemente expresiva del contenido y del resultado de la entrevista, en la que se expresarán los criterios aplicados para la calificación definitiva del candidato.

10. En las bases se establecerá el procedimiento a que se ajustará el tribunal para excluir a un candidato por no concurrir en él la cualidad de jurista de reconocida competencia, ya por insuficiencia o falta de aptitud

deducible de los datos objetivos del expediente, ya por existir circunstancias que supongan un demérito incompatible con aquella condición, aun cuando hubiese superado, a tenor del baremo fijado, la puntuación mínima exigida. En este caso, el acuerdo del tribunal se motivará por separado de la propuesta, a la que se acompañará, y se notificará al interesado por el Consejo General del Poder Judicial.

11. El Consejo podrá de forma motivada rechazar a un candidato, previa audiencia, pese a la propuesta favorable del tribunal calificador, siempre que, con posterioridad a la misma, se haya tenido conocimiento de alguna circunstancia que suponga un demérito insuperable.

- Artículo modificado por art. único.74 de Ley Orgánica núm. 19/2003, de 23 diciembre.

314. El Tribunal de las pruebas selectivas previstas en el artículo 312 de esta Ley será nombrado por el Consejo General del Poder Judicial, estará presidido por el Presidente del Tribunal Supremo o Magistrado del Tribunal Supremo o del Tribunal Superior de Justicia en quien delegue, y serán vocales: dos Magistrados, un Fiscal, dos catedráticos de universidad designados por razón de la materia, un abogado con más de diez años de ejercicio profesional, un Abogado del Estado, un Secretario Judicial de primera categoría y un miembro de los órganos técnicos del Consejo General del Poder Judicial, licenciado en Derecho, que actuará como Secretario. Cuando no sea posible designar los catedráticos de universidad, podrán nombrarse, excepcionalmente, profesores titulares.

- Artículo modificado por art. 1.5 de Ley Orgánica núm. 9/2000, de 22 diciembre.

315. Las oposiciones y concursos para cubrir las vacantes de la Carrera Judicial del Secretariado y del resto del personal al servicio de la Administración de Justicia serán convocadas, a instancia de la Comunidad Autónoma en cuyo ámbito territorial se produzcan las vacantes, por el órgano competente y de acuerdo con lo dispuesto en esta Ley.

CAPÍTULO III
Del nombramiento y posesión de los Jueces y Magistrados

316. 1. Los Jueces serán nombrados, mediante Orden, por el Consejo General del Poder Judicial.

2. Los Magistrados y los Presidentes serán nombrados por Real Decreto, a propuesta de dicho Consejo.

3. La presentación a Real Decreto se hará por el Ministro de Justicia, que refrendará el nombramiento.

317. 1. Los nombramientos se remitirán al Presidente del Tribunal o Audiencia a quien corresponda dar o mandar dar posesión a los nombrados.

2. También se comunicará a éstos y a los Presidentes del Tribunal o Audiencia de su destino anterior.

3. Cuando los Presidentes de la Sala y Sección o Jueces cesen en su destino, por ser nombrados para otro cargo, elaborarán un alarde o relación de los asuntos que queden pendientes en el respectivo órgano, consignando la fecha de su iniciación y el estado en que se hallen, remitiendo copia al Presidente del Tribunal o de la Audiencia.

4. Al tomar posesión, el nuevo titular del órgano, examinará el alarde elaborado por el anterior, suscribiéndolo en caso de conformidad.

318. 1. Los miembros de la Carrera Judicial prestarán, antes de posesionarse del primer destino, el siguiente juramento o promesa:

«Juro (o prometo) guardar y hacer guardar fielmente y en todo tiempo la Constitución y el resto del ordenamiento jurídico, lealtad a la Corona, administrar recta e imparcial justicia y cumplir mis deberes judiciales frente a todos».

2. El mismo juramento o promesa se prestará cuando se ascienda de categoría en la carrera.

- Ap. 2 modificado por art. 1.7 de Ley Orgánica núm. 1/2009, de 3 noviembre.

319. 1. Los Presidentes, Magistrados y Jueces se presentarán a tomar posesión de sus respectivos cargos dentro de los veinte días naturales siguientes al de la fecha de la publicación de su nombramiento en el «Boletín Oficial del Estado». Para los destinados a la misma población en que hubieran servido el cargo, el plazo será de ocho días. Los que hayan de jurar o prometer el cargo tomarán posesión dentro de los tres días siguientes al del juramento o promesa.

2. El Consejo General del Poder Judicial podrá prorrogar tales plazos, mediando justa causa.

320. 1. La toma de posesión del Presidente, Presidentes de Sala y Magistrados de Tribunales y Audiencias se hará en audiencia pública ante la Sala de Gobierno del Tribunal al que fueren destinados o ante la del Tribunal Superior de Justicia en la Comunidad Autónoma correspondiente.

2. Los Magistrados del Tribunal Supremo y de los Tribunales Superiores de Justicia que fuesen nombrados sin haber pertenecido con anterioridad a la Carrera Judicial, en el mismo acto de su toma de posesión ante las Salas

de Gobierno respectivas, prestarán el juramento o promesa en los términos previstos en el artículo 318.

321. 1. Los Jueces prestarán el juramento o promesa, cuando proceda, ante la Sala de Gobierno del Tribunal o Audiencia a que pertenezca el Juzgado para el que hayan sido nombrados y, asimismo, en audiencia pública.

2. La posesión será en el Juzgado al que fueren destinados, en audiencia pública y con asistencia del personal del Juzgado. Dará la posesión el Juez que estuviere ejerciendo la jurisdicción.

322. 1. El que se negare a prestar juramento o promesa o sin justa causa dejare de tomar posesión se entenderá que renuncia al cargo y a la Carrera Judicial.

2. El Presidente del Tribunal o Audiencia dará cuenta al Consejo General del juramento o promesa y posesión o, en su caso, del transcurso del tiempo sin hacerlo.

323. 1. Si concurriere justo impedimento en la falta de presentación, podrá ser rehabilitado el renunciante. La rehabilitación se acordará por el Consejo General, a solicitud del interesado.

2. En tal caso, el rehabilitado deberá presentarse a prestar juramento o promesa y posesionarse de su cargo en el plazo que se le señale, que no podrá ser superior a la mitad del plazo normal.

3. Si la plaza a la que fuere destinado hubiere sido cubierta, será destinado a la que elija, de las correspondientes a su categoría y para la que reúna las condiciones legales que hubiere quedado desierta en concurso. En otro caso, será destinado forzoso.

CAPÍTULO IV
De los honores y tratamientos de los Jueces y Magistrados

324. El Presidente y los Magistrados del Tribunal Supremo, el Presidente de la Audiencia Nacional y los de los Tribunales Superiores de Justicia tienen el tratamiento de excelencia. Los Presidentes de las Audiencias Provinciales y demás Magistrados, de señoría ilustrísima. Los Jueces, el de señoría.

325. En los actos de oficio, los Jueces y Magistrados no podrán recibir mayor tratamiento que el que corresponda a su empleo efectivo en la Carrera Judicial, aunque lo tuvieren superior en diferente carrera o por otros títulos.

CAPÍTULO V
De la provisión de plazas en los Juzgados, en las Audiencias y en los Tribunales Superiores de Justicia

326. 1. El ascenso y promoción profesional de los jueces y magistrados dentro de la Carrera Judicial estará basado en los principios de mérito y capacidad, así como en la idoneidad y especialización para el ejercicio de las funciones jurisdiccionales correspondientes a los diferentes destinos.

2. La provisión de destinos de la Carrera Judicial se hará por concurso, en la forma que determina esta Ley, salvo los de Presidentes de las Audiencias, Tribunales Superiores de Justicia y Audiencia Nacional y Presidentes de Sala y Magistrados del Tribunal Supremo.

3. El Consejo General del Poder Judicial, mediante acuerdo motivado, podrá no sacar temporalmente a concurso determinadas vacantes, siempre que estuvieren adecuadamente atendidas mediante magistrados suplentes o jueces sustitutos, cuando las necesidades de la Administración de Justicia aconsejasen dar preferencia a otras de mayor dificultad o carga de trabajo.

- Artículo modificado por art. único.75 de Ley Orgánica núm. 19/2003, de 23 diciembre.

327. 1. No podrán concursar los electos, ni los que se encontraren en una situación de las previstas en esta Ley que se lo impida.

2. Tampoco podrán concursar los jueces y magistrados que no lleven en el destino ocupado el tiempo que reglamentariamente se determine por el Consejo General del Poder Judicial, teniendo en cuenta su naturaleza y las necesidades de la Administración de Justicia, sin que en ningún caso aquel plazo pueda ser inferior a un año en destino forzoso y dos en voluntario.

3. No obstante, en los demás casos, el Consejo General del Poder Judicial, por resolución motivada, podrá aplazar la efectividad de la provisión de una plaza de juez o magistrado cuando el que hubiere ganado el concurso a dicha plaza debiera dedicar atención preferente al órgano de procedencia atendidos los retrasos producidos por causa imputable al mismo. Dicho aplazamiento tendrá una duración máxima de tres meses, transcurridos los cuales si la situación de pendencia no hubiere sido resuelta en los términos fijados por la resolución motivada de aplazamiento, el juez o magistrado perderá su derecho al nuevo destino.

- Artículo modificado por art. único.76 de Ley Orgánica núm. 19/2003, de 23 diciembre.

328. La ley que fije la planta determinará los criterios para clasificar los Juzgados y establecer la categoría de quienes deban servirlos.

329. 1. Los concursos para la provisión de los juzgados se resolverán en favor de quienes, ostentando la categoría necesaria, tengan mejor puesto en el escalafón.

2. Los concursos para la provisión de los Juzgados de lo Contencioso-Administrativo o de lo Social, se resolverán en favor de quienes, ostentando la categoría de magistrado especialista en los respectivos órdenes jurisdiccionales o habiendo pertenecido al extinguido Cuerpo de Magistrados de Trabajo, para los de lo Social, tengan mejor puesto en su escalafón. En su defecto, se cubrirán con magistrados que hayan prestado al menos tres años de servicio, dentro de los cinco anteriores a la fecha de la convocatoria, en los órdenes contencioso-administrativo o social, respectivamente. A falta de éstos se cubrirán por el orden de antigüedad establecido en el apartado 1. Los que obtuvieran plaza deberán participar antes de tomar posesión en su nuevo destino en las actividades específicas de formación que el Consejo General del Poder Judicial establezca reglamentariamente para los supuestos de cambio de orden jurisdiccional. En el caso de que las vacantes hubieran de cubrirse por ascenso, el Consejo General del Poder Judicial establecerá igualmente actividades específicas y obligatorias de formación que deberán realizarse antes de la toma de posesión de dichos destinos por aquellos jueces a quienes corresponda ascender.

3. Los concursos para la provisión de los Juzgados de Menores se resolverán en favor de quienes, ostentando la categoría de Magistrado y acreditando la correspondiente especialización en materia de menores en la Escuela Judicial, tengan mejor puesto en su escalafón. En su defecto, se cubrirán por magistrados que hayan prestado al menos tres años de servicio, dentro de los cinco anteriores a la fecha de la convocatoria, en la jurisdicción de menores. A falta de éstos se cubrirán por el orden de antigüedad establecido en el apartado 1.

Los que obtuvieran plaza, así como los que la obtuvieran cuando las vacantes tuvieran que cubrirse por ascenso, deberán participar antes de tomar posesión de su nuevo destino en las actividades de especialización en materia de menores y en materia de violencia de género que establezca el Consejo General del Poder Judicial.

- Ap. 3 modificado por art. único.45 de Ley Orgánica núm. 7/2015, de 21 julio.

3 bis. Los que obtuvieran plaza por concurso o ascenso en Juzgados de Violencia sobre la Mujer, en Juzgados de lo Penal especializados en violencia de género o en Secciones penales y civiles especializadas en violencia

de género deberán participar, antes de tomar posesión de su nuevo destino, en las actividades de especialización en materia de violencia de género que establezca el Consejo General del Poder Judicial.

- Ap. 3 bis añadido por art. 1.8 de Ley Orgánica núm. 1/2009, de 3 noviembre.

4. Los concursos para la provisión de los Juzgados de lo Mercantil se resolverán en favor de quienes, acreditando la especialización en los asuntos propios de dichos Juzgados obtenida mediante la superación de las pruebas de especialización que reglamentariamente determine el Consejo General del Poder Judicial, tengan mejor puesto en su escalafón. En su defecto, se cubrirán con los magistrados que acrediten haber permanecido más años en el orden jurisdiccional civil. A falta de éstos, por el orden de antigüedad establecido en el apartado 1.

Los que obtuvieran plaza deberán participar antes de tomar posesión en su nuevo destino en las actividades específicas de formación que el Consejo General del Poder Judicial establezca reglamentariamente.

En el caso de que las vacantes hubieran de cubrirse por ascenso, el Consejo General del Poder Judicial establecerá igualmente actividades específicas y obligatorias de formación que deberán realizarse antes de la toma de posesión de dichos destinos por aquellos jueces a quienes corresponda ascender.

5. Los concursos para la provisión de plazas de los Juzgados Centrales de Instrucción, Centrales de lo Penal, Centrales de Menores y de Vigilancia Penitenciaria se resolverán a favor de quienes vengan prestando servicios en el orden jurisdiccional penal durante los ocho años inmediatamente anteriores a la fecha de la convocatoria; en defecto de este criterio, en favor de quien ostente mejor puesto en el escalafón.

Los concursos para la provisión de plazas de los Juzgados Centrales de lo Contencioso-Administrativo se resolverán en favor de quienes ostenten la especialidad en dicho orden jurisdiccional; en su defecto, por quienes vengan prestando servicios en dicho orden durante los ocho años inmediatamente anteriores a la fecha de la convocatoria; y en defecto de estos criterios, por quien ostente mejor puesto en el escalafón. En ese último caso los que obtuvieren plaza deberán participar antes de tomar posesión en su nuevo destino en las actividades específicas de formación que el Consejo General del Poder Judicial establezca reglamentariamente para los supuestos de cambio de orden jurisdiccional.

- Ap. 5 modificado por art. 1.8 de Ley Orgánica núm. 1/2009, de 3 noviembre.

6. Los miembros de la carrera judicial que, destinados en Juzgados de lo Contencioso-Administrativo, Juzgados de lo Social, Juzgados de lo Mer-

cantil o Juzgados de Primera Instancia con competencias en materias mercantiles, adquieran condición de especialista en sus respectivos órdenes, podrán continuar en su destino.

- Artículo modificado por art. único.77 de Ley Orgánica núm. 19/2003, de 23 diciembre.

330. 1. Los concursos para la provisión de las plazas de magistrados de las Salas o Secciones de la Audiencia Nacional, de los Tribunales Superiores de Justicia y de las Audiencias se resolverán en favor de quienes, ostentando la categoría necesaria, tengan mejor puesto en el escalafón, sin perjuicio de las excepciones que establecen los apartados siguientes.

2. En cada Sala o Sección de lo Contencioso-Administrativo de los Tribunales Superiores de Justicia, una de las plazas se reservará a magistrado especialista en dicho orden jurisdiccional, con preferencia del que ocupe mejor puesto en su escalafón. Si la Sala o Sección se compusiera de cinco o más magistrados, el número de plazas cubiertas por este sistema será de dos, manteniéndose idéntica proporción en los incrementos sucesivos.

No obstante, si un miembro de la Sala o Sección adquiriese la condición de especialista en este orden, podrá continuar en su destino hasta que se le adjudique la primera vacante de especialista que se produzca. En los concursos para la provisión del resto de plazas tendrán preferencia aquellos magistrados que hayan prestado sus servicios en dicho orden jurisdiccional durante ocho años dentro de los doce años inmediatamente anteriores a la fecha de la convocatoria.

- Ap. 2 modificado por art. 1.9 de Ley Orgánica núm. 1/2009, de 3 noviembre.

3. En cada Sala o Sección de lo Social de los Tribunales Superiores de Justicia, una de las plazas se reservará a magistrado especialista en dicho orden jurisdiccional o que haya pertenecido al extinguido Cuerpo de Magistrados de Trabajo, con preferencia del que ocupe el mejor puesto en su escalafón. Si la Sala o Sección se compusiera de cinco o más magistrados, el número de plazas cubiertas por este sistema será de dos, manteniéndose idéntica proporción en los incrementos sucesivos.

No obstante, si un miembro de la Sala o Sección adquiriese la condición de especialista en este orden, podrá continuar en su destino hasta que se le adjudique la primera vacante de especialista que se produzca. En los concursos para la provisión del resto de plazas tendrán preferencia aquellos magistrados que hayan prestado sus servicios en dicho orden jurisdiccional durante ocho años dentro de los doce años inmediatamente anteriores a la fecha de la convocatoria.

- Ap. 3 modificado por art. 1.9 de Ley Orgánica núm. 1/2009, de 3 noviembre.

4. En las Salas de lo Civil y Penal de los Tribunales Superiores de Justicia, una de cada tres plazas se cubrirá por un jurista de reconocido prestigio con más de 10 años de ejercicio profesional en la Comunidad Autónoma, nombrado a propuesta del Consejo General del Poder Judicial sobre una terna presentada por la Asamblea legislativa; las restantes plazas serán cubiertas por magistrados nombrados a propuesta del Consejo General del Poder Judicial entre los que lleven 10 años en la categoría y en el orden jurisdiccional civil o penal y tengan especiales conocimientos en derecho civil, foral o especial, propio de la Comunidad Autónoma.

En el caso de existir las secciones de apelación a las que se refiere el artículo 73.6, las plazas de dichas secciones se cubrirán con arreglo a lo establecido en dicho artículo.

Cuando la sensible y continuada diferencia en el volumen de trabajo de las distintas Salas de los Tribunales Superiores de Justicia lo aconseje, los magistrados de cualquiera de ellas, con el acuerdo favorable de la Sala de Gobierno previa propuesta del Presidente del Tribunal, podrán ser adscritos por el Consejo General del Poder Judicial, total o parcialmente, y sin que ello signifique incremento retributivo alguno, a otra Sala del mismo Tribunal Superior de Justicia. Para la adscripción se valorarán la antigüedad en el escalafón y la especialidad o experiencia de los magistrados afectados y, a ser posible, sus preferencias.

5. Los concursos para la provisión de plazas de Audiencias Provinciales se ajustarán a las siguientes reglas:

a) Si hubiera varias secciones y éstas estuvieren divididas por órdenes jurisdiccionales, tendrán preferencia en el concurso aquellos magistrados que hayan prestado sus servicios en el orden jurisdiccional correspondiente durante seis años dentro de los diez años inmediatamente anteriores a fecha de la convocatoria. La antigüedad en órganos mixtos se computará por igual para ambos órdenes jurisdiccionales.

b) Si hubiera varias secciones y éstas no estuvieren divididas por órdenes jurisdiccionales, tendrán preferencia en el concurso aquellos magistrados que hayan prestado sus servicios en el orden jurisdiccional correspondiente durante seis años dentro de los diez años inmediatamente anteriores a fecha de la convocatoria. La antigüedad en órganos mixtos se computará por igual para ambos órdenes jurisdiccionales.

c) Si hubiere una o varias secciones de las Audiencias Provinciales que conozcan en segunda instancia de los recursos interpuestos contra todo tipo de resoluciones dictadas por los Juzgados de lo Mercantil, una de las plazas se reservará a magistrado que, acreditando la especialización en los asuntos propios de dichos juzgados, obtenida mediante la superación de las pruebas selectivas que reglamentariamente determine el Consejo General del Poder Judicial, tengan mejor puesto en su escalafón. Si la Sección se compusiera de cinco o más magistrados, el número de plazas cubiertas por este sistema será de dos, manteniéndose idéntica proporción en los incrementos sucesivos. No obstante, si un miembro de la Sala o Sección adquiriese la condición de especialista en este orden, podrá continuar en su destino hasta que se le adjudique la primera vacante de especialista que se produzca. En los concursos para la provisión del resto de plazas tendrán preferencia aquellos magistrados que acrediten haber permanecido más tiempo en el orden jurisdiccional civil. A falta de éstos, por los magistrados que acrediten haber permanecido más tiempo en órganos jurisdiccionales mixtos.

d) En la Sección o Secciones a las que en virtud del artículo 80.3 de esta Ley se les atribuya única y exclusivamente el conocimiento en segunda instancia de los recursos interpuestos contra todo tipo de resoluciones dictadas por los Juzgados de lo Mercantil, tendrán preferencia en el concurso para la provisión de sus plazas aquellos Magistrados que, acreditando la especialización en los asuntos propios de dichos juzgados, obtenida mediante la superación de las pruebas selectivas que reglamentariamente determine el Consejo General del Poder Judicial, tengan mejor puesto en su escalafón. En su defecto, se cubrirán con los magistrados que acrediten haber permanecido más tiempo en el orden jurisdiccional civil. A falta de éstos, por los magistrados que acrediten haber permanecido más tiempo en órganos jurisdiccionales mixtos.

- Ap. 5 modificado por art. 1.9 de Ley Orgánica núm. 1/2009, de 3 noviembre.

6. En defecto de los criterios previstos en los apartados 2 a 5, la provisión de plazas se resolverá de conformidad con lo previsto en el apartado 1 de este artículo.

7. Los concursos para la provisión de plazas de las salas de la Audiencia Nacional se resolverán a favor de quienes ostenten la correspondiente especialización en el orden respectivo; en su defecto por quienes hayan prestado servicios en el orden jurisdiccional correspondiente durante ocho años dentro de los doce años inmediatamente anteriores a la fecha de la convocatoria; y en defecto de todos estos criterios, por quien ostente mejor puesto en el escalafón.

La provisión de plazas de la Sala de Apelación de la Audiencia Nacional se resolverá a favor de quienes, con más de quince años de antigüedad en la carrera, hayan prestado servicios al menos durante diez años en el orden jurisdiccional penal, prefiriéndose entre ellos a quienes ostenten la condición de especialista.

- Ap. 7 modificado por art. 1.9 de Ley Orgánica núm. 1/2009, de 3 noviembre.

8. En los órdenes contencioso-administrativo y social, el número de plazas de magistrado especialista que se convoquen no podrá ser superior al del número de vacantes a la fecha de la convocatoria.

- Artículo modificado por art. único.78 de Ley Orgánica núm. 19/2003, de 23 diciembre.

331. 1. Quienes accedieren a un Tribunal Superior de Justicia sin pertenecer con anterioridad a la Carrera Judicial, lo harán a los solos efectos de prestar servicios en el mismo, sin que puedan optar ni ser nombrados para destino distinto, salvo su posible promoción al Tribunal Supremo, por el turno de Abogados y otros juristas de reconocida competencia a que se refiere el artículo 343.

2. A todos los demás efectos serán considerados miembros de la Carrera Judicial.

332. Los que asciendan a la categoría de Magistrado mediante prueba selectiva con especialización en el orden contencioso-administrativo o social, conservarán los derechos a concursar a plazas de otros órdenes jurisdiccionales, de acuerdo con su antigüedad en el escalafón común. Para ocupar plaza de su especialidad sólo se les computará el tiempo desempeñado en ésta.

333. 1. Las plazas de Presidente de Sala de la Audiencia Nacional, así como las de Presidente de Sala de los Tribunales Superiores de Justicia, se proveerán, por un período de cinco años, a propuesta del Consejo General del Poder Judicial, entre Magistrados que hubieren prestado 10 años de servicios en esta categoría y ocho en el orden jurisdiccional de que se trate. No obstante, la Presidencia de la Sala de Apelación de la Audiencia Nacional se proveerá entre magistrados con más de 15 años de antigüedad en la carrera que hayan prestado servicios al menos durante 10 años en el orden jurisdiccional penal, prefiriéndose entre ellos a quien ostente la condición de especialista. Las de Presidente de Sección de la Audiencia Nacional, Tribunales Superiores de Justicia y Audiencias Provinciales se cubrirán por concurso, que se resolverá de conformidad con las reglas establecidas en el artículo 330.

2. No podrán acceder a tales Presidencias quienes se encuentren sancionados disciplinariamente por comisión de falta grave o muy grave, cuya anotación en el expediente no hubiere sido cancelada.

- Artículo modificado por art. único.79 de Ley Orgánica núm. 19/2003, de 23 diciembre.

334. Las plazas que quedaren vacantes por falta de solicitantes se proveerán por los que sean promovidos o asciendan a la categoría necesaria, con arreglo al turno que corresponda.

Aquellas vacantes que con arreglo a lo previsto en el párrafo segundo del apartado primero del artículo 311 no fueran cubiertas por los jueces ascendidos a la categoría de Magistrado serán ofrecidas mediante concurso ordinario de traslado a los miembros de la carrera con categoría de Juez; de no ser cubiertas, se ofertarán a los Jueces egresados de la Escuela Judicial, sin que en ningún caso las vacantes en órganos judiciales colegiados puedan ser solicitadas como primer destino.

- Artículo modificado por art. 1.10 de Ley Orgánica núm. 1/2009, de 3 noviembre.

335. 1. Las plazas de Presidente de Sala de la Audiencia Nacional se proveerán en la forma prevista en el artículo 333.

- Ap. 1 modificado por art. único.80 de Ley Orgánica núm. 19/2003, de 23 diciembre.

2. La Presidencia de la Audiencia Nacional se proveerá por el Consejo General del Poder Judicial, por un período de cinco años, entre Magistrados con quince años de servicios prestados en la categoría, que reúnan las condiciones idóneas para el cargo, en los términos previstos en esta Ley para los Presidentes de los Tribunales Superiores de Justicia.

3. La plaza de Jefe del Servicio de Inspección del Consejo General del Poder Judicial se proveerá por un Magistrado del Tribunal Supremo con una antigüedad en la categoría de dos años o por un Magistrado con diez años de servicios en la categoría. En este último caso, mientras desempeñe el cargo, tendrá la consideración de Magistrado del Tribunal Supremo.

- Ap. 3 modificado por art. único.3 de Ley Orgánica núm. 2/2004, de 28 diciembre. Artículo modificado por art. 5.3 de Ley Orgánica núm. 5/1997, de 4 diciembre.

336. 1. Los Presidentes de los Tribunales Superiores de Justicia se nombrarán por un período de cinco años a propuesta del Consejo General del Poder Judicial entre Magistrados que hubieren prestado diez años de servicios en la categoría, lo hubieren solicitado y lleven, al menos, quince años perteneciendo a la Carrera Judicial.

- Ap. 1 modificado por art. 2.1 de Ley Orgánica núm. 7/1992, de 20 noviembre.

2. El nombramiento de Presidente de un Tribunal Superior de Justicia tendrá efectos desde su publicación en el «Boletín Oficial del Estado», sin perjuicio de la preceptiva publicación en el «Boletín Oficial de la Comunidad Autónoma».

337. Los Presidentes de las Audiencias Provinciales serán nombrados por un período de cinco años, a propuesta del Consejo General del Poder Judicial, entre los Magistrados que lo soliciten, de entre los que lleven diez años de servicios en la Carrera.

338. Los Presidentes de la Audiencia Nacional, de los Tribunales Superiores de Justicia, de las Audiencias, de Sala de la Audiencia Nacional y de Sala de los Tribunales Superiores de Justicia, cesarán por alguna de las causas siguientes:

- Párr. 1º modificado por art. único.81 de Ley Orgánica núm. 19/2003, de 23 diciembre.

1º Por expiración de su mandato, salvo que sean confirmados en el cargo por sucesivos períodos de cinco años.

2º Por dimisión, aceptada por el Consejo General.

3º Por resolución acordada en expediente disciplinario.

339. El Presidente de la Audiencia Nacional y los Presidentes de los Tribunales Superiores de Justicia, cuando cesen en el cargo, quedarán adscritos, a su elección, al Tribunal o Audiencia en que cesen o a aquél del que provinieran en su último destino, hasta la adjudicación de la plaza correspondiente del que hubieren elegido. Si hubieren agotado la totalidad del primer período para el que fueron nombrados, tendrán preferencia, además, durante los tres años siguientes al cese, a cualquier plaza de su categoría de las que deben proveerse por concurso voluntario y para las que no se reconozca especial preferencia o reserva a especialista.

- Artículo modificado por art. único.46 de Ley Orgánica núm. 7/2015, de 21 julio.

340. Los Presidentes de Sala de la Audiencia Nacional, los Presidentes de Sala de los Tribunales Superiores de Justicia y los Presidentes de las Audiencias Provinciales que cesaren en su cargo quedarán adscritos, a su elección, al Tribunal o Audiencia en que cesen o a aquél del que provinieran en su último destino, hasta la adjudicación de la plaza correspondiente del que hubieren elegido. Si hubieren agotado la totalidad del primer período para el que fueron nombrados, tendrán preferencia, además, durante los dos años siguientes al cese, a cualquier plaza de su categoría de las que deben proveerse por concurso voluntario y para las que no se reconozca especial preferencia o reserva a especialista.

- Artículo modificado por art. único.47 de Ley Orgánica núm. 7/2015, de 21 julio.

341. 1. Para la provisión de las plazas de Presidente de los Tribunales Superiores de Justicia y de las Audiencias, en aquellas Comunidades Autónomas que gocen de Derecho Civil Especial o Foral, así como de idioma oficial propio, el Consejo General del Poder Judicial valorará como mérito la especialización de estos Derechos Civil Especial o Foral y el conocimiento del idioma propio de la Comunidad.

2. Reglamentariamente se determinarán los criterios de valoración sobre el conocimiento del idioma y del Derecho Civil Especial o Foral de las referidas Comunidades Autónomas, como mérito preferente en los concursos para Órganos jurisdiccionales de su territorio.

CAPÍTULO VI
De la provisión de plazas en el Tribunal Supremo

342. Los Presidentes de Sala del Tribunal Supremo se nombrarán, por un período de cinco años, a propuesta del Consejo General del Poder Judicial, entre Magistrados de dicho Tribunal que cuenten con tres años de servicios en la categoría.

- Artículo modificado por art. 5.4 de Ley Orgánica núm. 5/1997, de 4 diciembre.

342 bis. El Magistrado del Tribunal Supremo competente para conocer de la autorización de las actividades del Centro Nacional de Inteligencia que afecten a los derechos fundamentales reconocidos en el artículo 18.2 y 3 de la Constitución se nombrará por un período de cinco años, a propuesta del Consejo General del Poder Judicial, entre Magistrados de dicho Tribunal que cuenten con tres años de servicios en la categoría.

- Artículo añadido por disp. adic. única.4 de Ley Orgánica núm. 2/2002, de 6 mayo.

343. En las distintas Salas del Tribunal, de cada cinco plazas de sus Magistrados, cuatro se proveerán entre miembros de la Carrera Judicial con diez años, al menos, de servicios en la categoría de Magistrado y no menos de quince en la Carrera, y la quinta entre Abogados y otros juristas, todos ellos de reconocida competencia.

- Artículo modificado por art. 3.7 de Ley Orgánica núm. 16/1994, de 8 noviembre.

344. De cada cuatro plazas reservadas a la Carrera Judicial, corresponderán:

a) Dos a magistrados que hubieren accedido a la categoría mediante las correspondientes pruebas de selección en el orden jurisdiccional civil y penal o que las superen ostentando esa categoría, o, en función del orden jurisdiccional, dos a magistrados especialistas en el orden jurisdiccional contencioso-administrativo y social o que pertenezca en este último caso al extinguido Cuerpo de Magistrados de Trabajo. En este turno se exigirán 15 años en la Carrera y sólo cinco en la categoría.

A los efectos de la reserva de plazas en el orden jurisdiccional civil, los magistrados que hubiesen superado las pruebas de especialización en materia mercantil se equipararán a los que hubiesen superado las pruebas de selección en el orden jurisdiccional civil.

b) Dos a magistrados que reunieren las condiciones generales para el acceso al Tribunal Supremo señaladas en el artículo anterior.

- Artículo modificado por art. único.84 de Ley Orgánica núm. 19/2003, de 23 diciembre.

344 bis. 1. Los Magistrados procedentes del Cuerpo Jurídico Militar serán nombrados para ocupar plazas en la Sala de lo Militar del Tribunal Supremo por real decreto, refrendado por el Ministro de Justicia y a propuesta del Consejo General del Poder Judicial, entre Generales Consejeros Togados y Generales Auditores con aptitud para el ascenso en situación de servicio activo.

2. A efectos de motivación de la propuesta de nombramiento, el Consejo General del Poder Judicial solicitará con carácter previo a los aspirantes una exposición de sus méritos en los términos de esta Ley, así como al Ministerio de Defensa la documentación que en su caso considere necesaria.

- Artículo añadido por art. único.48 de Ley Orgánica núm. 7/2015, de 21 julio.

345. Podrán ser nombrados Magistrados del Tribunal Supremo los Abogados y juristas de prestigio que, cumpliendo los requisitos establecidos para ello, reúnan méritos suficientes a juicio del Consejo General del Poder Judicial y hayan desempeñado su actividad profesional por tiempo superior a quince años preferentemente en la rama del Derecho correspondiente al orden jurisdiccional de la Sala para la que hubieran de ser designados.

- Artículo modificado por art. 3.9 de Ley Orgánica núm. 16/1994, de 8 noviembre.

346. Cuando el número de Magistrados de una Sala no sea múltiplo de cinco, se adjudicará una plaza más al grupo *b)* del artículo 344; al grupo *a)* del mismo artículo; o al grupo de juristas de prestigio, sucesivamente y por este orden.

347. Quienes tuvieran acceso al Tribunal Supremo sin pertenecer con anterioridad a la Carrera Judicial, se incorporarán al escalafón de la misma ocupando el último puesto en la categoría de Magistrados del Tribunal Supremo. Se les reconocerá a todos los efectos quince años de servicios.

- Artículo modificado por art. 3.10 de Ley Orgánica núm. 16/1994, de 8 noviembre.

CAPÍTULO VI BIS
De los Jueces de adscripción territorial

- Capítulo añadido por art. 1.11 de Ley Orgánica núm. 1/2009, de 3 noviembre.

347 bis. 1 En cada Tribunal Superior de Justicia, y para el ámbito territorial de la provincia, se crearán las plazas de Jueces de adscripción territorial que determine la Ley 38/1988, de 28 de diciembre, de Demarcación y de Planta Judicial.

2. Los Jueces de adscripción territorial ejercerán sus funciones jurisdiccionales en las plazas que se encuentren vacantes, como refuerzo de órganos judiciales o en aquellas plazas cuyo titular esté ausente por cualquier circunstancia.

La designación para estas funciones corresponderá al Presidente del Tribunal Superior de Justicia del que dependan, que posteriormente dará cuenta a la respectiva Sala de Gobierno.

La Sala de Gobierno del Tribunal Superior de Justicia informará al Consejo General del Poder Judicial de la situación y destinos de los Jueces de adscripción territorial de su respectivo territorio.

3. En las Comunidades Autónomas pluriprovinciales y cuando las razones del servicio lo requieran, el Presidente del Tribunal Superior de Justicia podrá realizar llamamientos para órganos judiciales de otra provincia perteneciente al ámbito territorial de dicho Tribunal.

4. Cuando el Juez de adscripción territorial desempeñe funciones de sustitución, lo hará con plenitud de jurisdicción en el órgano correspondiente. También le corresponderá asistir a las Juntas de Jueces y demás actos

de representación del órgano judicial en el que sustituya, en ausencia de su titular.

5. Cuando el Juez de adscripción territorial ejerza funciones de refuerzo, corresponderá a la Sala de Gobierno fijar los objetivos de dicho refuerzo y el adecuado reparto de asuntos, previa audiencia del Juez de adscripción y del titular o titulares del órgano judicial reforzado.

6. Los desplazamientos del Juez de adscripción territorial darán lugar a las indemnizaciones que por razón del servicio se determinen reglamentariamente.

7. En las Comunidades Autónomas en las que exista más de una lengua oficial o tengan Derecho civil propio se aplicarán, para la provisión de estas plazas, las previsiones establecidas a tal efecto en la presente Ley.

- Artículo modificado por art. único.49 de Ley Orgánica núm. 7/2015, de 21 julio.

CAPÍTULO VII
De la situación de los Jueces y Magistrados

348. Los jueces y magistrados pueden hallarse en alguna de las situaciones siguientes:

a) Servicio activo.

b) Servicios especiales.

c) Excedencia voluntaria.

d) Suspensión de funciones.

e) Excedencia por razón de violencia sobre la mujer.

- Letra *e)* añadida por disp. adic. 3.7 de Ley Orgánica núm. 3/2007, de 22 marzo.
  Artículo modificado por art. único.85 de Ley Orgánica núm. 19/2003, de 23 diciembre.

348 bis. Se pasará de la categoría de Magistrado del Tribunal Supremo a la de Magistrado al desempeñar cualesquiera otras actividades públicas o privadas con las únicas excepciones que a continuación se señalan:

1. Vocal del Consejo General del Poder Judicial.
2. Magistrado del Tribunal Constitucional.
3. Miembro de Altos Tribunales de Justicia internacionales.
4. Fiscal General del Estado.

- Ap. 4 añadido por art. único.4 de Ley Orgánica núm. 2/2004, de 28 diciembre.

5. Jefe del Servicio de Inspección del Consejo General del Poder Judicial.

- Ap. 5 añadido por art. único.4 de Ley Orgánica núm. 2/2004, de 28 diciembre. Artículo añadido por art. 5.6 de Ley Orgánica núm. 5/1997, de 4 diciembre.

349. 1. Los jueces y magistrados estarán en situación de servicio activo cuando ocupen plaza correspondiente a la Carrera Judicial, cuando se encuentren adscritos provisionalmente, cuando hayan sido nombrados jueces adjuntos, o cuando les haya sido conferida comisión de servicio con carácter temporal.

2. Cuando se produzca la supresión o reconversión con cambio de orden jurisdiccional de una plaza de la que sea titular un juez o magistrado, éste quedará adscrito a disposición del Presidente del Tribunal Superior de Justicia, en los términos establecidos en el artículo 118.2 y 3.

- Artículo modificado por art. único.86 de Ley Orgánica núm. 19/2003, de 23 diciembre.

350. 1. El Consejo General del Poder Judicial podrá conferir comisión de servicio a los jueces y magistrados, que no podrá exceder de un año, prorrogable por otro:

a) para prestar servicios en otro juzgado o tribunal, con o sin relevación de funciones;

b) para prestar servicios en el Ministerio de Justicia, con o sin relevación de funciones;

c) para participar en misiones de cooperación jurídica internacional, cuando no proceda la declaración de servicios especiales.

2. Las comisiones de servicio requieren la conformidad del interesado, así como el informe de su superior jerárquico y el del Servicio de Inspección del Consejo General del Poder Judicial. Sólo podrán conferirse, en resolución motivada, si el prevalente interés del servicio y las necesidades de la Administración de Justicia lo permiten.

- Artículo modificado por art. único.87 de Ley Orgánica núm. 19/2003, de 23 diciembre.

351. Los jueces y magistrados serán declarados en la situación de servicios especiales:

a) Cuando sean nombrados Presidente del Tribunal Supremo, Fiscal General del Estado, Vocal del Consejo General del Poder Judicial, Magistrado del Tribunal Constitucional, Defensor del Pueblo o sus Adjuntos, Consejero del Tribunal de Cuentas, Consejero de Estado, Presidente o Vocal del Tribunal de Defensa de la Competencia, Director de la Agencia de Protección de Datos o miembro de Altos Tribunales Internacionales de Justicia, o titulares o miembros de los órganos equivalentes de las Comunidades Autónomas.

b) Cuando sean autorizados por el Consejo General del Poder Judicial para realizar una misión internacional por período determinado, superior a seis meses, en organismos internacionales, gobiernos o entidades públicas extranjeras o en programas de cooperación internacional, previa declaración de interés por el Ministerio de Asuntos Exteriores.

c) Cuando adquieran la condición de funcionarios al servicio de Organizaciones Internacionales o de carácter supranacional.

d) Cuando sean nombrados o adscritos como Letrados al servicio del Tribunal de Justicia de las Comunidades Europeas, del Tribunal Constitucional, del Consejo General del Poder Judicial o del Tribunal Supremo, o Magistrados del Gabinete Técnico del Tribunal Supremo, o al servicio del Defensor del Pueblo u órgano equivalente de las Comunidades Autónomas.

- Letra *d)* modificada por art. 1.12 de Ley Orgánica núm. 1/2009, de 3 noviembre.

e) Cuando presten servicio, en virtud de nombramiento por Real Decreto, o por Decreto en las Comunidades Autónomas, en cargos que no tengan rango superior a director general.

f) Cuando sean nombrados para cargo político o de confianza en virtud de Real Decreto o Decreto autonómico, o elegidos para cargos públicos representativos en el Parlamento Europeo, Congreso de los Diputados, Senado, Asambleas legislativas de las Comunidades Autónomas o Corporaciones locales.

En este caso, así como en el supuesto previsto en la letra *f)* del artículo 356, los Jueces y Magistrados, y los funcionarios de otros Cuerpos, que reingresen en la Carrera correspondiente, deberán de abstenerse de conocer de los asuntos concretos vinculados con su actividad política.

- Letra *f)* modificada por art. único.1 de Ley Orgánica núm. 12/2011, de 22 septiembre.

  Artículo modificado por art. único.88 de Ley Orgánica núm. 19/2003, de 23 diciembre.

352. Los Magistrados del Tribunal Supremo serán declarados en la situación de servicios especiales si fueran designados para desempeñar alguno de los cargos siguientes:

a) Vocal del Consejo General del Poder Judicial.

b) Magistrado del Tribunal Constitucional.

c) Miembro de Altos Tribunales Internacionales de Justicia.

d) Fiscal General del Estado.

e) Jefe del Servicio de Inspección del Consejo General del Poder Judicial.

- Letra *e)* añadida por art. único.5 de Ley Orgánica núm. 2/2004, de 28 diciembre. Artículo modificado por art. único.89 de Ley Orgánica núm. 19/2003, de 23 diciembre.

353. La situación de servicios especiales se declarará de oficio por el Consejo General del Poder Judicial, o a instancia del interesado, una vez se verifique el supuesto que la determina, y con efectos desde el momento en que se produjo el nombramiento correspondiente.

- Artículo modificado por art. único.90 de Ley Orgánica núm. 19/2003, de 23 diciembre.

354. 1. Los jueces y magistrados en situación de servicios especiales percibirán la retribución del puesto o cargo que desempeñen, sin perjuicio del derecho a la remuneración por su antigüedad en la carrera judicial.

2. A los jueces y magistrados en situación de servicios especiales se les computará el tiempo que permanezcan en tal situación a efectos de ascensos, antigüedad y derechos pasivos. Tendrán derecho a la reserva de la plaza que ocupasen al pasar a esa situación o la que pudieren obtener durante su permanencia en la misma.

- Artículo modificado por art. único.91 de Ley Orgánica núm. 19/2003, de 23 diciembre.

355. Al cesar en el puesto o cargo determinante de la situación de servicios especiales deberán solicitar el reingreso al servicio activo en el plazo máximo de 10 días a contar desde el siguiente al cese e incorporarse a su destino dentro de los 20 días inmediatamente siguientes; de no hacerlo, serán declarados en situación de excedencia voluntaria con efectos desde el día en que cesaron en el puesto o cargo desempeñados. El reingreso tendrá efectos económicos y administrativos desde la fecha de la solicitud.

- Artículo modificado por art. único.92 de Ley Orgánica núm. 19/2003, de 23 diciembre.

355 bis. 1. Los destinos cuyos titulares se encuentren en situación de servicios especiales se podrán cubrir por los mecanismos ordinarios de sustitución, mediante comisiones de servicio con o sin relevación de funciones o a través de los mecanismos ordinarios de provisión, incluso con las promociones pertinentes, para el tiempo que permanezcan los titulares en la referida situación.

2. Si la vacante se cubre mediante los mecanismos ordinarios de provisión, quienes ocupen los referidos destinos quedarán, cuando se reintegre a la plaza su titular, adscritos al Tribunal colegiado en que se hubiera producido la reserva o, si se tratase de un Juzgado, a disposición del Presidente del Tribunal Superior de Justicia correspondiente y sin merma de las retribuciones que vinieren percibiendo. Mientras permanezcan en esta situación prestarán sus servicios en los puestos que determinen las respectivas Salas de Gobierno, devengando las indemnizaciones correspondientes por razón del servicio cuando éstos se prestaren en lugar distinto del de su residencia, que permanecerá en el de la plaza reservada que hubiere ocupado.

Mientras desempeñan la plaza reservada, una vez transcurrido un año desde que accedieran a la misma, o en cualquier momento cuando se encuentren en situación de adscripción, podrán acceder en propiedad a cualesquiera destinos por los mecanismos ordinarios de provisión y promoción. Ocuparán definitivamente la plaza reservada que sirvieren cuando vaque por cualquier causa. Cuando queden en situación de adscritos, serán destinados a la primera vacante que se produzca en el Tribunal colegiado de que se trate o en los Juzgados del mismo orden jurisdiccional del lugar de la plaza reservada, a no ser que se trate de las plazas de Presidente o legalmente reservadas a Magistrados procedentes de pruebas selectivas, si no reunieren esta condición.

3. Quienes hallándose en una situación administrativa distinta del servicio activo obtuvieran mediante concurso una plaza ofertada al amparo de lo dispuesto en este artículo, necesariamente deberán reincorporarse al servicio activo para proceder al desempeño efectivo de funciones judiciales en dicha plaza.

- Artículo añadido por art. único.Dos de Ley Orgánica núm. 4/2014, de 11 julio.

356. Procederá declarar en la situación de excedencia voluntaria, a petición del juez o magistrado, en los siguientes casos:

a) Cuando se encuentre en situación de servicio activo en un cuerpo o escala de las Administraciones públicas o en la carrera fiscal.

b) Cuando pase a desempeñar cargos o prestar servicios en organismos o entidades del sector público, y no le corresponda quedar en otra situación. En este supuesto, producido el cese en el cargo o servicio, deberá solicitar el reingreso en el servicio activo en el plazo máximo de 10 días a contar desde el siguiente al cese. De no hacerlo así se le declarará en situación de excedencia voluntaria por interés particular.

c) Por interés particular, siempre que haya prestado servicios en la carrera judicial durante los cinco años inmediatamente anteriores, sin que en esta situación se pueda permanecer menos de dos años.

La declaración de esta situación quedará subordinada a las necesidades de la Administración de Justicia. No podrá declararse cuando al juez o magistrado se le instruya expediente disciplinario.

d) Para el cuidado de los hijos, por un período no superior a tres años para atender a cada hijo, tanto cuando lo sea por naturaleza, por adopción, por acogimiento permanente o preadoptivo, a contar desde la fecha de nacimiento o desde la fecha de la resolución judicial o administrativa que lo acuerde, respectivamente. Los sucesivos hijos darán derecho a un nuevo período de excedencia que, en su caso, pondrá fin al que se viniera disfrutando. Cuando el padre y la madre trabajen, sólo uno podrá ejercer este derecho.

e) También tendrán derecho a un período de excedencia, de duración no superior a tres años, para atender al cuidado de un familiar que se encuentre a su cargo, hasta el segundo grado inclusive de consanguinidad o afinidad que, por razones de edad, accidente o enfermedad, no pueda valerse por sí mismo y no desempeñe actividad retribuida.

- Letra *e)* párr. 1º modificada por disp. adic. 3.6 de Ley Orgánica núm. 3/2007, de 22 marzo.

El período de excedencia será único por cada sujeto causante. Cuando un nuevo sujeto causante diera origen a una nueva excedencia, el inicio del período de la misma pondrá fin al que se viniera disfrutando.

Esta excedencia y la regulada en el apartado anterior constituyen un derecho individual de los miembros de la carrera judicial. En caso de que dos de sus miembros generasen el derecho a disfrutarlas por el mismo sujeto causante, el Consejo General del Poder Judicial podrá limitar su ejercicio simultáneo por razones justificadas relacionadas con las necesidades y el funcionamiento de los servicios.

f) Cuando se presente como candidato en elecciones para acceder a cargos públicos representativos en el Parlamento Europeo, Congreso de los Diputados, Senado, Asambleas legislativas de las Comunidades Autónomas o Corporaciones locales. De no resultar elegido, deberá optar, comunicándolo así al Consejo General del Poder Judicial, en el plazo de treinta días, por continuar en la situación de excedencia voluntaria o por reingresar en el servicio activo.

- Letra *f)* modificada por art. único.2 de Ley Orgánica núm. 12/2011, de 22 septiembre.

  Artículo modificado por art. único.93 de Ley Orgánica núm. 19/2003, de 23 diciembre.

357. Cuando un magistrado del Tribunal Supremo solicitara la excedencia voluntaria y le fuere concedida, perderá su condición de tal, salvo en el supuesto previsto en las letras *d)* y *e)* del artículo anterior y en el artículo 360 bis. En los demás casos quedará integrado en situación de excedencia voluntaria, dentro de la categoría de Magistrado.

- Artículo modificado por disp. adic. 3.8 de Ley Orgánica núm. 3/2007, de 22 marzo.

358. 1. La excedencia voluntaria, en sus distintas modalidades, no produce reserva de plaza. El juez o magistrado, mientras se encuentre en ella, no devengará retribuciones ni le será computado el tiempo que haya permanecido en tal situación a efectos de ascensos, antigüedad y derechos pasivos, salvo lo dispuesto en el apartado 2 de este artículo y lo que establece la normativa de clases pasivas.

2. Se exceptúan de lo previsto en el apartado anterior las excedencias voluntarias para el cuidado de hijos y para atender al cuidado de un familiar a que se refieren los apartados *d)* y *e)* del artículo 356, en las que el período de permanencia en dichas situaciones será computable a efectos de trienios y derechos pasivos. En este mismo período se permitirá participar en cursos de formación. Durante los dos primeros años se tendrá derecho a la reserva de la plaza en la que se ejerciesen sus funciones y al cómputo de la antigüedad, así como a participar en los concursos de traslado. Transcurrido este período, dicha reserva lo será a un puesto en la misma provincia y de igual categoría, debiendo solicitar, en el mes anterior a la finalización del período máximo de permanencia en la misma, el reingreso al servicio activo; de no hacerlo, será declarado de oficio en la situación de excedencia voluntaria por interés particular.

- Ap. 2 modificado por art. 1.13 de Ley Orgánica núm. 1/2009, de 3 noviembre.

3. Los que se encuentren en la situación de excedencia a la que se refiere el párrafo *f)* del artículo 356, en caso de que soliciten el reingreso al servicio activo, quedarán adscritos al Presidente del Tribunal Superior de Justicia de la Comunidad Autónoma de su último destino, teniendo preferencia para obtener puesto de su categoría en la provincia o, en su defecto, Comunidad Autónoma de dicho último destino.

- Artículo modificado por art. único.95 de Ley Orgánica núm. 19/2003, de 23 diciembre.

359. 1. El reingreso en el servicio activo del juez o magistrado en situación de excedencia voluntaria por interés particular de duración superior a 10 años exigirá la previa declaración de aptitud por el Consejo General del Poder Judicial, quien recabará los informes y practicará las actuaciones necesarias para su comprobación.

2. Los jueces y magistrados en situación administrativa de excedencia voluntaria que soliciten el reingreso al servicio activo y, en su caso, obtengan la correspondiente declaración de aptitud, vendrán obligados a participar en todos los concursos que se anuncien para cubrir plazas de su categoría hasta obtener destino. De no hacerlo así, se les declarará en situación de excedencia voluntaria por interés particular, quedando sin efecto la declaración de aptitud de haberse producido.

- Artículo modificado por art. único.96 de Ley Orgánica núm. 19/2003, de 23 diciembre.

360. Una vez reincorporado al servicio activo el juez o magistrado en situación de excedencia voluntaria por la causa prevista en el párrafo *f)* del artículo 356, no podrá acceder, durante los cinco años siguientes, a puesto de la carrera judicial que no sea de los que se proveen por estricta antigüedad.

- Artículo modificado por art. único.97 de Ley Orgánica núm. 19/2003, de 23 diciembre.

360 bis. 1. Las juezas y magistradas víctimas de violencia de género tendrán derecho a solicitar la situación de excedencia por razón de violencia sobre la mujer sin necesidad de haber prestado un tiempo mínimo de servicios previos. En esta situación administrativa se podrá permanecer un plazo máximo de tres años.

2. Durante los seis primeros meses tendrán derecho a la reserva del puesto de trabajo que desempeñaran, siendo computable dicho período a efectos de ascensos, trienios y derechos pasivos.

Esto no obstante, cuando de las actuaciones de tutela judicial resultase que la efectividad del derecho de protección de la víctima lo exigiere, se podrá prorrogar por períodos de tres meses, con un máximo de dieciocho, el período en el que, de acuerdo con el párrafo anterior, se tendrá derecho a la reserva del puesto de trabajo, con idénticos efectos a los señalados en dicho párrafo.

3. Las juezas y magistradas en situación de excedencia por razón de violencia sobre la mujer percibirán, durante los dos primeros meses de esta excedencia, las retribuciones íntegras y, en su caso, las prestaciones familiares por hijo a cargo.

4. El reingreso en el servicio activo de las juezas y magistradas en situación administrativa de excedencia por razón de violencia sobre la mujer de

duración no superior a seis meses se producirá en el mismo órgano jurisdiccional respecto del que tenga reserva del puesto de trabajo que desempeñaran con anterioridad; si el período de duración de la excedencia es superior a 6 meses el reingreso exigirá que las juezas y magistradas participen en todos los concursos que se anuncien para cubrir plazas de su categoría hasta obtener destino. De no hacerlo así, se les declarará en situación de excedencia voluntaria por interés particular.

- Artículo añadido por disp. adic. 3.10 de Ley Orgánica núm. 3/2007, de 22 marzo.

361. 1. El juez o magistrado será declarado en situación de suspensión de funciones, provisional o definitiva, en los casos y en la forma establecidos en esta Ley.

2. El juez o magistrado declarado suspenso quedará privado del ejercicio de sus funciones durante el tiempo que dure la suspensión.

- Artículo modificado por art. único.98 de Ley Orgánica núm. 19/2003, de 23 diciembre.

362. 1. La suspensión provisional podrá acordarse durante la tramitación de un procedimiento judicial o disciplinario.

2. La suspensión provisional durante la tramitación de un procedimiento disciplinario no podrá exceder de seis meses, salvo en caso de paralización del procedimiento por causa imputable al interesado.

- Artículo modificado por art. único.99 de Ley Orgánica núm. 19/2003, de 23 diciembre.

363. El suspenso provisional tendrá derecho a percibir sus retribuciones básicas, excepto en el caso de paralización del procedimiento disciplinario por causa imputable al mismo, que comportará la pérdida de toda retribución mientras se mantenga dicha paralización. Asimismo, no se acreditará haber alguno en caso de incomparecencia o de rebeldía.

- Artículo modificado por art. único.100 de Ley Orgánica núm. 19/2003, de 23 diciembre.

364. Cuando la suspensión no sea declarada definitiva ni se acuerde la separación, el tiempo de duración de aquélla se computará como de servicio activo y se acordará la inmediata incorporación del suspenso a su plaza, con reconocimiento de todos los derechos económicos y demás que procedan desde la fecha en que la suspensión produjo efectos.

- Artículo modificado por art. único.101 de Ley Orgánica núm. 19/2003, de 23 diciembre.

365. 1. La suspensión tendrá carácter definitivo cuando se imponga en virtud de condena o como sanción disciplinaria, computándose el tiempo de suspensión provisional.

2. La suspensión definitiva superior a seis meses implicará la pérdida del destino. La vacante producida se cubrirá en forma ordinaria.

3. La suspensión definitiva supondrá la privación de todos los derechos inherentes a la condición de juez o magistrado hasta, en su caso, su reingreso al servicio activo.

4. En tanto no transcurra el plazo de suspensión no procederá cambio alguno de situación administrativa.

- Artículo modificado por art. único.102 de Ley Orgánica núm. 19/2003, de 23 diciembre.

366. 1. El juez o magistrado suspenso definitivamente deberá solicitar el reingreso al servicio activo con un mes de antelación a la finalización del período de suspensión. El reingreso producirá efectos económicos y administrativos desde la fecha de extinción de la responsabilidad penal o disciplinaria.

2. Si no fuera solicitado el reingreso en el tiempo señalado en el apartado anterior, se le declarará en situación de excedencia voluntaria por interés particular, con efectos desde la fecha en que finalizare el período de suspensión.

- Artículo modificado por art. único.103 de Ley Orgánica núm. 19/2003, de 23 diciembre.

367. 1. El reingreso en el servicio activo de los suspensos exigirá la previa declaración de aptitud por el Consejo General del Poder Judicial, quien recabará los informes y practicará las actuaciones necesarias para su comprobación.

2. Tras la declaración de aptitud, el juez o magistrado vendrá obligado a participar en todos los concursos que se anuncien para cubrir plazas de su categoría hasta obtener destino. De no hacerlo así, se le declarará en situación de excedencia voluntaria por interés particular, quedando sin efecto la declaración de aptitud.

- Artículo modificado por art. único.104 de Ley Orgánica núm. 19/2003, de 23 diciembre.

368. La concurrencia de peticiones para la adjudicación de vacantes entre quienes deban reingresar al servicio activo, se regirá por el siguiente orden:

a) Suspensos.

b) Rehabilitados.

c) Excedentes voluntarios.

- Artículo modificado por art. único.105 de Ley Orgánica núm. 19/2003, de 23 diciembre.

369. El cambio de la situación administrativa en que se hallen los jueces o magistrados podrá tener lugar siempre que se reúnan los requisitos exigidos en cada caso sin necesidad de reingreso al servicio activo.

- Artículo modificado por art. único.106 de Ley Orgánica núm. 19/2003, de 23 diciembre.

CAPÍTULO VIII
De las licencias y permisos

370. ...

- Artículo suprimido por disp. adic. 3.11 de Ley Orgánica núm. 3/2007, de 22 marzo.

371. 1. Los jueces y magistrados tendrán derecho a disfrutar, durante cada año natural, de unas vacaciones retribuidas de veintidós días hábiles, o de los días que correspondan proporcionalmente si el tiempo de servicio durante el año fue menor.

A los efectos de lo previsto en el presente artículo, no se considerarán como días hábiles los sábados.

- Ap. 1 modificado por art. único.18 de Ley Orgánica núm. 8/2012, de 27 diciembre.

2. Los Presidentes de Sala y Magistrados del Tribunal Supremo y del resto de los Tribunales disfrutarán del permiso de vacaciones durante el mes de agosto; se exceptúan aquellos a quienes corresponda formar la Sala prevista en los artículos 61 y 180 de esta Ley.

- Artículo modificado por art. 1.14 de Ley Orgánica núm. 1/2009, de 3 noviembre.

372. El permiso anual de vacaciones podrá denegarse para el tiempo en que se solicite cuando por los asuntos pendientes en el Juzgado o Tribunal, por la acumulación de peticiones de licencias en el territorio o por otras circunstancias excepcionales, pudiera perjudicarse el regular funcionamiento de la Administración de Justicia.

373. 1. Los jueces y magistrados tendrán derecho a licencias por razón de matrimonio de 15 días de duración.

2. También tendrán derecho a una licencia en caso de parto, adopción y acogimiento tanto preadoptivo como permanente, cuya duración y condiciones se regularán por la legislación general en esta materia. El Consejo General del Poder Judicial, mediante reglamento, adaptará dicha normativa a las particularidades de la carrera judicial.

En los supuestos de adopción internacional, cuando sea necesario el desplazamiento previo de los padres al país de origen del adoptado, el permiso previsto en este artículo podrá iniciarse hasta cuatro semanas antes de la resolución por la que se constituya la adopción.

3. Tendrán también derecho a licencia para realizar estudios relacionados con la función judicial, previo informe favorable del Presidente del Tribunal correspondiente, que tendrá en cuenta las necesidades del servicio.

Finalizada la licencia, se elevará al Consejo General del Poder Judicial memoria de los trabajos realizados, y si su contenido no fuera bastante para justificarla, se compensará la licencia con el tiempo que se determine de las vacaciones del interesado.

- Ap. 3 modificado por art. único.19 de Ley Orgánica núm. 8/2012, de 27 diciembre.

4. También podrán disfrutar de hasta cinco días de permiso en el año natural, separada o acumuladamente. Los superiores respectivos solo podrán denegarlos por necesidad del servicio.

- Ap. 4 modificado por art. único.Tres de Ley Orgánica núm. 4/2014, de 11 julio.

5. Por el fallecimiento, accidente o enfermedad graves del cónyuge, de persona a la que estuviese unido por análoga relación de afectividad o de un familiar dentro del primer grado de consanguinidad o afinidad, los jueces o magistrados podrán disponer de un permiso de tres días hábiles, que podrá ser de hasta cinco días hábiles cuando a tal efecto sea preciso un desplazamiento a otra localidad, en cuyo caso será de cinco días hábiles.

Estos permisos quedarán reducidos a dos y cuatro días hábiles, respectivamente, cuando el fallecimiento y las otras circunstancias señaladas afecten a familiares en segundo grado de afinidad o consanguinidad.

- Ap. 5 modificado por disp. adic. 3.12 de Ley Orgánica núm. 3/2007, de 22 marzo.

6. Por el nacimiento, acogimiento o adopción de un hijo, el juez o magistrado tendrá derecho a disfrutar de un permiso de paternidad de quince días, a partir de la fecha del nacimiento, de la decisión administrativa o ju-

dicial de acogimiento o de la resolución judicial por la que se constituya la adopción.

- Ap. 6 añadido por disp. adic. 3.13 de Ley Orgánica núm. 3/2007, de 22 marzo.

7. Los jueces y magistrados tendrán derecho a permisos y licencias para la conciliación de la vida personal, familiar y laboral, y por razón de violencia de género. El Consejo General del Poder Judicial, mediante reglamento, adaptará a las particularidades de la carrera judicial la normativa de la Administración General del Estado vigente en la materia.

- Ap. 7 añadido por disp. adic. 3.14 de Ley Orgánica núm. 3/2007, de 22 marzo.

8. Los jueces y magistrados podrán interesar del Presidente del que dependan, ausentarse de la sede del órgano judicial en el que estuviesen destinados hasta un máximo de tres días al mes y no más de nueve al año, para el estudio o resolución de causas de especial complejidad, hacer frente a situaciones de acumulación de asuntos cuando ello no fuere atribuible al rendimiento del solicitante, o cuando otras circunstancias así lo aconsejaren, debiendo comunicarlo con, al menos, tres días de antelación. Dicha autorización solo se denegará, motivadamente, cuando coincida con señalamientos, vistas o deliberaciones o no queden cubiertas las necesidades del servicio.

Para la concesión de estas autorizaciones no será obstáculo el disfrute en el mismo mes de los permisos a los que se refiere el número 4 de este precepto.

- Ap. 8 añadido por art. único.21 de Ley Orgánica núm. 8/2012, de 27 diciembre.
  Artículo modificado por art. único.108 de Ley Orgánica núm. 19/2003, de 23 diciembre.

374. El que por hallarse enfermo no pudiera asistir al despacho, lo comunicará al Presidente del que inmediatamente dependa y solicitará la licencia acreditando la enfermedad y la previsión médica sobre el tiempo preciso para su restablecimiento.

- Artículo modificado por art. único.22 de Ley Orgánica núm. 8/2012, de 27 diciembre.

375. 1. Las licencias por enfermedad, transcurrido el sexto mes, sólo darán derecho al percibo de las retribuciones básicas y por razón de familia, sin perjuicio de su complemento, en lo que corresponda, con arreglo al Régimen de Seguridad Social aplicable.

2. Las licencias para realizar estudios en general darán derecho a percibir las retribuciones básicas y por razón de familia. Las licencias para reali-

zar estudios relacionados con la función jurisdiccional lo serán sin limitación de haberes.

No obstante lo anterior, los días de licencia para realizar estudios, relacionados o no con la función jurisdiccional, por tiempo superior a 20 días anuales no darán derecho a retribución alguna, salvo aquellas que tengan por objeto actividades formativas obligatorias por cambio de orden o especialidad, que lo serán sin limitación de haberes en todo caso.

- Ap. 2 modificado por art. único.23 de Ley Orgánica núm. 8/2012, de 27 diciembre.

3. Las demás licencias y permisos no afectarán al régimen retributivo de quien los disfrute, sin perjuicio de lo dispuesto en esta Ley. En el caso de las licencias por enfermedad, los integrantes de la Carrera Judicial, en situación de incapacidad temporal por contingencias comunes, percibirán el cincuenta por ciento de las retribuciones tanto básicas como complementarias, como, en su caso, la prestación por hijo a cargo, desde el primer al tercer día de la situación de incapacidad temporal, tomando como referencia aquéllas que percibían en el mes inmediato anterior al de causarse la situación de incapacidad temporal. Desde el día cuarto al vigésimo día, ambos inclusive, percibirán el setenta y cinco por ciento de las retribuciones tanto básicas como complementarias, como de la prestación por hijo a cargo, en su caso. A partir del día vigésimo primero y hasta el día ciento ochenta, ambos inclusive, percibirán la totalidad de las retribuciones básicas, de la prestación por hijo a cargo, en su caso, y de las retribuciones complementarias. Cuando la situación de incapacidad temporal derive de contingencias profesionales, la retribución a percibir podrá ser complementada desde el primer día, hasta alcanzar como máximo las retribuciones que vinieran correspondiendo a dicho personal en el mes anterior al de causarse la incapacidad.

A partir del día ciento ochenta y uno será de aplicación el subsidio establecido en el apartado 1.*B)* del artículo 20 del Real Decreto Legislativo 3/2000, de 23 de junio, por el que se aprueba el texto refundido de las disposiciones legales vigentes sobre el Régimen especial de Seguridad Social del personal al servicio de la Administración de Justicia.

Por el órgano competente se determinarán los supuestos en los que con carácter excepcional y debidamente justificados se pueda establecer un complemento hasta alcanzar, como máximo, el cien por cien de las retribuciones que vinieran disfrutando en cada momento. A estos efectos, se considerarán en todo caso debidamente justificados los supuestos de hospitalización e intervención quirúrgica.

En ningún caso los funcionarios adscritos a los regímenes especiales de seguridad social gestionados por el mutualismo administrativo podrán percibir una cantidad inferior en situación de incapacidad temporal por contingencias comunes a la que corresponda a los funcionarios adscritos al régimen general de la seguridad social, incluidos, en su caso, los complementos que les resulten de aplicación a estos últimos.

Las referencias a días incluidas en el presente número se entenderán realizadas a días naturales.

- Ap. 3 modificado por art. único.24 de Ley Orgánica núm. 8/2012, de 27 diciembre.

376. Cuando circunstancias excepcionales lo impongan, podrá suspenderse o revocarse el disfrute de las licencias o de los permisos, ordenándose a los Jueces y Magistrados la incorporación al Juzgado o Tribunal.

377. Reglamentariamente se desarrollará el régimen jurídico de las licencias y permisos, determinando la autoridad a quien corresponde otorgarlos y su duración, y cuando no se halle establecido en la presente Ley.

TÍTULO II
De la independencia judicial

CAPÍTULO I
De la inamovilidad de los Jueces y Magistrados

378. 1. Gozarán de inamovilidad los Jueces y Magistrados que desempeñen cargos judiciales.

2. Los que hayan sido nombrados por plazo determinado gozarán de inamovilidad sólo por ese tiempo.

3. Los casos de renuncia, excedencia, traslado y promoción se regirán por sus normas específicas establecidas en esta Ley.

379. 1. La condición de Jueces o Magistrados se perderá por las siguientes causas:

a) Por renuncia a la Carrera Judicial. Se entenderán incursos en este supuesto los previstos en los artículos 322 y 357.3.

b) Por pérdida de la nacionalidad española.

c) En virtud de sanción disciplinaria de separación de la Carrera Judicial.

d) Por la condena a pena privativa de libertad por razón de delito doloso. En los casos en que la pena no fuera superior a seis meses, el Consejo General del Poder Judicial, de forma motivada y atendiendo a la entidad del delito cometido, podrá sustituir la pérdida de la condición de Magistrado o Juez por la sanción prevista en el artículo 420.1 *d)*.

- Ap. 1 *d)* modificado por art. 6.1 de Ley Orgánica núm. 16/1994, de 8 noviembre.

e) Por haber incurrido en alguna de las causas de incapacidad, salvo que proceda su jubilación.

f) Por jubilación.

2. La separación en los casos previstos en las letras *b)*, *c)*, *d)* y *e)* del apartado anterior se acordará previo expediente, con intervención del Ministerio Fiscal.

380. Quienes hubieren perdido la condición de Juez o Magistrado por cualquiera de las causas previstas en los apartados *a)*, *b)*, *c)* y *d)* del artículo anterior, podrán solicitar del Consejo General del Poder Judicial su rehabilitación, una vez obtenida la establecida en el Código Penal, si procediere.

- Artículo modificado por art. 6.2 de Ley Orgánica núm. 16/1994, de 8 noviembre.

381. 1. La rehabilitación se concederá por el Consejo General del Poder Judicial cuando se acredite el cese definitivo o la inexistencia, en su caso, de la causa que dio lugar a la separación, valorando las circunstancias de todo orden.

2. Si la rehabilitación se denegare, no podrá iniciarse nuevo procedimiento para obtenerla en los tres años siguientes, plazo que se computará a partir de la resolución denegatoria inicial del Consejo General del Poder Judicial.

382. El Juez o Magistrado que hubiere sido rehabilitado será destinado con arreglo a lo dispuesto en esta Ley.

383. La suspensión de los Jueces y Magistrados sólo tendrá lugar en los casos siguientes:

1º Cuando se hubiere declarado haber lugar a proceder contra ellos por delitos cometidos en el ejercicio de sus funciones.

2º Cuando por cualquier otro delito doloso se hubiere dictado contra ellos auto de prisión, de libertad bajo fianza o de procesamiento.

3º Cuando se decretare en expediente disciplinario o de incapacidad, ya con carácter provisional, ya definitivo.

4º Por sentencia firme condenatoria en que se imponga como pena principal o accesoria la de suspensión, cuando no procediere la separación.

384. 1. En los supuestos de los dos primeros apartados del artículo anterior, el Juez o Tribunal que conociera de la causa lo comunicará al Consejo General del Poder Judicial, quien hará efectiva la suspensión, previa audiencia del Ministerio Fiscal.

2. En el caso del apartado 4, el Tribunal remitirá testimonio de la sentencia al Consejo General del Poder Judicial.

3. La suspensión durará, en los casos de los apartados 1 y 2 del artículo anterior, hasta que recaiga en la causa sentencia absolutoria o auto de sobreseimiento. En los demás casos, por todo el tiempo a que se extienda la pena, sanción o medida cautelar.

385. Los Jueces y Magistrados sólo podrán ser jubilados:

1º Por edad.

2º Por incapacidad permanente para el ejercicio de sus funciones.

386. 1. La jubilación por edad de los Jueces y Magistrados es forzosa y se decretará con la antelación suficiente para que el cese en la función se produzca efectivamente al cumplir la edad de setenta años.

No obstante, podrán solicitar con dos meses de antelación a dicho momento la prolongación de la permanencia en el servicio activo hasta que cumplan como máximo setenta y dos años de edad. Dicha solicitud vinculará al Consejo General del Poder Judicial quien solo podrá denegarla cuando el solicitante no cumpla el requisito de edad o cuando presentase la solicitud fuera del plazo indicado.

- Ap. 1 modificado por art. único.50 de Ley Orgánica núm. 7/2015, de 21 julio.

2. También podrán jubilarse a partir de los sesenta y cinco años siempre que así lo hubiesen manifestado al Consejo General del Poder Judicial con seis meses de antelación, todo ello sin perjuicio de los demás supuestos de jubilación voluntaria legalmente previstos.

3. Los Jueces y Magistrados conservarán los honores y tratamientos correspondientes a la categoría alcanzada en el momento de la jubilación.

- Ap. 3 añadido por art. único.50 de Ley Orgánica núm. 7/2015, de 21 julio.
  Artículo modificado por art. 2.2 de Ley Orgánica núm. 7/1992, de 20 noviembre.

387. 1. Cuando en un Juez o Magistrado se apreciare incapacidad permanente, la Sala de Gobierno respectiva, por sí, a instancia del Ministerio

Fiscal o del interesado, formulará propuesta de jubilación al Consejo General del Poder Judicial.

2. El expediente de jubilación por incapacidad permanente podrá ser iniciado, asimismo, por el Consejo General de oficio o a instancia del Ministerio Fiscal.

3. Los jubilados por incapacidad permanente podrán ser rehabilitados y volver al servicio activo si acreditaren haber desaparecido la causa que hubiere motivado la jubilación.

388. Los procedimientos de separación, traslado, jubilación por incapacidad permanente y rehabilitación se formarán con audiencia del interesado e informe del Ministerio Fiscal y de la Sala de Gobierno respectiva, sin perjuicio de las demás justificaciones que procedan, y se resolverán por el Consejo General del Poder Judicial.

CAPÍTULO II
De las incompatibilidades y prohibiciones

389. El cargo de Juez o Magistrado es incompatible:

1º Con el ejercicio de cualquier otra jurisdicción ajena a la del Poder Judicial.

2º Con cualquier cargo de elección popular o designación política del Estado, Comunidades Autónomas, Provincias y demás entidades locales y organismos dependientes de cualquiera de ellos.

3º Con los empleos o cargos dotados o retribuidos por la Administración del Estado, las Cortes Generales, la Casa Real, Comunidades Autónomas, Provincias, Municipios y cualesquiera entidades, organismos o empresas dependientes de unos u otras.

4º Con los empleos de todas clases en los Tribunales y Juzgados de cualquier orden jurisdiccional.

5º Con todo empleo, cargo o profesión retribuida, salvo la docencia o investigación jurídica, así como la producción y creación literaria, artística, científica y técnica, y las publicaciones derivadas de aquélla, de conformidad con lo dispuesto en la legislación sobre incompatibilidades del personal al servicio de las Administraciones Públicas.

6º Con el ejercicio de la Abogacía y de la Procuraduría.

7º Con todo tipo de asesoramiento jurídico, sea o no retribuido.

8º Con el ejercicio de toda actividad mercantil, por sí o por otro.

9º Con las funciones de Director, Gerente, Administrador, Consejero, socio colectivo o cualquier otra que implique intervención directa, administrativa o económica en sociedades o empresas mercantiles, públicas o privadas, de cualquier género.

390. 1. Los que ejerciendo cualquier empleo, cargo o profesión de los expresados en el artículo anterior fueren nombrados Jueces o Magistrados, deberán optar, en el plazo de ocho días, por uno u otro cargo, o cesar en el ejercicio de la actividad incompatible.

2. Quienes no hicieren uso de dicha opción en el indicado plazo se entenderá que renuncian al nombramiento judicial.

391. No podrán pertenecer a una misma Sala de Justicia o Audiencia Provincial, Magistrados que estuvieren unidos por vínculo matrimonial o situación de hecho equivalente, o tuvieren parentesco entre sí dentro del segundo grado de consanguinidad o afinidad, salvo que, por previsión legal o por aplicación de lo dispuesto en los artículos 155 y 198.1 de esta Ley existieren varias secciones, en cuyo caso podrán integrarse en secciones diversas, pero no formar Sala juntos.

Tampoco podrán pertenecer a una misma Sala de Gobierno Jueces o Magistrados unidos entre sí por cualquiera de los vínculos a que se refiere el párrafo anterior. Esta disposición es aplicable a los Presidentes.

- Artículo modificado por art. 12 de Ley Orgánica núm. 16/1994, de 8 noviembre.

392. 1. Los Jueces o Magistrados no podrán intervenir en la resolución de recursos relativos a resoluciones dictadas por quienes tengan con ellos alguna de las relaciones a que hace referencia el artículo anterior, ni en fases ulteriores del procedimiento que, por su propia naturaleza, impliquen una valoración de lo actuado anteriormente por ellas.

En virtud de este principio, además de la obligación de abstención, siempre que concurra cualquiera de los vínculos a que se refiere el artículo anterior, son incompatibles:

a) Los Jueces de Instrucción con los Jueces unipersonales de lo Penal que hubieran de conocer en juicio oral de lo instruido por ellos y con los Magistrados de la Sección que se hallen en el mismo caso.

b) Los Magistrados de cualquier Sala de Justicia, constituya o no sección orgánica, a la que se halle atribuido el conocimiento de los recursos respecto de las resoluciones de un órgano jurisdiccional, cualquiera que sea el orden a que pertenezca, con los Jueces o Magistrados de dicho órgano.

Se exceptúan de esta incompatibilidad las Salas y Secciones del Tribunal Supremo.

2. Serán incompatibles cuando concurra entre ellas cualquiera de las relaciones a que se refiere el artículo anterior:

a) Los Presidentes y Magistrados de la Sala de lo Penal de la Audiencia Nacional y los de las Audiencias Provinciales, respecto de los miembros del Ministerio Fiscal de la correspondiente Fiscalía, salvo cuando en la Audiencia Provincial hubiere más de tres secciones.

b) Los Presidentes y Magistrados de la Sala de lo Civil y Penal respecto del Fiscal Jefe y Teniente Fiscal de dicho órgano.

c) Los Jueces de Instrucción y los Jueces unipersonales de lo Penal, respecto de los Fiscales destinados en Fiscalías en cuyo ámbito territorial ejerzan su jurisdicción, con excepción de los Partidos donde existan más de cinco órganos de la clase que se trate.

d) Los Presidentes, Magistrados y Jueces respecto de los Secretarios y demás personal al servicio de la Administración de Justicia que dependan de ellos directamente.

- Artículo modificado por art. 12 de Ley Orgánica núm. 16/1994, de 8 noviembre.

393. No podrán los Jueces y Magistrados desempeñar su cargo:

1. En las Salas de Tribunales y Juzgados donde ejerzan habitualmente, como Abogado o Procurador, su cónyuge o un pariente dentro del segundo grado de consanguinidad o afinidad. Esta incompatibilidad no será aplicable en las poblaciones donde existan diez o más Juzgados de Primera Instancia e Instrucción o Salas con tres o más Secciones.

2. En una Audiencia Provincial o Juzgado que comprenda dentro de su circunscripción territorial una población en la que, por poseer él mismo, su cónyuge o parientes de segundo grado de consanguinidad intereses económicos, tengan arraigo que pueda obstaculizarles el imparcial ejercicio de la función jurisdiccional. Se exceptúan las poblaciones superiores a cien mil habitantes en los que radique la sede del órgano jurisdiccional.

3. En una Audiencia o Juzgado en que hayan ejercido la Abogacía o el cargo de Procurador en los dos años anteriores a su nombramiento.

394. 1. Cuando un nombramiento dé lugar a una situación de incompatibilidad de las previstas en los artículos anteriores quedará el mismo sin efecto y se destinará con carácter forzoso al Juez o Magistrado, sin perjuicio de la responsabilidad disciplinaria en que hubiera podido incurrirse.

2. Cuando la situación de incompatibilidad apareciere en virtud de circunstancias sobrevenidas, el Consejo General del Poder Judicial procederá al traslado forzoso del Juez o Magistrado, en el caso del número 1 del artículo anterior, o del último nombrado en los restantes. En su caso podrá proponer al Gobierno el traslado del miembro del Ministerio Fiscal incompatible, si fuera de menor antigüedad en el cargo. El destino forzoso será a cargo que no implique cambio de residencia si existiera vacante, y en tal caso ésta no será anunciada a concurso de provisión.

395. No podrán los Jueces o Magistrados pertenecer a partidos políticos o sindicatos o tener empleo al servicio de los mismos, y les estará prohibido:

1º Dirigir a los poderes, autoridades y funcionarios públicos o Corporaciones oficiales felicitaciones o censuras por sus actos, ni concurrir, en su calidad de miembros del Poder Judicial, a cualesquiera actos o reuniones públicas que no tengan carácter judicial, excepto aquellas que tengan por objeto cumplimentar al Rey o para las que hubieran sido convocados o autorizados a asistir por el Consejo General del Poder Judicial.

2º Tomar en las elecciones legislativas o locales más parte que la de emitir su voto personal. Esto no obstante, ejercerán las funciones y cumplimentarán los deberes inherentes a sus cargos.

396. Los Jueces y Magistrados no podrán revelar los hechos o noticias referentes a personas físicas o jurídicas de los que hayan tenido conocimiento en el ejercicio de sus funciones.

397. La competencia para la autorización, reconocimiento o denegación de compatibilidades, con arreglo a lo dispuesto en este capítulo, corresponde al Consejo General del Poder Judicial, previo informe del Presidente del Tribunal o Audiencia respectiva.

CAPÍTULO III
De la inmunidad judicial

398. 1. Los Jueces y Magistrados en servicio activo sólo podrán ser detenidos por orden de Juez competente o en caso de flagrante delito. En este último caso se tomarán las medidas de aseguramiento indispensables y se entregará inmediatamente el detenido al Juez de Instrucción más próximo.

2. De toda detención se dará cuenta, por el medio más rápido, al Presidente del Tribunal o de la Audiencia de quien dependa el Juez o Magistrado. Se tomarán por la Autoridad Judicial que corresponda las prevenciones que procedan para atender a la sustitución del detenido.

399. 1. Las Autoridades civiles y militares se abstendrán de intimar a los Jueces y Magistrados y de citarlos para que comparezcan a su presencia.

Cuando una Autoridad civil o militar precise de datos o declaraciones que pueda facilitar un Juez o Magistrado, y que no se refieran a su cargo o función, se solicitarán por escrito o se recibirán en el despacho oficial de aquél, previo aviso.

2. Cuando se trate de auxilio o cooperación por razón del cargo o de la función jurisdiccional, se prestará sin tardanza, salvo que el acto a ejecutar no esté legalmente permitido o se perjudique la competencia propia del Juez o Tribunal. La denegación se comunicará a la Autoridad peticionaria con expresión suficiente de la razón que la justifique.

400. Cuando en la instrucción de una causa penal fuere necesaria la declaración de un Juez o Magistrado, y ésta pudiera prestarse legalmente, no podrá excusarse aquél de hacerlo. Si la Autoridad Judicial que hubiere de recibir la declaración fuere de categoría inferior, acudirá al despacho oficial del Juez o Magistrado, previo aviso, señalándose día y hora.

CAPÍTULO IV
Del régimen de asociación profesional de los Jueces y Magistrados

401. De acuerdo con lo establecido en el artículo 127 de la Constitución, se reconoce el derecho de libre asociación profesional de jueces y magistrados integrantes de la Carrera Judicial, que se ejercerá de acuerdo con las reglas siguientes:

1ª Las asociaciones de jueces y magistrados tendrán personalidad jurídica y plena capacidad para el cumplimiento de sus fines.

2ª Podrán tener como fines lícitos la defensa de los intereses profesionales de sus miembros en todos los aspectos y la realización de actividades encaminadas al servicio de la Justicia en general. No podrán llevar a cabo actividades políticas ni tener vinculaciones con partidos políticos o sindicatos.

3ª Las asociaciones de jueces y magistrados deberán tener ámbito nacional, sin perjuicio de la existencia de secciones cuyo ámbito coincida con el de un Tribunal Superior de Justicia.

4ª Los jueces y magistrados podrán libremente asociarse o no a asociaciones profesionales.

5ª Sólo podrán formar parte de las mismas quienes ostenten la condición de jueces y magistrados en servicio activo. Ningún juez o magistrado podrá estar afiliado a más de una asociación profesional.

6ª Las asociaciones profesionales de jueces y magistrados integrantes de la Carrera Judicial quedarán válidamente constituidas desde que se inscriban en el registro que será llevado al efecto por el Consejo General del Poder Judicial. La inscripción se practicará a solicitud de cualquiera de los promotores, a la que se acompañará el texto de los estatutos y una relación de afiliados.

Sólo podrá denegarse la inscripción cuando la asociación o sus estatutos no se ajustaren a los requisitos legalmente exigidos.

7ª Los estatutos deberán expresar, como mínimo, las siguientes menciones:

a) Nombre de la asociación.

b) Fines específicos.

c) Organización y representación de la asociación. Su estructura interna y funcionamiento deberán ser democráticos.

d) Régimen de afiliación.

e) Medios económicos y régimen de cuotas.

f) Formas de elegirse los cargos directivos de la asociación.

8ª La suspensión o disolución de las asociaciones profesionales quedará sometida al régimen establecido para el derecho de asociación en general.

9ª Serán de aplicación supletoria las normas reguladoras del derecho de asociación en general.

- Artículo modificado por art. único.109 de Ley Orgánica núm. 19/2003, de 23 diciembre.

CAPÍTULO V
De la independencia económica

402. 1. El Estado garantiza la independencia económica de los Jueces y Magistrados mediante una retribución adecuada a la dignidad de la función jurisdiccional.

2. También garantizará un régimen de Seguridad Social que proteja a los Jueces y Magistrados y a sus familiares durante el servicio activo y la jubilación.

403. 1. El régimen de retribuciones de los jueces y magistrados se inspirará en los principios de objetividad, equidad, transparencia y estabilidad, atendiendo para su fijación a la dedicación a la función jurisdiccional, a la categoría y al tiempo de prestación de servicios. Se retribuirá, además, la responsabilidad del cargo y el puesto de trabajo.

2. En todo caso, las retribuciones de los jueces y magistrados estarán integradas, con carácter general, por un componente fijo y otro variable por objetivos, que valore específicamente su rendimiento individual.

3. Las retribuciones fijas, que se descompondrán en básicas y complementarias, remunerarán la categoría y antigüedad en la carrera judicial de cada uno de sus miembros, así como las características objetivas de las plazas que ocupen.

Son retribuciones básicas el sueldo y la antigüedad. Son retribuciones complementarias el complemento de destino y el complemento específico.

4. Las retribuciones variables por objetivos estarán vinculadas al rendimiento individual acreditado por cada juez o magistrado en el desempeño de sus funciones jurisdiccionales y profesionales.

5. Asimismo, los jueces y magistrados podrán percibir retribuciones especiales por servicios de guardia, servicios extraordinarios sin relevación de funciones y sustituciones.

6. Una Ley desarrollará, conforme a lo previsto en los apartados anteriores, las retribuciones de los miembros de la carrera judicial.

- Artículo modificado por art. único.110 de Ley Orgánica núm. 19/2003, de 23 diciembre.

404. Junto a las demás partidas correspondientes a retribuciones de jueces y magistrados, los Presupuestos Generales del Estado contendrán una consignación anual para la dotación de los jueces de paz, otras atenciones de personal judicial a que den lugar los preceptos de esta Ley y demás exigencias de la Administración de Justicia.

- Artículo modificado por art. único.111 de Ley Orgánica núm. 19/2003, de 23 diciembre.

404 bis. De conformidad con el principio de supremacía jurisdiccional que se recoge en el artículo 123 de la Constitución y de acuerdo con el carácter de magistratura de ejercicio contemplado en la presente Ley, las remuneraciones de los Magistrados del Tribunal Supremo se establecerán en cuantía similar a las de los titulares de otros altos órganos constitucionales, atendiendo a la naturaleza de sus funciones.

- Artículo añadido por art. 5.8 de Ley Orgánica núm. 5/1997, de 4 diciembre.

TÍTULO III
De la responsabilidad de los Jueces y Magistrados

CAPÍTULO I
De la responsabilidad penal

405. La responsabilidad penal de los Jueces y Magistrados por delitos o faltas cometidos en el ejercicio de las funciones de su cargo se exigirá conforme a lo dispuesto en esta Ley.

406. El juicio de responsabilidad penal contra Jueces y Magistrados podrá incoarse por providencia del Tribunal competente o en virtud de querella del Ministerio Fiscal, o del perjudicado u ofendido, o mediante el ejercicio de la acción popular.

407. Cuando el Tribunal Supremo, por razón de los pleitos o causas de que conozca o por cualquier otro medio, tuviere noticia de algún acto de Jueces o Magistrados realizado en el ejercicio de su cargo y que pueda calificarse de delito o falta, lo comunicará, oyendo previamente al Ministerio Fiscal, al Tribunal competente, a los efectos de incoación de la causa. Lo mismo harán, en su caso, los Tribunales Superiores de Justicia y Audiencias.

408. Cuando otras Autoridades Judiciales tuvieren conocimiento, a través de las actuaciones en que intervinieren, de la posible comisión de un delito o falta por un Juez o Magistrado en el ejercicio de su cargo, lo comunicarán al Juez o Tribunal competente, oído el Ministerio Fiscal, con remisión de los antecedentes necesarios.

409. Cuando el Consejo General del Poder Judicial, el Gobierno u otro órgano o autoridad del Estado o de una Comunidad Autónoma considere que un Juez o Magistrado ha realizado, en el ejercicio de su cargo, un hecho que puede ser constitutivo de delito o falta, lo pondrá en conocimiento del Ministerio Fiscal por si procediere el ejercicio de la acción penal, sin perjuicio de lo dispuesto en el artículo 406.

410. En el caso de que alguna de las partes en un proceso, o persona que tuviese interés en él, formulasen querella contra el juez o magistrado que deba resolver en dicho proceso, con carácter previo a la admisión de ésta el órgano competente para su instrucción podrá recabar los antecedentes que considere oportunos a fin de determinar su propia competencia así como la relevancia penal de los hechos objeto de la misma o la verosimilitud de la imputación.

- Artículo añadido por art. único.112 de Ley Orgánica núm. 19/2003, de 23 diciembre.

CAPÍTULO II
De la responsabilidad civil

411 a 413. ...

- Artículos suprimidos por art. único.51 de Ley Orgánica núm. 7/2015, de 21 julio..

CAPÍTULO III
De la responsabilidad disciplinaria

414. Los Jueces y Magistrados están sujetos a responsabilidad disciplinaria en los casos y con las garantías establecidas en esta Ley.

415. 1. La responsabilidad disciplinaria sólo podrá exigirse por la autoridad competente, mediante el procedimiento establecido en este capítulo.

2. La incoación de un procedimiento penal no será obstáculo para la iniciación de un expediente disciplinario por los mismos hechos, pero no se dictará resolución en éste hasta tanto no haya recaído sentencia o auto de sobreseimiento firmes en la causa penal.

En todo caso, la declaración de hechos probados contenida en la resolución que pone término al procedimiento penal vinculará a la resolución que se dicte en el expediente disciplinario, sin perjuicio de distinta calificación jurídica que puedan merecer en una y otra vía.

3. Sólo podrán recaer sanción penal y disciplinaria sobre los mismos hechos cuando no hubiere identidad de fundamento jurídico y de bien jurídico protegido.

- Artículo modificado por art. 7.1 de Ley Orgánica núm. 16/1994, de 8 noviembre.

416. 1. Las faltas cometidas por los Jueces y Magistrados en el ejercicio de sus cargos podrán ser muy graves, graves y leves.

2. Las faltas muy graves prescribirán a los dos años, las graves al año y las leves a los seis meses.

El plazo de prescripción comenzará a contarse desde que la falta se hubiera cometido. No obstante, en el supuesto previsto en el artículo 417.5, el plazo de prescripción se iniciará a partir de la firmeza de la sentencia o de la resolución dictada por el Consejo General del Poder Judicial que declare la responsabilidad civil del Juez o Magistrado.

- Ap. 2 modificado por art. único.52 de Ley Orgánica núm. 7/2015, de 21 julio.

3. La prescripción se interrumpirá desde la fecha de notificación del acuerdo de iniciación del procedimiento disciplinario o, en su caso, de las diligencias informativas relacionadas con la conducta investigada del Juez o Magistrado.

El plazo de prescripción vuelve a correr si las diligencias o el procedimiento permanecen paralizados durante seis meses por causa no imputable al Juez o Magistrado sujeto al expediente disciplinario.

- Artículo modificado por art. 7.2 de Ley Orgánica núm. 16/1994, de 8 noviembre.

417. Son faltas muy graves:

1. El incumplimiento consciente del deber de fidelidad a la Constitución establecido en el artículo 5.1 de esta Ley, cuando así se apreciare en sentencia firme.

2. La afiliación a partidos políticos o sindicatos, o el desempeño de empleos o cargos a su servicio.

3. La provocación reiterada de enfrentamientos graves con las autoridades de la circunscripción en que el juez o magistrado desempeñe el cargo, por motivos ajenos al ejercicio de la función jurisdiccional.

4. La intromisión, mediante órdenes o presiones de cualquier clase, en el ejercicio de la potestad jurisdiccional de otro juez o magistrado.

5. Las acciones y omisiones que hayan dado lugar, en sentencia firme o en resolución firme dictada por el Consejo General del Poder Judicial, a una declaración de responsabilidad civil contraída en el ejercicio de la función por dolo o culpa grave conforme al apartado 2 del artículo 296.

- Ap. 5 modificado por art. único.53 de Ley Orgánica núm. 7/2015, de 21 julio.

6. El ejercicio de cualquiera de las actividades incompatibles con el cargo de juez o magistrado, establecidas en el artículo 389 de esta Ley, salvo las que puedan constituir falta grave con arreglo a lo dispuesto en el artículo 418.14 de la misma.

7. Provocar el propio nombramiento para juzgados y tribunales cuando concurra en el nombrado alguna de las situaciones de incompatibilidad o prohibición previstas en los artículos 391 a 393 de esta Ley, o mantenerse en el desempeño del cargo en dichos órganos sin poner en conocimiento

del Consejo General del Poder Judicial las circunstancias necesarias para proceder al traslado forzoso previsto en el artículo 394.

8. La inobservancia del deber de abstención a sabiendas de que concurre alguna de las causas legalmente previstas.

9. La desatención o el retraso injustificado y reiterado en la iniciación, tramitación o resolución de procesos y causas o en el ejercicio de cualquiera de las competencias judiciales.

10. El abandono de servicio o la ausencia injustificada y continuada, por siete días naturales o más, de la sede del órgano judicial en que el juez o magistrado se halle destinado.

11. Faltar a la verdad en la solicitud de obtención de permisos, autorizaciones, declaraciones de compatibilidad, dietas y ayudas económicas.

12. La revelación por el juez o magistrado de hechos o datos conocidos en el ejercicio de su función o con ocasión de éste, cuando se cause algún perjuicio a la tramitación de un proceso o a cualquier persona.

13. El abuso de la condición de juez para obtener un trato favorable e injustificado de autoridades, funcionarios o profesionales.

14. La ignorancia inexcusable en el cumplimiento de los deberes judiciales.

15. La absoluta y manifiesta falta de motivación de las resoluciones judiciales que la precisen, siempre que dicha falta haya sido apreciada en resolución judicial firme. Si la resolución inmotivada no fuese recurrible, será requisito para proceder la denuncia de quien fue parte en el procedimiento.

16. La comisión de una falta grave cuando el juez o magistrado hubiere sido anteriormente sancionado por otras dos graves, que hayan adquirido firmeza, sin que hubieran sido canceladas o procedido la cancelación de las correspondientes anotaciones, conforme a lo establecido en el artículo 427 de esta Ley.

- Artículo modificado por art. único.113 de Ley Orgánica núm. 19/2003, de 23 diciembre.

418. Son faltas graves:

1. La falta de respeto a los superiores en el orden jerárquico, en su presencia, en escrito que se les dirija o con publicidad.

2. Interesarse, mediante cualquier clase de recomendación, en el ejercicio de la actividad jurisdiccional de otro juez o magistrado.

3. Dirigir a los poderes, autoridades o funcionarios públicos o corporaciones oficiales felicitaciones o censuras por sus actos, invocando la condición de juez, o sirviéndose de esta condición.

4. Corregir la aplicación o interpretación del ordenamiento jurídico hecha por los inferiores en el orden jurisdiccional, salvo cuando actúen en el ejercicio de la jurisdicción.

5. El exceso o abuso de autoridad, o falta grave de consideración respecto de los ciudadanos, instituciones, secretarios, médicos forenses o del resto del personal al servicio de la Administración de Justicia, de los miembros del Ministerio Fiscal, abogados y procuradores, graduados sociales y funcionarios de la Policía Judicial.

6. La utilización en las resoluciones judiciales de expresiones innecesarias o improcedentes, extravagantes o manifiestamente ofensivas o irrespetuosas desde el punto de vista del razonamiento jurídico. En este caso, el Consejo General del Poder Judicial solo procederá previo testimonio deducido o comunicación remitida por el tribunal superior respecto de quien dictó la resolución, y que conozca de la misma en vía de recurso.

7. Dejar de promover la exigencia de responsabilidad disciplinaria que proceda a los secretarios y personal auxiliar subordinado, cuando conocieren o debieren conocer el incumplimiento grave por los mismos de los deberes que les corresponden.

8. Revelar el juez o magistrado y fuera de los cauces de información judicial establecidos, hechos o datos de los que conozcan en el ejercicio de su función o con ocasión de ésta cuando no constituya la falta muy grave del apartado 12 del artículo 417 de esta Ley.

9. El abandono del servicio o la ausencia injustificada y continuada por más de tres días naturales y menos de siete de la sede del órgano judicial en que el juez o magistrado se halle destinado.

10. El incumplimiento injustificado y reiterado del horario de audiencia pública y la inasistencia injustificada a los actos procesales con audiencia pública que estuvieren señalados, cuando no constituya falta muy grave.

11. El retraso injustificado en la iniciación o en la tramitación de los procesos o causas de que conozca el juez o magistrado en el ejercicio de su función, si no constituye falta muy grave.

12. El incumplimiento o desatención reiterada a los requerimientos que en el ejercicio de sus legítimas competencias realizasen el Consejo General del Poder Judicial, el Presidente del Tribunal Supremo, de la Audiencia Nacional y de los Tribunales Superiores de Justicia o Salas de Gobierno, o la obstaculización de sus funciones inspectoras.

13. El incumplimiento de la obligación de elaborar alarde o relación de asuntos pendientes en el supuesto establecido en el apartado 3 artículo 317 de esta Ley.

14. El ejercicio de cualquier actividad de las consideradas compatibilizables a que se refiere el artículo 389.5º de esta Ley, sin obtener cuando esté prevista la pertinente autorización o habiéndola obtenido con falta de veracidad en los presupuestos alegados.

15. La abstención injustificada, cuando así sea declarada por la Sala de Gobierno, de conformidad con lo dispuesto en el artículo 221.3 de esta Ley.

16. Adoptar decisiones que, con manifiesto abuso procesal, generen ficticios incrementos del volumen de trabajo en relación con los sistemas de medición fijados por el Consejo General del Poder Judicial.

17. Obstaculizar las labores de inspección.

18. La comisión de una falta de carácter leve habiendo sido sancionado anteriormente por resolución firme por otras dos leves sin que hubieran sido canceladas o procedido la cancelación de las correspondientes anotaciones, conforme a lo establecido en el artículo 427.

- Artículo modificado por art. único.114 de Ley Orgánica núm. 19/2003, de 23 diciembre.

419. Son faltas leves:

1. La falta de respeto a los superiores jerárquicos cuando no concurran las circunstancias que calificarían la conducta de falta grave.

2. La desatención o desconsideración con iguales o inferiores en el orden jerárquico, con los ciudadanos, los miembros del Ministerio Fiscal, médicos forenses, abogados y procuradores, graduados sociales, con los secretarios o demás personal que preste servicios en la Oficina judicial, o con los funcionarios de la Policía Judicial.

3. El incumplimiento injustificado o inmotivado de los plazos legalmente establecidos para dictar resolución en cualquier clase de asunto que conozca el juez o magistrado.

4. La ausencia injustificada y continuada por más de un día natural y menos de cuatro de la sede del órgano judicial en que el juez o magistrado se halle destinado.

5. La desatención a los requerimientos que en el ejercicio de sus legítimas competencias realizasen el Consejo General del Poder Judicial, el Presidente del Tribunal Supremo, de la Audiencia Nacional y de los Tribunales Superiores de Justicia o Salas de Gobierno.

- Artículo modificado por art. único.115 de Ley Orgánica núm. 19/2003, de 23 diciembre.

420. 1. Las sanciones que se pueden imponer a Jueces y Magistrados por faltas cometidas en el ejercicio de sus cargos son:

a) Advertencia.

b) Multa de hasta 6.000 euros.

- Ap. 1 *b)* modificado por art. único.116 de Ley Orgánica núm. 19/2003, de 23 diciembre.

c) Traslado forzoso a Juzgado o Tribunal con sede separada al menos, en cien kilómetros de aquella en que estuviera destinado.

d) Suspensión de hasta tres años.

e) Separación.

El Juez o Magistrado sancionado con traslado forzoso no podrá concursar en el plazo de uno a tres años. La duración de la prohibición de concursar habrá de determinarse necesariamente en la resolución que ponga fin al procedimiento.

2. Las faltas leves sólo podrán sancionarse con advertencia o multa de hasta 500 euros o con ambas; las graves con multa de 501 a 6.000 euros, y las muy graves con suspensión, traslado forzoso o separación.

- Ap. 2 modificado por art. único.54 de Ley Orgánica núm. 7/2015, de 21 julio.

3. Las sanciones impuestas por faltas muy graves prescribirán a los dos años; las impuestas por faltas graves al año, y por faltas leves en el plazo previsto en el Código Penal para la prescripción de las faltas. Dichos plazos de prescripción comenzarán a computarse desde el día siguiente a aquel en que adquiera firmeza la resolución por la que se impusieron las sanciones.

- Artículo modificado por art. 7.6 de Ley Orgánica núm. 16/1994, de 8 noviembre.

421. 1. Serán competentes para la imposición de sanciones:

a) Para la sanción de advertencia, el Presidente del Tribunal Supremo, de la Audiencia Nacional y de los Tribunales Superiores de Justicia, a los jueces y magistrados dependientes de los mismos.

b) Para la sanción de multa o de advertencia y multa correspondiente a faltas leves, las Salas de Gobierno del Tribunal Supremo, de la Audiencia Nacional y de los Tribunales Superiores de Justicia respecto a los jueces y magistrados dependientes de cada una de ellas.

c) Para las sanciones correspondientes a faltas graves, la Comisión Disciplinaria del Consejo General del Poder Judicial.

d) Para las muy graves, el Pleno del Consejo General del Poder Judicial, a propuesta de la Comisión Disciplinaria.

2. No obstante, los órganos a que hacen referencia las anteriores reglas pueden imponer sanciones de menor gravedad que las que tienen ordinariamente atribuidas si, al examinar un expediente que inicialmente está atribuido a su competencia, resulta que los hechos objeto del mismo merecen un inferior reproche disciplinario.

3. En la imposición de sanciones por las autoridades y órganos competentes deberá observarse la debida adecuación o proporcionalidad entre la gravedad del hecho constitutivo de la infracción y la sanción aplicada.

- Artículo modificado por art. único.117 de Ley Orgánica núm. 19/2003, de 23 diciembre.

422. 1. La sanción de advertencia se impondrá sin más trámite que la audiencia del interesado, previa una información sumaria.

Contra la resolución que recaiga sobre dicha clase de sanción podrá interponer el sancionado con carácter potestativo, antes de acudir a la vía contencioso-administrativa, recurso administrativo y el denunciante, en su caso, acudir a la vía contencioso-administrativa de acuerdo con las normas de legitimación establecidas en la ley reguladora de la expresada jurisdicción.

2. Las restantes sanciones deberán ser impuestas por el procedimiento establecido en los artículos siguientes.

3. Las sanciones a que alude el artículo 421.1, *d)* de esta Ley se impondrán por el Pleno del Consejo General del Poder Judicial, a propuesta de la Comisión Disciplinaria y previa audiencia del juez o magistrado contra el que se dirija el expediente, que podrá alegar y presentar los documentos que estime pertinentes en un plazo no inferior a 10 días ni superior a quince si la propuesta se separase de la formulada por el instructor.

- Artículo modificado por art. único.118 de Ley Orgánica núm. 19/2003, de 23 diciembre.

423. 1. El procedimiento disciplinario se impulsará de oficio en todos sus trámites, y se iniciará, por acuerdo de la Sala de Gobierno o Presidente que corresponda o, en su caso, de la Comisión Disciplinaria o del Pleno del Consejo General del Poder Judicial, bien por propia iniciativa, como consecuencia de orden o petición razonada de distinto órgano, o de denuncia. También se iniciará a instancia del Ministerio Fiscal.

2. Toda denuncia sobre el funcionamiento de la Administración de Justicia en general y de la actuación de los jueces y magistrados en particular será objeto, en el plazo de un mes, de informe del Jefe del Servicio de Inspección del Consejo General del Poder Judicial, en el que se podrá proponer el archivo de plano, la apertura de diligencias informativas o la incoación directa de expediente disciplinario.

3. La resolución motivada que dicte la Sala de Gobierno o la Comisión Disciplinaria sobre la iniciación del expediente se notificará al denunciante, que no podrá impugnarla en vía administrativa, sin perjuicio de la legitimación que ostente como interesado en la vía jurisdiccional.

Si se incoare expediente disciplinario se notificarán al denunciante las resoluciones que recaigan y podrá formular alegaciones, pero no recurrir la decisión del expediente en vía administrativa, sin perjuicio de la legitimación que ostente como interesado en la vía jurisdiccional.

4. En el acuerdo que mande iniciar el procedimiento se designará un instructor delegado de igual categoría, al menos, a la de aquel contra el que se dirija el procedimiento. A propuesta del instructor delegado se designará un secretario.

- Artículo modificado por art. único.119 de Ley Orgánica núm. 19/2003, de 23 diciembre.

424. 1. La Comisión Disciplinaria del Consejo General del Poder Judicial, por propia iniciativa, oído el instructor delegado o a propuesta de éste, previa audiencia del juez o magistrado contra el que se dirija el expediente y del Ministerio Fiscal, en un plazo común no superior a cinco días, podrá acordar cautelarmente la suspensión provisional del expedientado por un período máximo de seis meses, cuando aparezcan indicios racionales de la comisión de una falta muy grave.

2. Contra el acuerdo a que se refiere el número anterior, el interesado podrá interponer recurso de alzada ante el Pleno del Consejo General del Poder Judicial, en los términos establecidos en los artículos 142 y 143 de esta Ley.

- Artículo modificado por art. único.120 de Ley Orgánica núm. 19/2003, de 23 diciembre.

425. 1. El instructor delegado practicará cuantas pruebas y actuaciones sean necesarias para la determinación y comprobación de los hechos y responsabilidades susceptibles de sanción, con intervención del Ministerio Fiscal y del interesado, que podrá valerse de abogado desde el inicio del expediente.

2. A la vista de las pruebas y actuaciones practicadas, el instructor delegado formulará, si procediere, pliego de cargos, en el que se expondrán los hechos impugnados con expresión, en su caso, de la falta presuntamente cometida y de las sanciones que puedan ser de aplicación.

El pliego de cargos se notificará al interesado para que, en el plazo de ocho días, pueda contestarlo y proponer la prueba que precise, cuya pertinencia será calificada por el instructor delegado.

3. Contestado el pliego o transcurrido el plazo sin hacerlo, y practicadas, en su caso, las pruebas propuestas por el interesado, el instructor delegado,

previa audiencia del Ministerio Fiscal, formulará propuesta de resolución, en la que fijará con precisión los hechos, hará la valoración jurídica de los mismos e indicará la sanción que estime procedente.

Dicha propuesta de resolución se notificará al interesado para que, en el plazo de ocho días, alegue lo que a su derecho convenga.

4. Evacuado el referido trámite, o transcurrido el plazo para ello, se remitirá lo actuado a la autoridad que hubiere ordenado la iniciación del procedimiento para la decisión que proceda. Cuando esta autoridad entienda procedente una sanción de mayor gravedad que las que están dentro de su competencia, elevará el procedimiento, con su propuesta, a la que sea competente.

5. Podrán las autoridades competentes devolver el expediente al instructor delegado para que comprenda otros hechos en el pliego de cargos, complete la instrucción o someta al interesado una propuesta de resolución que incluya una calificación jurídica de mayor gravedad.

6. La duración del procedimiento sancionador no excederá de seis meses. Cuando, por razones excepcionales, se prolongase por mayor plazo, el instructor delegado deberá dar cuenta cada diez días del estado de su tramitación y de las circunstancias que impiden su conclusión a la autoridad que hubiere mandado proceder.

7. La resolución que ponga término al procedimiento disciplinario será motivada y en ella no se podrán contemplar hechos distintos de los que sirvieron de base a la propuesta de resolución, sin perjuicio de su distinta valoración jurídica siempre que no sea de mayor gravedad.

8. La resolución que recaiga deberá ser notificada al interesado y al Ministerio Fiscal, quienes si el acuerdo procede de la Sala de Gobierno o de la Comisión Disciplinaria podrán interponer contra él recurso potestativo en vía administrativa, sin perjuicio de los que legalmente procedan en vía jurisdiccional. Asimismo se notificará al denunciante, si lo hubiere, quien únicamente podrá recurrir, en su caso, en vía contencioso-administrativa.

Las asociaciones de Jueces y Magistrados estarán también legitimadas para interponer, en nombre de sus asociados, recurso contencioso-administrativo, siempre que se acredite la expresa autorización de éstos.

9. La resolución sancionadora será ejecutiva cuando agote la vía administrativa, aun cuando se hubiere interpuesto recurso contencioso-administrativo, salvo que el Tribunal acuerde su suspensión.

- Artículo modificado por art. 7.11 de Ley Orgánica núm. 16/1994, de 8 noviembre.

425 bis. 1. Las normas relativas a la abstención y recusación establecidas en los artículos 28 y 29 de la Ley de Régimen Jurídico de las Administraciones Públicas y del Procedimiento Administrativo Común serán de aplicación al instructor delegado y al secretario del expediente disciplinario.

2. El derecho de recusación podrá ejercitarse desde el momento en que el interesado tenga conocimiento formal de la identidad del instructor delegado y del secretario.

3. La abstención y recusación se plantearán ante el órgano que acordó el nombramiento, el cual, tras oír al instructor delegado o al secretario, resolverá en el término de tres días.

4. Contra los acuerdos adoptados en materia de abstención y recusación no procederá recurso alguno, sin perjuicio de que el interesado pueda alegar la recusación en el escrito de interposición del correspondiente recurso que se interponga contra el acuerdo que ponga fin al procedimiento disciplinario.

- Artículo añadido por art. único.121 de Ley Orgánica núm. 19/2003, de 23 diciembre.

426. 1. Las sanciones disciplinarias serán anotadas en el expediente personal del interesado, con expresión de los hechos imputados.

2. La Autoridad que las impusiere cuidará de que se cumpla lo anterior.

427. 1. La anotación de la sanción de advertencia quedará cancelada por el transcurso del plazo de seis meses desde que adquirió firmeza, si durante ese tiempo no hubiere dado lugar el sancionado a otro procedimiento disciplinario que termine con la imposición de sanción.

2. La anotación de las restantes sanciones, con excepción de la de separación, podrá cancelarse, a instancia del interesado y oído el Ministerio Fiscal, cuando hayan transcurrido al menos uno, dos o cuatro años desde la imposición firme de la sanción, según que se trate de falta leve, grave o muy grave, y durante este tiempo no hubiere dado lugar el sancionado a nuevo procedimiento disciplinario que termine con la imposición de sanción.

3. La cancelación borrará el antecedente a todos los efectos.

TÍTULO IV
De los jueces en régimen de provisión temporal

428. 1. Podrán cubrirse en régimen de provisión temporal las vacantes de Jueces que resulten desiertas en los concursos, y hasta tanto se cubran por los procedimientos ordinarios.

2. En las convocatorias de oposiciones habrán de incluirse todas las plazas vacantes, incluidas las servidas por Jueces de provisión temporal. Estas últimas deberán anunciarse en los concursos de traslado al menos una vez al año.

429. Las Salas de Gobierno de los Tribunales Superiores de Justicia ponderarán si los órganos jurisdiccionales vacantes pueden ser servidos adecuadamente mediante sustitución, prórrogas de jurisdicción o comisiones de servicio, o si éstos son insuficientes para asegurar su regular funcionamiento. En este supuesto, elevarán al Consejo General del Poder Judicial una relación de los Juzgados que exijan su provisión temporal inmediata, en unión de un informe razonado que lo justifique.

430. El Consejo General, valorando dicho informe y todos los antecedentes de que disponga o estime necesario recabar, decidirá si procede o no utilizar la aplicación del régimen extraordinario de provisión regulado en este Título, comunicando su decisión a la Sala de Gobierno correspondiente.

431. 1. Cuando se autorizare este régimen de provisión, la Sala de Gobierno del Tribunal Superior de Justicia anunciará concurso de todas las vacantes a cubrir por este medio dentro de la Comunidad Autónoma, en el que sólo podrán tomar parte aquellos licenciados en Derecho que soliciten una, varias o todas las plazas convocadas y que reúnan los demás requisitos exigidos para el ingreso en la Carrera Judicial, excepto los derivados de la jubilación por edad. No podrá ser propuesto ni actuar como Juez en régimen de provisión temporal quien haya alcanzado la edad de setenta y dos años.

- Ap. 1 modificado por art. 4.14 de Ley Orgánica núm. 16/1994, de 8 noviembre.

2. Tendrán preferencia aquellos en quienes concurran más méritos de acuerdo al baremo siguiente, siempre que no concurran otras circunstancias que comporten su falta de idoneidad:

a) Los que ostenten el título de Doctor en Derecho.

b) Los que hayan ejercido funciones judiciales, de Secretarios Judiciales o de sustitución en la Carrera Fiscal con aptitud demostrada o ejercido otras profesiones jurídicas.

c) Los que hubieran aprobado oposiciones para el desempeño de puestos de trabajo en cualquier Administración Pública en las que se exija el título de licenciado en Derecho.

d) Los que acrediten docencia universitaria de disciplina jurídica.

e) Los que tengan mejor expediente académico.

f) En las Comunidades Autónomas con derecho o con lengua y derecho propios su conocimiento se considerará como mérito.

Los anteriores méritos serán valorados de forma que ninguno de ellos, por sí solo, pueda superar la valoración conjunta de otros dos.

- Ap. 2 modificado por art. 4.14 de Ley Orgánica núm. 16/1994, de 8 noviembre.

3. De los nombramientos efectuados se dará cuenta al Consejo General, que los dejará sin efecto si no se ajustaren a la ley.

432. 1. Los nombrados Jueces con carácter temporal quedarán sujetos, durante el tiempo en que desempeñaren dichos cargos, al estatuto jurídico de los miembros de la Carrera Judicial y tendrán derecho a percibir las remuneraciones que reglamentariamente se señalen por el Gobierno dentro de las previsiones presupuestarias.

- Ap. 1 modificado por art. 4.15 de Ley Orgánica núm. 16/1994, de 8 noviembre.

2. Los nombramientos se harán por un año, que podrá prorrogarse por otro más, con arreglo al mismo procedimiento, salvo lo previsto en la letra *e)* del apartado 1 del artículo siguiente.

433. 1. Quienes ocuparen plazas judiciales en régimen de provisión temporal cesarán:

a) Por transcurso de plazo para el que fueron nombrados.

b) Por dimisión, aceptada por la Sala de Gobierno que los nombró.

c) Por cumplir la edad de setenta y dos años.

d) Por decisión de dicha Sala, cuando incurrieren en alguna de las causas de incapacidad, incompatibilidad o prohibición establecida en esta Ley, previa una sumaria información con audiencia del interesado y del Ministerio Fiscal.

e) Por acuerdo de aquélla, cuando se advirtiere en ellos falta de aptitud o idoneidad para el ejercicio de cargo y cuando dejaren de atender diligentemente los deberes de éste con las mismas garantías en cuanto a procedimiento establecidas en la letra anterior.

f) Cuando fuere nombrado un Juez titular para la plaza servida en régimen de provisión temporal.

- Ap. 1 modificado por art. 4.16 de Ley Orgánica núm. 16/1994, de 8 noviembre.

2. Los ceses, cualquiera que fuere la causa que los determine, se comunicarán al Consejo General del Poder Judicial.

TÍTULO V
De la formación continua de los jueces y magistrados

- Título añadido en cuanto que el anterior Título V ha pasado a ser el nuevo Título VI, por art. único.122 de Ley Orgánica núm. 19/2003, de 23 diciembre.

433 bis. 1. El Consejo General del Poder Judicial garantizará que todos los Jueces y Magistrados reciban una formación continuada, individualizada, especializada y de alta calidad durante toda su carrera profesional.

2. El Consejo General del Poder Judicial establecerá reglamentariamente un Plan de Formación Continuada de la Carrera Judicial en el que se detallarán los objetivos, contenidos, prioridades formativas y la programación plurianual de estas actuaciones.

3. Cada miembro de la Carrera Judicial contará con un Plan Especializado en Formación Continuada mediante el cual se programarán de forma individualizada, en períodos de cinco años, los objetivos formativos, garantizándose la plena adaptación a las innovaciones jurídicas con incidencia en el ejercicio de sus funciones jurisdiccionales.

El cumplimiento de los objetivos del Plan Especializado de Formación de cada uno de los jueces y magistrados será evaluado por el Consejo General del Poder Judicial en la forma reglamentariamente establecida, a efectos de ascensos y promoción profesional.

4. La Escuela Judicial desarrollará los programas e impartirá los cursos de formación que integren el Plan de Formación Continuada de la Carrera Judicial, pudiendo, por ello, celebrar actividades formativas de manera descentralizada, en el ámbito autonómico o provincial, y mediante colaboración, en su caso, con entidades y organismos expertos en la impartición de la formación de que se trate.

5. El Plan de Formación Continuada de la Carrera Judicial contemplará la formación de los Jueces y Magistrados en el principio de igualdad entre mujeres y hombres y la perspectiva de género.

La Escuela Judicial impartirá anualmente cursos de formación sobre la tutela jurisdiccional del principio de igualdad entre mujeres y hombres y la violencia de género.

- Ap. 5 añadido por disp. adic. 3.15 de Ley Orgánica núm. 3/2007, de 22 marzo. Artículo añadido por art. único.122 de Ley Orgánica núm. 19/2003, de 23 diciembre.

TÍTULO VI
Del Centro de Estudios Jurídicos de la Administración de Justicia

- Título renumerado por art. único.122 de Ley Orgánica núm. 19/2003, de 23 diciembre. Su anterior numeración era TIT.V/LB.IV.

434. 1. El Centro de Estudios Jurídicos de la Administración de Justicia es una entidad de Derecho público con personalidad jurídica propia dependiente del Ministerio de Justicia.

2. Tendrá como función la colaboración con el Ministerio de Justicia en la selección, formación inicial y continuada de los miembros de la Carrera Fiscal, del Secretariado y demás personal al servicio de la Administración de Justicia.

El Centro de Estudios Jurídicos impartirá anualmente cursos de formación sobre el principio de igualdad entre mujeres y hombres y su aplicación con carácter transversal por los miembros de la Carrera Fiscal, el Cuerpo de Secretarios y demás personal al servicio de la Administración de Justicia, así como sobre la detección y el tratamiento de situaciones de violencia de género.

- Ap. 2 párr. 2º añadido por disp. adic. 3.16 de Ley Orgánica núm. 3/2007, de 22 marzo.

3. Reglamentariamente se establecerá la organización del Centro y designación del personal directivo. Asimismo, se establecerán las relaciones permanentes del Centro con los órganos competentes de las Comunidades Autónomas.

- Artículo modificado por art. 1.15 de Ley Orgánica núm. 16/1994, de 8 noviembre.

LIBRO V
De los secretarios judiciales y de la oficina judicial

- Libro sustituido por art. único.123 de Ley Orgánica núm. 19/2003, de 23 diciembre.

TÍTULO I
Régimen de organización y funcionamiento de la administración al servicio de jueces y tribunales

- Título sustituido por art. único.123 de Ley Orgánica núm. 19/2003, de 23 diciembre.

CAPÍTULO I
De la oficina judicial

- Capítulo añadido por art. único.123 de Ley Orgánica núm. 19/2003, de 23 diciembre.

435. 1. La Oficina judicial es la organización de carácter instrumental que sirve de soporte y apoyo a la actividad jurisdiccional de jueces y tribunales.

2. La estructura básica de la Oficina judicial, que será homogénea en todo el territorio nacional como consecuencia del carácter único del Poder al que sirve, estará basada en los principios de jerarquía, división de funciones y coordinación.

3. La Oficina judicial funcionará con criterios de agilidad, eficacia, eficiencia, racionalización del trabajo, responsabilidad por la gestión, coordinación y cooperación entre Administraciones, de manera que los ciudadanos

obtengan un servicio próximo y de calidad, con respeto a los principios recogidos en la Carta de Derechos de los ciudadanos ante la Justicia.

4. Los puestos de trabajo de la Oficina judicial sólo podrán ser cubiertos por personal de los Cuerpos de funcionarios al servicio de la Administración de Justicia, y se ordenarán de acuerdo con lo establecido en las relaciones de puestos de trabajo.

- Artículo modificado por art. único.123 de Ley Orgánica núm. 19/2003, de 23 diciembre.

436. 1. El elemento organizativo básico de la estructura de la Oficina judicial será la unidad, que comprenderá los puestos de trabajo de la misma, vinculados funcionalmente por razón de sus cometidos.

2. En atención a sus funciones se distinguirán dos tipos de unidades: unidades procesales de apoyo directo y servicios comunes procesales. La actividad principal de estas unidades viene determinada por la aplicación de normas procesales.

3. El diseño de la Oficina judicial será flexible. Su dimensión y organización se determinarán, por la Administración pública competente, en función de la actividad que en la misma se desarrolle.

4. La Oficina judicial podrá prestar su apoyo a órganos de ámbito nacional, de Comunidad Autónoma, provincial, de partido judicial o de municipio, extendiéndose su ámbito competencial al de los órganos a los que presta su apoyo. Su ámbito competencial también podrá ser comarcal.

5. Las unidades que componen la Oficina judicial podrán desempeñar sus funciones al servicio de órganos de una misma jurisdicción, de varias jurisdicciones o a órganos especializados, sin que, en ningún caso, el ámbito de la Oficina judicial, pueda modificar el número y composición de los órganos judiciales que constituyen la planta judicial ni la circunscripción territorial de los mismos establecida por la Ley.

6. Los jueces y magistrados, en las causas cuyo conocimiento tengan atribuido, podrán requerir en todo momento al funcionario responsable cuanta información consideren necesaria.

- Artículo modificado por art. único.123 de Ley Orgánica núm. 19/2003, de 23 diciembre.

437. 1. A los efectos de esta Ley orgánica se entiende por unidad procesal de apoyo directo aquella unidad de la Oficina judicial que directamente asiste a jueces y magistrados en el ejercicio de las funciones que les son propias, realizando las actuaciones necesarias para el exacto y eficaz cumplimiento de cuantas resoluciones dicten.

2. Existirán tantas unidades procesales de apoyo directo como juzgados, o en su caso, salas o secciones de tribunales estén creados y en funcionamiento, integrando junto a sus titulares el respectivo órgano judicial.

3. Las unidades procesales de apoyo directo contarán con un secretario judicial que ejercerá las competencias y funciones que le son propias. Por motivos de racionalización del servicio, un mismo secretario judicial podrá actuar en más de una de estas unidades.

4. Cada unidad contará, además, con los puestos de trabajo necesarios para la atención del órgano de que se trate, de acuerdo con el orden jurisdiccional al que pertenezca, que se determinarán en las respectivas relaciones de puestos de trabajo.

5. El Ministerio de Justicia, previo informe del Consejo General del Poder Judicial y de las Comunidades Autónomas con competencias asumidas, determinará las dotaciones básicas de estas unidades procesales de apoyo directo, que garantizarán, en todo caso, el correcto funcionamiento del órgano jurisdiccional.

- Artículo modificado por art. único.123 de Ley Orgánica núm. 19/2003, de 23 diciembre.

438. 1. A los efectos de esta Ley, se entiende por servicio común procesal, toda aquella unidad de la Oficina judicial que, sin estar integrada en un órgano judicial concreto, asume labores centralizadas de gestión y apoyo en actuaciones derivadas de la aplicación de las Leyes procesales.

2. Prestarán su apoyo a todos o a alguno de los órganos judiciales de su ámbito territorial, con independencia del orden jurisdiccional al que pertenezcan y la extensión de su jurisdicción.

3. El Ministerio de Justicia y las Comunidades Autónomas en sus respectivos territorios serán competentes para el diseño, creación y organización de los servicios comunes procesales, con funciones de registro y reparto, actos de comunicación, auxilio judicial, ejecución de resoluciones judiciales, jurisdicción voluntaria, mediación y ordenación del procedimiento. Las Salas de Gobierno y las Juntas de Jueces podrán solicitar al Ministerio y a las Comunidades Autónomas la creación de servicios comunes, conforme a las específicas necesidades.

Asimismo, podrán crear servicios comunes procesales que asuman otras funciones distintas a las relacionadas en este número, en cuyo caso será preciso el informe favorable del Consejo General del Poder Judicial.

- Ap. 3 modificado por art. único.55 de Ley Orgánica núm. 7/2015, de 21 julio.

4. En razón de la actividad concreta que realicen, los servicios comunes procesales, podrán estructurarse en secciones, a las que se dotará de los correspondientes puestos de trabajo y éstas, a su vez, si el servicio lo requiere, en equipos.

5. Al frente de cada servicio común procesal constituido en el seno de la Oficina judicial habrá un secretario judicial, de quien dependerán funcionalmente el resto de los secretarios judiciales y el personal destinado en los puestos de trabajo en que se ordene el servicio de que se trate y que, en todo caso, deberá ser suficiente y adecuado a las funciones que tiene asignado el mismo.

En aquellos partidos judiciales en que el escaso número de órganos judiciales lo aconseje, el mismo Secretario Judicial de la unidad procesal de apoyo directo podrá estar al frente de los servicios comunes procesales que se constituyan con las funciones relacionadas en el apartado 3 de este artículo.

- Ap. 5 párr. 2º añadido por art. 1.15 de Ley Orgánica núm. 1/2009, de 3 noviembre.

6. El secretario judicial que dirija un servicio común procesal deberá hacer cumplir, en el ámbito organizativo y funcional que le es propio, las órdenes y circulares que reciba de sus superiores jerárquicos. En el ámbito jurisdiccional, responderán del estricto cumplimiento de cuantas actuaciones o decisiones adopten jueces o tribunales en el ejercicio de sus competencias.

7. El Consejo General del Poder Judicial podrá establecer criterios generales que permitan la homogeneidad en las actuaciones de los servicios comunes procesales de la misma clase en todo el territorio nacional que, en ningún caso, podrán incidir en el ejercicio de la función jurisdiccional o en las competencias de las Administraciones públicas en el ámbito de la Administración de Justicia.

- Artículo modificado por art. único.123 de Ley Orgánica núm. 19/2003, de 23 diciembre.

CAPÍTULO II
De las unidades administrativas

- Capítulo añadido por art. único.123 de Ley Orgánica núm. 19/2003, de 23 diciembre.

439. 1. A los efectos de esta Ley, se entiende por unidad administrativa aquella que, sin estar integrada en la Oficina judicial, se constituye en el ámbito de la organización de la Administración de Justicia para la jefatura, ordenación y gestión de los recursos humanos de la Oficina judicial sobre los que se tienen competencias, así como sobre los medios informáticos, nuevas tecnologías y demás medios materiales.

Asimismo, dentro de dichas unidades, el Ministerio de Justicia y las Comunidades Autónomas en sus respectivos ámbitos, podrán establecer oficinas comunes de apoyo a una o varias oficinas judiciales, para la prestación de servicios, cuya naturaleza no exija la realización de funciones encomendadas como propias por esta Ley orgánica a los funcionarios de los Cuerpos de la Administración de Justicia y que se consideren necesarios o convenientes para el buen funcionamiento de las mismas.

2. Corresponde a cada Administración en su propio ámbito territorial, el diseño, la creación y organización de las unidades administrativas necesarias y de las oficinas comunes de apoyo, la determinación de su forma de integración en la Administración pública de que se trate, su ámbito de actuación, dependencia jerárquica, establecimiento de los puestos de trabajo, así como la dotación de los créditos necesarios para su puesta en marcha y funcionamiento.

3. Los puestos de trabajo de estas unidades Administrativas, cuya determinación corresponderá al Ministerio de Justicia y a las Comunidades Autónomas con competencias asumidas, en sus respectivos ámbitos, podrán ser cubiertos con personal de los Cuerpos de funcionarios al servicio de la Administración de Justicia, de la Administración del Estado y de las Comunidades Autónomas que reúnan los requisitos y condiciones establecidas en la respectiva relación de puestos de trabajo.

4. Los funcionarios que prestan sus servicios en las oficinas judiciales, a excepción de los Secretarios Judiciales, sin perjuicio de su dependencia funcional, dependen orgánicamente del Ministerio de Justicia o de las Comunidades Autónomas con competencias asumidas en sus respectivos ámbitos.

- Artículo modificado por art. único.123 de Ley Orgánica núm. 19/2003, de 23 diciembre.

TÍTULO II
Del cuerpo de los secretarios judiciales

- Título modificado por art. único.123 de Ley Orgánica núm. 19/2003, de 23 diciembre.

CAPÍTULO I
Estatuto personal

- Capítulo añadido por art. único.123 de Ley Orgánica núm. 19/2003, de 23 diciembre.

440. Los Letrados de la Administración de Justicia son funcionarios públicos que constituyen un Cuerpo Superior Jurídico, único, de carácter nacional, al servicio de la Administración de Justicia, dependiente del Ministerio de Justicia, y que ejercen sus funciones con el carácter de autoridad, ostentando la dirección de la Oficina judicial.

- Artículo modificado por art. único.56 de Ley Orgánica núm. 7/2015, de 21 julio.

441. 1. Los puestos de trabajo cuyo desempeño esté reservado al Cuerpo de Letrados de la Administración de Justicia, se clasifican en tres categorías, teniendo lugar el ingreso en el mismo por la tercera categoría.

2. Todo Letrado de la Administración de Justicia poseerá una categoría personal.

La consolidación de la categoría personal exige el desempeño de puestos de trabajo correspondientes a dicha categoría al menos durante cinco años continuados o siete con interrupción.

3. No se podrá comenzar a consolidar una categoría superior sin previamente haber consolidado la inferior, si bien el tiempo de desempeño de un puesto de categoría superior será computable a efectos de la consolidación de la inferior.

4. No será posible utilizar el mismo periodo de tiempo para consolidar categorías diferentes.

5. En ningún caso un Letrado de la Administración de Justicia de la tercera categoría podrá optar a una plaza de la primera.

6. La categoría consolidada solo opera como garantía de la percepción del sueldo correspondiente a la misma, cuando se ocupe un puesto de inferior categoría.

7. El Ministerio de Justicia establecerá los tres grupos en los que se clasificarán los puestos de trabajo a desempeñar por los Letrados de la Administración de Justicia.

- Artículo modificado por art. único.57 de Ley Orgánica núm. 7/2015, de 21 julio.

442. 1. Los funcionarios del Cuerpo de Secretarios Judiciales serán seleccionados mediante convocatoria del Ministerio de Justicia, a través de los sistemas de oposición, que será el sistema ordinario de ingreso, o de concurso-oposición libre, que tendrá carácter excepcional y en el que las pruebas de conocimiento tendrán un contenido análogo a las de la oposición libre. Ambos procedimientos deberán garantizar, en todo caso, los principios de igualdad, mérito, capacidad y también de publicidad, en la forma en que dispone esta Ley orgánica y las disposiciones reglamentarias que la desarrollen.

2. Se reservará el treinta por ciento de las plazas vacantes para su provisión, previa autorización por parte del Ministerio de Hacienda y Administraciones Públicas, por promoción interna mediante el sistema de concurso-oposición por los funcionarios de carrera del Cuerpo de Gestión Procesal y Administrativa que lleven, al menos, dos años de servicios efectivos en el mismo. A estos efectos se computarán los servicios prestados en el Cuerpo de Oficiales de la Administración de Justicia del que, en su caso, procedan.

Las restantes vacantes, acrecentadas por las que no se cubran por promoción interna, si las hubiere, se cubrirán en turno libre mediante oposición o, en su caso, concurso-oposición, siempre con sujeción a las previsiones presupuestarias vigentes en materia de oferta de empleo público.

De no existir oferta de empleo público, el Ministerio de Justicia, con carácter extraordinario y previa autorización del Ministerio de Hacienda y Administraciones Públicas, podrá convocar un proceso de promoción interna específico cuando las circunstancias en la Administración de Justicia lo aconsejen. El número de plazas convocadas por este sistema no podrá ser superior al quince por ciento de las plazas vacantes. En este caso, las plazas que no se cubran no podrán ofertarse para que lo sean por turno libre.

- Ap. 2 modificado por art. único.58 de Ley Orgánica núm. 7/2015, de 21 julio.

3. Para el ingreso en el Cuerpo de Secretarios Judiciales, cualquiera que sea su forma de acceso, se requiere ser español, licenciado en Derecho, no estar incurso en causa de incapacidad o incompatibilidad, así como superar las pruebas selectivas que se establezcan y el correspondiente curso teórico-práctico que podrá tener carácter selectivo.

- Artículo modificado por art. único.123 de Ley Orgánica núm. 19/2003, de 23 diciembre.

443. 1. El ingreso en el Cuerpo de Letrados de la Administración de Justicia se produce por el cumplimiento de las siguientes condiciones:

a) Reunir los requisitos y cumplir las condiciones exigidas en la convocatoria.

b) Superación de los procesos selectivos.

c) Nombramiento expedido por el Ministro de Justicia y publicado en el «Boletín Oficial del Estado».

d) Juramento o promesa de cumplir fielmente las obligaciones del cargo y guardar y hacer guardar la Constitución como norma fundamental.

e) Toma de posesión dentro del plazo establecido.

- Ap. 1 modificado por art. único.59 de Ley Orgánica núm. 7/2015, de 21 julio.

2. La condición de secretario judicial se pierde en los siguientes supuestos:

a) Por renuncia voluntaria manifestada por escrito y aceptada expresamente por el Ministerio de Justicia.

b) Por pérdida de la nacionalidad española.

c) Por sanción disciplinaria de separación del servicio.

d) Por inhabilitación absoluta o especial impuesta como pena principal o accesoria por los tribunales cuando la misma sea firme.

e) Por jubilación, sea voluntaria o forzosa, o por incapacidad permanente para el servicio.

f) Por condena a pena de privativa de libertad superior a tres años por razón de delito doloso.

- Artículo modificado por art. único.123 de Ley Orgánica núm. 19/2003, de 23 diciembre.

443 bis. El Ministerio de Justicia aprobará cada año el escalafón del Cuerpo de Letrados de la Administración de Justicia, que se publicará en el "Boletín Oficial del Estado" y comprenderá los datos personales y profesionales que se establezcan reglamentariamente.

- Artículo añadido por art. único.60 de Ley Orgánica núm. 7/2015, de 21 julio.

444. 1. Los funcionarios del Cuerpo de Letrados de la Administración de Justicia tendrán iguales derechos individuales, colectivos y deberes, que los establecidos en el Libro VI de esta Ley, rigiendo con carácter supletorio lo dispuesto en el Estatuto Básico del Empleado Público y el resto de la normativa estatal sobre función pública.

2. Sin perjuicio de su desarrollo y concreción en el reglamento orgánico, se reconocen los siguientes derechos profesionales:

a) Libranzas, en aquellos casos en que se preste una dedicación o servicio no retribuido, en los términos que se determinen reglamentariamente.

b) Especialización profesional en aquellos ámbitos, órdenes y materias que reglamentariamente se determinen.

c) Libre asociación profesional.

d) A que sus asociaciones profesionales sean oídas en todas aquellas materias que afecten a su estatuto orgánico.

3. El régimen establecido en los apartados anteriores será aplicable a los Letrados de la Administración de Justicia sustitutos, en la medida en que la naturaleza del derecho lo permita.

- Artículo modificado por art. único.61 de Ley Orgánica núm. 7/2015, de 21 julio.

445. 1. Las situaciones administrativas en que se puedan hallar los Letrados de la Administración de Justicia, así como su jubilación, serán iguales y procederá su declaración en los supuestos y con los efectos establecidos en esta Ley Orgánica para Jueces y Magistrados.

No obstante, los Letrados de la Administración de Justicia que se presenten como candidatos para acceder a cargos públicos representativos en el Parlamento Europeo, Congreso de los Diputados, Senado, Asambleas Legislativas de las Comunidades Autónomas o Corporaciones locales, podrán ser dispensados, previa solicitud, de la prestación del servicio en sus respectivas oficinas judiciales, durante el tiempo de duración de la campaña electoral. Este permiso podrá ser concedido por el Secretario General de la Administración de Justicia.

Asimismo, podrán hallarse en situación de servicios especiales los Letrados de la Administración de Justicia que sean designados Encargados del Registro Civil conforme a lo dispuesto en la Ley del Registro Civil y sus normas de desarrollo.

- Ap. 1 modificado por art. único.62 de Ley Orgánica núm. 7/2015, de 21 julio.

2. Estarán sujetos a las mismas incapacidades, incompatibilidades y prohibiciones con excepción de las previstas en el artículo 395.

- Artículo modificado por art. único.123 de Ley Orgánica núm. 19/2003, de 23 diciembre.

446. 1. Los Letrados de la Administración de Justicia deberán abstenerse en los casos establecidos para los Jueces y Magistrados y, si no lo hicieran, podrán ser recusados.

2. La abstención se formulará por escrito motivado dirigido al Secretario Coordinador Provincial, quien decidirá la cuestión.

En caso de confirmarse la abstención, el Letrado de la Administración de Justicia que se haya abstenido debe ser reemplazado por su sustituto legal; en caso de denegarse, deberá aquél continuar actuando en el asunto.

3. Serán aplicables a la recusación de los Letrados de la Administración de Justicia las prescripciones que establece esta Ley para Jueces y Magistrados en el artículo 223, con las siguientes excepciones:

a) Los Letrados de la Administración de Justicia no podrán ser recusados durante la práctica de cualquier diligencia o actuación de que estuvieren encargados.

b) La pieza de recusación se resolverá por el Secretario de Gobierno.

c) Presentado el escrito de recusación, el Letrado de la Administración de Justicia recusado informará detalladamente por escrito si reconoce o no como cierta y legítima la causa alegada.

d) Cuando el recusado reconozca como cierta la causa de la recusación, el Secretario de Gobierno le tendrá por recusado mediante decreto, si estima que la causa es legal. Si estima que la causa no es de las tipificadas en la ley, declarará no haber lugar a la recusación. Contra el decreto sobre recusación no se dará recurso alguno.

e) Cuando el recusado niegue la certeza de la causa alegada como fundamento de la recusación, el instructor, si admitiere a trámite la recusación propuesta, ordenará la práctica, en el plazo de diez días, de la prueba solicitada que sea pertinente y la que estime necesaria, dándose traslado de las mismas al Ministerio Fiscal para informe por plazo de tres días. Transcurrido ese plazo, con o sin informe del Ministerio Fiscal, se decidirá la recusación dentro de los cinco días siguientes. Contra dicha resolución no cabrá recurso alguno.

f) El Letrado de la Administración de Justicia recusado, desde el momento en que sea presentado el escrito de recusación, será reemplazado por su sustituto legal.

- Artículo modificado por art. único.63 de Ley Orgánica núm. 7/2015, de 21 julio.

447. 1. Las retribuciones serán básicas y complementarias.

2. Los conceptos retributivos básicos serán iguales a los establecidos en la Ley para la Carrera Judicial.

3. Los conceptos retributivos complementarios serán los siguientes:

a) El complemento general de puesto, que retribuye las características generales de los mismos;

b) El complemento específico, único para cada puesto de trabajo y destinado a retribuir las condiciones particulares de los mismos;

c) El complemento de productividad, destinado a retribuir el especial rendimiento, la actividad extraordinaria y el interés o iniciativa con que el funcionario desempeñe su trabajo, así como su participación en los programas concretos de actuación y en la consecución de los objetivos que se determinen por el Ministerio de Justicia, oído el Consejo General del Poder Judicial, y negociados con las organizaciones sindicales más representativas.

También se podrá retribuir mediante este complemento la participación de los secretarios judiciales en los programas o en la consecución de los objetivos que se hayan determinado por los órganos competentes de las Comunidades Autónomas con competencias asumidas para las oficinas judiciales de su territorio, siempre que exista autorización previa del Ministerio de Justicia.

A tal efecto, se establecerán los mecanismos de coordinación necesarios entre las Administraciones competentes.

d) Las gratificaciones, destinadas a retribuir los servicios de carácter extraordinario prestados fuera de la jornada normal de trabajo.

4. Además de las retribuciones señaladas anteriormente, los secretarios judiciales podrán percibir las siguientes retribuciones, que tienen la condición de especiales:

a) Las correspondientes a desempeño de servicios de guardia.

b) Las correspondientes a sustituciones que impliquen el desempeño conjunto de otra función, además de aquellas de las que sea titular.

Estas retribuciones serán compatibles con todos los conceptos retributivos previstos anteriormente.

5. Los Letrados de la Administración de Justicia sustitutos percibirán las retribuciones correspondientes al puesto de trabajo desempeñado.

- Ap. 5 párr. 1º modificado por art. único.64 de Ley Orgánica núm. 7/2015, de 21 julio.

Se reconocerán los trienios correspondientes a los servicios prestados que tendrán efectos retributivos conforme a lo establecido en la normativa vigente para los funcionarios de la Administración General del Estado. Este reconocimiento se efectuará previa solicitud del interesado.

- Ap. 5 modificado por disp. final 1.3 de Ley Orgánica núm. 13/2007, de 19 noviembre. Artículo modificado por art. único.123 de Ley Orgánica núm. 19/2003, de 23 diciembre.

448. 1. La cuantía del sueldo se establecerá para cada una de las categorías en que se estructura el Cuerpo de Secretarios Judiciales y la antigüedad se remunerará mediante un incremento sucesivo del cinco por ciento del sueldo inicial correspondiente a la categoría de ingreso por cada tres años de servicio. En todo caso se respetará la cuantía de los trienios reconocida a los secretarios judiciales pertenecientes al extinguido Cuerpo de los Secretarios de Magistratura de Trabajo. Los secretarios judiciales tendrán derecho a percibir dos pagas extraordinarias al año por importe, cada una de ellas, de una mensualidad de sueldo y antigüedad y, en su caso, una cantidad proporcional del complemento general de puesto, en los términos que se fijen por Ley para la Administración de Justicia, que se harán efectivas en los meses de junio y diciembre, siempre que los perceptores estuvieran en servicio activo o con derecho a devengo del sueldo el día primero de los meses indicados.

2. La cuantía de las retribuciones básicas y de los complementos generales de puesto vendrá determinada en la Ley de Presupuestos Generales del Estado para cada año.

3. Por el Gobierno, mediante real decreto, a propuesta conjunta de los Ministros de Justicia y Hacienda, se determinarán los diferentes tipos de puestos adscritos a los secretarios judiciales a efectos del complemento general de puesto, la asignación inicial de los complementos específicos que correspondan y las retribuciones que procedan por sustituciones que impliquen el desempeño conjunto de otra función.

4. La concreción de la cuantía individual del complemento de productividad y la determinación del número de funcionarios con derecho a su percepción, se llevarán a cabo mediante resolución del Ministerio de Justicia, previa negociación con las organizaciones sindicales más representativas.

5. Mediante orden ministerial, a propuesta conjunta de los Ministros de Justicia y de Hacienda, previa negociación con las organizaciones sindicales, se procederá a la determinación de la remuneración por servicio de guardia.

6. La asignación individual de la cuantía de las gratificaciones y la fijación de los criterios para su percepción se determinarán por resolución del Ministerio de Justicia.

- Artículo modificado por art. único.123 de Ley Orgánica núm. 19/2003, de 23 diciembre.

449. 1. Los funcionarios que se encuentren en período de prácticas o desarrollando cursos selectivos a los que se refiere el artículo 485 serán nombrados funcionarios en prácticas y percibirán una retribución equivalente al sueldo y las pagas extraordinarias correspondientes al Cuerpo de Secretarios Judiciales de la tercera categoría.

2. Los funcionarios en prácticas que ya estuviesen prestando servicios remunerados en la Administración de Justicia, durante el período de prácticas no podrán percibir remuneración alguna por el puesto de trabajo de origen y podrán optar por una remuneración de igual importe a la que les correspondía en el puesto de trabajo de origen o por la que les corresponda como funcionario en prácticas, de acuerdo con lo dispuesto en el apartado anterior.

3. Si las prácticas se realizasen desempeñando un puesto de trabajo, el importe señalado en el apartado primero se incrementará en las retribuciones complementarias de dicho puesto.

- Artículo modificado por art. único.123 de Ley Orgánica núm. 19/2003, de 23 diciembre.

450. 1. La provisión de puestos de trabajo se llevará a cabo por el procedimiento de concurso, que será el sistema ordinario de provisión.

Cuando se trate de puestos de carácter directivo o de especial responsabilidad, podrán cubrirse por el procedimiento de libre designación.

Los puestos de trabajo de Letrado de la Administración de Justicia en el Tribunal Supremo se cubrirán por el sistema de libre designación entre aquellos candidatos que pertenezcan a la primera o segunda categoría, con una antigüedad de al menos veinte años en una de ellas o entre ambas y quince años de servicio en el orden jurisdiccional correspondiente.

El nombramiento de Letrados de la Administración de Justicia para puestos de trabajo radicados en el ámbito territorial de una Comunidad Autónoma con competencias asumidas, que hayan de cubrirse por este procedimiento, requerirá el informe previo del órgano competente de dicha Comunidad. En todo caso, el sistema de provisión deberá estar determinado en las correspondientes relaciones de puestos de trabajo.

- Ap. 1 modificado por art. único.65 de Ley Orgánica núm. 7/2015, de 21 julio.

2. Excepcionalmente y cuando las necesidades del servicio lo requieran, los puestos de trabajo también podrán cubrirse de forma temporal mediante adscripción provisional o en comisión de servicios.

3. Reglamentariamente se establecerán las normas y requisitos a los que habrán de ajustarse los procedimientos de provisión de puestos de trabajo.

En todo caso, para poder concursar deberá haber transcurrido un período mínimo de dos años, a contar desde la fecha de la resolución por la que se convocó el concurso de traslados en el que el funcionario obtuvo su último destino definitivo, desde el que participa, o desde la fecha de la resolución en la que se le adjudicó destino definitivo, si se trata de funcionarios de nuevo ingreso. Los secretarios judiciales que no tengan destino definitivo, obligados a participar en los concursos de acuerdo con la normativa vigente, están excluidos de esta limitación temporal.

4. En aquellas Comunidades Autónomas que gocen de derecho civil, foral o especial, y de idioma oficial propios, el conocimiento de los mismos se valorará como mérito.

- Artículo modificado por art. único.123 de Ley Orgánica núm. 19/2003, de 23 diciembre.

451. 1. Las suplencias por ausencia, enfermedad, suspensión o vacante de Letrados de la Administración de Justicia serán cubiertas por quien designe su inmediato superior jerárquico.

2. Esta designación deberá recaer en otro Letrado de la Administración de Justicia, que se denominará Letrado suplente. A tal efecto los Secretarios de Gobierno elaborarán una relación de los miembros del Cuerpo de Letrados de la Administración de Justicia que voluntariamente quieran participar en los planes anuales de suplencias. De no existir voluntario, se designará, con carácter forzoso, al suplente ordinario que se designe conforme a lo previsto en el número anterior. Los llamamientos que tengan lugar conforme a lo establecido en este precepto serán retribuidos en los casos y cuantía que se determinen reglamentariamente.

3. Excepcionalmente, cuando no hubiera suficiente número de Letrados de la Administración de Justicia, en los supuestos de entradas y registros en lugares cerrados acordados por un único órgano judicial de la Audiencia Nacional y que deban ser realizados de forma simultánea, podrán los funcionarios del Cuerpo de Gestión Procesal y Administrativa, en sustitución del Letrado de la Administración de Justicia, intervenir en calidad de fedatarios y levantar la correspondiente acta.

4. Cuando no fuera posible proceder a la suplencia conforme a lo previsto en los apartados 1 y 2, y exista disponibilidad presupuestaria, podrá procederse al nombramiento de un Letrado de la Administración de Justicia sustituto, siempre que cumpla los requisitos de titulación exigidos para el ingreso en el Cuerpo de Letrados de la Administración de Justicia.

5. A los Letrados de la Administración de Justicia sustitutos se les aplicará el mismo régimen jurídico que a los titulares, en la medida en que su naturaleza lo permita, quedando integrados en el Régimen General de la Seguridad Social.

6. De existir funcionarios pertenecientes al Cuerpo de Gestión Procesal y Administrativa incluidos en la correspondiente bolsa, serán llamados como Letrados de la Administración de Justicia sustitutos con preferencia sobre el resto de sustitutos, manteniendo su inclusión obligatoria tanto en el régimen de la Seguridad Social que resulte aplicable como en el Mutualismo Judicial.

- Artículo modificado por art. único.66 de Ley Orgánica núm. 7/2015, de 21 julio.

CAPÍTULO II
De las funciones de los secretarios judiciales

- Capítulo añadido por art. único.123 de Ley Orgánica núm. 19/2003, de 23 diciembre.

452. 1. Los secretarios judiciales desempeñarán sus funciones con sujeción al principio de legalidad e imparcialidad en todo caso, al de autonomía e independencia en el ejercicio de la fe pública judicial, así como al de unidad de actuación y dependencia jerárquica en todas las demás que les encomienden esta Ley y las normas de procedimiento respectivo, así como su reglamento orgánico. Las funciones de los secretarios judiciales no serán objeto de delegación ni de habilitación, sin perjuicio de lo establecido en el artículo 451.3.

2. En el ejercicio de sus funciones, los secretarios judiciales cumplirán y velarán por el cumplimiento de todas las decisiones que adopten los jueces o tribunales en el ámbito de sus competencias.

3. Los secretarios judiciales colaborarán con las Comunidades Autónomas con competencias asumidas para la efectividad de las funciones que éstas ostentan en materia de medios personales y materiales, dando cumplimiento a las instrucciones que a tal efecto reciban de sus superiores jerárquicos. Para una mejor coordinación podrán constituirse Comisiones Mixtas de Secretarios Judiciales y representantes de las Comunidades Autónomas con competencias asumidas, en sus respectivos ámbitos territoriales.

- Artículo modificado por art. único.123 de Ley Orgánica núm. 19/2003, de 23 diciembre.

453. 1. Corresponde a los Secretarios Judiciales, con exclusividad y plenitud, el ejercicio de la fe pública judicial. En el ejercicio de esta función, dejarán constancia fehaciente de la realización de actos procesales en el Tribunal o ante éste y de la producción de hechos con trascendencia procesal mediante las oportunas actas y diligencias.

Cuando se utilicen medios técnicos de grabación o reproducción, las vistas se podrán desarrollar sin la intervención del Secretario Judicial, en los términos previstos en la Ley. En todo caso, el Secretario Judicial garantizará la autenticidad e integridad de lo grabado o reproducido.

- Ap. 1 modificado por art. 1.17 de Ley Orgánica núm. 1/2009, de 3 noviembre.

2. Los secretarios judiciales expedirán certificaciones o testimonios de las actuaciones judiciales no declaradas secretas ni reservadas a las partes, con expresión de su destinatario y el fin para el cual se solicitan.

3. Autorizarán y documentarán el otorgamiento de poderes para pleitos, en los términos establecidos en las Leyes procesales.

4. En el ejercicio de esta función no precisarán de la intervención adicional de testigos.

- Artículo modificado por art. único.123 de Ley Orgánica núm. 19/2003, de 23 diciembre.

454. 1. Los secretarios judiciales son responsables de la función de documentación que les es propia, así como de la formación de los autos y expedientes, dejando constancia de las resoluciones que dicten los jueces y magistrados, o ellos mismos cuando así lo autorice la Ley.

2. Los secretarios judiciales ejercerán competencias de organización, gestión, inspección y dirección del personal en aspectos técnicos procesales, asegurando en todo caso la coordinación con los órganos de gobierno del Poder Judicial y con las Comunidades Autónomas con competencias transferidas.

3. Garantizarán que el reparto de asuntos se realiza de conformidad con las normas que a tal efecto aprueben las Salas de Gobierno de los Tribunales de Justicia y serán responsables del buen funcionamiento del registro de recepción de documentos, expidiendo en su caso las certificaciones que en esta materia sean solicitadas por las partes.

4. Facilitarán a las partes interesadas y a cuantos manifiesten y justifiquen un interés legítimo y directo, la información que soliciten sobre el estado de las actuaciones judiciales no declaradas secretas ni reservadas.

5. Promoverán el empleo de los medios técnicos, audiovisuales e informáticos de documentación con que cuente la unidad donde prestan sus servicios.

- Artículo modificado por art. único.123 de Ley Orgánica núm. 19/2003, de 23 diciembre.

455. Será responsabilidad del Letrado de la Administración de Justicia organizar la dación de cuenta, que se realizará en los términos establecidos en las leyes procesales.

- Artículo modificado por art. único.67 de Ley Orgánica núm. 7/2015, de 21 julio.

456. 1. El Letrado de la Administración de Justicia impulsará el proceso en los términos que establecen las leyes procesales.

2. A tal efecto, dictará las resoluciones necesarias para la tramitación del proceso, salvo aquéllas que las leyes procesales reserven a Jueces o

Tribunales. Estas resoluciones se denominarán diligencias, que podrán ser de ordenación, de constancia, de comunicación o de ejecución.

3. Se llamará decreto a la resolución que dicte el Letrado de la Administración de Justicia con el fin de admitir la demanda, poner término al procedimiento del que tenga atribuida exclusiva competencia, o cuando sea preciso o conveniente razonar su decisión. Será siempre motivado y contendrá, en párrafos separados y numerados, los antecedentes de hecho y los fundamentos de derecho en que se basa.

4. Las diligencias de ordenación y los decretos serán recurribles en los casos y formas previstos en las leyes procesales.

5. Las resoluciones de carácter gubernativo de los Letrados de la Administración de Justicia se denominarán acuerdos.

6. Los Letrados de la Administración de Justicia, cuando así lo prevean las leyes procesales, tendrán competencias en las siguientes materias:

a) Ejecución, salvo aquellas competencias que exceptúen las leyes procesales por estar reservadas a Jueces y Magistrados.

b) Jurisdicción voluntaria, asumiendo su tramitación y resolución, sin perjuicio de los recursos que quepa interponer.

c) Conciliación, llevando a cabo la labor mediadora que les sea propia.

d) Tramitación y, en su caso, resolución de los procedimientos monitorios.

e) Mediación.

f) Cualesquiera otras que expresamente se prevean.

- Artículo modificado por art. único.68 de Ley Orgánica núm. 7/2015, de 21 julio.

457. Los secretarios judiciales dirigirán en el aspecto técnico-procesal al personal integrante de la Oficina judicial, ordenando su actividad e impartiendo las órdenes e instrucciones que estime pertinentes en el ejercicio de esta función.

- Artículo modificado por art. único.123 de Ley Orgánica núm. 19/2003, de 23 diciembre.

458. 1. Los secretarios judiciales serán responsables del Archivo Judicial de Gestión, en el que, de conformidad con la normativa establecida al efecto, se conservarán y custodiarán aquellos autos y expedientes cuya tramitación no esté finalizada, salvo el tiempo en que estuvieren en poder del juez o del magistrado ponente u otros magistrados integrantes del tribunal.

2. Por real decreto se establecerán las normas reguladoras de la ordenación y archivo de autos y expedientes que no estuviesen pendientes de actuación alguna, así como del expurgo de los archivos judiciales.

Con carácter general se procederá a la destrucción de autos y expedientes judiciales transcurridos seis años desde la firmeza de la resolución que de manera definitiva puso término al procedimiento que dio lugar a la formación de aquéllos. Se exceptúan de lo anterior aquéllos formados para la instrucción de causas penales seguidas por delito, así como los supuestos que reglamentariamente pudiesen ser contemplados, especialmente en atención al valor cultural, social o histórico de lo archivado.

Previamente, el Letrado de la Administración de Justicia concederá audiencia por un tiempo no inferior a quince días a las partes que estuvieron personadas para que interesen, en su caso, el desglose de aquellos documentos originales que hubiesen aportado o ejerciten los derechos que esta Ley les reconoce en los artículos 234 y 235.

- Ap. 2 modificado por art. único.69 de Ley Orgánica núm. 7/2015, de 21 julio.

3. Corresponde al Ministerio de Justicia la determinación de los libros de registro que han de existir en los juzgados y tribunales y establecer las normas reguladoras de la llevanza de los mismos mediante los reglamentos oportunos.

4. El secretario judicial será responsable de la llevanza de los libros de registro a través de las aplicaciones informáticas correspondientes y, en su defecto, manualmente, impartiendo las oportunas instrucciones al personal de él dependiente.

- Artículo modificado por art. único.123 de Ley Orgánica núm. 19/2003, de 23 diciembre.

459. 1. Los secretarios judiciales responderán del depósito de los bienes y objetos afectos a los expedientes judiciales, así como del de las piezas de convicción en las causas penales, en los locales dispuestos a tal fin. Todo ello, sin perjuicio de las excepciones que puedan establecerse reglamentariamente en cuanto al destino que deba darse a éstos en supuestos especiales.

2. Los secretarios judiciales responderán del debido depósito en las instituciones que se determinen de cuantas cantidades y valores, consig-

naciones y fianzas se produzcan, siguiendo las instrucciones que al efecto se dicten.

- Artículo modificado por art. único.123 de Ley Orgánica núm. 19/2003, de 23 diciembre.

460. Los secretarios judiciales colaborarán con la Administración tributaria en la gestión de los tributos que les sea encomendada en la normativa específica.

- Artículo modificado por art. único.123 de Ley Orgánica núm. 19/2003, de 23 diciembre.

461. 1. La estadística judicial, que se elaborará conforme a los criterios que se establezcan, será responsabilidad de los secretarios judiciales. Los Secretarios de Gobierno respectivos velarán por su cumplimiento contrastando la veracidad de los datos.

2. La Estadística Judicial constituye un instrumento básico al servicio de las Administraciones públicas y del Consejo General del Poder Judicial para la planificación, desarrollo y ejecución de las políticas públicas relativas a la Administración de Justicia y, en particular, para las siguientes finalidades:

a) El ejercicio de la política legislativa del Estado en materia de justicia.

b) La modernización de la organización judicial.

c) La planificación y gestión de los recursos humanos y medios materiales al servicio de la Administración de Justicia.

d) El ejercicio de la función de inspección sobre los juzgados y tribunales.

La Estadística Judicial asegurará, en el marco de un plan de transparencia, la disponibilidad permanente y en condiciones de igualdad por las Cortes Generales, el Gobierno, las Comunidades Autónomas, el Consejo General del Poder Judicial y la Fiscalía General del Estado de información actualizada, rigurosa y debidamente contrastada sobre la actividad y carga de trabajo de todos los órganos, servicios y oficinas judiciales de España, así como sobre las características estadísticas de los asuntos sometidos a su conocimiento. Los ciudadanos tendrán pleno acceso a la estadística judicial.

3. La Comisión Nacional de Estadística Judicial, integrada por el Ministerio de Justicia, una representación de las Comunidades Autónomas con competencias en la materia, el Consejo General del Poder Judicial y la Fiscalía General del Estado, aprobará los planes estadísticos, generales y especiales, de la Administración de Justicia y establecerá criterios uniformes

que, en su caso, tengan en cuenta la perspectiva de género y la variable de sexo, y sean de obligado cumplimiento para todos sobre la obtención, tratamiento informático, transmisión y explotación de los datos estadísticos del sistema judicial español.

La estructura, composición y funciones de la Comisión Nacional de Estadística Judicial serán establecidas reglamentariamente por el Gobierno, mediante real decreto, previo informe del Consejo General del Poder Judicial, del Fiscal General del Estado, de la Agencia de Protección de Datos y de las Comunidades Autónomas con competencias en la materia.

Los sistemas informáticos de gestión procesal de la Administración de Justicia permitirán en todo caso la extracción automatizada de la totalidad de los datos exigidos en los correspondientes boletines estadísticos.

- Ap. 3 modificado por art. único.70 de Ley Orgánica núm. 7/2015, de 21 julio.

4. No obstante, las Administraciones públicas con competencias en materias de Administración de Justicia podrán llevar a cabo las explotaciones de otros datos estadísticos que puedan ser recabados a través de los sistemas informáticos, siempre que se consideren necesarias o útiles para su gestión.

- Artículo modificado por art. único.123 de Ley Orgánica núm. 19/2003, de 23 diciembre.

462. Los secretarios judiciales asumirán todas aquellas otras funciones que legal y reglamentariamente se establezcan.

- Artículo modificado por art. único.123 de Ley Orgánica núm. 19/2003, de 23 diciembre.

CAPÍTULO III
De la ordenación del Cuerpo de Secretarios

- Capítulo añadido por art. único.123 de Ley Orgánica núm. 19/2003, de 23 diciembre.

463. 1. Bajo la superior dependencia del Ministerio de Justicia el Cuerpo de Secretarios Judiciales se ordena jerárquicamente en la forma que se determine en las relaciones de puestos de trabajo. En este sentido, realizarán todas aquellas funciones de naturaleza análoga a las que les son propias, inherentes al puesto de trabajo que ocupen y que les sean encomendadas por sus superiores.

2. Los órganos superiores de gobierno del Cuerpo de Letrados de la Administración de Justicia son, por orden jerárquico, los siguientes:

a) El Secretario General de la Administración de Justicia.

b) Los Secretarios de Gobierno.

c) Los Secretarios Coordinadores Provinciales.

- Ap. 2 modificado por art. único.71 de Ley Orgánica núm. 7/2015, de 21 julio.

3. Cuando en un servicio común procesal prestaren servicios varios secretarios judiciales, la relación de puestos de trabajo determinará su dependencia jerárquica y funcional.

4. Como instrumento de participación democrática del colectivo del Cuerpo de Secretarios Judiciales, se constituirá un Consejo del Secretariado en el seno del Ministerio de Justicia, con funciones consultivas en las materias que afecten al mencionado cuerpo. Su organización, funcionamiento y competencias se desarrollarán reglamentariamente.

- Artículo modificado por art. único.123 de Ley Orgánica núm. 19/2003, de 23 diciembre.

464. 1. Habrá un Secretario de Gobierno en el Tribunal Supremo, en la Audiencia Nacional, y en cada Tribunal Superior de Justicia, así como en las ciudades de Ceuta y Melilla, elegido entre miembros integrantes del Cuerpo de Secretarios Judiciales que tengan consolidada, al menos, la categoría segunda con un mínimo de 10 años de antigüedad, que ejercerá además las funciones de Secretario de la Sala de Gobierno del respectivo Tribunal.

2. El Secretario de Gobierno ostentará, como superior jerárquico, la dirección de los secretarios judiciales que prestan sus servicios en las oficinas judiciales dependientes de dichos Tribunales y en las Ciudades de Ceuta y Melilla. Para ello ejercerá las competencias que esta Ley orgánica les reconoce, así como todas aquellas que reglamentariamente se establezcan.

3. Será nombrado y removido libremente por el Ministerio de Justicia. Dicho nombramiento se realizará a propuesta del órgano competente de las Comunidades Autónomas cuando éstas tuvieren competencias asumidas en materia de Administración de Justicia, que también podrán proponer su cese.

En todo caso para su nombramiento se recabará informe sobre el candidato que ha de ser nombrado por el Ministerio de Justicia, de la Sala de Gobierno del Tribunal respectivo así como del Consejo del Secretariado. Para el de las Ciudades de Ceuta y Melilla el informe será emitido por la Sala de Gobierno del Tribunal Superior de Justicia de Andalucía.

No se podrá ocupar más de diez años el mismo puesto de Secretario de Gobierno.

- Ap. 3 modificado por art. único.72 de Ley Orgánica núm. 7/2015, de 21 julio.

4. En caso de ausencia, enfermedad, suspensión o vacante del Secretario de Gobierno del Tribunal Supremo o de la Audiencia Nacional así como de las Ciudades de Ceuta y Melilla, asumirá sus funciones el Secretario de mayor antigüedad escalafonal. En estos mismos supuestos y respecto al Secretario de Gobierno de los Tribunales Superiores de Justicia, asumirá sus funciones el Secretario Coordinador de la provincia en donde tenga su sede el respectivo tribunal o, en su defecto, el Secretario de mayor antigüedad escalafonal.

5. A los Letrados de la Administración de Justicia que sean nombrados Secretarios de Gobierno se les reservará, durante el tiempo que ocuparen dicho cargo, la plaza que vinieren ocupando con anterioridad a dicho nombramiento.

Durante su mandato, dicha plaza podrá ser cubierta en régimen de comisión de servicios.

- Ap. 5 modificado por art. único.72 de Ley Orgánica núm. 7/2015, de 21 julio.

6. Las Administraciones públicas competentes, en sus respectivos territorios, dotarán a los Secretarios de Gobierno, de los medios materiales y recursos humanos necesarios para el ejercicio de las funciones que tienen atribuidas.

- Artículo modificado por art. único.123 de Ley Orgánica núm. 19/2003, de 23 diciembre.

465. Serán competencias de los Secretarios de Gobierno:

1. La inspección de los servicios que sean responsabilidad de los secretarios judiciales de su respectivo ámbito competencial, sin perjuicio de la que corresponda al Consejo General del Poder Judicial, a las Salas de Gobierno o, en su caso, al Presidente del Tribunal o de la Sala respectivos.

2. La incoación de expedientes disciplinarios por las posibles infracciones que los secretarios judiciales puedan cometer en el ejercicio de sus funciones, así como la imposición de la sanción de apercibimiento.

3. Proponer al Ministerio de Justicia el nombramiento de los secretarios judiciales de libre designación en su ámbito territorial, que hubiesen participado en la correspondiente convocatoria, así como su cese cuando éste proceda.

4. Control y seguimiento estadístico.

5. Dirección y organización de los secretarios judiciales que de él dependan, respetando y tutelando su independencia en el ejercicio de la fe pública.

6. Impartir instrucciones a los secretarios judiciales de su respectivo ámbito territorial, a solicitud de las Comunidades Autónomas con competencias asumidas, cuando sea precisa la colaboración de aquéllos para garantizar la efectividad de las funciones que tienen éstas en materia de medios personales y materiales al servicio de la Administración de Justicia.

7. Proponer al Ministerio de Justicia, o en su caso a la Comunidad Autónoma con competencias transferidas, las medidas que, a su juicio, deberían adoptarse para el mejor funcionamiento de la Administración de Justicia que fueren de su respectiva competencia, comunicando al Ministerio de Justicia cuantas incidencias afecten a los secretarios judiciales que de él dependan.

8. Cursar circulares e instrucciones de servicio a los secretarios judiciales de su territorio, así como velar por el correcto cumplimiento de las que, a su vez, dirija el Ministerio de Justicia, las cuales en ningún caso podrán suponer una intromisión en el desarrollo de la actividad procesal de jueces o magistrados, ni contradecir las decisiones adoptadas por la Sala de Gobierno en el ámbito de sus competencias. Tampoco podrán impartir instrucciones particulares relativas a asuntos concretos en los que un secretario judicial intervenga en calidad de fedatario o en el ejercicio de sus competencias de ordenación y dirección del proceso.

9. Concesión de permisos y licencias a los Letrados de la Administración de Justicia de su territorio, pudiendo delegar en el Secretario Coordinador.

- Ap. 9 modificado por art. único.73 de Ley Orgánica núm. 7/2015, de 21 julio.

10. Conocer de los incidentes de recusación de los Letrados de la Administración de Justicia.

- Ap. 10 modificado por art. único.73 de Ley Orgánica núm. 7/2015, de 21 julio.

11. Elaborar los planes anuales de suplencias de Letrados de la Administración de Justicia y proponer al Ministerio de Justicia la lista de candidatos considerados idóneos para ejercer como Letrados de la Administración de Justicia sustitutos en el ámbito territorial de cada Comunidad Autónoma.

- Ap. 11 añadido por art. único.73 de Ley Orgánica núm. 7/2015, de 21 julio.

12. Las demás previstas en el reglamento orgánico del Cuerpo de Letrados de la Administración de Justicia.

- Ap. 12 añadido por art. único.73 de Ley Orgánica núm. 7/2015, de 21 julio.
  Artículo modificado por art. único.123 de Ley Orgánica núm. 19/2003, de 23 diciembre.

466. 1. En cada provincia existirá un Secretario Coordinador, nombrado por el Ministerio de Justicia por el procedimiento de libre designación, a propuesta del Secretario de Gobierno, de acuerdo con las Comunidades

Autónomas con competencias asumidas, de entre todos aquellos que se presenten a la convocatoria pública.

Antes del nombramiento se oirá al Consejo del Secretariado sobre el candidato que ha de ser nombrado por el Ministerio de Justicia.

Además, en la Comunidad Autónoma de Illes Balears habrá un Secretario Coordinador en las islas de Menorca e Ibiza, y en la Comunidad Autónoma de Canarias, otro en las islas de Lanzarote y de La Palma.

En las Comunidades Autónomas uniprovinciales, las funciones del Secretario Coordinador serán asumidas por el Secretario de Gobierno, salvo en aquellas que, por razón del servicio, sea aconsejable su existencia.

No se podrá ocupar más de diez años el mismo puesto de Secretario Coordinador.

- Ap. 1 modificado por art. único.74 de Ley Orgánica núm. 7/2015, de 21 julio.

2. Los requisitos y procedimiento para su nombramiento se determinarán en el reglamento orgánico del Cuerpo de Secretarios Judiciales, si bien en todo caso deberá contar con al menos cinco años de antigüedad en la segunda categoría.

3. En casos de ausencia, enfermedad, suspensión o vacante, será sustituido por el secretario judicial que designe el Secretario de Gobierno de entre los destinados en su provincia respectiva, que reúna los requisitos exigidos para su nombramiento.

4. A los Letrados de la Administración de Justicia que sean nombrados Secretarios Coordinadores se les reservará, durante el tiempo que ocuparen dicho cargo, la plaza que vinieren ocupando con anterioridad a dicho nombramiento.

Durante su mandato, dicha plaza podrá ser cubierta en régimen de comisión de servicios.

- Ap. 4 modificado por art. único.74 de Ley Orgánica núm. 7/2015, de 21 julio.
  Artículo modificado por art. único.123 de Ley Orgánica núm. 19/2003, de 23 diciembre.

467. Bajo la dependencia directa del Secretario de Gobierno, el Secretario Coordinador ejercerá las siguientes competencias:

1. Dictar instrucciones de servicio a los secretarios judiciales de su ámbito territorial para el adecuado funcionamiento de los servicios que tienen encomendados.

2. Controlar la correcta ejecución de las circulares e instrucciones de servicio que dicte el Secretario de Gobierno del que dependa.

3. Dar cuenta de forma inmediata al Secretario de Gobierno de cuantos hechos sean relevantes al buen funcionamiento de la Administración de Justicia, así como de las necesidades de medios personales y materiales de las secretarías ubicadas en su territorio.

4. Colaborar con las Comunidades Autónomas con competencias asumidas, para la efectividad de las funciones que éstas ostenten en materia de medios personales y materiales.

5. Coordinar el funcionamiento de cuantos servicios comunes procesales se encuentren ubicados en su territorio, o en su caso, asumir directamente su dirección cuando exista un único servicio común procesal provincial.

6. Proponer al Ministerio de Justicia las comisiones de servicio de secretarios judiciales que, dentro de su territorio, sean precisas para el correcto funcionamiento de las oficinas judiciales.

7. Resolver las suplencias y sustituciones de los Letrados de la Administración de Justicia de su ámbito.

- Ap. 7 modificado por art. único.75 de Ley Orgánica núm. 7/2015, de 21 julio.

8. Resolver los incidentes de abstención de los Letrados de la Administración de Justicia que de él dependan de acuerdo con lo previsto en esta Ley.

- Ap. 8 modificado por art. único.75 de Ley Orgánica núm. 7/2015, de 21 julio.

9. Conceder, por delegación del Secretario de Gobierno, los permisos y licencias a los Letrados de la Administración de Justicia de su territorio.

- Ap. 9 añadido por art. único.75 de Ley Orgánica núm. 7/2015, de 21 julio.

10. Las demás que establezcan las leyes y su propio reglamento orgánico.

- Ap. 10 añadido por art. único.75 de Ley Orgánica núm. 7/2015, de 21 julio.
  Artículo modificado por art. único.123 de Ley Orgánica núm. 19/2003, de 23 diciembre.

CAPÍTULO IV
De la responsabilidad disciplinaria

- Capítulo añadido por art. único.123 de Ley Orgánica núm. 19/2003, de 23 diciembre.

468. 1. Los Letrados de la Administración de Justicia estarán sujetos a responsabilidad disciplinaria, en los supuestos y de acuerdo con los principios que se establecen en este Libro.

- Ap. 1 modificado por art. único.76 de Ley Orgánica núm. 7/2015, de 21 julio.

2. No podrá imponerse sanción por la comisión de una falta grave o muy grave, sino en virtud de expediente disciplinario instruido al efecto, mediante el procedimiento que se establezca en el reglamento orgánico del Cuerpo de Letrados de la Administración de Justicia que se dicte en desarrollo de esta Ley.

Para la imposición de sanciones por faltas leves, no será preceptiva la previa instrucción del expediente, salvo el trámite de audiencia al interesado.

Además de los autores, serán responsables disciplinariamente los superiores que teniendo conocimiento de los hechos, los consintieren, así como quienes indujeran o encubrieran las faltas muy graves y graves cuando de dichos actos se deriven graves daños para la Administración o los ciudadanos.

- Ap. 2 modificado por art. único.76 de Ley Orgánica núm. 7/2015, de 21 julio.

3. Las Comunidades Autónomas con competencias asumidas podrán poner en conocimiento de los superiores jerárquicos de los Letrados de la Administración de Justicia con destino en oficinas judiciales radicadas en su territorio, aquellas conductas de los mismos que puedan ir en detrimento del deber de colaboración establecido en esta Ley Orgánica con las Comunidades Autónomas.

La autoridad competente para la incoación y tramitación de los expedientes disciplinarios dará cuenta a aquéllas de las decisiones que se adopten.

- Ap. 3 modificado por art. único.76 de Ley Orgánica núm. 7/2015, de 21 julio.

4. El procedimiento disciplinario que se establezca en desarrollo de esta Ley orgánica deberá garantizar al secretario judicial expedientado, además de los reconocidos por el artículo 35 de la Ley 30/1992, de 26 de noviembre, de Régimen Jurídico de las Administraciones Públicas y del Procedimiento Administrativo Común, los siguientes derechos:

a) A la presunción de inocencia.

b) A ser notificado del nombramiento de instructor y secretario, así como a recusar a los mismos.

c) A ser notificado de los hechos imputados, de la infracción que constituyan y de las sanciones que, en su caso, puedan imponerse, así como de la resolución sancionadora.

d) A formular alegaciones.

e) A proponer cuantas pruebas sean adecuadas para la determinación de los hechos.

f) A poder actuar en el procedimiento asistido de letrado o de los representantes sindicales que determine.

5. Cuando de la instrucción de un procedimiento disciplinario resulte la existencia de indicios fundados de la comisión de una infracción penal, se suspenderá su tramitación, poniéndolo en conocimiento del Ministerio Fiscal.

6. La incoación de un procedimiento penal no será obstáculo para la iniciación de un expediente disciplinario por los mismos hechos, pero no se dictará resolución en éste hasta tanto no haya recaído sentencia firme o auto de sobreseimiento en la causa penal.

En todo caso, la declaración de hechos probados contenida en la resolución que pone término al procedimiento penal, vinculará a la resolución que se dicte en el expediente disciplinario, sin perjuicio de la distinta calificación jurídica que pueda merecer una y otra vía.

Sólo podrá recaer sanción penal y disciplinaria sobre los mismos hechos cuando no hubiere identidad de fundamento jurídico y bien jurídico protegido.

- Artículo modificado por art. único.123 de Ley Orgánica núm. 19/2003, de 23 diciembre.

468 bis. Las faltas podrán ser muy graves, graves y leves.

1. Se consideran faltas muy graves:

a) El incumplimiento del deber de fidelidad a la Constitución en el ejercicio de la función pública.

b) Toda actuación que suponga discriminación por razón de nacimiento, origen racial o étnico, género, sexo u orientación sexual, religión o convicciones, opinión, discapacidad, edad o cualquier otra condición o circunstancia personal o social.

c) El abandono del servicio.

d) La adopción de acuerdos o resoluciones manifiestamente ilegales, cuando se cause perjuicio grave al interés público o lesionen derechos fundamentales de los ciudadanos.

e) La revelación o utilización por el Letrado de la Administración de Justicia de hechos o datos conocidos en el ejercicio de su función o con ocasión de ésta, cuando se cause perjuicio a la tramitación de un proceso o a cualquier persona.

f) La utilización indebida de la documentación o información a que tengan o hayan tenido acceso por razón de su cargo o función.

g) La negligencia en la custodia de documentos que dé lugar a su difusión o conocimiento indebido.

h) El retraso, la desatención o el incumplimiento reiterados de las funciones inherentes al puesto de trabajo o funciones encomendadas.

i) La utilización de las facultades que tenga atribuidas para influir en procesos electorales de cualquier naturaleza y ámbito.

j) El incumplimiento grave de las decisiones judiciales cuya ejecución tengan encomendadas.

k) La desobediencia grave o reiterada a las órdenes o instrucciones verbales o escritas de un superior emitidas por éste en el ejercicio de sus competencias, referidas a funciones o tareas propias del puesto de trabajo del interesado, salvo que sean manifiestamente ilegales.

l) La utilización de la condición de Letrado de la Administración de Justicia para la obtención de un beneficio indebido para sí o para un tercero.

m) La realización de actividades declaradas incompatibles por ley.

n) La inobservancia del deber de abstención, a sabiendas de que concurre alguna de las causas legalmente previstas.

o) Los actos que impidan el ejercicio de los derechos fundamentales, de las libertades públicas y de los derechos sindicales.

p) El incumplimiento del deber de atender los servicios esenciales en caso de huelga.

q) El acoso sexual.

r) La agresión grave a cualquier persona con la que se relacionen en el ejercicio de sus funciones.

s) La arbitrariedad en el uso de autoridad que cause perjuicio grave a los subordinados o al servicio.

t) Las acciones y omisiones que hayan dado lugar en sentencia firme a una declaración de responsabilidad civil contraída en el ejercicio de la función por dolo o culpa grave.

u) La comisión de una falta grave cuando hubiere sido anteriormente sancionado por otras dos graves que hayan adquirido firmeza, sin que hubieren sido canceladas o procedido la cancelación de las anotaciones correspondientes.

2. Se consideran faltas graves:

a) La desobediencia expresa a las órdenes o instrucciones de un superior, emitidas por éste en el ejercicio de sus competencias, referidas a funciones o tareas propias del puesto de trabajo del interesado, salvo que sean manifiestamente ilegales.

b) El incumplimiento de las decisiones judiciales cuya ejecución les ha sido encomendada, cuando no constituya falta muy grave.

c) La arbitrariedad en el uso de autoridad en el ejercicio de sus funciones cuando no constituya falta muy grave.

d) La negligencia en la custodia de documentos, así como la utilización indebida de los mismos o de la información que conozcan por razón del cargo, cuando tales conductas no constituyan falta muy grave.

e) La tercera falta injustificada de asistencia en un período de tres meses.

f) La negligencia, la desatención o retraso injustificado en el cumplimiento de las funciones inherentes al puesto de trabajo o funciones encomendadas cuando no constituya falta muy grave.

g) El ejercicio de cualquier actividad susceptible de compatibilidad, conforme a lo dispuesto en la Ley 53/1984, de 26 de diciembre, sobre incompatibilidades del personal al servicio de las Administraciones públicas, sin obtener la pertinente autorización o habiéndola obtenido con falta de veracidad en los presupuestos alegados.

h) La falta de consideración grave con los superiores, iguales o subordinados, así como con los profesionales o ciudadanos.

i) Causar daño grave en los documentos o material de trabajo, así como en los locales destinados a la prestación del servicio.

j) La utilización inadecuada de los medios informáticos y materiales empleados en el ejercicio de sus funciones y el incumplimiento de las instrucciones facilitadas para su utilización, así como la indebida utilización de las claves de acceso a los sistemas informáticos.

k) Las acciones u omisiones dirigidas a eludir los sistemas de control de horarios o a impedir que sean detectados los incumplimientos injustificados de la jornada de trabajo.

l) Dejar de promover la exigencia de la responsabilidad disciplinaria que proceda al personal que integre su oficina, cuando conocieran o debieran conocer el incumplimiento grave por los mismos de los deberes que les correspondan.

m) Obstaculizar las labores de inspección.

n) Promover su abstención de forma claramente injustificada.

o) El reiterado incumplimiento del horario de trabajo sin causa justificada.

p) La comisión de una falta de carácter leve, habiendo sido sancionado anteriormente por resolución firme por otras dos leves, sin que hubieran sido canceladas o procedido la cancelación de las correspondientes anotaciones.

3. Se consideran faltas leves:

a) La falta de consideración con los superiores, iguales o subordinados, así como con los profesionales o ciudadanos, cuando no constituya una infracción más grave.

b) El incumplimiento de los deberes propios de su cargo o puesto de trabajo o la negligencia en su desempeño, siempre que tales conductas no constituyan infracción más grave.

c) La desatención o retraso injustificado en el cumplimiento de sus funciones, cuando no constituya falta más grave.

d) La ausencia injustificada por un día.

e) El incumplimiento del horario de trabajo sin causa justificada cuando no constituya falta grave.

- Artículo añadido por art. único.77 de Ley Orgánica núm. 7/2015, de 21 julio.

468 ter. 1 En la imposición de sanciones por los órganos competentes deberá observarse la debida adecuación o proporcionalidad entre la gravedad del hecho constitutivo de la infracción y la sanción aplicada, considerándose especialmente los siguientes criterios para la graduación de la sanción a aplicar:

a) Intencionalidad.

b) Perjuicio causado a la Administración o a los ciudadanos.

c) Grado de participación en la comisión de la falta.

d) Reiteración o reincidencia.

- Artículo añadido por art. único.78 de Ley Orgánica núm. 7/2015, de 21 julio.

468 quater. 1. Las sanciones que se pueden imponer a los Letrados de la Administración de Justicia por las faltas cometidas en el ejercicio de su cargo son:

a) Apercibimiento.

b) Multa de hasta 3.000 euros.

c) Suspensión de empleo y sueldo.

d) Traslado forzoso fuera del municipio de destino.

e) Separación del servicio.

f) Cese en el puesto de trabajo.

2. Las sanciones previstas en las letras *c)* y *d)* del apartado anterior podrán imponerse por la comisión de faltas graves y muy graves, graduándose

su duración en función de las circunstancias que concurran en el hecho objeto de sanción.

La sanción de separación de servicio sólo podrá imponerse por faltas muy graves.

La suspensión de funciones impuesta por la comisión de una falta muy grave no podrá ser superior a tres años ni inferior a un año. Si se impone por falta grave, no excederá de un año.

Los Letrados de la Administración de Justicia a los que se sancione con traslado forzoso no podrán obtener nuevo destino en el municipio de origen durante tres años, cuando hubiese sido impuesta por falta muy grave, y durante uno, cuando hubiera correspondido a la comisión de una falta grave.

La sanción de cese en el puesto de trabajo sólo será aplicable a los Letrados de la Administración de Justicia suplentes por comisión de faltas graves o muy graves.

La sanción de multa solo podrá imponerse por la comisión de faltas graves.

La sanción de apercibimiento sólo podrá imponerse por la comisión de faltas leves.

- Artículo añadido por art. único.79 de Ley Orgánica núm. 7/2015, de 21 julio.

469. 1. Son competentes para la incoación de expedientes disciplinarios a los funcionarios del Cuerpo de Secretarios Judiciales, el Ministerio de Justicia, el Secretario de Gobierno y los Secretarios Coordinadores Provinciales. La tramitación de los mismos corresponde al Ministerio de Justicia.

2. Para la imposición de las sanciones serán competentes:

Para la imposición de las sanciones serán competentes:

a) El Secretario General de la Administración de Justicia, el Secretario de Gobierno y el Secretario Coordinador Provincial, para la sanción de apercibimiento respecto de quienes dependiesen de ellos.

b) El Secretario General de la Administración de Justicia, para la sanción de multa.

c) El Ministro de Justicia, para la sanción de suspensión, traslado forzoso, separación del servicio y cese en el puesto de trabajo.

- Ap. 2 modificado y renumerado por art. único.80 de Ley Orgánica núm. 7/2015, de 21 julio. Su anterior numeración era Ap. 3.

  Artículo modificado por art. único.123 de Ley Orgánica núm. 19/2003, de 23 diciembre.

469 bis. 1. Las faltas muy graves prescribirán a los dos años, las graves al año y las leves a los seis meses.

2. El plazo de prescripción comenzará a contarse desde que la falta se haya cometido.

En los casos en los que un mismo hecho dé lugar a la apertura de causa penal y a procedimiento disciplinario, los plazos de prescripción de la falta disciplinaria no comenzarán a computarse sino desde la conclusión de la causa penal.

3. El plazo de prescripción se interrumpirá en el momento de notificación del acuerdo de iniciación del expediente disciplinario, volviendo a computarse el plazo si el procedimiento permaneciera paralizado durante más de dos meses por causas no imputables al expedientado.

4. Las sanciones impuestas por faltas muy graves prescribirán a los dos años; las impuestas por faltas graves al año, y las impuestas por faltas leves a los seis meses. El plazo de prescripción comenzará a computarse desde el día siguiente a aquel en que adquiera firmeza la resolución en que se imponga la sanción.

- Artículo añadido por art. único.81 de Ley Orgánica núm. 7/2015, de 21 julio.

LIBRO VI
De los Cuerpos de Funcionarios al Servicio de la Administración de Justicia y de otro personal

- Libro modificado por art. único.124 de Ley Orgánica núm. 19/2003, de 23 diciembre.

TÍTULO I
Disposiciones comunes

- Título modificado por art. único.124 de Ley Orgánica núm. 19/2003, de 23 diciembre.

CAPÍTULO I
Del personal de los Cuerpos de Médicos Forenses, de Facultativos del Instituto Nacional de Toxicología y Ciencias Forenses, de Gestión Procesal y Administrativa, de Técnicos Especialistas del Instituto Nacional de Toxicología y Ciencias Forenses, de Tramitación Procesal y Administrativa y de Auxilio Procesal, de Ayudantes de Laboratorio y de otro personal al servicio de la Administración de Justicia

- Capítulo añadido por art. único.124 de Ley Orgánica núm. 19/2003, de 23 diciembre.

470. 1. Este Libro tiene por objeto la determinación del estatuto jurídico, de conformidad con lo previsto en el artículo 122 de la Constitución Española, de los funcionarios que integran los Cuerpos de Médicos Forenses, de Facultativos del Instituto Nacional de Toxicología y Ciencias Forenses, de Gestión Procesal y Administrativa, de Técnicos Especialistas del Instituto Nacional de Toxicología y Ciencias Forenses, de Tramitación Procesal y Administrativa, de Auxilio Judicial y de Ayudantes de Laboratorio del Instituto Nacional de Toxicología y Ciencias Forenses.

- Ap. 1 modificado por art. único.82 de Ley Orgánica núm. 7/2015, de 21 julio.

2. Los citados Cuerpos de funcionarios al servicio de la Administración de Justicia, tendrán el carácter de Cuerpos Nacionales.

- Artículo modificado por art. único.124 de Ley Orgánica núm. 19/2003, de 23 diciembre.

471. 1. Las competencias respecto de todo el personal al servicio de la Administración de Justicia al que se refiere el artículo anterior, corresponden en los términos establecidos en esta Ley, al Ministerio de Justicia o, en su caso, a las Comunidades Autónomas con competencias asumidas, en todas las materias relativas a su estatuto y régimen jurídico, comprendidas la selección, formación inicial y continuada, provisión de destinos, ascensos, situaciones administrativas, jornada laboral, horario de trabajo y régimen disciplinario.

2. En los mismos términos, el Gobierno o, en su caso, las Comunidades Autónomas con competencias en la materia, aprobarán los reglamentos que exija el desarrollo de este libro.

- Artículo modificado por art. único.124 de Ley Orgánica núm. 19/2003, de 23 diciembre.

472. 1. Los funcionarios de carrera de los cuerpos mencionados, están vinculados a la Administración de Justicia en virtud de nombramiento legal, por una relación estatutaria de carácter permanente, para el desempeño de servicios retribuidos.

2. Por razones de urgencia o necesidad, podrán nombrarse funcionarios interinos, que desarrollarán las funciones propias de dichos cuerpos, en tanto no sea posible su desempeño por funcionarios de carrera o permanezcan las razones que motivaron su nombramiento.

- Artículo modificado por art. único.124 de Ley Orgánica núm. 19/2003, de 23 diciembre.

473. 1. Podrán prestar servicios en la Administración de Justicia funcionarios de otras Administraciones que, con carácter ocasional o permanente, sean necesarios para auxiliarla en el desarrollo de actividades concretas que no sean las propias de los cuerpos de funcionarios a que se refiere este libro y que requieran conocimientos técnicos o especializados.

2. Asimismo, cuando no existan cuerpos o escalas de funcionarios cuyos miembros tengan la preparación técnica necesaria para el desempeño de determinadas actividades específicas o para la realización de actividades propias de oficios, así como de carácter instrumental, correspondientes a áreas de mantenimiento y conservación de edificios, equipos o instalaciones u otras análogas, podrá prestar servicios retribuidos en la Administración de Justicia personal contratado en régimen laboral.

- Artículo modificado por art. único.124 de Ley Orgánica núm. 19/2003, de 23 diciembre.

474. 1. El personal funcionario de carrera de los Cuerpos al servicio de la Administración de Justicia se regirá por las normas contenidas en esta Ley Orgánica, en las disposiciones que se dicten en su desarrollo y, con carácter supletorio, en lo no regulado expresamente en las mismas, por la normativa del Estado sobre Función Pública.

2. A los funcionarios interinos les será aplicable el régimen de los funcionarios de carrera en lo que sea adecuado a la naturaleza de su condición y no les será de aplicación el régimen de clases pasivas.

3. Al personal funcionario de otras Administraciones que preste servicios en la Administración de Justicia, para la realización de funciones concretas y especializadas, les será de aplicación lo dispuesto para estas situaciones en la normativa de la Administración pública de la que procedan.

4. El personal laboral se regirá por las disposiciones legales y reglamentarias, por el convenio colectivo que les sea de aplicación y por las estipulaciones de su contrato de trabajo.

- Artículo modificado por art. único.124 de Ley Orgánica núm. 19/2003, de 23 diciembre.

475. Los cuerpos de funcionarios a que se refiere el artículo anterior se clasificarán en:

a) Cuerpos Generales, cuando su cometido consista esencialmente en tareas de contenido procesal, sin perjuicio de la realización de funciones administrativas vinculadas a las anteriores.

Son Cuerpos Generales:

El Cuerpo de Gestión Procesal y Administrativa. La titulación exigida para el acceso a este Cuerpo es la de Diplomado Universitario, Ingeniero Técnico, Arquitecto Técnico o equivalente.

El Cuerpo de Tramitación Procesal y Administrativa. Para el acceso a este Cuerpo se exigirá estar en posesión del título de Bachiller o equivalente.

El Cuerpo de Auxilio Judicial. Para cuyo ingreso se exigirá estar en posesión del título de graduado en ESO o equivalente.

b) Cuerpos Especiales, cuando su cometido suponga esencialmente el desempeño de funciones objeto de una profesión o titulación específica.

Son Cuerpos Especiales:

El Cuerpo de Médicos Forenses. Para el acceso al Cuerpo de Médicos Forenses se exige estar en posesión de los títulos oficiales de Licenciado o Graduado en Medicina y de especialista en Medicina Forense.

- Letra *b)* párr. 3º modificada por art. único.83 de Ley Orgánica núm. 7/2015, de 21 julio.

El Cuerpo de Facultativos del Instituto Nacional de Toxicología y Ciencias Forenses. Para el ingreso en este cuerpo se deberá ser licenciado en una carrera universitaria en Ciencias Experimentales y de la Salud, que se determinará en las correspondientes convocatorias, según la especialidad por la que se acceda al cuerpo.

El Cuerpo de Técnicos Especialistas del Instituto Nacional de Toxicología y Ciencias Forenses. Para el acceso a este Cuerpo se exigirá estar en posesión del título de Técnico Superior en Formación Profesional o equivalente de las familias profesionales que se determinen en las bases de las convocatorias de los procesos selectivos, de conformidad con el contenido de los puestos de trabajo que se oferten.

El Cuerpo de Ayudantes de Laboratorio del Instituto Nacional de Toxicología y Ciencias Forenses. Para el acceso a este cuerpo se exigirá estar en posesión del título de Técnico en Formación Profesional o equivalente de las familias profesionales que se determinen en las bases de las convocatorias de los procesos selectivos, de conformidad con el contenido de los puestos de trabajo que se oferten.

- Artículo modificado por art. único.124 de Ley Orgánica núm. 19/2003, de 23 diciembre.

476. 1. Corresponde al Cuerpo de Gestión Procesal y Administrativa colaborar en la actividad procesal de nivel superior, así como la realización de tareas procesales propias.

Con carácter general y bajo el principio de jerarquía, y sin perjuicio de las funciones concretas del puesto de trabajo que desempeñen, le corresponde:

a) Gestionar la tramitación de los procedimientos, de la que dará cuenta al Letrado de la Administración de Justicia, en particular cuando determinados aspectos exijan una interpretación de ley o de normas procesales, sin perjuicio de informar al titular del órgano judicial cuando fuera requerido para ello.

b) Practicar y firmar las comparecencias que efectúen las partes en relación con los procedimientos que se sigan en el órgano judicial, respecto a las cuales tendrá capacidad de certificación.

c) Documentar los embargos, lanzamientos y demás actos cuya naturaleza lo requiera, con el carácter y representación que le atribuyan las leyes, salvo que el Letrado de la Administración de Justicia considere necesaria su intervención, ostentando en dichos actos la consideración de agente de la autoridad.

d) Extender las notas que tengan por objeto unir al procedimiento datos o elementos que no constituyan prueba en el mismo, a fin de garantizar su debida constancia y posterior tramitación, dando cuenta de ello, a tal efecto, a la autoridad superior, así como elaborar notas, que podrán ser de referencia, de resumen de los autos y de examen del trámite a que se refieran.

e) Realizar las tareas de registro, recepción y distribución de escritos y documentos, relativos a asuntos que se estuvieran tramitando en Juzgados y Tribunales.

f) Expedir, con conocimiento del Letrado de la Administración de Justicia, y a costa del interesado, copias simples de escritos y documentos que consten en autos no declarados secretos ni reservados.

g) Ocupar, de acuerdo con lo establecido en las relaciones de puestos de trabajo, las jefaturas en que se estructuran las unidades de apoyo directo y servicios comunes procesales, en las que, sin perjuicio de realizar las funciones asignadas al puesto concreto, gestionarán la distribución de las tareas del personal, respondiendo del desarrollo de las mismas.

h) Colaborar con los órganos competentes en materia de gestión administrativa, desempeñando funciones relativas a la gestión del personal y medios materiales de la unidad de la Oficina judicial en que se presten los servicios, siempre que dichas funciones estén contempladas expresamente en la descripción que la relación de puestos de trabajo efectúe del puesto de trabajo.

i) Desempeñar la Secretaría de la Oficina judicial de las Agrupaciones de Secretarías de Juzgados de Paz, de Juzgados de Paz de más de 7.000 habitantes y de Juzgados de Paz de menos de 7.000 habitantes en los que la carga de trabajo justifique su establecimiento, así como los restantes puestos de trabajo de los citados centros de destino adscritos al Cuerpo de Gestión Procesal y Administrativa, todo ello de conformidad con lo que se determine en las correspondientes relaciones de puestos de trabajo, así como desempeñar puestos de las unidades administrativas, cuando las relaciones de puestos de trabajo de las citadas unidades así lo establezcan, siempre que se reúnan los requisitos de conocimiento y preparación exigidos para su desempeño.

j) Realizar cuantas funciones puedan asumir en orden a la protección y apoyo a las víctimas, así como de apoyo a actuaciones de justicia restaurativa y de solución extraprocesal.

k) Realizar todas aquellas funciones que legal o reglamentariamente se establezcan y cualesquiera otras funciones de naturaleza análoga a las anteriores que, inherentes al puesto de trabajo que se desempeñe, sean encomendadas por los superiores jerárquicos, orgánicos o funcionales, en el ejercicio de sus competencias.

2. Los funcionarios del Cuerpo de Gestión Procesal y Administrativa podrán ser nombrados Letrados de la Administración de Justicia sustitutos, siempre que se reúnan los requisitos de titulación y demás exigidos, y conforme al procedimiento y con la retribución que reglamentariamente se establezca.

- Artículo modificado por art. único.84 de Ley Orgánica núm. 7/2015, de 21 julio.

477. Corresponde con carácter general al Cuerpo de Tramitación Procesal y Administrativa la realización de cuantas actividades tengan carácter de apoyo a la gestión procesal, según el nivel de especialización del puesto desempeñado, bajo el principio de jerarquía y de conformidad con lo establecido en las relaciones de puestos de trabajo.

Sin perjuicio de las funciones concretas del puesto de trabajo que desempeñen, le corresponde:

a) La tramitación general de los procedimientos, mediante el empleo de los medios mecánicos u ofimáticos que corresponda, para lo cual confeccionará cuantos documentos, actas, diligencias, notificaciones y otros le sean encomendados, así como copias de documentos y unión de los mismos a los expedientes.

b) El registro y la clasificación de la correspondencia.

c) La formación de autos y expedientes, bajo la supervisión del superior jerárquico.

d) La confección de las cédulas pertinentes para la práctica de los actos de comunicación que hubieran de realizarse.

e) El desempeño de aquellas jefaturas que en las relaciones de puestos de trabajo de la Oficina judicial estén asignadas a este Cuerpo, en la forma y condiciones que en las mismas se establezcan.

f) La posibilidad de ocupar puestos de las unidades administrativas, siempre que se reúnan los requisitos y conocimientos necesarios exigidos para su desempeño en las relaciones de puestos de trabajo de las mismas.

g) Cuantas funciones puedan asumir en orden a la protección y apoyo a las víctimas, así como de apoyo a actuaciones de justicia restaurativa y de solución extraprocesal.

- Letra *g)* modificada por art. único.85 de Ley Orgánica núm. 7/2015, de 21 julio.

h) La realización de todas aquellas funciones que legal o reglamentariamente se establezcan y de cualesquiera otras funciones de naturaleza análoga a las anteriores que, inherentes al puesto de trabajo que se desempeñe, sean encomendadas por los superiores jerárquicos, orgánicos o funcionales, en el ejercicio de sus competencias

- Letra *h)* añadida por art. único.85 de Ley Orgánica núm. 7/2015, de 21 julio.
  Artículo modificado por art. único.124 de Ley Orgánica núm. 19/2003, de 23 diciembre.

478. Corresponde al Cuerpo de Auxilio Judicial con carácter general, bajo el principio de jerarquía y de acuerdo con lo establecido en las relaciones de puestos de trabajo, la realización de cuantas tareas tengan carácter de auxilio a la actividad de los órganos judiciales. Asimismo, y entre otras funciones, le corresponderá:

a) La práctica de los actos de comunicación que consistan en notificaciones, citaciones, emplazamientos y requerimientos, en la forma prevista en las leyes procesales, a cuyo efecto ostentará capacidad de certificación y dispondrá de las credenciales necesarias.

b) Como agente de la autoridad, proceder a la ejecución de embargos, lanzamientos y demás actos cuya naturaleza lo requiera, con el carácter y representación que le atribuyan las leyes.

c) Actuar como Policía Judicial con el carácter de agente de la autoridad, sin perjuicio de las funciones que, en la averiguación de los delitos y en el descubrimiento y aseguramiento de los delincuentes, competen a los miembros de las Fuerzas y Cuerpos de Seguridad.

d) Realizar funciones de archivo de autos y expedientes judiciales, bajo la supervisión del secretario judicial.

e) Velar por las condiciones de utilización de las salas de vistas y mantener el orden en las mismas.

f) Comprobar que los medios técnicos necesarios para el proceso judicial se encuentren en condiciones de utilización, requiriendo, en su caso, la presencia de los servicios técnicos que correspondan, para permitir el adecuado funcionamiento de dichos dispositivos, poniendo en conocimiento del secretario judicial las anomalías detectadas que pudieran impedir la celebración de actos procesales.

g) El desempeño de aquellas jefaturas que en las relaciones de puestos de trabajo de la Oficina judicial estén asignadas a este cuerpo, en la forma y condiciones que en las mismas se establezcan.

h) La posibilidad de ocupar puestos de las unidades administrativas, siempre que se reúnan los requisitos y conocimientos exigidos para su desempeño en las relaciones de puestos de trabajo en las mismas.

i) La realización de todas aquellas funciones que legal o reglamentariamente se establezcan y de cualesquiera otras funciones de naturaleza análoga a todas las anteriores que, inherentes al puesto de trabajo que se desempeñe, sean encomendadas por los superiores jerárquicos, orgánicos o funcionales, en el ejercicio de sus competencias.

- Artículo modificado por art. único.124 de Ley Orgánica núm. 19/2003, de 23 diciembre.

479. 1. Los Institutos de Medicina Legal y Ciencias Forenses son órganos técnicos adscritos al Ministerio de Justicia, o en su caso a aquellas Comunidades Autónomas con competencia en la materia, cuya misión principal es auxiliar a la Administración de Justicia en el ámbito de su disciplina científica y técnica.

2. Existirá un Instituto de Medicina Legal y Ciencias Forenses en cada ciudad donde tenga su sede oficial un Tribunal Superior de Justicia.

No obstante, el Gobierno, a propuesta del Ministerio de Justicia, previa petición, en su caso, de una Comunidad Autónoma con competencia en la materia, podrá autorizar que dicha sede sea la de la capitalidad administrativa de la Comunidad Autónoma de que se trate, cuando sea distinta de la del Tribunal Superior de Justicia.

Asimismo, el Gobierno podrá autorizar, previa petición, en su caso, de una Comunidad Autónoma con competencia en la materia, el establecimiento de Institutos de Medicina Legal y Ciencias Forenses en las restantes ciudades del ámbito territorial del Tribunal Superior de Justicia de que se trate, con el ámbito de actuación que se determine.

Con sede en Madrid existirá un Instituto de Medicina Legal y Ciencias Forenses que prestará servicio a los diversos órganos de jurisdicción estatal.

3. Mediante real decreto, a propuesta del Ministro de Justicia y previo informe del Consejo General del Poder Judicial y de las Comunidades Autónomas que han recibido los traspasos de medios para el funcionamiento de la Administración de Justicia, se determinarán las normas generales de organización y funcionamiento de los Institutos de Medicina Legal y Ciencias Forenses y de actuación de los médicos forenses y del resto del personal funcionario o laboral adscrito a los mismos, pudiendo el Ministerio de Justicia o el órgano competente de la Comunidad Autónoma dictar, en el ámbito de sus respectivas competencias, las disposiciones pertinentes para su desarrollo y aplicación. En todo caso los Institutos de Medicina Legal y Ciencias Forenses contarán con unidades de valoración forense integral, de las que podrán formar parte los psicólogos y trabajadores sociales que se determinen para garantizar, entre otras funciones, la asistencia especializada a las víctimas de violencia de género y el diseño de protocolos de actuación global e integral en casos de violencia de género. Asimismo dentro de los Institutos podrán integrarse el resto de equipos psicosociales que prestan servicios a la Administración de Justicia, incluyendo los equipos técnicos de menores, cuyo personal tendrá formación especializada en familia, menores, personas con discapacidad y violencia de género y doméstica. Su formación será orientada desde la perspectiva de la igualdad entre hombres y mujeres.

4. Los médicos forenses son funcionarios de carrera que constituyen un Cuerpo Nacional de Titulados Superiores al servicio de la Administración de Justicia.

5. Son funciones de los médicos forenses:

a) La asistencia técnica a Juzgados, Tribunales y Fiscalías en las materias de su disciplina profesional, emitiendo informes y dictámenes en el marco del proceso judicial o en las actuaciones de investigación criminal que aquellos soliciten.

b) La asistencia o vigilancia facultativa de los detenidos, lesionados o enfermos, que se hallaren bajo la jurisdicción de Juzgados, Tribunales y Fiscalías, en los supuestos y en la forma que determinen las leyes.

c) La emisión de informes y dictámenes a solicitud del Registro Civil, en los supuestos y condiciones que determine su legislación específica.

d) La emisión de informes y dictámenes, a solicitud de particulares en las condiciones que se determinen reglamentariamente.

e) La realización de funciones de docencia, periciales o de investigación, por motivos de interés general, de acuerdo con las instrucciones que establezca el Ministerio de Justicia o la Comunidad Autónoma con competencias en materia de Justicia, en el marco de posibles acuerdos o convenios.

f) La realización de funciones de investigación y colaboración que deriven de su propia función, en los términos contemplados reglamentariamente.

6. En el curso de las actuaciones procesales o de investigación de cualquier naturaleza incoadas por el Ministerio Fiscal, el personal destinado en los Institutos de Medicina Legal y Ciencias Forenses estará a las órdenes de los Jueces y Fiscales, ejerciendo sus funciones con plena independencia y bajo criterios estrictamente científicos.

7. Los médicos forenses estarán destinados en un Instituto de Medicina Legal y Ciencias Forenses o en el Instituto Nacional de Toxicología y Ciencias Forenses. Asimismo, en los Institutos de Medicina Legal y Ciencias Forenses estará destinado el personal funcionario que se determine en las relaciones de puestos de trabajo. También podrán prestar servicios en los citados Institutos los psicólogos, trabajadores sociales y resto de personal laboral que se determine.

- Artículo modificado por art. único.86 de Ley Orgánica núm. 7/2015, de 21 julio.

480. 1. El Instituto Nacional de Toxicología y Ciencias Forenses es un órgano técnico adscrito al Ministerio de Justicia, cuya misión principal es auxiliar a la Administración de Justicia y contribuir a la unidad de criterio científico, a la calidad de la pericia analítica y al desarrollo de las ciencias forenses. Además, desarrollará las siguientes funciones:

a) Emitir los informes y dictámenes que soliciten las autoridades judiciales y el Ministerio Fiscal.

b) Practicar los análisis e investigaciones toxicológicas que sean ordenados por las autoridades judiciales, las gubernativas, el Ministerio Fiscal y los médicos forenses en el curso de las actuaciones judiciales o en las diligencias previas de investigación efectuadas por el Ministerio Fiscal.

c) Realizar igualmente los análisis e investigaciones interesados por organismos o empresas públicas en cuestiones que afecten al interés general, en los supuestos que se prevean según instrucciones del Ministerio de Justicia o en los términos de los acuerdos o convenios realizados al efecto.

d) Realizar los informes, análisis e investigaciones solicitados por particulares en el curso de procesos judiciales, o incluso al margen de éstos en las condiciones que se determinen.

e) Difundir los conocimientos en materia toxicológica, contribuir a la prevención de las intoxicaciones y atender cuantas consultas se le formulen sobre las mismas.

f) Actuar como centro de referencia en materias propias de su actividad en relación con los Institutos de Medicina Legal, así como con otros organismos nacionales y extranjeros.

g) Efectuar estudios de toxicología y ciencias forenses, en las condiciones que se determinen reglamentariamente.

h) Podrán colaborar con las universidades y las instituciones sanitarias y con organismos nacionales e internacionales en todas aquellas materias que contribuyan al desarrollo de la toxicología y las ciencias forenses, de acuerdo con las instrucciones del Ministerio de Justicia o los acuerdos o convenios realizados al efecto.

2. La organización y supervisión del Instituto Nacional de Toxicología y Ciencias Forenses corresponde al Ministerio de Justicia. Tiene su sede en Madrid y su ámbito de actuación se extiende a todo el territorio nacional.

Su estructura orgánica se determinará mediante real decreto.

En el mismo prestarán servicios funcionarios de los Cuerpos Especiales a que se refieren los apartados siguientes de este artículo. Además, podrán prestar servicios funcionarios de los restantes Cuerpos al servicio de la Administración de Justicia, así como de otras Administraciones, en las condiciones y con los requisitos que se establezcan en las correspondientes relaciones de puestos de trabajo, así como, en su caso, profesionales o expertos que sean necesarios para el desempeño de sus funciones u otro personal para la realización de actividades propias de oficios o de carácter instrumental, contratados en régimen laboral.

3. Los Facultativos del Instituto Nacional de Toxicología y Ciencias Forenses son funcionarios de carrera que constituyen un Cuerpo Nacional de Titulados Superiores al servicio de la Administración de Justicia. Atendiendo a la actividad técnica y científica del Instituto, dentro del citado Cuerpo podrán establecerse especialidades.

Son funciones del Cuerpo de Facultativos del Instituto Nacional de Toxicología y Ciencias Forenses la asistencia técnica en las materias de sus disciplinas profesionales a autoridades judiciales, gubernativas, al Ministerio

Fiscal y a los médicos forenses, en el curso de las actuaciones judiciales o en las diligencias previas de investigación. A tal efecto llevarán a cabo los análisis e investigación que les sean solicitados, emitirán los dictámenes e informes pertinentes y evacuarán las consultas que les sean planteadas por las autoridades citadas, así como por los particulares en el curso de procesos judiciales y por organismos o empresas públicas que afecten al interés general, y contribuirán a la prevención de intoxicaciones.

Prestarán sus servicios en el Instituto Nacional de Toxicología y Ciencias Forenses, así como en los Institutos de Medicina Legal y Ciencias Forenses, en los supuestos y condiciones que se determinen en las correspondientes relaciones de puestos de trabajo.

4. Los Técnicos Especialistas del Instituto Nacional de Toxicología y Ciencias Forenses son funcionarios de carrera que constituyen un Cuerpo Nacional de auxilio especializado al servicio de la Administración de Justicia.

Son funciones del Cuerpo de Técnicos Especialistas del Instituto Nacional de Toxicología y Ciencias Forenses aquellas de auxilio técnico especializado en las actividades científicas y de investigación propias del Instituto Nacional de Toxicología y Ciencias Forenses.

Prestarán sus servicios en el Instituto Nacional de Toxicología y Ciencias Forenses, así como en los Institutos de Medicina Legal y Ciencias Forenses, en los supuestos y condiciones que se determinen en las correspondientes relaciones de puestos de trabajo.

5. Los Ayudantes de Laboratorio del Instituto Nacional de Toxicología y Ciencias Forenses son funcionarios de carrera que constituyen un Cuerpo Nacional al servicio de la Administración de Justicia, para la realización de funciones de apoyo propias de su formación, en las actividades científicas y de investigación de este Instituto, así como de los Institutos de Medicina Legal y Ciencias Forenses, en la forma y con los requisitos y condiciones que se establezcan en las relaciones de puestos de trabajo de los citados organismos.

6. Los funcionarios de los Cuerpos Especiales del Instituto Nacional de Toxicología y Ciencias Forenses dependerán jerárquicamente del Director de este Instituto o, en su caso, del Director del Instituto de Medicina Legal y Ciencias Forenses en que presten servicios.

- Artículo modificado por art. único.87 de Ley Orgánica núm. 7/2015, de 21 julio.

CAPÍTULO II
Registro de personal

- Capítulo añadido por art. único.124 de Ley Orgánica núm. 19/2003, de 23 diciembre.

481. 1. En el Ministerio de Justicia existirá un Registro Central de personal funcionario al servicio de la Administración de Justicia, en el que se inscribirá a todo el personal funcionario de los Cuerpos al servicio de la Administración de Justicia y en el que se anotarán preceptivamente, todos los actos que afecten a la vida administrativa de los mismos.

2. Las Comunidades Autónomas podrán establecer en sus ámbitos territoriales, registros respecto del personal al servicio de la Administración de Justicia que preste servicios en los mismos.

3. El Ministerio de Justicia, aprobará las normas que determinarán la información que habrá de figurar en el Registro Central de Personal y las cautelas que hayan de establecerse para garantizar la confidencialidad de los datos en los términos que establezca la legislación vigente.

Para la actualización de datos en los registros, el Ministerio de Justicia con la colaboración de las Comunidades Autónomas con competencias asumidas establecerá los procedimientos e instrumentos de cooperación necesarios que garanticen la inmediata anotación de los datos de todo el personal, con independencia del lugar de prestación de servicios.

4. Todo el personal tendrá libre acceso a su expediente individual, en el que, en ningún caso, figurará dato alguno relativo a su raza, religión u opinión ni cualquier otra circunstancia personal o social que no sea relevante para su trabajo.

5. Los funcionarios de carrera de la Administración de Justicia figurarán en el escalafón por orden de ingreso en el Cuerpo con mención de, al menos, los siguientes datos:

a) Documento nacional de identidad.

b) Nombre y apellidos.

c) Tiempo de servicios en el Cuerpo.

- Ap. 5 añadido por art. único.88 de Ley Orgánica núm. 7/2015, de 21 julio.
  Artículo modificado por art. único.124 de Ley Orgánica núm. 19/2003, de 23 diciembre.

TÍTULO II
De la oferta de empleo público, ingreso y promoción profesional

- Título modificado por art. único.124 de Ley Orgánica núm. 19/2003, de 23 diciembre.

CAPÍTULO I
Oferta de empleo público

- Capítulo añadido por art. único.124 de Ley Orgánica núm. 19/2003, de 23 diciembre.

482. 1. Las necesidades de recursos humanos con asignación presupuestaria serán objeto de una única oferta de empleo público anual, que se elaborará de conformidad con los criterios para el sector público estatal establecidos en la Ley de Presupuestos Generales del Estado.

2. Las Comunidades Autónomas determinarán en sus respectivos ámbitos territoriales las necesidades de recursos humanos respecto de los Cuerpos de funcionarios al servicio de la Administración de Justicia sobre los que han asumido competencias y lo pondrán en conocimiento del Ministerio de Justicia.

3. El Ministerio de Justicia elaborará la oferta de empleo público integrando de forma diferenciada las necesidades de recursos determinadas por las Comunidades Autónomas con las existentes en el resto del territorio del Estado que no haya sido objeto de traspaso y la presentará al Ministerio para las Administraciones Públicas quien la elevará al Gobierno para su aprobación.

4. Aprobada la oferta de empleo público, el Ministerio de Justicia procederá a la convocatoria de los procesos selectivos.

5. En las ofertas de empleo público se reservará un cupo no inferior al siete por ciento de las vacantes para ser cubiertas entre personas con discapacidad, consideradas como tales las definidas en el apartado 2 del artículo 4 del Real Decreto Legislativo 1/2013, de 29 de noviembre, por el que se aprueba el Texto Refundido de la Ley General de Derechos de las Personas con Discapacidad y de su Inclusión Social, siempre que superen las pruebas selectivas y que acrediten el grado de discapacidad y la compatibilidad para el desempeño de las funciones y tareas correspondientes en la forma que se determine reglamentariamente.

- Ap. 5 modificado por art. único.89 de Ley Orgánica núm. 7/2015, de 21 julio.
  Artículo modificado por art. único.124 de Ley Orgánica núm. 19/2003, de 23 diciembre.

CAPÍTULO II
Selección del personal funcionario al servicio de la Administración de Justicia

- Capítulo añadido por art. único.124 de Ley Orgánica núm. 19/2003, de 23 diciembre.

483. 1. De acuerdo con los principios contenidos en el artículo 103.1 de la Constitución Española, el personal funcionario de carrera será seleccionado con criterios de objetividad y con arreglo a los principios de igualdad, mérito, capacidad y también de publicidad.

2. El contenido del temario, así como de las pruebas a realizar serán únicos para cada cuerpo en todo el territorio del Estado, salvo las pruebas que puedan establecerse para la acreditación del conocimiento de la lengua y del derecho civil, foral o especial, propios de las Comunidades Autóno-

mas con competencias asumidas, que tendrán carácter optativo y, en ningún caso, serán eliminatorias, teniéndose en cuenta la puntuación obtenida conforme al baremo que se establezca, a los solos efectos de adjudicación de destino dentro de la Comunidad Autónoma correspondiente.

3. Las pruebas selectivas, se convocarán y resolverán por el Ministerio de Justicia y se realizarán, de forma territorializada en los distintos ámbitos en los que se hayan agrupado las vacantes. Las convocatorias y sus bases, que serán únicas para cada cuerpo, se ajustarán, en todo caso, a lo dispuesto en esta Ley y en el Real Decreto por el que se apruebe el «Reglamento General de Ingreso, Provisión de Puestos de Trabajo y Promoción Profesional de los funcionarios al servicio de la Administración de Justicia» y se publicarán en el «Boletín Oficial del Estado» y en los «Boletines Oficiales de las Comunidades Autónomas», de forma simultánea. Si dicha simultaneidad no fuese posible, los términos y plazos establecidos en la convocatoria, se contarán, en todo caso, a partir de la publicación en el «Boletín Oficial del Estado».

4. Las bases de la convocatoria serán elaboradas por la Comisión de Selección de Personal y aprobadas por el Ministerio de Justicia, previa negociación con las organizaciones sindicales más representativas.

Las citadas bases, que vincularán a la Administración y a los tribunales que han de juzgar las pruebas selectivas, sólo podrán ser modificadas con estricta sujeción a las normas de la Ley de Régimen Jurídico de las Administraciones Públicas y del Procedimiento Administrativo Común.

5. En las convocatorias se determinará el número de vacantes y el ámbito territorial por el que se ofertan. Las vacantes ubicadas en el territorio de una Comunidad Autónoma con competencias asumidas, se ofertarán por el ámbito territorial de la Comunidad Autónoma de que se trate, salvo renuncia expresa de las mismas, en cuyo caso serán objeto de agrupación.

Asimismo, cuando el número de plazas o el mejor desarrollo de los procesos selectivos lo aconseje se podrán agrupar las vacantes correspondientes a uno o varios territorios.

Los aspirantes podrán solicitar exclusivamente su participación por uno de los ámbitos territoriales que se expresen en la convocatoria y de resultar aprobados, serán destinados obligatoriamente, a alguna de las vacantes radicadas en el mismo.

En ningún caso podrá declararse superado el proceso selectivo en cada ámbito a un número mayor de aspirantes que el de plazas objeto de la convocatoria, siendo nulas de pleno derecho las propuestas de aprobados que contravengan esta limitación.

6. En los procesos selectivos serán admitidas las personas con minusvalías en igualdad de condiciones con los demás aspirantes. Las convoca-

torias no establecerán exclusiones por limitaciones psíquicas o físicas, sin perjuicio de las incompatibilidades con el desempeño de las tareas o funciones correspondientes. Para la realización de las pruebas se establecerán para las personas con minusvalía que lo soliciten las adaptaciones posibles en cuanto a tiempo y medios.

- Artículo modificado por art. único.124 de Ley Orgánica núm. 19/2003, de 23 diciembre.

484. El acceso a los cuerpos será libre y público y se efectuará a través de los sistemas de oposición, o concurso-oposición.

1. La selección por oposición es el sistema ordinario de ingreso y consiste en la realización de las pruebas que se establezcan en la convocatoria para determinar la capacidad y aptitud del aspirante.

2. La selección por concurso-oposición consiste en la realización de las pruebas correspondientes y en la valoración de determinadas condiciones de formación, méritos o niveles de experiencia, en la forma que se establezca en la convocatoria.

La utilización del sistema de concurso-oposición tendrá carácter excepcional.

- Artículo modificado por art. único.124 de Ley Orgánica núm. 19/2003, de 23 diciembre.

485. 1. Los procesos de selección podrán incluir la realización de un curso teórico-práctico o de un periodo de prácticas, que podrán tener carácter selectivo.

La calificación obtenida servirá para fijar el orden de prelación. No obstante, si tuviesen carácter selectivo, los aspirantes que no superen el mismo podrán repetirlo en el siguiente, al que se incorporarán con la nueva promoción. Si tampoco superaren este curso perderán el derecho a su nombramiento como funcionarios de carrera.

- Ap. 1 modificado por art. único.90 de Ley Orgánica núm. 7/2015, de 21 julio.

2. Durante su realización, los aspirantes tendrán la consideración de funcionarios en prácticas, con los derechos y obligaciones que se establezcan reglamentariamente.

3. El curso selectivo o en su caso el período de prácticas, podrán desarrollarse en los centros, institutos o servicios de formación dependientes

de las Comunidades Autónomas, o en las Oficinas judiciales ubicadas en el ámbito territorial de las mismas.

- Artículo modificado por art. único.124 de Ley Orgánica núm. 19/2003, de 23 diciembre.

486. 1. La elaboración de los temarios y de las bases de convocatoria por las que han de regirse los procesos selectivos para ingreso en los cuerpos de funcionarios a que se refiere este libro, se encomendará a una Comisión de Selección de Personal, que estará formada por:

Cuatro vocales representantes del Ministerio de Justicia, uno de los cuales asumirá la Presidencia de la Comisión y tendrá voto dirimente en caso de empate en la adopción de acuerdos.

Cuatro representantes de las Comunidades Autónomas con competencias en materias de Administración de Justicia, uno de los cuales asumirá la Vicepresidencia de la Comisión.

2. Esta Comisión determinará asimismo el programa formativo correspondiente al período de prácticas o curso selectivo en su caso.

3. Las normas de funcionamiento de la Comisión de Selección y la forma de designación de sus miembros, se establecerán en el Real Decreto por el que se apruebe el Reglamento de Ingreso, Provisión de Puestos de Trabajo y Promoción Profesional de los funcionarios al servicio de la Administración de Justicia. La composición de dicha Comisión, cuando se trate de la selección de Cuerpos cuya gestión no hayan sido objeto de traspaso, se fijará asimismo en el citado reglamento.

4. Los temarios serán aprobados por la Comisión de Selección y serán únicos para todo el territorio del Estado.

- Artículo modificado por art. único.124 de Ley Orgánica núm. 19/2003, de 23 diciembre.

487. 1. El desarrollo y calificación de las pruebas selectivas corresponde a los tribunales calificadores que, a tal efecto, se constituyan.

Estos tribunales gozarán de autonomía funcional y responderán de la objetividad del procedimiento y del cumplimiento de las normas contenidas en la convocatoria.

- Ap. 1 modificado por art. único.Cuatro de Ley Orgánica núm. 4/2014, de 11 julio.

2. En el Reglamento General de Ingreso, Provisión de Puestos de Trabajo y Promoción Profesional se establecerá, la composición de los tribunales que, en todo caso estarán formados por un número impar de miembros, así como sus normas de funcionamiento, garantizándose la especialización de

los integrantes del mismo y la agilidad del proceso selectivo, sin perjuicio de su objetividad, así como el régimen de incompatibilidades, los derechos y deberes de sus miembros.

Los miembros de los tribunales serán nombrados por el Ministerio de Justicia. En los tribunales que se constituyan en los territorios de las Comunidades Autónomas con competencias asumidas, dos de cada cinco vocales serán propuestos por el órgano competente de dicha comunidad.

- Artículo modificado por art. único.124 de Ley Orgánica núm. 19/2003, de 23 diciembre.

488. 1. Concluido el proceso selectivo, los aspirantes que lo hubiesen superado, cuyo número no podrá exceder en ningún caso al de plazas convocadas en cada ámbito, y que dentro del plazo que se establezca acrediten reunir los requisitos exigidos en la convocatoria, serán nombrados funcionarios de carrera por el órgano competente del Ministerio de Justicia.

2. Los nombramientos serán objeto de publicación, simultáneamente, en el «Boletín Oficial del Estado» y en los Boletines o Diarios Oficiales de las Comunidades Autónomas con competencias asumidas.

3. La adjudicación de puestos de trabajo a los funcionarios de nuevo ingreso, se efectuarán de acuerdo con sus peticiones entre los puestos ofertados a los mismos, según el orden obtenido en el proceso selectivo.

Los destinos adjudicados tendrán carácter definitivo equivalente a todos los efectos a los obtenidos por concurso.

Los puestos de trabajo que se oferten a los funcionarios de nuevo ingreso deberán haber sido objeto de concurso de traslado previo entre quienes ya tuvieran la condición de funcionario. No obstante, si las Administraciones competentes en materia de gestión de recursos humanos no dispusiesen, en sus respectivos ámbitos territoriales, de plazas suficientes para ofertar a los funcionarios de nuevo ingreso, con carácter excepcional y previa negociación sindical, podrán incorporar puestos de trabajo no incluidos previamente en concurso de traslados.

En este supuesto, el destino adjudicado al funcionario de nuevo ingreso tendrá carácter provisional. Dicho funcionario deberá tomar parte en el primer concurso de traslados que se convoque en el que se oferten plazas del ámbito territorial en el que se encuentre destinado provisionalmente, garantizándosele el destino definitivo en el ámbito por el que participó en el proceso selectivo. De incumplir esta obligación, se le adjudicará con carácter definitivo cualquiera de las plazas no adjudicadas en todo el territorio nacional.

4. Para adquirir la condición de funcionario de carrera se deberá tomar posesión del destino adjudicado en el plazo que reglamentariamente se establezca.

- Artículo modificado por art. único.124 de Ley Orgánica núm. 19/2003, de 23 diciembre.

489. 1. El Ministerio de Justicia o, en su caso, los órganos competentes de las Comunidades Autónomas que hayan recibido los traspasos de medios personales para el funcionamiento de la Administración de Justicia, podrán nombrar funcionarios interinos, por necesidades del servicio, cuando no sea posible, con la urgencia exigida por las circunstancias, la prestación por funcionario de carrera, de acuerdo con los criterios objetivos que se fijen en la Orden Ministerial o, en su caso, la disposición de la Comunidad Autónoma que haya recibido los traspasos de medios personales para el funcionamiento de la Administración de Justicia.

2. Los nombrados deberán reunir los requisitos y titulación necesarios para el ingreso en el Cuerpo; tomarán posesión en el plazo que reglamentariamente se establezca y tendrán los mismos derechos y deberes que los funcionarios, salvo la fijeza en el puesto de trabajo y las mismas retribuciones básicas y complementarias.

Se reconocerán los trienios correspondientes a los servicios prestados que tendrán efectos retributivos conforme a lo establecido en la normativa vigente para los funcionarios de la Administración General del Estado. Este reconocimiento se efectuará previa solicitud del interesado.

- Ap. 2 modificado por disp. final 1.4 de Ley Orgánica núm. 13/2007, de 19 noviembre.

3. Serán cesados según los términos que establezca la Orden Ministerial o, en su caso, la disposición de la Comunidad Autónoma y, en todo caso, cuando se provea la vacante, se incorpore su titular o desaparezcan las razones de urgencia.

- Artículo modificado por art. único.124 de Ley Orgánica núm. 19/2003, de 23 diciembre.

CAPÍTULO III
De la promoción interna

- Capítulo añadido por art. único.124 de Ley Orgánica núm. 19/2003, de 23 diciembre.

490. 1. Se garantiza la promoción interna, mediante el ascenso desde un cuerpo para cuyo ingreso se ha exigido determinada titulación a otro cuerpo para cuyo acceso se exige la titulación inmediata superior o, en el caso de los Cuerpos Especiales, mediante la posibilidad de acceder a las diferentes especialidades de un mismo cuerpo.

2. Además de las plazas que se incluyan para la incorporación de nuevo personal en la Oferta de Empleo Público de conformidad con lo previsto en el artículo 482, el Ministerio de Justicia convocará anualmente procesos de promoción interna para la cobertura de un número de plazas equivalente al treinta por ciento de las vacantes que, para cada Cuerpo, sean objeto de dicha oferta de empleo público.

Con independencia de lo señalado en el párrafo anterior, el Ministerio de Justicia, con carácter extraordinario y previa autorización del Ministerio de Hacienda y Administraciones Públicas, podrá convocar procesos de promoción interna específicos cuando las circunstancias en la Administración de Justicia lo aconsejen.

En ambos casos, las plazas convocadas por el turno de promoción interna que no resulten cubiertas, no podrán en ningún caso acrecer a las convocadas por turno libre ni incorporarse a la Oferta de Empleo Público.

- Ap. 2 modificado por art. único.91 de Ley Orgánica núm. 7/2015, de 21 julio.

3. La promoción interna se efectuará mediante el sistema de concurso-oposición en los términos que se establezcan en el Real Decreto por el que se apruebe el reglamento de ingreso, provisión de puestos y promoción profesional. En todo caso, se respetarán los principios de igualdad, mérito, capacidad y publicidad.

4. La promoción interna para el acceso a diferente especialidad del mismo cuerpo tendrá lugar entre funcionarios que desempeñen actividades sustancialmente coincidentes o análogas en su contenido profesional y en su nivel técnico.

5. En todo caso, los funcionarios deberán poseer la titulación académica requerida para el acceso a los cuerpos o especialidades de que se trate, tener una antigüedad de al menos dos años en el cuerpo al que pertenezcan y reunir los requisitos y superar las pruebas que se establezcan. Dichas pruebas podrán llevarse a cabo en convocatoria independiente de las de ingreso general. A efectos del cómputo de la antigüedad, se tendrá en cuenta la que tengan acreditada en el Cuerpo de Auxiliares o Agentes de la Administración de Justicia del que, en su caso, procedan, en función del cuerpo al que se pretenda promocionar.

Los funcionarios que accedan por promoción interna tendrán, en todo caso, preferencia para los puestos de trabajo vacantes ofertados sobre los aspirantes que no procedan de este turno.

Las convocatorias podrán establecer la exención de las pruebas encaminadas a acreditar los conocimientos ya exigidos para el acceso al cuerpo de origen, pudiendo valorarse los cursos y programas de formación superados.

6. Los funcionarios del Cuerpo de Técnicos Especialistas del Instituto Nacional de Toxicología y Ciencias Forenses podrán acceder mediante promoción interna al Cuerpo de Facultativos del Instituto Nacional de Toxicología y Ciencias Forenses, siempre que reúnan los requisitos para ello.

- Ap. 6 añadido por art. único.91 de Ley Orgánica núm. 7/2015, de 21 julio.
  Artículo modificado por art. único.124 de Ley Orgánica núm. 19/2003, de 23 diciembre.

TÍTULO III
Adquisición y pérdida de la condición de funcionario

- Título modificado por art. único.124 de Ley Orgánica núm. 19/2003, de 23 diciembre.

491. 1. La condición de funcionario de carrera se adquiere por el cumplimiento sucesivo de los requisitos establecidos en el libro V de esta Ley Orgánica para el Cuerpo de Secretarios Judiciales.

2. La condición de funcionario de carrera se pierde en los mismos supuestos que los contemplados en el libro V para el Cuerpo de Secretarios Judiciales.

- Artículo modificado por art. único.124 de Ley Orgánica núm. 19/2003, de 23 diciembre.

492. 1. La jubilación de los funcionarios podrá ser:

a) Voluntaria, a solicitud del funcionario

b) Forzosa, al cumplir la edad legalmente establecida

c) Por incapacidad permanente para el servicio.

2. Procederá la jubilación voluntaria, a solicitud del interesado, siempre que el funcionario reúna los requisitos y condiciones establecidos en el régimen de seguridad social que le sea de aplicación.

3. La jubilación forzosa se declarará de oficio al cumplir el funcionario los 65 años de edad. No obstante, los funcionarios podrán prolongar voluntariamente su permanencia en el servicio activo, como máximo hasta que cumplan 70 años de edad, siguiendo el procedimiento legal o reglamentariamente establecido.

4. Procederá asimismo la jubilación del funcionario cuando éste padezca incapacidad permanente para el ejercicio de las funciones propias de su

cuerpo. Será preceptiva la instrucción del oportuno expediente de incapacidad, que podrá ser iniciado de oficio o a solicitud del interesado.

- Artículo modificado por art. único.124 de Ley Orgánica núm. 19/2003, de 23 diciembre.

493. Podrán ser rehabilitados mediante el procedimiento que reglamentariamente se establezca:

Los funcionarios que hubiesen perdido la condición de tales, como consecuencia de la pérdida de la nacionalidad española o por incapacidad permanente para el servicio, una vez desaparecida la causa objetiva que la motivó.

Quienes hubiesen perdido la condición de funcionario por inhabilitación absoluta o especial como pena principal o accesoria o por condena a pena privativa de libertad por razón de delito doloso, una vez extinguidas sus responsabilidades civiles y penales y, en su caso, cancelados los antecedentes penales.

Asimismo podrán ser rehabilitados, los funcionarios que hayan sido separados del servicio como consecuencia de sanción disciplinaria.

- Artículo modificado por art. único.124 de Ley Orgánica núm. 19/2003, de 23 diciembre.

494. 1. El Ministro de Justicia será competente para el nombramiento de los funcionarios de carrera. Asimismo, será competente para acordar la pérdida de la condición de funcionario, y en su caso la rehabilitación, en los supuestos contemplados en esta Ley Orgánica en la forma y mediante el procedimiento que reglamentariamente se determine, atendiendo a las circunstancias y entidad del delito o falta cometida.

2. La jubilación voluntaria, forzosa, o por incapacidad permanente, así como la posible prórroga de permanencia en el servicio activo será acordada por el órgano competente del Ministerio de Justicia o, en su caso, de la Comunidad Autónoma con competencias asumidas. Ello sin perjuicio de que la rehabilitación procedente de jubilación por incapacidad permanente para el personal al servicio de la Administración de Justicia será acordada, en todo caso, por el Ministerio de Justicia, en la forma y de acuerdo con el procedimiento que se establezca reglamentariamente.

- Artículo modificado por art. único.Cinco de Ley Orgánica núm. 4/2014, de 11 julio.

TÍTULO IV
Derechos, deberes e incompatibilidades

- Título modificado por art. único.124 de Ley Orgánica núm. 19/2003, de 23 diciembre.

CAPÍTULO I
Derechos, deberes e incompatibilidades

- Capítulo añadido por art. único.124 de Ley Orgánica núm. 19/2003, de 23 diciembre.

495. 1. Los funcionarios de carrera tienen los siguientes derechos profesionales:

a) Al mantenimiento de su condición funcionarial, al desempeño efectivo de tareas o funciones propias de su cuerpo y a no ser removidos del puesto de trabajo que desempeñen sino en los supuestos y condiciones establecidos legalmente.

b) A percibir la retribución y las indemnizaciones por razón del servicio establecidas en la normativa vigente.

c) A la carrera profesional, a través de los mecanismos de promoción profesional que se establezcan de acuerdo con los principios de igualdad, mérito, capacidad y publicidad.

d) A recibir por parte de la Administración la formación necesaria, inicial y continuada, con el fin de mejorar sus capacidades profesionales de forma que les permita una mejor y más pronta adaptación a sus puestos de trabajo y les posibilite su promoción profesional.

Con el fin de asegurar la homogeneidad y que las acciones formativas que se establezcan por las distintas Administraciones públicas competentes en materia de gestión de personal no representen obstáculos en la promoción y en la movilidad del personal al servicio de la Administración de Justicia en el territorio del Estado, se adoptarán medidas de coordinación y homologación en materia de formación continua.

e) A ser informados por sus jefes o superiores de las tareas o cometidos a desempeñar y a participar en la consecución de los objetivos atribuidos a la unidad donde presten sus servicios.

f) Al respeto de su intimidad y a la consideración debida a su dignidad, comprendida la protección frente a ofensas verbales o físicas de naturaleza sexual.

g) A la no discriminación por razón de nacimiento, origen racial o étnico, género, sexo u orientación sexual, religión o convicciones, opinión, discapacidad, edad o cualquier otra condición o circunstancia personal o social.

h) A vacaciones, permisos y licencias.

i) A recibir protección en materia de seguridad y salud en el trabajo, para lo cual las Administraciones competentes adoptarán aquellas medidas que sean necesarias para la aplicación efectiva de la normativa vigente sobre prevención de riesgos y salud laboral, procediendo a la evaluación de los riesgos iniciales y al establecimiento de planes de emergencia, así como a la creación de servicios de prevención y de un Comité Central de Seguridad y Salud.

j) A la jubilación.

k) A un régimen de Seguridad Social, que para los funcionarios de carrera y funcionarios en prácticas estará integrado por el Régimen General de la Seguridad Social o el Régimen de Clases Pasivas del Estado, en función de la fecha en la que hayan adquirido tal condición, y el Mutualismo Judicial, regulado por Real Decreto Legislativo 3/2000, de 23 de junio, y disposiciones de desarrollo.

l) A los derechos previstos en el artículo 444.2 de esta Ley.

- Ap. 1 modificado por art. único.92 de Ley Orgánica núm. 7/2015, de 21 julio.

2. El régimen de derechos contenido en el apartado anterior será aplicable a los funcionarios interinos en la medida que la naturaleza del derecho lo permita, quedando integrados, a efectos de seguridad social, en el Régimen General de la Seguridad Social.

- Artículo modificado por art. único.124 de Ley Orgánica núm. 19/2003, de 23 diciembre.

496. Los funcionarios tienen los siguientes derechos colectivos, en los términos establecidos por la Constitución y las leyes:

a) A la libre asociación profesional.

b) A la libre sindicación.

c) A la actividad sindical.

d) De huelga, en los términos contenidos en la legislación general del Estado para funcionarios públicos, garantizándose el mantenimiento de los servicios esenciales de la Administración de Justicia.

e) A la negociación colectiva, a la participación en la determinación de las condiciones de trabajo, para lo cual se establecerán los marcos adecuados que permitan una mayor y más intensa participación de los representantes de los funcionarios al servicio de la Administración de Justicia, a través de grupos de trabajo, mesas o cualquier otro foro de diálogo y negociación.

f) De reunión.

- Artículo modificado por art. único.124 de Ley Orgánica núm. 19/2003, de 23 diciembre.

497. Los funcionarios de la Administración de Justicia están obligados a:

a) Respetar la Constitución y el resto del ordenamiento jurídico.

b) Ejercer sus tareas, funciones o cargo con lealtad e imparcialidad y servir con objetividad los intereses generales.

c) Cumplir con diligencia las instrucciones profesionales recibidas de su superior jerárquico en el ámbito de sus competencias.

d) Realizar con la debida aplicación las funciones o tareas propias de su puesto de trabajo y aquellas otras que, relacionadas con las anteriores, les encomienden sus jefes o superiores para el cumplimiento de los objetivos de la unidad.

e) Cumplir el régimen de jornada y horario que se establezca.

f) Mantener sigilo de los asuntos que conozcan por razón de sus cargos o funciones y no hacer uso indebido de la información obtenida así como guardar secreto de las materias clasificadas u otras cuya difusión esté prohibida legalmente.

g) Dar cuenta a las autoridades competentes de aquellas órdenes que, a su juicio, fuesen contrarias a la legalidad o constitutivas de delito.

h) Cumplir el régimen de incompatibilidades y prohibiciones.

i) Tratar con atención y respeto a los ciudadanos.

j) Dar a conocer su identidad y categoría a los interesados que lo requieran, salvo cuando ello no fuera posible por razones de seguridad.

k) Velar por la conservación y uso correcto de los locales, material, documentos e información a su cargo, no utilizando los medios propiedad de la Administración en provecho propio ni ejercer sus cometidos de forma que puedan beneficiar ilegítimamente a sí mismos o a otras personas.

l) Tratar con corrección y consideración a los superiores jerárquicos, compañeros y subordinados, así como a Abogados, Procuradores y Graduados Sociales.

- Letra *l)* modificada por art. único.93 de Ley Orgánica núm. 7/2015, de 21 julio.

  Artículo modificado por art. único.124 de Ley Orgánica núm. 19/2003, de 23 diciembre.

498. 1. Los funcionarios estarán sujetos al régimen de incompatibilidades previsto en la legislación general aplicable a los funcionarios al servicio de las Administraciones públicas.

2. El ejercicio de cualquier actividad que requiera declaración de compatibilidad, exigirá la previa autorización del Ministerio de Justicia o de la Comunidad Autónoma con competencias asumidas.

No se podrá autorizar la compatibilidad para el ejercicio de una actividad privada cuando se desempeñen puestos con dedicación especial. Tampoco procederá esta autorización, para los médicos forenses y técnicos facultativos que desempeñen puestos de Director o Subdirector en los Institutos de Medicina Legal o en el Instituto Nacional de Toxicología y Ciencias Forenses y sus departamentos.

3. En todo caso, su función será incompatible con:

a) Por lo que se refiere a Cuerpos Especiales:

1º La intervención como particulares en los casos que pudieran tener relación con sus funciones.

2º La función de médico de empresa, de entidades aseguradoras o el desempeño de empleos en dichas entidades.

3º Cualquier actividad pericial privada.

4º Emisión de certificados médicos de defunción, salvo que presten servicios en el Registro Civil y únicamente en el ejercicio de sus funciones.

b) Por lo que se refiere a Cuerpos Generales:

1.º El ejercicio de la abogacía, procuraduría, o de la profesión de Graduado Social y empleos al servicio de Abogados, Procuradores y Graduados Sociales o cualquier otra profesión que habilite para actuar ante Juzgados y Tribunales.

2.º El desempeño de todo tipo de asesoramiento jurídico, sea retribuido o no.

3.º La condición de agentes de seguros y la de empleado de los mismos o de una compañía de seguros.

4.º El desempeño de los cargos de gerentes, consejeros o asesores de empresas que persigan fines lucrativos.

5.º El desempeño de servicios de gestoría administrativa, ya sea como titular o como empleado de tales oficinas.

6.º El ejercicio de funciones periciales privadas ante los Tribunales y Juzgados.

- Ap. 3 *b)* modificado por art. único.94 de Ley Orgánica núm. 7/2015, de 21 julio.

Artículo modificado por art. único.124 de Ley Orgánica núm. 19/2003, de 23 diciembre.

499. 1. La abstención del funcionario se comunicará por escrito motivado a quien sea competente para dictar la resolución que ponga término al pleito o causa en la respectiva instancia. En caso de ser estimada la abstención, será reemplazado en el proceso por quien legalmente deba sustituirle. De ser desestimada, habrá de continuar actuando en el asunto.

2. Su recusación sólo será posible por las causas legalmente previstas y por los trámites previstos para la recusación de los secretarios judiciales con las siguientes excepciones:

a) El incidente gubernativo se instruirá por el secretario del juzgado del que jerárquicamente dependa, y lo decidirá quien sea competente para dictar la resolución que ponga término al pleito o causa en la respectiva instancia.

b) Si, a la vista del escrito de recusación, el secretario judicial estimare que la causa no es de las tipificadas en la Ley, inadmitirá en el acto la petición expresando las razones en que se funde tal inadmisión. Contra esta resolución no se dará recurso alguno.

c) Admitido a trámite el escrito de recusación, y en el día siguiente a su recepción, el recusado manifestará al secretario judicial si se da o no la causa alegada. Cuando reconozca como cierta la causa de recusación, el secretario judicial acordará reemplazar al recusado por quien legalmente le deba sustituir. Contra esta resolución no cabrá recurso alguno.

d) Si el recusado niega la certeza de la causa alegada como fundamento de la recusación, el secretario judicial, oído lo que el recusado alegue, dentro del quinto día y practicadas las comprobaciones que el recusado proponga y sean pertinentes o las que él mismo considere necesarias, remitirá lo actuado a quien haya de resolver para que decida el incidente.

3. A los funcionarios del Cuerpo de Médicos Forenses, les serán de aplicación las prescripciones que establezcan las normas procesales respecto a la recusación de peritos.

- Artículo modificado por art. único.124 de Ley Orgánica núm. 19/2003, de 23 diciembre.

CAPÍTULO II
Jornada y horarios

- Capítulo añadido por art. único.124 de Ley Orgánica núm. 19/2003, de 23 diciembre.

500. 1. La duración de la jornada general de trabajo efectivo en cómputo anual y de aquellas jornadas que hayan de ser realizadas en régimen de dedicación especial, así como sus especificidades, será fijada por resolución del órgano competente del Ministerio de Justicia, previo informe de las Comunidades Autónomas con competencias asumidas y negociación con las organizaciones sindicales más representativas.

Los funcionarios deberán ejercer su actividad en los términos que exijan las necesidades del servicio. A tal efecto, por el Ministerio de Justicia, previo informe de las Comunidades Autónomas con competencias asumidas y negociación con las organizaciones sindicales, se determinarán las compensaciones horarias y cómputos especiales cuando la atención de actuaciones procesales urgentes e inaplazables suponga un exceso de horas sobre la jornada a realizar.

2. La duración de la jornada general semanal será igual a la establecida para la Administración General del Estado. Los funcionarios podrán realizar jornadas reducidas, en los supuestos y con las condiciones establecidas legal y reglamentariamente.

3. Se podrán establecer jornadas sólo de mañana o jornadas de mañana y tarde para determinados servicios u órganos jurisdiccionales, cuando las necesidades del servicio así lo aconsejen, y en especial en las unidades de atención al público, en las que se tenderá a aumentar el tiempo de atención a los ciudadanos.

La incorporación de los funcionarios a la jornada de mañana y tarde será voluntaria y deberá ir acompañada de medidas incentivadoras.

4. La distribución de la jornada y la fijación de los horarios se determinará a través del calendario laboral que, con carácter anual, se aprobará por el órgano competente del Ministerio de Justicia y de las Comunidades Autónomas con competencias asumidas, en sus respectivos ámbitos, previo informe del Consejo General del Poder Judicial y negociación con las organizaciones sindicales. El calendario laboral se determinará en función del número de horas anuales de trabajo efectivo. Podrán establecerse flexibilidades horarias a la entrada y salida del trabajo, garantizándose en todo caso un número de horas de obligada concurrencia continuada.

Los horarios que se establezcan deberán respetar en todo caso el horario de audiencia pública.

- Ap. 4 modificado por art. único.95 de Ley Orgánica núm. 7/2015, de 21 julio.

5. Cuando las peculiaridades de algunos servicios u órganos jurisdiccionales así lo aconsejen, podrán establecerse horarios especiales, que

figurarán en las relaciones de puestos de trabajo y serán objeto del complemento retributivo que se determine.

6. El incumplimiento de la jornada dará lugar al descuento automático de las retribuciones correspondientes al tiempo no trabajado, calculado en la forma establecida por la normativa de aplicación. A estos efectos, se considera trabajo efectivo el prestado dentro del horario establecido en la forma que se determine, teniendo en cuenta las compensaciones horarias que procedan y el que corresponda a permisos retribuidos, así como los créditos de horas retribuidas por funciones sindicales.

- Artículo modificado por art. único.124 de Ley Orgánica núm. 19/2003, de 23 diciembre.

501. 1. El Consejo General del Poder Judicial, oídos el Ministerio de Justicia y las Comunidades Autónomas con competencias asumidas, así como los Colegios de Abogados y Procuradores de cada demarcación, determinará los órganos jurisdiccionales y otros servicios de la Administración de Justicia que han de permanecer en servicio de guardia, así como los horarios y las condiciones en que se realizará el mismo.

2. El Ministerio de Justicia y las Comunidades Autónomas en sus respectivos territorios garantizarán la asistencia necesaria a los órganos o servicios judiciales en funciones de guardia. A tal efecto previa negociación con las organizaciones sindicales determinarán el número de funcionarios que han de prestar dicho servicio, la permanencia en el órgano judicial o servicio o la situación de disponibilidad de los mismos y organizarán y distribuirán el horario a realizar.

- Artículo modificado por art. único.124 de Ley Orgánica núm. 19/2003, de 23 diciembre.

CAPÍTULO III
Vacaciones, permisos y licencias

- Capítulo añadido por art. único.124 de Ley Orgánica núm. 19/2003, de 23 diciembre.

502. 1. Los funcionarios tendrán derecho a disfrutar, durante cada año natural, de unas vacaciones retribuidas en las mismas condiciones que las previstas a los funcionarios de la Administración General del Estado en su normativa.

- Ap. 1 modificado por art. único.96 de Ley Orgánica núm. 7/2015, de 21 julio.

2. El Ministerio de Justicia y las Comunidades Autónomas en sus respectivos ámbitos territoriales, serán competentes para dictar las normas

respecto a la forma de disfrute de las vacaciones, así como sobre los procedimientos para su concesión.

- Artículo modificado por art. único.25 de Ley Orgánica núm. 8/2012, de 27 diciembre.

503. 1. Por causas justificadas, los funcionarios tendrán derecho a iguales permisos y con la misma extensión que los establecidos en la normativa vigente aplicable a los funcionarios de la Administración General del Estado.

2. El disfrute de estos permisos tendrá los mismos derechos económicos que los funcionarios de la Administración General del Estado.

- Artículo modificado por art. único.26 de Ley Orgánica núm. 8/2012, de 27 diciembre.

504. 1. Por razón de matrimonio, los funcionarios tendrán derecho a una licencia de quince días de duración y se concederá con plenitud de derechos económicos.

2. Podrán concederse licencias para formación y perfeccionamiento en los siguientes casos:

a) Para la asistencia a cursos de formación incluidos en los planes de formación que se celebren anualmente, organizados por el Ministerio de Justicia, las Comunidades Autónomas, las organizaciones sindicales u otras entidades públicas o privadas.

La duración y forma de disfrute estarán determinadas por la duración y programación de los cursos a realizar y no supondrán limitación alguna de haberes.

b) Para la asistencia a cursos, congresos o jornadas, siempre que estén relacionadas con las funciones propias del cuerpo al que pertenece el funcionario y supongan completar su formación para el ejercicio de las mismas.

Su concesión estará subordinada a las necesidades del servicio y a las disponibilidades presupuestarias y su duración vendrá determinada por la de los cursos, congresos o jornadas.

Estas licencias darán derecho a percibir las retribuciones básicas y las prestaciones por hijo a cargo.

3. Los funcionarios podrán disfrutar de licencias por asuntos propios sin derecho a retribución alguna, cuya duración acumulada no podrá, en ningún caso, exceder de tres meses cada dos años de servicios efectivos y su concesión estará subordinada a las necesidades del servicio.

4. Quienes, tras la superación de las correspondientes pruebas selectivas hubiesen sido nombrados funcionarios en prácticas y ya estuviesen

prestando servicios remunerados en la Administración de Justicia como funcionarios, tendrán derecho a una licencia extraordinaria durante el tiempo que se prolongue dicha situación y percibirán las retribuciones que para los funcionarios en prácticas establezca la normativa vigente.

5. La enfermedad o accidente que impida el normal desempeño de las funciones, darán lugar a licencias por enfermedad.

Sin perjuicio de la obligación de comunicar, en la forma que reglamentariamente se determine, la imposibilidad de asistencia al trabajo por razón de enfermedad durante la jornada laboral del día en que ésta se produzca, los funcionarios deberán solicitar de la autoridad competente la licencia por enfermedad en el cuarto día consecutivo desde que se produjo la ausencia en el puesto de trabajo.

- Ap. 5 párr 2º modificado por art. único.97 de Ley Orgánica núm. 7/2015, de 21 julio.

La licencia inicial se concederá por el tiempo que el facultativo haya considerado como previsible para la curación y, en ningún caso, por período superior a 15 días. Si el estado de enfermedad persistiera, la licencia inicial se prorrogará automáticamente en la forma que se determine por la autoridad competente para su concesión, quedando sin efecto si con anterioridad se produce la curación.

Tanto la licencia inicial como las prórrogas, se concederán previa presentación del parte de baja o certificación médica que acredite la certeza de la enfermedad y la imposibilidad de asistir al trabajo.

Se concederán licencias por enfermedad derivadas de un mismo proceso patológico, hasta un máximo de 12 meses prorrogables por otros seis, cuando se presuma que durante ellos pueda el trabajador ser dado de alta médica por curación. Transcurridos dichos plazos, se prorrogarán las licencias hasta el momento de la declaración de la jubilación por incapacidad permanente o del alta médica sin que, en ningún caso, puedan exceder de 30 meses desde la fecha de la solicitud de la licencia inicial.

A estos efectos, se entenderá que existe nueva licencia por enfermedad cuando el proceso patológico sea diferente y, en todo caso, cuando las licencias se hayan interrumpido durante un mínimo de un año.

Los funcionarios de los Cuerpos al Servicio de la Administración de Justicia en situación de incapacidad temporal por contingencias comunes, percibirán el cincuenta por ciento de las retribuciones tanto básicas como complementarias, como, en su caso, la prestación por hijo a cargo, desde el primer al tercer día de la situación de incapacidad temporal, tomando como referencia aquellas que percibían en el mes inmediato anterior al de causarse la situación de incapacidad temporal. Desde el día cuarto al vigésimo día, ambos inclusive, percibirán el setenta y cinco por ciento de las retribuciones tanto básicas como complementarias, como de la prestación por hijo a cargo, en su caso. A partir del día vigésimo primero y hasta el día ciento ochenta, ambos inclusive, percibirán la totalidad de las retribuciones básicas, de la prestación por hijo a cargo, en su caso, y de las retribuciones complementarias. Cuando la situación de incapacidad temporal derive de contingencias profesionales, la retribución a percibir podrá ser complementada desde el primer día, hasta alcanzar como máximo las retribuciones que vinieran correspondiendo a dicho personal en el mes anterior al de causarse la incapacidad.

- Ap. 5 párr. 7º modificado por art. único.27 de Ley Orgánica núm. 8/2012, de 27 diciembre.

A partir del día ciento ochenta y uno será de aplicación el subsidio establecido en el apartado 1.*B)* del artículo 20 del Real Decreto Legislativo 3/2000, de 23 de junio, por el que se aprueba el texto refundido de las disposiciones legales vigentes sobre el Régimen especial de Seguridad Social del personal al servicio de la Administración de Justicia.

- Ap. 5 párr. 8º añadido por art. único.28 de Ley Orgánica núm. 8/2012, de 27 diciembre.

Por el órgano competente se determinarán los supuestos en los que con carácter excepcional y debidamente justificados se pueda establecer un complemento hasta alcanzar, como máximo, el cien por cien de las retribuciones que vinieran disfrutando en cada momento. A estos efectos, se considerarán en todo caso debidamente justificados los supuestos de hospitalización e intervención quirúrgica.

- Ap. 5 párr. 9º añadido por art. único.28 de Ley Orgánica núm. 8/2012, de 27 diciembre.

En ningún caso los funcionarios adscritos a los regímenes especiales de seguridad social gestionados por el mutualismo administrativo podrán percibir una cantidad inferior en situación de incapacidad temporal por contingencias comunes a la que corresponda a los funcionarios adscritos al régimen general de la seguridad social, incluidos, en su caso, los complementos que les resulten de aplicación a estos últimos.

- Ap. 5 párr. 10º añadido por art. único.28 de Ley Orgánica núm. 8/2012, de 27 diciembre.

Las referencias a días incluidas en el presente número se entenderán realizadas a días naturales.

- Ap. 5 párr. 11º añadido por art. único.28 de Ley Orgánica núm. 8/2012, de 27 diciembre.

La ausencia al trabajo por causa de enfermedad o accidente que no dé lugar a una situación de incapacidad temporal, comportará la aplicación del descuento en nómina en los términos y condiciones que se establezcan por la normativa específica que al efecto se dicte.

- Ap. 5 párr. 12º modificado por art. único.97 de Ley Orgánica núm. 7/2015, de 21 julio.
  Artículo modificado por art. único.124 de Ley Orgánica núm. 19/2003, de 23 diciembre.

505. 1. El Ministerio de Justicia y las Comunidades Autónomas con competencias asumidas, serán competentes para la concesión de los permisos y licencias establecidos en esta Ley Orgánica, respecto de los funcionarios que presten servicios en sus respectivos ámbitos territoriales, en la forma y mediante el procedimiento que se establezca en las disposiciones que se dicten al efecto por las mismas.

2. Así mismo les corresponde el control de la incapacidad temporal del personal funcionario al servicio de la Administración de Justicia, pudiendo solicitar el asesoramiento facultativo que en su caso estime necesario, a cuyo fin podrán establecer sistemas de colaboración con aquellos organismos públicos o entidades que en sus respectivos ámbitos asumen la inspección, evaluación y seguimiento del control de la incapacidad temporal del régimen general de la seguridad social y de los regímenes especiales.

- Artículo modificado por art. único.124 de Ley Orgánica núm. 19/2003, de 23 diciembre.

TÍTULO V
Situaciones administrativas

- Título añadido por art. único.124 de Ley Orgánica núm. 19/2003, de 23 diciembre.

506. Los funcionarios de carrera de los cuerpos a los que se refiere este libro, pueden hallarse en alguna de las siguientes situaciones administrativas:

a) Servicio activo.

b) Servicios especiales.

c) Excedencia voluntaria por cuidado de familiares.

d) Excedencia voluntaria por prestación de servicios en el sector público.

e) Excedencia voluntaria por interés particular.

f) Excedencia voluntaria por agrupación familiar.

g) Suspensión de funciones.

- Artículo modificado por art. único.124 de Ley Orgánica núm. 19/2003, de 23 diciembre.

507. 1. Los funcionarios de los cuerpos a que se refiere este libro se hallarán en situación de servicio activo cuando desempeñen un puesto de trabajo en alguno de los centros de destino que se determinan en el artículo 521 de esta Ley.

2. Además, también se considerarán en servicio activo, los citados funcionarios:

a) Cuando presten servicios en el Tribunal Constitucional, Consejo General del Poder Judicial y en el Tribunal de Cuentas, salvo que, de conformidad con lo previsto en las legislaciones específicas de los citados órganos constitucionales les corresponda quedar en otra situación.

b) Cuando presten sus servicios en las Cortes Generales, de conformidad con lo dispuesto en el Estatuto General de las mismas y no les corresponda quedar en otra situación.

c) Cuando accedan a la condición de miembros de las asambleas legislativas de las Comunidades Autónomas y no perciban retribuciones periódicas por el desempeño de las funciones.

d) Cuando accedan a la condición de miembros de las corporaciones locales, salvo que desempeñen cargo retribuido y de dedicación exclusiva en las mismas.

e) Cuando presten servicios en los Gabinetes de la Presidencia del Gobierno, de los Ministros y de los Secretarios de Estado y opten por permanecer en dicha situación.

f) Cuando accedan a puestos de trabajo de otras Administraciones públicas en tanto las relaciones de puestos de trabajo, contengan expresa previsión al efecto.

g) Cuando ocupen un puesto de trabajo en la Mutualidad General Judicial, adscrito a funcionarios de la Administración de Justicia.

h) Cuando cesen en un puesto de trabajo por haber obtenido otro mediante procedimientos de provisión de puestos de trabajo, durante el plazo posesorio.

i) Cuando por razón de su condición de funcionarios presten servicios en organismos o entes públicos.

j) Cuando así se determine en una norma con rango de Ley.

3. El disfrute de licencias o permisos reglamentarios, no alterará la situación de servicio activo.

4. Los funcionarios en situación de servicio activo tienen todos los derechos, prerrogativas, deberes y responsabilidades inherentes a su condición.

- Artículo modificado por art. único.124 de Ley Orgánica núm. 19/2003, de 23 diciembre.

508. 1. Los funcionarios de los Cuerpos al servicio de la Administración de Justicia serán declarados en la situación de servicios especiales, en iguales supuestos a los establecidos en la legislación aplicable para los funcionarios de la Administración General del Estado, salvo que de conformidad con lo establecido en esta Ley les corresponda quedar en otra situación.

2. A los funcionarios en situación de servicios especiales se les computará el tiempo que permanezcan en tal situación, a efectos de ascensos, trienios y derechos pasivos, excepto para los funcionarios públicos que, habiendo ingresado al servicio de instituciones comunitarias europeas o al de entidades y organismos asimilados, ejerciten el derecho de transferencias establecido en el artículo 11.2 del anexo 8, del Estatuto de los Funcionarios de las Comunidades Europeas, sin perjuicio de los efectos económicos que puedan derivar de los ascensos y trienios consolidados hasta el momento del ejercicio de este derecho.

3. Los funcionarios declarados en esta situación tendrán derecho a reserva de un puesto de trabajo en la misma localidad, en condiciones y con retribuciones similares a las que disfrutaban al pasar a ella, siempre que hubieran pasado a dicha situación, desde la de servicio activo u otra que tuviera reconocido este mismo derecho. Si durante el tiempo de permanencia en la situación de servicios especiales participasen en concursos, la reincorporación se efectuará, con referencia a la localidad y condiciones del destino obtenidas en ellos.

4. Los funcionarios en la situación de servicios especiales recibirán la retribución del puesto o cargo efectivo que desempeñen y no la que les corresponda como funcionarios, sin perjuicio del derecho a percibir los trienios que tuviesen reconocidos.

5. En ningún caso podrán asesorar pericialmente a órganos jurisdiccionales mientras permanezcan en esta situación.

- Artículo modificado por art. único.124 de Ley Orgánica núm. 19/2003, de 23 diciembre.

509. 1. Los funcionarios tendrán derecho a un período de excedencia no superior a tres años para atender al cuidado de cada hijo, tanto cuando sea por naturaleza como por adopción o acogimiento permanente o preadoptivo, a contar desde la fecha de nacimiento o, en su caso, de la resolución judicial o administrativa. La concesión de la excedencia estará condicionada a la previa declaración de no desempeñar otra actividad que impida o menoscabe el cuidado del hijo.

2. También tendrán derecho a un período de excedencia, de duración no superior a tres años, los funcionarios para atender al cuidado de un familiar que se encuentre a su cargo, hasta el segundo grado inclusive de consanguinidad o afinidad que, por razones de edad, accidente o enfermedad, no pueda valerse por sí mismo, y no desempeñe actividad retribuida.

- Ap. 2 modificado por disp. final 1.5 de Ley Orgánica núm. 13/2007, de 19 noviembre.

3. En ambos casos, el período de excedencia será único por cada sujeto causante. Cuando un nuevo sujeto causante diera origen a una nueva excedencia, el inicio del período de la misma pondrá fin al que se viniera disfrutando.

Esta excedencia constituye un derecho individual de los funcionarios. En caso de que dos funcionarios generasen el derecho a disfrutarlo por el mismo sujeto causante, la Administración podrá limitar su ejercicio simultáneo por razones justificadas relacionadas con el funcionamiento de los servicios.

El tiempo de permanencia en esta situación será computable a efectos de trienios, carrera y derechos en el régimen de Seguridad Social que sea de aplicación. El puesto desempeñado se reservará al menos dos años. Transcurrido este periodo, dicha reserva lo será a un puesto en la misma localidad y de igual retribución. Los funcionarios en esta situación podrán participar en los cursos de formación que convoque la Administración.

- Ap. 3 párr. 3º modificado por art. único.98 de Ley Orgánica núm. 7/2015, de 21 julio. Artículo añadido por art. único.124 de Ley Orgánica núm. 19/2003, de 23 diciembre.

510. 1. Los funcionarios de los cuerpos a que se refiere este libro serán declarados en situación de excedencia voluntaria, de oficio o a petición del interesado, cuando lo soliciten por interés particular, cuando se encuentren en servicio activo en otro cuerpo o escala de cualquiera de las Administraciones públicas o pasen a prestar servicios en organismos o entidades del sector público y no les corresponda quedar en otra situación y por agrupación familiar, con iguales requisitos y efectos a los establecidos en la legislación aplicable a los funcionarios de la Administración General del Estado.

2. Asimismo, se declarará de oficio la situación de excedencia voluntaria por interés particular de los funcionarios públicos, cuando finalizada la causa que determinó el pase a una situación distinta de la del servicio activo,

incumplan la obligación de solicitar el reingreso en el mismo, en los plazos que reglamentariamente se determinen.

- Artículo añadido por art. único.124 de Ley Orgánica núm. 19/2003, de 23 diciembre.

511. 1. El funcionario declarado en situación de suspensión, quedará privado, durante el tiempo de permanencia en la misma, del ejercicio de sus funciones y no podrá prestar servicios en ninguna Administración pública ni en organismos públicos o entidades de derecho público vinculadas a ellas.

2. La situación de suspensión de funciones podrá ser provisional o definitiva.

3. La suspensión provisional, podrá acordarse preventivamente, durante la tramitación de un procedimiento judicial o disciplinario y tendrá lugar en los casos siguientes:

a) Cuando por cualquier delito doloso el instructor del proceso penal la adopte como medida cautelar. En todo caso se acordará cuando se hubiere dictado auto de prisión, de libertad bajo fianza, de procesamiento o de apertura de juicio oral en el procedimiento abreviado.

b) Durante la tramitación de un expediente disciplinario, por la autoridad que ordenó la incoación del expediente, no pudiendo exceder esta suspensión de seis meses, salvo en caso de paralización del procedimiento imputable al interesado.

c) Cuando el funcionario no pudiese acudir a su puesto de trabajo como consecuencia de haber sido privado por un juez o tribunal, con ocasión de un proceso penal, del derecho a residir en determinados lugares o de acercarse a determinadas personas.

4. La suspensión tendrá carácter definitivo cuando se imponga en virtud de condena criminal firme o sanción disciplinaria firme.

5. Los efectos derivados de la situación de suspensión, ya sea provisional o definitiva, serán los establecidos para los funcionarios de la Administración General del Estado declarados en esta situación.

- Artículo añadido por art. único.124 de Ley Orgánica núm. 19/2003, de 23 diciembre.

512. Corresponderá al Ministerio de Justicia o a las Comunidades Autónomas con competencias asumidas acordar la concesión o declaración en estas situaciones administrativas a los funcionarios que prestan servicios en sus respectivos ámbitos territoriales, dictando a tal efecto, las disposiciones necesarias referentes a la forma y el procedimiento aplicable.

- Artículo añadido por art. único.124 de Ley Orgánica núm. 19/2003, de 23 diciembre.

513. 1. Los cambios de situaciones administrativas deberán ser comunicados, en todo caso, al Registro Central de Personal a que se refiere el artículo 481, para su anotación y podrán tener lugar, siempre que reúnan los requisitos exigidos en cada caso, sin necesidad del reingreso previo al servicio activo.

2. En el supuesto de que la nueva situación conlleve el derecho a la reserva de un puesto de trabajo, los funcionarios podrán participar en convocatorias de concurso para la provisión de puestos de trabajo, permaneciendo en la situación que corresponda y reservándoseles un puesto de igual nivel y similares retribuciones a las del puesto obtenido y en el mismo municipio.

- Artículo añadido por art. único.124 de Ley Orgánica núm. 19/2003, de 23 diciembre.

514. 1. Los funcionarios procedentes de situaciones administrativas con derecho a reserva de puesto de trabajo se reincorporarán al servicio activo en la forma y condiciones que se determinen por la autoridad competente para su concesión.

2. El reingreso al servicio activo desde situaciones que no comporten reserva, se producirá mediante la participación en los procedimientos de concurso general o específico o por la adjudicación de un puesto por el sistema de libre designación.

3. Procederá asimismo el reingreso al servicio activo, con carácter provisional, mediante la adscripción a una plaza vacante, para cuya ocupación reúna el funcionario los requisitos exigidos en las relaciones de puestos de trabajo.

El reingreso por adscripción provisional estará, en todo caso, condicionado a las necesidades del servicio y el funcionario adscrito quedará obligado, para obtener destino definitivo, a participar en los concursos que se convoquen para la provisión de puestos de trabajo y a solicitar, entre otros, el puesto que ocupa provisionalmente.

Si no obtuviera destino definitivo se le adscribirá, de nuevo de forma provisional, a un puesto de trabajo vacante de cualquier Oficina judicial ubicada en la provincia o en el área territorial en la que se hubiesen agrupado las vacantes a efecto de concurso.

De no participar en el primer concurso convocado con posterioridad a la adscripción provisional, pasará a la situación de excedencia voluntaria por interés particular.

- Artículo añadido por art. único.124 de Ley Orgánica núm. 19/2003, de 23 diciembre.

TÍTULO VI
Régimen retributivo

- Título añadido por art. único.124 de Ley Orgánica núm. 19/2003, de 23 diciembre.

515. Los funcionarios de los Cuerpos al servicio de la Administración de Justicia a que se refiere este libro, sólo podrán ser remunerados por los conceptos retributivos que se establecen en esta Ley Orgánica.

- Artículo añadido por art. único.124 de Ley Orgánica núm. 19/2003, de 23 diciembre.

516. Las retribuciones serán básicas y complementarias.

A) Los conceptos retributivos básicos, serán iguales a los establecidos por Ley para las Carreras Judicial y Fiscal.

B) Las retribuciones complementarias podrán ser: fijas en su cuantía y de carácter periódico en su devengo y variables.

1º Son retribuciones complementarias fijas en su cuantía y de carácter periódico:

a) El complemento general de puesto, que retribuirá los distintos tipos de puestos que se establezcan para cada cuerpo.

b) El complemento específico, destinado a retribuir las condiciones particulares de los mismos, en atención a su especial dificultad técnica, dedicación, responsabilidad, incompatibilidad, penosidad o peligrosidad.

2º Son retribuciones complementarias variables:

a) El complemento de productividad, destinado a retribuir el especial rendimiento, la actividad extraordinaria y el interés o iniciativa con que el funcionario desempeñe su trabajo, así como su participación en los programas concretos de actuación y en la consecución de los objetivos que se determinen por el Ministerio de Justicia y las Comunidades Autónomas con competencias asumidas, en sus respectivos ámbitos, oído el Consejo General del Poder Judicial y previa negociación con las organizaciones sindicales más representativas. El devengo de este complemento en un período, no originará derecho alguno a su mantenimiento para períodos sucesivos.

b) Las gratificaciones por servicios extraordinarios, destinadas a retribuir los servicios de carácter extraordinario prestados fuera de la jornada normal de trabajo, no podrán, en ningún caso, ser fijas en su cuantía ni periódicas en su devengo, ni originarán derecho alguno a su mantenimiento para períodos sucesivos.

- Artículo añadido por art. único.124 de Ley Orgánica núm. 19/2003, de 23 diciembre.

517. 1. Además de las retribuciones señaladas en el artículo anterior, los funcionarios que presten sus servicios en aquellos órganos judiciales o servicios en los que el Consejo General del Poder Judicial, oídos el Ministerio de Justicia y las Comunidades Autónomas con competencias asumidas, haya considerado necesaria la atención permanente y continuada, tendrán derecho a percibir, en concepto de guardia, una remuneración cuya cuantía se fijará por Orden Ministerial a propuesta conjunta de los Ministros de Justicia y Hacienda, previa negociación con las organizaciones sindicales, en función del tipo de guardia de que se trate.

Este complemento será igual en todo el territorio y su percepción dependerá de la prestación del servicio de guardia, procediendo su abono una vez se haya acreditado su realización. Su devengo no originará derechos individuales para sucesivos períodos.

2. El personal a que se refiere este libro percibirá, en su caso, las indemnizaciones correspondientes por razón del servicio.

- Artículo añadido por art. único.124 de Ley Orgánica núm. 19/2003, de 23 diciembre.

518. 1. Los funcionarios que se encuentren en período de prácticas o desarrollando cursos selectivos de los previstos en el artículo 485, serán nombrados funcionarios en prácticas y su régimen retributivo será el establecido en esta Ley para los funcionarios que estén realizando el período de prácticas para acceso al Cuerpo de Secretarios Judiciales.

2. Si las prácticas se realizasen desempeñando un puesto de trabajo, la cuantía correspondiente a la retribución complementaria del mismo será abonada por el Ministerio de Justicia o las Comunidades Autónomas con competencias asumidas, en cuyo ámbito territorial esté el puesto que se desempeña.

- Artículo añadido por art. único.124 de Ley Orgánica núm. 19/2003, de 23 diciembre.

519. 1. La cuantía de las retribuciones básicas será igual para cada uno de los cuerpos, con independencia del lugar de prestación de los servicios o del puesto que se desempeñe, y vendrán determinadas en la Ley de Presupuestos Generales del Estado para cada año, en función de la especialidad de los Cuerpos al servicio de la Administración de Justicia.

La cuantía por antigüedad consistirá en un cinco por ciento del sueldo por cada tres años de servicio.

Cuando un funcionario preste sus servicios sucesivamente en diferentes cuerpos, percibirá los trienios devengados en los mismos, con el valor correspondiente al cuerpo en el que se perfeccionaron.

Cuando un funcionario cambie de cuerpo antes de completar un trienio, la fracción de tiempo transcurrida se considerará como tiempo de servicios prestados en el nuevo.

Los funcionarios tendrán derecho a percibir dos pagas extraordinarias al año por importe, cada una de ellas, de una mensualidad de sueldo y antigüedad y, en su caso, una cantidad proporcional del complemento general del puesto en los términos que se fijen por Ley para la Administración de Justicia, que se harán efectivas en los meses de junio y diciembre, siempre que los perceptores estuvieran en servicio activo o con derecho a devengo del sueldo el día primero de los meses indicados.

2. A efectos de complemento general de puesto, mediante Real Decreto se determinarán los puestos tipo de las distintas unidades que integran las Oficinas judiciales, así como otros servicios no jurisdiccionales, estableciéndose las valoraciones de cada uno de ellos. La cuantía se fijará en la Ley de Presupuestos Generales del Estado.

3. La cuantía individualizada del complemento específico se fijará por el Ministerio de Justicia o el órgano competente de la Comunidad Autónoma, previa negociación con las organizaciones sindicales en sus respectivos ámbitos, al elaborar las relaciones de puestos de trabajo en función de la valoración de las condiciones particulares de los mismos. Todos los puestos de trabajo tendrán asignado un complemento específico. En ningún caso podrá asignarse más de un complemento específico a un puesto de trabajo.

4. Corresponde al Ministerio de Justicia o al órgano competente de la Comunidad Autónoma, en sus respectivos ámbitos, la concreción individual de las cuantías del complemento de productividad y la determinación de los funcionarios con derecho a su percepción, de acuerdo con los criterios de distribución que se establezcan para los diferentes programas y objetivos. Por las citadas autoridades se establecerán fórmulas de participación de los representantes sindicales en su determinación concreta y el control formal de la asignación.

5. El Ministerio de Justicia y el órgano competente de las Comunidades Autónomas, en sus respectivos ámbitos, procederán a la asignación individual de las cuantías de las gratificaciones y a la determinación de los criterios para su percepción.

- Artículo añadido por art. único.124 de Ley Orgánica núm. 19/2003, de 23 diciembre.

TÍTULO VII
Ordenación de la actividad profesional

- Título añadido por art. único.124 de Ley Orgánica núm. 19/2003, de 23 diciembre.

520. 1. Los funcionarios de los Cuerpos a que se refiere este libro desempeñarán los puestos de trabajo de las unidades en que se estructuren las Oficinas judiciales y, en su caso, en los correspondientes a las unidades administrativas y oficinas comunes a que se refiere el artículo 439; los de los Institutos de Medicina Legal, los del Instituto de Toxicología y sus departamentos.

2. Además podrán prestar servicios en el Consejo General del Poder Judicial, en el Tribunal Constitucional y en el Tribunal de Cuentas en los términos y con las condiciones previstas en la normativa reguladora del personal al servicio de los citados órganos constitucionales, y en la Mutualidad General Judicial en los puestos que se determinen en la relación de puestos de trabajo del citado organismo público.

3. También podrán acceder a puestos de trabajo de otras Administraciones públicas en tanto las relaciones de puestos de trabajo contengan expresa previsión al efecto. Les será de aplicación, mientras se mantengan en dichos puestos, la legislación en materia de Función Pública de la Administración en que se encuentren destinados y permanecerán en servicio activo en su Administración de origen.

- Artículo añadido por art. único.124 de Ley Orgánica núm. 19/2003, de 23 diciembre.

521. 1. La ordenación del personal y su integración en las distintas unidades que conforman la estructura de las Oficinas judiciales se realizará a través de las relaciones de puestos de trabajo que se aprueben y que, en todo caso, serán públicas.

2. Las relaciones de puestos de trabajo contendrán la dotación de todos los puestos de trabajo de las distintas unidades que componen la Oficina judicial, incluidos aquellos que hayan de ser desempeñados por Secretarios Judiciales, e indicarán su denominación, ubicación, los requisitos exigidos para su desempeño, el complemento general de puesto y el complemento específico.

- Ap. 2 modificado por art. 1.18 de Ley Orgánica núm. 1/2009, de 3 noviembre.

3. Las relaciones de puestos de trabajo deberán contener necesariamente las siguientes especificaciones:

A) Centro Gestor. Centro de destino.

A efectos de la ordenación de los puestos de trabajo y de su ocupación por el personal funcionario, tendrán la consideración de centros gestores los órganos competentes del Ministerio de Justicia o el órgano competente de las Comunidades Autónomas para la gestión del personal, a quienes corresponderá la formulación de la relación de puestos de trabajo en sus respectivos ámbitos territoriales.

Se entenderá por centro de destino:

Cada uno de los servicios comunes procesales.

El conjunto de unidades procesales de apoyo directo a órganos judiciales que radiquen en el mismo municipio.

El Registro Civil Central y los Registros Civiles Únicos de cada localidad, donde los hubiese.

Cada una de las Fiscalías o Adscripciones de Fiscalías.

En los Institutos de Medicina Legal, aquellos que su norma de creación establezca como tales.

En el Instituto Nacional de Toxicología y Ciencias Forenses, aquellos que su norma de creación establezca como tales.

La Mutualidad General Judicial.

Cada Oficina judicial de apoyo directo a Juzgados de Paz de más de 7.000 habitantes o de menos de 7.000 habitantes, dotados de plantilla funcionarial en razón de su carga de trabajo.

El Gabinete Técnico del Tribunal Supremo.

Las Secretarías de Gobierno.

- Ap. 3 *A)* modificado por art. único.99 de Ley Orgánica núm. 7/2015, de 21 julio.

B) Tipo de puesto. A estos efectos los puestos se clasifican en genéricos y singularizados.

Son puestos genéricos los que no se diferencian dentro de la estructura orgánica y que implican la ejecución de tareas o funciones propias de un cuerpo, y por tanto no tienen un contenido funcional individualizado. Los puestos correspondientes a las unidades procesales de apoyo directo a órganos judiciales como norma general serán genéricos.

Son puestos singularizados los diferenciados dentro de la estructura orgánica y que implican la ejecución de tareas o funciones asignadas de forma individualizada. A estos efectos, en aquellas Comunidades Autónomas que posean lengua propia, el conocimiento de la misma sólo constituirá elemento determinante de la naturaleza singularizada del puesto, cuando su exigencia se derive de las funciones concretas asignadas al mismo en las relaciones de puestos de trabajo.

C) Sistema de provisión. A efectos de las relaciones de puestos de trabajo, se concretará su forma de provisión definitiva por el procedimiento de concurso o de libre designación.

D) Cuerpo o cuerpos a los que se adscriben los puestos. Los puestos de trabajo se adscribirán como norma general a un solo cuerpo. No obstante, pudiendo existir puestos de trabajo en los que la titulación no se considere requisito esencial y la cualificación requerida se pueda determinar por factores ajenos a la pertenencia a un cuerpo determinado, es posible la adscripción de un puesto de trabajo a dos cuerpos.

Los puestos de trabajo de las relaciones de puestos de trabajo de las Oficinas judiciales se adscribirán con carácter exclusivo a los cuerpos al servicio de la Administración de Justicia en razón de sus conocimientos especializados.

4. Además de los requisitos anteriormente señalados, las relaciones de puestos de trabajo podrán contener:

1º Titulación académica específica, además de la genérica correspondiente al Grupo al que se haya adscrito el puesto, cuando su necesidad se deduzca objetivamente de la índole de las funciones a desempeñar.

2º Formación específica, cuando de la naturaleza de las funciones del puesto se deduzca su exigencia y pueda ser acreditada documentalmente.

3º Conocimiento oral y escrito de la lengua oficial propia en aquellas Comunidades Autónomas que la tengan reconocida como tal.

4º Conocimientos informáticos cuando sean necesarios para el desempeño del puesto.

5º Aquellas otras condiciones que se consideren relevantes en el contenido del puesto o su desempeño.

- Artículo añadido por art. único.124 de Ley Orgánica núm. 19/2003, de 23 diciembre.

522. 1. El Ministerio de Justicia elaborará y aprobará, previo informe del Consejo General del Poder Judicial y negociación con las organizaciones sindicales más representativas, las relaciones de puestos de trabajo en que se ordenen los puestos de las Oficinas judiciales correspondientes a su ámbito de actuación.

Asimismo, será competente para la ordenación de los puestos de trabajo de las Oficinas judiciales asignados al Cuerpo de Secretarios Judiciales en todo el territorio del Estado, previo informe del Consejo General del Poder Judicial y negociación con las organizaciones sindicales más representativas.

2. Las Comunidades Autónomas con competencias asumidas, previo informe del Consejo General del Poder Judicial y negociación con las organizaciones sindicales, procederán a la aprobación inicial de las relaciones de puestos de trabajo de las Oficinas judiciales de sus respectivos ámbitos territoriales. La aprobación definitiva corresponderá al Ministerio de Justicia que sólo podrá denegarla por razones de legalidad.

3. El Ministerio de Justicia, con anterioridad a la aprobación definitiva de cada relación de puestos de trabajo determinará aquellos que deban ser asignados al Cuerpo de Secretarios Judiciales.

4. Para la elaboración y aprobación de las relaciones de puestos de trabajo correspondientes a las unidades administrativas a que se refiere el artículo 439, serán competentes el Ministerio de Justicia y las Comunidades Autónomas con competencias asumidas en sus respectivos ámbitos territoriales.

- Artículo añadido por art. único.124 de Ley Orgánica núm. 19/2003, de 23 diciembre.

523. 1. Aprobadas las relaciones de puestos de trabajo iniciales las Comunidades Autónomas y el Ministerio de Justicia podrán, en sus respectivos ámbitos:

1º Redistribuir los puestos de trabajo no singularizados dentro de cada Oficina judicial.

2º Redistribuir los puestos de trabajo de unidades suprimidas de la Oficina judicial, como consecuencia de la modificación de las estructuras orgánicas.

3º Reordenar los puestos de trabajo entre diferentes oficinas judiciales.

4º Amortizar puestos de trabajo.

2. En todo caso, las modificaciones de las relaciones iniciales de puestos de trabajo que se produzcan deberán tener en cuenta los principios contenidos en esta Ley para la redistribución y reordenación de efectivos, y en concreto las siguientes reglas:

1º Por las Administraciones competentes se elaborará un proyecto motivado, que será negociado con las organizaciones sindicales más representativas.

2º Se deberá respetar la denominación, retribuciones y demás características de los puestos afectados y, en ningún caso, supondrán cambio de municipio para el personal.

3º En todo caso, respetarán las dotaciones mínimas que para las unidades procesales de apoyo directo se hayan establecido.

4º Se requerirá informe previo del Consejo General del Poder Judicial y para su efectividad será preceptiva la comunicación previa al Ministerio de Justicia.

- Artículo añadido por art. único.124 de Ley Orgánica núm. 19/2003, de 23 diciembre.

TÍTULO VIII
Provisión de puestos de trabajo y movilidad

- Título añadido por art. único.124 de Ley Orgánica núm. 19/2003, de 23 diciembre.

524. 1. La provisión de los puestos de trabajo se llevará a cabo por los procedimientos de concurso, que será el sistema ordinario, o de libre designación, de conformidad con lo que determinen las relaciones de puestos de trabajo y en atención a la naturaleza de las funciones a desempeñar.

2. Los puestos de trabajo podrán cubrirse temporalmente mediante adscripción provisional o en comisión de servicios.

3. Asimismo y por razones organizativas, los puestos de trabajo podrán ser provistos mediante redistribución o reordenación de efectivos.

- Artículo añadido por art. único.124 de Ley Orgánica núm. 19/2003, de 23 diciembre.

525. Serán competentes para la provisión de los puestos de trabajo ubicados en sus respectivos ámbitos territoriales, el Ministerio de Justicia y las Comunidades Autónomas con competencias asumidas, en los supuestos, condiciones y conforme a los procedimientos que se establezcan en esta Ley Orgánica y en el Reglamento General de Ingreso, Provisión de Puestos de Trabajo y Promoción Profesional.

- Artículo añadido por art. único.124 de Ley Orgánica núm. 19/2003, de 23 diciembre.

526. 1. El concurso consiste en la comprobación y valoración de los méritos que puedan alegarse, de acuerdo con las bases de la convocatoria y conforme al baremo que se establezca en la misma.

Atendiendo a la naturaleza y funciones de los puestos cuya cobertura se pretende, el concurso podrá ser:

a) Concurso de traslado: por este procedimiento se cubrirán los puestos de trabajo genéricos.

La valoración de los méritos se realizará, en la forma y conforme al baremo que determine el Real Decreto por el que se apruebe el Reglamento General de Ingreso, Provisión de Puestos de Trabajo y Promoción Profesional.

b) Concurso específico: por este procedimiento se cubrirán los puestos de trabajo singularizados. Constará de dos fases:

1º En la primera se procederá a la comprobación y valoración de los méritos generales, conforme a lo establecido en el párrafo *a)* de este artículo.

2º En la segunda fase, se procederá a la valoración de aptitudes concretas, a través de conocimientos, experiencia, titulaciones académicas y aquellos otros elementos que garanticen la adecuación del aspirante para el desempeño del puesto. Estas aptitudes se valorarán en la forma que se determine en la convocatoria sin que, en ningún caso, esta segunda fase pueda suponer más del 40 por 100 de la puntuación máxima total de ambas fases.

2. En el procedimiento de libre designación, el órgano competente apreciará la idoneidad de los candidatos, en relación con los requisitos exigidos para el desempeño del puesto.

Podrán proveerse por este sistema, los puestos directivos y aquellos para los que, por su especial responsabilidad y dedicación, así se establezca en las relaciones de puestos de trabajo.

3. Será preceptiva, en todo caso, la convocatoria pública en el «Boletín Oficial del Estado» y «Boletín Oficial de la Comunidad Autónoma», con indicación de la denominación del puesto, localización, y retribución, así como, en su caso, de los requisitos mínimos exigibles.

- Artículo añadido por art. único.124 de Ley Orgánica núm. 19/2003, de 23 diciembre.

527. Sin perjuicio de la posibilidad de nombramiento de funcionarios interinos por razones de urgencia o necesidad a que refiere el artículo 472.2, los puestos de trabajo vacantes o en caso de ausencia de su titular podrán ser provistos temporalmente de la siguiente manera:

1. Los puestos de trabajo vacantes, hasta tanto se resuelvan los sistemas de provisión en curso o cuando resueltos no se hayan cubierto por no existir candidato idóneo, podrán ser provistos por funcionarios que reúnan los requisitos exigidos para su desempeño, mediante el otorgamiento de una comisión de servicio, que podrá tener carácter voluntario o forzoso.

Los funcionarios que se encuentren en comisión de servicio, conservarán su puesto de origen y tendrán derecho a las retribuciones complementarias del puesto que desempeñen.

Si la comisión tiene carácter forzoso y las retribuciones del puesto que se desempeña fuesen inferiores al de origen, se garantizarán, en todo caso, las retribuciones complementarias que resulten superiores.

2. Con carácter excepcional podrán ser cubiertos temporalmente mediante sustitución los puestos de trabajo que se encuentren vacantes o cuando su titular esté ausente.

- Ap. 2 párr. 1º modificado por art. único.100 de Ley Orgánica núm. 7/2015, de 21 julio.

Para ser nombrado sustituto se deberán reunir los requisitos establecidos para el desempeño del puesto de trabajo de que se trate en la relación de puestos de trabajo.

Reglamentariamente se establecerán los supuestos y el procedimiento aplicable a las sustituciones. Cuando se trate de un puesto de trabajo adscrito al Cuerpo de Secretarios Judiciales el procedimiento y requisitos aplicables a la sustitución será el establecido expresamente para el nombramiento de secretarios sustitutos.

Asimismo, los puestos de trabajo se podrán desempeñar temporalmente mediante adscripción provisional, en los supuestos de cese y renuncia.

Los funcionarios nombrados para puestos de libre designación, podrán ser cesados con carácter discrecional, mediante resolución en la que la motivación se referirá exclusivamente a la competencia para adoptarla.

Los titulares de un puesto de trabajo obtenido por concurso específico o por libre designación, podrán renunciar a los mismos, mediante solicitud razonada en la que harán constar, los motivos profesionales o personales y siempre que hayan desempeñado el citado puesto, al menos un año.

En los anteriores supuestos, los funcionarios serán adscritos provisionalmente, en tanto no obtengan otro con carácter definitivo, a un puesto de trabajo correspondiente a su cuerpo, dentro del mismo municipio y con efectos del día siguiente al de la resolución del cese o aceptación de la renuncia.

También podrán ser adscritos provisionalmente a un puesto de trabajo correspondiente a su cuerpo, los funcionarios de carrera que reingresen al servicio activo desde situaciones que no comportaran reserva de puesto de trabajo. En este supuesto, la adscripción estará condicionada a las necesidades del servicio.

- Artículo añadido por art. único.124 de Ley Orgánica núm. 19/2003, de 23 diciembre.

528. 1. Redistribución de efectivos.

Los funcionarios que ocupen con carácter definitivo puestos genéricos podrán ser adscritos por necesidades del servicio a otros de iguales naturaleza, complemento general de puesto y complemento específico del mismo centro de destino.

El puesto de trabajo al que se accede a través de redistribución tendrá carácter definitivo, iniciándose el cómputo del tiempo mínimo de permanencia en un puesto para poder concursar desde la fecha en que se accedió con carácter definitivo, computándose el tiempo mínimo de permanencia, conforme a lo dispuesto en el artículo 529.3, con referencia al puesto que se desempeñaba en el momento de producirse la redistribución.

2. Reordenación de efectivos.

Por razones organizativas y a través de las correspondientes modificaciones de las relaciones de puestos de trabajo, los puestos de trabajo genéricos y los titulares de los mismos podrán ser adscritos a otros centros de destino.

Este proceso de movilidad se realizará en base a un proyecto presentado por las Administraciones competentes y negociado con las organizaciones sindicales más representativas mediante procedimientos de movilidad voluntaria.

Los puestos o plazas que no sean cubiertos serán posteriormente asignados mediante un proceso de reasignación forzosa, en los términos que reglamentariamente se establezcan.

Los funcionarios afectados por una reordenación forzosa estarán exentos de la obligación de permanencia mínima en el puesto de trabajo señalada en el artículo 529, gozando de preferencia para obtener un puesto de trabajo en su centro de destino de origen en el primer concurso en que se oferten plazas de dicho centro.

A efectos de determinación del puesto afectado por la reordenación, cuando exista más de uno de la misma naturaleza, se aplicará el criterio de voluntariedad por parte de los funcionarios que los desempeñen y, en su defecto, de antigüedad en la ocupación.

3. Por motivos excepcionales, el Ministerio de Justicia, o en su caso las Comunidades Autónomas con competencias en materia de justicia, podrán acordar planes de ordenación de recursos humanos en los términos y conforme a lo previsto en la normativa vigente para los funcionarios de la Administración General del Estado.

- Ap. 3 añadido por art. único.29 de Ley Orgánica núm. 8/2012, de 27 diciembre.
  Artículo añadido por art. único.124 de Ley Orgánica núm. 19/2003, de 23 diciembre.

529. 1. El Ministerio de Justicia y las Comunidades Autónomas convocarán concursos de ámbito nacional para la provisión de puestos de trabajo vacantes en sus ámbitos territoriales.

El Reglamento General de Ingreso, Provisión de Puestos de Trabajo y Promoción Profesional de los funcionarios de la Administración de Justicia establecerá las normas a que han de ajustarse las convocatorias, así como los méritos generales a valorar.

2. Podrán participar en estos concursos los funcionarios, cualquiera que sea su situación administrativa, excepto los declarados suspensos en firme que no podrán participar mientras dure la suspensión, siempre que reúnan

las condiciones generales exigidas y los requisitos determinados en la convocatoria, en la fecha en que termine el plazo de presentación de instancias y sin ninguna limitación por razón de la localidad de destino.

3. No se podrá tomar parte en un concurso de traslado para la provisión de puestos de trabajo genéricos hasta tanto no hayan transcurrido dos años desde que se dictó la resolución por la que se convocó el concurso de traslado en el que el funcionario obtuvo su último destino definitivo, desde el que participa, o la resolución en la que se le adjudicó destino definitivo, si se trata de funcionarios de nuevo ingreso.

Para el cómputo de los años se considerará como primer año el año natural en que se dictaron las resoluciones de que se trate, con independencia de su fecha, y como segundo año, el año natural siguiente.

4. Los funcionarios que no tengan destino definitivo, obligados a participar en los concursos de acuerdo con la normativa vigente, estarán excluidos de la limitación temporal prevista en el apartado anterior.

- Artículo añadido por art. único.124 de Ley Orgánica núm. 19/2003, de 23 diciembre.

530. En las convocatorias para puestos de trabajo de las Comunidades Autónomas con competencias asumidas cuya lengua propia tenga carácter oficial, se valorará como mérito el conocimiento oral y escrito de la misma. En determinados puestos, podrá considerarse requisito exigible para el acceso a los mismos, cuando de la naturaleza de las funciones a desempeñar se derive dicha exigencia y así se establezca en las relaciones de puestos de trabajo.

- Artículo añadido por art. único.124 de Ley Orgánica núm. 19/2003, de 23 diciembre.

531. 1. La provisión de puestos genéricos vacantes se efectuará mediante concursos de traslados, que serán convocados y resueltos en sus ámbitos respectivos por el Ministerio de Justicia y por las Comunidades Autónomas que hayan recibido los traspasos de medios personales y en los que podrán participar todos los funcionarios que reúnan los requisitos exigidos, cualquiera que sea el territorio en que se encuentren destinados.

2. Estos concursos se convocarán al menos una vez al año, en la misma fecha en todo el territorio del Estado, y se resolverán por cada Administración convocante de modo que los interesados no puedan tomar posesión más que en un único destino y en un mismo cuerpo.

A tal efecto, el Reglamento General de Ingreso, Provisión de Puestos de Trabajo y Promoción Profesional de los funcionarios de la Administración de Justicia contendrá las normas aplicables a los concursos de traslados, que asegurarán la efectiva participación en condiciones de igualdad de todos los funcionarios, estableciendo un sistema que garantice de manera permanente la inmediatez y agilidad en la provisión de las vacantes, así como un calendario para la convocatoria y resolución de los concursos de traslados que permita determinar los puestos de trabajo a ofertar a los funcionarios de nuevo ingreso, de conformidad con lo dispuesto en el artículo 488.3.

3. Las convocatorias se harán públicas a través del «Boletín Oficial del Estado» y de los Boletines o Diarios Oficiales de las Comunidades Autónomas.

4. En los concursos se ofertarán las plazas vacantes que determinen las Administraciones competentes y las que resulten del propio concurso, siempre que no esté prevista su amortización.

5. Con carácter excepcional, se podrán convocar con antelación suficiente concursos de traslados sin resultas para los órganos judiciales de nueva creación al objeto de que a su entrada en funcionamiento estén dotados de personal.

- Ap. 5 añadido por art. único.101 de Ley Orgánica núm. 7/2015, de 21 julio.
  Artículo añadido por art. único.124 de Ley Orgánica núm. 19/2003, de 23 diciembre.

532. 1. Los concursos específicos serán convocados y resueltos por cada Administración competente en su ámbito territorial, procurando que las convocatorias y su resolución no interfieran en los resultados de los concursos convocados por las respectivas Administraciones, y podrán participar en ellos los funcionarios de la Administración de Justicia, cualquiera que sea el ámbito territorial en que estén destinados.

2. Se valorarán aquellos méritos generales que se determinen en el Reglamento General de Ingreso, Provisión de Puestos de Trabajo y Promoción Profesional de los funcionarios de la Administración de Justicia, conforme a los criterios que en el mismo se establezcan.

3. Los méritos específicos serán adecuados a las características de cada puesto y se determinarán en la convocatoria, sin que en ningún caso puedan sobrepasar el porcentaje máximo de la puntuación total establecido en el artículo 526.

- Artículo añadido por art. único.124 de Ley Orgánica núm. 19/2003, de 23 diciembre.

533. 1. Los citados méritos serán comprobados y valorados por una comisión, que estará constituida por cuatro miembros en representación de la Administración convocante designados por la misma, de los que al menos uno será funcionario al servicio de la Administración de Justicia.

Las organizaciones sindicales más representativas en el ámbito correspondiente participarán como miembros de la Comisión de valoración, en número inferior al de los miembros designados a propuesta de la Administración.

2. Todos los miembros deberán pertenecer a cuerpos de igual o superior titulación al que esté adscrito el puesto convocado y desempeñarán puestos de igual o superior categoría al convocado.

El Presidente y Secretario serán nombrados por la autoridad convocante entre los miembros designados por la Administración.

- Artículo añadido por art. único.124 de Ley Orgánica núm. 19/2003, de 23 diciembre.

TÍTULO IX
Responsabilidad disciplinaria

- Título añadido por art. único.124 de Ley Orgánica núm. 19/2003, de 23 diciembre.

534. 1. Los secretarios judiciales y los funcionarios de los cuerpos a que se refiere este libro estarán sujetos a responsabilidad disciplinaria y serán sancionados en los supuestos y de acuerdo con los principios que se establecen en esta Ley Orgánica.

2. Además de los autores, serán responsables disciplinariamente los superiores que consintieren, así como quienes indujeran o encubrieran, las faltas muy graves y graves cuando de dichos actos se deriven graves daños para la Administración o los ciudadanos.

3. No podrá imponerse sanción por la comisión de falta muy grave o grave, sino en virtud de expediente disciplinario instruido al efecto mediante el procedimiento que se establezca en el Reglamento General de Régimen Disciplinario de los funcionarios al servicio de la Administración de Justicia que se dicte en desarrollo de esta Ley.

Para la imposición de sanciones por faltas leves, no será preceptiva la previa instrucción del expediente, salvo el trámite de audiencia al interesado.

4. Cuando de la instrucción de un procedimiento disciplinario resulte la existencia de indicios fundados de criminalidad, se suspenderá su tramitación, poniéndolo en conocimiento del Ministerio Fiscal.

5. La incoación de un procedimiento penal no será obstáculo para la iniciación de un expediente disciplinario por los mismos hechos, pero no se dictará resolución en éste hasta tanto no haya recaído sentencia firme o auto de sobreseimiento en la causa penal.

En todo caso, la declaración de hechos probados contenida en la resolución que pone término al procedimiento penal vinculará a la resolución que se dicte en el expediente disciplinario, sin perjuicio de la distinta calificación jurídica que puedan merecer en una y otra vía.

Sólo podrá recaer sanción penal y disciplinaria sobre los mismos hechos, cuando no hubiere identidad de fundamento jurídico y bien jurídico protegido.

6. Durante la tramitación del procedimiento se podrá acordar la suspensión provisional como medida cautelar, que requerirá resolución motivada.

7. Las sanciones disciplinarias serán anotadas en el registro de personal, con expresión de los hechos imputados. Dichas anotaciones serán canceladas por el transcurso de los plazos que se determinen reglamentariamente.

- Artículo añadido por art. único.124 de Ley Orgánica núm. 19/2003, de 23 diciembre.

535. El procedimiento disciplinario que se establezca en desarrollo de esta Ley Orgánica deberá garantizar al funcionario expedientado, además de los reconocidos por el artículo 35 de la Ley 30/1992, de 26 de noviembre, de Régimen Jurídico de las Administraciones Públicas y del Procedimiento Administrativo Común, los siguientes derechos:

1º A la presunción de inocencia.

2º A ser notificado del nombramiento de instructor y secretario, así como a recusar a los mismos.

3º A ser notificado de los hechos imputados, de la infracción que constituyan y de las sanciones que, en su caso, puedan imponerse, así como de la resolución sancionadora.

4º A formular alegaciones.

5º A proponer cuantas pruebas sean adecuadas para la determinación de los hechos.

6º A poder actuar en el procedimiento asistido de letrado o de los representantes sindicales que determine.

- Artículo añadido por art. único.124 de Ley Orgánica núm. 19/2003, de 23 diciembre.

536. Las faltas podrán ser muy graves, graves y leves.

a) Se consideran faltas muy graves:

1. El incumplimiento del deber de fidelidad a la Constitución en el ejercicio de la función pública.

2. Toda actuación que suponga discriminación por razón de sexo, raza, religión, lengua, opinión, lugar de nacimiento o vecindad o cualquier otra condición o circunstancia personal o social.

3. El abandono del servicio.

4. La emisión de informes o adopción de acuerdos o resoluciones manifiestamente ilegales, cuando se cause perjuicio grave al interés público o lesionen derechos fundamentales de los ciudadanos.

5. La utilización indebida de la documentación o información a que tengan o hayan tenido acceso por razón de su cargo o función.

6. La negligencia en la custodia de documentos que dé lugar a su difusión o conocimiento indebidos.

7. El incumplimiento reiterado de las funciones inherentes al puesto de trabajo o funciones encomendadas.

8. La utilización de las facultades que tenga atribuidas, para influir en procesos electorales de cualquier naturaleza y ámbito.

9. El incumplimiento grave de las decisiones judiciales cuya ejecución tengan encomendadas.

10. La desobediencia grave o reiterada a las órdenes o instrucciones verbales o escritas de un superior emitidas por éste en el ejercicio de sus competencias, referidas a funciones o tareas propias del puesto de trabajo del interesado, salvo que sean manifiestamente ilegales.

11. La utilización de la condición de funcionario para la obtención de un beneficio indebido para sí o para un tercero.

12. La realización de actividades declaradas incompatibles por ley.

13. La inobservancia del deber de abstención, a sabiendas de que concurre alguna de las causas legalmente previstas.

14. Los actos que impidan el ejercicio de los derechos fundamentales, de las libertades públicas y de los derechos sindicales.

15. El incumplimiento del deber de atender los servicios esenciales en caso de huelga.

16. El acoso sexual.

17. La agresión grave a cualquier persona con la que se relacionen en el ejercicio de sus funciones.

18. La arbitrariedad en el uso de autoridad que cause perjuicio grave a los subordinados o al servicio.

19. Las acciones y omisiones que hayan dado lugar en sentencia firme a una declaración de responsabilidad civil contraída en el ejercicio de la función por dolo o culpa grave.

20. La comisión de una falta grave cuando hubiere sido anteriormente sancionado por otras dos graves que hayan adquirido firmeza, sin que hubieren sido canceladas o procedido la cancelación de las anotaciones correspondientes.

b) Se consideran faltas graves:

1. La desobediencia expresa a las órdenes o instrucciones de un superior, emitidas por éste en el ejercicio de sus competencias, referidas a funciones o tareas propias del puesto de trabajo del interesado, salvo que sean manifiestamente ilegales.

2. El incumplimiento de las decisiones judiciales cuya ejecución les ha sido encomendada, cuando no constituya falta muy grave.

3. El abuso de autoridad en el ejercicio de sus funciones cuando no constituya falta muy grave.

4. La negligencia en la custodia de documentos, así como la utilización indebida de los mismos o de la información que conozcan por razón del cargo, cuando tales conductas no constituyan falta muy grave.

5. La tercera falta injustificada de asistencia en un período de tres meses.

6. La negligencia o retraso injustificado en el cumplimiento de las funciones inherentes al puesto de trabajo o funciones encomendadas cuando no constituya un notorio incumplimiento de las mismas.

7. El ejercicio de cualquier actividad susceptible de compatibilidad, conforme a lo dispuesto en la Ley 53/1984, de 26 de diciembre, sobre incompatibilidades del personal al servicio de las Administraciones públicas, sin obtener la pertinente autorización o habiéndola obtenido con falta de veracidad en los presupuestos alegados.

8. La falta de consideración grave con los superiores, iguales o subordinados, así como con los profesionales o ciudadanos.

9. Causar daño grave en los documentos o material de trabajo, así como en los locales destinados a la prestación del servicio.

10. La utilización inadecuada de los medios informáticos y materiales empleados en el ejercicio de sus funciones y el incumplimiento de las instrucciones facilitadas para su utilización, así como la indebida utilización de las claves de acceso a los sistemas informáticos.

11. Las acciones u omisiones dirigidas a eludir los sistemas de control de horarios o a impedir que sean detectados los incumplimientos injustificados de la jornada de trabajo.

12. Dejar de promover la exigencia de la responsabilidad disciplinaria que proceda al personal que integre su oficina, cuando conocieran o debieran conocer el incumplimiento grave por los mismos de los deberes que les correspondan.

13. Obstaculizar las labores de inspección.

14. Promover su abstención de forma claramente injustificada.

15. El reiterado incumplimiento del horario de trabajo sin causa justificada.

16. La comisión de una falta de carácter leve habiendo sido sancionado anteriormente por resolución firme por otras dos leves, sin que hubieran sido canceladas o procedido la cancelación de las correspondientes anotaciones.

c) Se consideran faltas leves:

1. La falta de consideración con los superiores, iguales o subordinados, así como con los profesionales o ciudadanos, cuando no constituya una infracción más grave.

2. El incumplimiento de los deberes propios de su cargo o puesto de trabajo o la negligencia en su desempeño, siempre que tales conductas no constituyan infracción más grave.

3. El retraso injustificado en el cumplimiento de sus funciones, cuando no constituya falta más grave.

4. La ausencia injustificada por un día.

5. El incumplimiento del horario de trabajo sin causa justificada cuando no constituya falta grave.

- Artículo modificado por art. único.102 de Ley Orgánica núm. 7/2015, de 21 julio.

537. En el Reglamento General de Régimen Disciplinario de los funcionarios al servicio de la Administración de Justicia se fijarán los criterios para la determinación de la graduación de las sanciones que, en todo caso, se basarán en los siguientes principios:

1º Intencionalidad.

2º Perjuicio causado a la Administración o a los ciudadanos.

3º Grado de participación en la comisión de la falta.

4º Reiteración o reincidencia.

- Artículo añadido por art. único.124 de Ley Orgánica núm. 19/2003, de 23 diciembre.

538. Las sanciones que se pueden imponer a los funcionarios por las faltas cometidas en el ejercicio de su cargo son:

a) Apercibimiento.

b) Suspensión de empleo y sueldo.

c) Traslado forzoso fuera del municipio de destino.

d) Separación del servicio.

e) Cese en el puesto de trabajo.

Las sanciones de los párrafos *b)* y *c)* podrán imponerse por la comisión de faltas graves y muy graves, graduándose su duración en función de las circunstancias que concurran en el hecho objeto de sanción.

- Párr. 1º modificado por art. único.103 de Ley Orgánica núm. 7/2015, de 21 julio.

La sanción de separación de servicio sólo podrá imponerse por faltas muy graves.

La suspensión de funciones impuesta por la comisión de una falta muy grave no podrá ser superior a tres años ni inferior a un año. Si se impone por falta grave, no excederá de un año.

Los funcionarios a los que se sancione con traslado forzoso no podrán obtener nuevo destino en el municipio de origen durante tres años, cuando hubiese sido impuesta por falta muy grave, y durante uno, cuando hubiera correspondido a la comisión de una falta grave.

La sanción de cese en el puesto de trabajo, sólo será aplicable a los funcionarios interinos por comisión de faltas graves o muy graves.

Las faltas leves sólo podrán ser corregidas con apercibimiento.

- Artículo añadido por art. único.124 de Ley Orgánica núm. 19/2003, de 23 diciembre.

539. Serán competentes para la incoación y tramitación de expedientes disciplinarios así como para la imposición de sanciones de los funcionarios de los cuerpos incluidos en el ámbito de aplicación de este libro, el Ministerio de Justicia y los órganos que se determinen por las Comunidades Autónomas con competencias asumidas, en sus respectivos ámbitos territoriales y respecto de los funcionarios destinados en los mismos.

La separación del servicio, será acordada por el Ministro de Justicia en todo caso.

Cuando la sanción de traslado forzoso suponga la movilidad del territorio de una Comunidad Autónoma al de otra con competencias asumidas, será competente para acordarla el Ministro de Justicia, previo informe favorable de la Comunidad Autónoma a cuyo territorio se traslada al funcionario sancionado.

- Artículo añadido por art. único.124 de Ley Orgánica núm. 19/2003, de 23 diciembre.

540. 1. Las faltas leves prescribirán a los dos meses; las graves, a los seis meses, y las muy graves, al año. El plazo se computará desde la fecha de su comisión.

2. En los casos en los que un hecho dé lugar a la apertura de causa penal, los plazos de prescripción no comenzarán a computarse sino desde la conclusión de la misma.

3. El plazo de prescripción se interrumpirá en el momento en que se inicie el procedimiento disciplinario volviendo a computarse el plazo si el expediente permaneciera paralizado durante más de seis meses por causas no imputables al funcionario sujeto a procedimiento.

4. Las sanciones impuestas prescribirán a los cuatro meses en el caso de las faltas leves; al año, en los casos de faltas graves y a los dos años, en los casos de faltas muy graves. El plazo de prescripción se computará a partir del día siguiente a aquel en que adquiera firmeza la resolución en que se imponga.

- Artículo añadido por art. único.124 de Ley Orgánica núm. 19/2003, de 23 diciembre.

LIBRO VII
Del Ministerio Fiscal y demás personas e instituciones que cooperan con la Administración de Justicia

- Libro añadido por art. único.125 de Ley Orgánica núm. 19/2003, de 23 diciembre.

TÍTULO I
Del Ministerio Fiscal

- Título añadido por art. único.125 de Ley Orgánica núm. 19/2003, de 23 diciembre.

541. 1. Sin perjuicio de las funciones encomendadas a otros órganos, el Ministerio Fiscal tiene por misión promover la acción de la Justicia en defensa de la legalidad, de los derechos de los ciudadanos y del interés público tutelado por la Ley, de oficio o a petición de los interesados, así como velar por la independencia de los tribunales y procurar ante éstos la satisfacción del interés social.

2. El Ministerio Fiscal se regirá por lo que disponga su Estatuto Orgánico.

- Artículo añadido por art. único.125 de Ley Orgánica núm. 19/2003, de 23 diciembre.

TÍTULO II
De los Abogados, Procuradores y Graduados Sociales

- Título añadido por art. único.125 de Ley Orgánica núm. 19/2003, de 23 diciembre. Rúbrica modificada por art. único.104 de Ley Orgánica núm. 7/2015, de 21 julio.

542. 1. Corresponde en exclusiva la denominación y función de abogado al licenciado en Derecho que ejerza profesionalmente la dirección y defensa de las partes en toda clase de procesos, o el asesoramiento y consejo jurídico.

2. En su actuación ante los juzgados y tribunales, los abogados son libres e independientes, se sujetarán al principio de buena fe, gozarán de los derechos inherentes a la dignidad de su función y serán amparados por aquéllos en su libertad de expresión y defensa.

3. Los abogados deberán guardar secreto de todos los hechos o noticias de que conozcan por razón de cualquiera de las modalidades de su actuación profesional, no pudiendo ser obligados a declarar sobre los mismos.

- Artículo añadido por art. único.125 de Ley Orgánica núm. 19/2003, de 23 diciembre.

543. 1. Corresponde exclusivamente a los procuradores la representación de las partes en todo tipo de procesos, salvo cuando la Ley autorice otra cosa.

2. Podrán realizar los actos de comunicación a las partes del proceso que la Ley les autorice.

3. Será aplicable a los procuradores lo dispuesto en el apartado 3 del artículo anterior.

4. En el ejercicio de su profesión los procuradores podrán ser sustituidos por otro procurador. También para los actos y en la forma que se determine reglamentariamente podrán ser sustituidos por oficial habilitado.

- Artículo añadido por art. único.125 de Ley Orgánica núm. 19/2003, de 23 diciembre.

544. 1. Los Abogados, Procuradores y Graduados Sociales, antes de iniciar su ejercicio profesional, prestarán juramento o promesa de acatamiento a la Constitución y al resto del ordenamiento jurídico.

2. La colegiación de los Abogados, Procuradores y Graduados Sociales será obligatoria para actuar ante los Juzgados y Tribunales en los términos previstos en esta Ley y por la legislación general sobre colegios profesionales, salvo que actúen al servicio de las Administraciones públicas o entidades públicas por razón de dependencia funcionarial o laboral.

- Artículo modificado por art. único.105 de Ley Orgánica núm. 7/2015, de 21 julio.

545. 1. Salvo que la ley disponga otra cosa, las partes podrán designar libremente a sus representantes y defensores entre los Procuradores y Abogados que reúnan los requisitos exigidos por las leyes.

2. En los procedimientos laborales y de Seguridad Social la representación técnica podrá ser ostentada por un Graduado Social, al que serán de aplicación las obligaciones inherentes a su función, de acuerdo con lo dispuesto en su ordenamiento jurídico profesional, en este título y especialmente en los artículos 187, 542.3 y 546.

3. Se designarán de oficio, con arreglo a lo que en las leyes se establezca, a quien lo solicite o se niegue a nombrarlos, siendo preceptiva su intervención. La defensa o representación de oficio tendrá carácter gratuito para quien acredite insuficiencia de recursos para litigar en los términos que establezca la ley.

- Artículo modificado por art. único.106 de Ley Orgánica núm. 7/2015, de 21 julio.

546. 1. Es obligación de los poderes públicos garantizar la defensa y la asistencia de Abogado o la representación técnica de Graduado Social en los términos establecidos en la Constitución y en las leyes.

- Ap. 1 modificado por art. único.107 de Ley Orgánica núm. 7/2015, de 21 julio.

2. Los Abogados, Procuradores y Graduados Sociales están sujetos en el ejercicio de su profesión a responsabilidad civil, penal y disciplinaria, según proceda.

- Ap. 2 modificado por art. único.107 de Ley Orgánica núm. 7/2015, de 21 julio.

3. Las correcciones disciplinarias por su actuación ante los juzgados y tribunales se regirán por lo establecido en esta Ley y en las leyes procesales. La responsabilidad disciplinaria por su conducta profesional compete declararla a los correspondientes Colegios y Consejos conforme a sus esta-

tutos, que deberán respetar en todo caso las garantías de la defensa de todo el procedimiento sancionador.

- Artículo añadido por art. único.125 de Ley Orgánica núm. 19/2003, de 23 diciembre.

TÍTULO III
De la Policía Judicial

- Título añadido por art. único.125 de Ley Orgánica núm. 19/2003, de 23 diciembre.

547. La función de la Policía Judicial comprende el auxilio a los juzgados y tribunales y al Ministerio Fiscal en la averiguación de los delitos y en el descubrimiento y aseguramiento de los delincuentes. Esta función competerá, cuando fueren requeridos para prestarla, a todos los miembros de las Fuerzas y Cuerpos de Seguridad, tanto si dependen del Gobierno central como de las Comunidades Autónomas o de los entes locales, dentro del ámbito de sus respectivas competencias.

- Artículo añadido por art. único.125 de Ley Orgánica núm. 19/2003, de 23 diciembre.

548. 1. Se establecerán unidades de Policía Judicial que dependerán funcionalmente de las autoridades judiciales y del Ministerio Fiscal en el desempeño de todas las actuaciones que aquéllas les encomienden.

2. Por Ley se fijará la organización de estas unidades y los medios de selección y régimen jurídico de sus miembros.

- Artículo añadido por art. único.125 de Ley Orgánica núm. 19/2003, de 23 diciembre.

549. 1. Corresponden específicamente a las unidades de Policía Judicial las siguientes funciones:

a) La averiguación acerca de los responsables y circunstancias de los hechos delictivos y la detención de los primeros, dando cuenta seguidamente a la autoridad judicial y fiscal, conforme a lo dispuesto en las leyes.

b) El auxilio a la autoridad judicial y fiscal en cuantas actuaciones deba realizar fuera de su sede y requieran la presencia policial.

c) La realización material de las actuaciones que exijan el ejercicio de la coerción y ordenare la autoridad judicial o fiscal.

d) La garantía del cumplimiento de las órdenes y resoluciones de la autoridad judicial o fiscal.

e) Cualesquiera otras de la misma naturaleza en que sea necesaria su cooperación o auxilio y lo ordenare la autoridad judicial o fiscal.

2. En ningún caso podrán encomendarse a los miembros de dichas unidades la práctica de actuaciones que no sean las propias de la Policía Judicial o las derivadas de las mismas.

- Artículo añadido por art. único.125 de Ley Orgánica núm. 19/2003, de 23 diciembre.

550. 1. En las funciones de investigación penal, la Policía Judicial actuará bajo la dirección de los juzgados y tribunales y del Ministerio Fiscal.

2. Los funcionarios de Policía Judicial a quienes se hubiera encomendado una actuación o investigación concreta dentro de las competencias a que se refiere el artículo 547 de esta Ley, no podrán ser removidos o apartados hasta que finalice la misma o, en todo caso, la fase del procedimiento judicial que la originó, si no es por decisión o con la autorización del juez o fiscal competente.

- Artículo añadido por art. único.125 de Ley Orgánica núm. 19/2003, de 23 diciembre.

TÍTULO IV
De la representación y defensa del Estado y demás entes públicos

- Título añadido por art. único.125 de Ley Orgánica núm. 19/2003, de 23 diciembre.

551. 1. La representación y defensa del Estado y de sus organismos autónomos, así como la representación y defensa de los órganos constitucionales cuyas normas internas no establezcan un régimen especial propio, corresponderá a los Abogados del Estado integrados en el Servicio Jurídico del Estado. Los Abogados del Estado podrán representar y defender a los restantes organismos y entidades públicos, sociedades mercantiles estatales y fundaciones con participación estatal, en los términos contenidos en la Ley 52/1997, de 27 de noviembre, de Asistencia Jurídica al Estado e Instituciones Públicas y disposiciones de desarrollo.

La representación y defensa de las entidades gestoras, servicios comunes y otros organismos o entidades de naturaleza pública, que conforme a la ley integran la Administración de la Seguridad Social, sin incluir, en consecuencia, la de las mutuas colaboradoras de la Seguridad Social, corresponderá a los Letrados de la Administración de la Seguridad Social, integrados en el Servicio Jurídico de la Administración de la Seguridad Social, sin perjuicio de que, de acuerdo con lo que reglamentariamente se determine, tales funciones puedan ser encomendadas a Abogado colegiado especialmente designado al efecto.

- Ap. 1 modificado por art. único.108 de Ley Orgánica núm. 7/2015, de 21 julio.

2. La representación y defensa de las Cortes Generales, del Congreso de los Diputados, del Senado, de la Junta Electoral Central y de los órganos e instituciones vinculados o dependientes de aquéllas corresponderá a los Letrados de las Cortes Generales integrados en las secretarías generales respectivas.

3. La representación y defensa de las Comunidades Autónomas y las de los entes locales corresponderán a los letrados que sirvan en los servicios jurídicos de dichas Administraciones públicas, salvo que designen abogado colegiado que les represente y defienda. Los Abogados del Estado podrán representar y defender a las Comunidades Autónomas y a los entes locales en los términos contenidos en la Ley 52/1997, de 27 de noviembre, de Asistencia Jurídica al Estado e Instituciones Públicas y su normativa de desarrollo.

- Artículo añadido por art. único.125 de Ley Orgánica núm. 19/2003, de 23 diciembre.

TÍTULO V
De las sanciones que pueden imponerse a los que intervienen en los pleitos o causas

- Título añadido por art. único.125 de Ley Orgánica núm. 19/2003, de 23 diciembre.

552. Los abogados y procuradores que intervengan en los pleitos y causas, cuando incumplan las obligaciones que les impone esta Ley o las leyes procesales, podrán ser corregidos a tenor de lo dispuesto en este título, siempre que el hecho no constituya delito.

- Artículo añadido por art. único.125 de Ley Orgánica núm. 19/2003, de 23 diciembre.

553. Los abogados y procuradores serán también corregidos disciplinariamente por su actuación ante los juzgados y tribunales:

1º) Cuando en su actuación forense faltaren oralmente, por escrito o por obra, al respeto debido a los jueces y tribunales, fiscales, abogados, secretarios judiciales o cualquier persona que intervenga o se relacione con el proceso.

2º) Cuando llamados al orden en las alegaciones orales no obedecieren reiteradamente al que presida el acto.

3º) Cuando no comparecieren ante el tribunal sin causa justificada una vez citados en forma.

4º) Cuando renuncien injustificadamente a la defensa o representación que ejerzan en un proceso, dentro de los siete días anteriores a la celebración del juicio o vistas señaladas.

- Artículo añadido por art. único.125 de Ley Orgánica núm. 19/2003, de 23 diciembre.

554. 1. Las correcciones que pueden imponerse a las personas a que se refieren los dos artículos anteriores son:

a) Apercibimiento.

b) Multa cuya máxima cuantía será la prevista en el Código Penal como pena correspondiente a las faltas.

2. La imposición de la corrección de multa se hará atendiendo a la gravedad, antecedentes y circunstancias de los hechos cometidos, y en todo caso se impondrá siempre con audiencia del interesado.

- Artículo añadido por art. único.125 de Ley Orgánica núm. 19/2003, de 23 diciembre.

555. 1. La corrección se impondrá por la autoridad ante la que se sigan las actuaciones.

2. Podrá imponerse en los propios autos o en procedimiento aparte. En todo caso, por el secretario se hará constar el hecho que motive la actuación correctora, las alegaciones del implicado y el acuerdo que se adopte por el juez o por la sala.

- Artículo añadido por art. único.125 de Ley Orgánica núm. 19/2003, de 23 diciembre.

556. Contra el acuerdo de imposición de la corrección podrá interponerse, en el plazo de cinco días, recurso de audiencia en justicia ante el secretario judicial, el juez o la sala, que lo resolverán en el siguiente día. Contra este Acuerdo o contra el de imposición de la sanción, en el caso de que no se hubiese utilizado el recurso de audiencia en justicia, cabrá recurso de alzada, en el plazo de cinco días, ante la Sala de Gobierno, que lo resolverá previo informe del secretario judicial, del juez o de la sala que impuso la corrección, en la primera reunión que celebre.

- Artículo añadido por art. único.125 de Ley Orgánica núm. 19/2003, de 23 diciembre.

557. Cuando fuere procedente alguna de las correcciones especiales previstas en las leyes procesales para casos determinados, se aplicará, en cuanto al modo de imponerla y recursos utilizables, lo que establecen los dos artículos anteriores.

- Artículo añadido por art. único.125 de Ley Orgánica núm. 19/2003, de 23 diciembre.

LIBRO VIII
Del Consejo General del Poder Judicial

- Libro añadido por art. único.1 de Ley Orgánica núm. 4/2013, de 28 junio.

TÍTULO I
De las atribuciones del Consejo General del Poder Judicial

- Título añadido por art. único.1 de Ley Orgánica núm. 4/2013, de 28 junio.

558. 1. El gobierno del Poder Judicial corresponde al Consejo General del Poder Judicial, que ejerce sus competencias en todo el territorio nacional de acuerdo con la Constitución y la presente Ley Orgánica.

2. El Consejo General del Poder Judicial tiene su sede en la villa de Madrid.

- Artículo añadido por art. único.1 de Ley Orgánica núm. 4/2013, de 28 junio.

559. Los Presidentes y demás órganos de gobierno de Juzgados y Tribunales, en el ejercicio de sus funciones gubernativas, están subordinados al Consejo General del Poder Judicial.

- Artículo añadido por art. único.1 de Ley Orgánica núm. 4/2013, de 28 junio.

560. 1. El Consejo General del Poder Judicial tiene las siguientes atribuciones:

1.ª Proponer el nombramiento, en los términos previstos por la presente Ley Orgánica, del Presidente del Tribunal Supremo y del Consejo General del Poder Judicial.

2.ª Proponer el nombramiento de Jueces, Magistrados y Magistrados del Tribunal Supremo.

3.ª Proponer el nombramiento, en los términos previstos por la presente Ley Orgánica, de dos Magistrados del Tribunal Constitucional.

4.ª Ser oído por el Gobierno antes del nombramiento del Fiscal General del Estado.

5.ª Interponer el conflicto de atribuciones entre órganos constitucionales del Estado, en los términos previstos por la Ley Orgánica del Tribunal Constitucional.

6.ª Participar, en los términos legalmente previstos, en la selección de Jueces y Magistrados.

7.ª Resolver lo que proceda en materia de formación y perfeccionamiento, provisión de destinos, ascensos, situaciones administrativas y régimen disciplinario de Jueces y Magistrados.

8.ª Ejercer la alta inspección de Tribunales, así como la supervisión y coordinación de la actividad inspectora ordinaria de los Presidentes y Salas de Gobierno de los Tribunales.

9.ª Impartir instrucciones a los órganos de gobierno de Juzgados y Tribunales en materias de la competencia de éstos, así como resolver los recursos de alzada que se interpongan contra cualesquiera acuerdos de los mismos.

10.ª Cuidar de la publicación oficial de las sentencias y demás resoluciones que se determinen del Tribunal Supremo y del resto de órganos judiciales.

A tal efecto el Consejo General del Poder Judicial, previo informe de las Administraciones competentes, establecerá reglamentariamente el modo en que habrán de elaborarse los libros electrónicos de sentencias, la recopilación de las mismas, su tratamiento, difusión y certificación, para velar por su integridad, autenticidad y acceso, así como para asegurar el cumplimiento de la legislación en materia de protección de datos personales.

11.ª Regular la estructura y funcionamiento de la Escuela Judicial, así como nombrar a su Director y a sus profesores.

12.ª Regular la estructura y funcionamiento del Centro de Documentación Judicial, así como nombrar a su Director y al resto de su personal.

13.ª Nombrar al Vicepresidente del Tribunal Supremo, al Promotor de la Acción Disciplinaria y al Jefe de la Inspección de Tribunales.

14.ª Nombrar al Director del Gabinete Técnico del Consejo General del Poder Judicial.

15.ª Regular y convocar el concurso-oposición de ingreso en el Cuerpo de Letrados del Consejo General del Poder Judicial.

16.ª Ejercer la potestad reglamentaria, en el marco estricto de desarrollo de las previsiones de la Ley Orgánica del Poder Judicial, en las siguientes materias:

a) Organización y funcionamiento del Consejo General del Poder Judicial.

b) Personal del Consejo General del Poder Judicial en el marco de la legislación sobre la función pública.

c) Órganos de gobierno de Juzgados y Tribunales.

d) Publicidad de las actuaciones judiciales.

e) Publicación y reutilización de las resoluciones judiciales.

f) Habilitación de días y horas, así como fijación de horas de audiencia pública.

g) Constitución de los órganos judiciales fuera de su sede.

h) Especialización de órganos judiciales.

i) Reparto de asuntos y ponencias.

j) Régimen de guardias de los órganos jurisdiccionales.

k) Organización y gestión de la actuación de los órganos judiciales españoles en materia de cooperación jurisdiccional interna e internacional.

l) Establecimiento de las bases y estándares de compatibilidad de los sistemas informáticos que se utilicen en la Administración de Justicia.

m) Condiciones accesorias para el ejercicio de los derechos y deberes que conforman el estatuto de Jueces y Magistrados, así como el régimen jurídico de las Asociaciones judiciales, sin que tal desarrollo reglamentario pueda suponer innovación o alteración alguna de la regulación legal.

En ningún caso, las disposiciones reglamentarias del Consejo General del Poder Judicial podrán afectar o regular directa o indirectamente los derechos y deberes de personas ajenas al mismo.

17.ª Elaborar y ejecutar su propio presupuesto, en los términos previstos en la presente Ley Orgánica.

18.ª Aprobar la relación de puestos de trabajo del personal funcionario a su servicio.

19ª Colaborar con la Autoridad de Control en materia de protección de datos en el ámbito de la Administración de Justicia. Asimismo, asumirá las competencias propias de aquélla, únicamente respecto a la actuación de Jueces y Magistrados con ocasión del uso de ficheros judiciales.

20.ª Recibir quejas de los ciudadanos en materias relacionadas con la Administración de Justicia.

21.ª Elaborar y aprobar, conjuntamente con el Ministerio de Justicia y, en su caso, oídas las Comunidades Autónomas cuando afectare a materias de su competencia, los sistemas de racionalización, organización y medición de trabajo que se estimen convenientes para determinar la carga de trabajo que pueda soportar un órgano jurisdiccional.

La determinación de la carga de trabajo que cabe exigir, a efectos disciplinarios, al Juez o Magistrado corresponderá en exclusiva al Consejo General del Poder Judicial.

22.ª Proponer, previa justificación de la necesidad, las medidas de refuerzo que sean precisas en concretos órganos judiciales.

23.ª Emitir informe en los expedientes de responsabilidad patrimonial por anormal funcionamiento de la Administración de Justicia.

24.ª Aquellas otras que le atribuya la Ley Orgánica del Poder Judicial.

2. Los proyectos de reglamentos de desarrollo se someterán a informe de las asociaciones profesionales de Jueces y Magistrados y de las corporaciones profesionales o asociaciones de otra naturaleza que tengan reconocida legalmente representación de intereses a los que puedan afectar. Se dará intervención a la Administración del Estado, por medio del Ministerio de Justicia, y a las de las Comunidades Autónomas siempre que una y otras tengan competencias

relacionadas con el contenido del reglamento o sea necesario coordinar éstas con las del Consejo General. Se recabarán las consultas y los estudios previos que se consideren pertinentes y un dictamen de legalidad sobre el proyecto.

En todo caso, se elaborará un informe previo de impacto de género.

El Ministerio Fiscal será oído cuando le afecte la materia sobre la que verse el proyecto y especialmente en los supuestos contemplados en las letras *d)* y *f)* a *j)* del apartado 1.16.ª de este artículo.

3. A los efectos de lo previsto en la letra *l)* del apartado 1.16.ª de este artículo, el Consejo General del Poder Judicial someterá a la aprobación del Comité Técnico Estatal de la Administración judicial electrónica la definición y validación funcional de los programas y aplicaciones informáticos estableciendo a nivel estatal los modelos de resoluciones, procedimientos e hitos clave de la gestión procesal.

En todo caso, la implementación técnica de todas estas medidas en los programas y aplicaciones informáticas corresponderá al Ministerio de Justicia y demás administraciones con competencias sobre los medios materiales al servicio de la Administración de Justicia.

4. Cuando en el ejercicio de las atribuciones legalmente previstas en este artículo el Consejo General del Poder Judicial adopte medidas que comporten un incremento de gasto, será preciso informe favorable de la Administración competente que deba soportar dicho gasto.

- Artículo añadido por art. único.1 de Ley Orgánica núm. 4/2013, de 28 junio.

561. 1. Se someterán a informe del Consejo General del Poder Judicial los anteproyectos de ley y disposiciones generales que versen sobre las siguientes materias:

1.ª Modificaciones de la Ley Orgánica del Poder Judicial.

2.ª Determinación y modificación de las demarcaciones judiciales, así como de su capitalidad.

3.ª Fijación y modificación de la plantilla orgánica de Jueces y Magistrados, Secretarios Judiciales y personal al servicio de la Administración de Justicia.

4.ª Estatuto orgánico de Jueces y Magistrados.

5.ª Estatuto orgánico de los Secretarios Judiciales y del resto del personal al servicio de la Administración de Justicia.

6.ª Normas procesales o que afecten a aspectos jurídico-constitucionales de la tutela ante los Tribunales ordinarios del ejercicio de derechos fundamentales.

7ª Normas que afecten a la constitución, organización, funcionamiento y gobierno de los Tribunales.

8.ª Leyes penales y normas sobre régimen penitenciario.

9.ª Cualquier otra cuestión que el Gobierno, las Cortes Generales o, en su caso, las Asambleas Legislativas de las Comunidades Autónomas estimen oportuna.

2. El Consejo General del Poder Judicial emitirá su informe en el plazo improrrogable de treinta días. Si en la orden de remisión se hiciere constar la urgencia del informe, el plazo será de quince días. Excepcionalmente el órgano remitente podrá conceder la prórroga del plazo atendiendo a las circunstancias del caso. La duración de la prórroga será de quince días, salvo en los casos en los que en la orden de remisión se hubiere hecho constar la urgencia del informe, en cuyo caso será de diez días.

- Ap. 2 modificado por art. único.109 de Ley Orgánica núm. 7/2015, de 21 julio.

3. Cuando no hubiera sido emitido informe en los plazos previstos en el apartado anterior, se tendrá por cumplido dicho trámite.

- Ap. 3 modificado por art. único.109 de Ley Orgánica núm. 7/2015, de 21 julio.

4. El Gobierno remitirá dicho informe a las Cortes Generales en el caso de tratarse de anteproyectos de ley.

- Ap. 4 añadido por art. único.109 de Ley Orgánica núm. 7/2015, de 21 julio.
  Artículo añadido por art. único.1 de Ley Orgánica núm. 4/2013, de 28 junio.

562. Todas las actividades internacionales del Consejo General del Poder Judicial se llevarán a cabo en coordinación con el Ministerio de Asuntos Exteriores y de acuerdo con las directrices en materia de política exterior que, en el ejercicio de sus competencias, sean fijadas por éste, sin perjuicio de las competencias que en materia de cooperación jurisdiccional internacional ostenta el Consejo General del Poder Judicial de acuerdo con lo dispuesto en la presente Ley Orgánica.

- Artículo añadido por art. único.1 de Ley Orgánica núm. 4/2013, de 28 junio.

563. 1. El Consejo General del Poder Judicial remitirá a las Cortes Generales anualmente una Memoria sobre el estado, funcionamiento y actividades del propio Consejo General del Poder Judicial y de los Juzgados y Tribunales, donde se incluirán las necesidades que, a su juicio, existan en materia de personal, instalaciones y recursos para el correcto desempeño de las funciones que la Constitución y las leyes asignan al poder judicial.

2. En dicha Memoria se incluirá también un capítulo sobre el impacto de género en el ámbito judicial.

3. Las Cortes Generales, de acuerdo con los Reglamentos de las Cámaras, podrán debatir el contenido de la Memoria y solicitar la comparecen-

cia del Presidente del Tribunal Supremo, a fin de responder a las preguntas que se le formulen acerca de la referida Memoria.

- Artículo añadido por art. único.1 de Ley Orgánica núm. 4/2013, de 28 junio.

564. Fuera del supuesto previsto en el artículo anterior, sobre el Presidente del Tribunal Supremo y los Vocales del Consejo General del Poder Judicial no recaerá deber alguno de comparecer ante las Cámaras por razón de sus funciones.

- Artículo añadido por art. único.1 de Ley Orgánica núm. 4/2013, de 28 junio.

565. 1. Para el ejercicio de las atribuciones que tiene encomendadas, el Consejo General del Poder Judicial, en ejercicio de su autonomía como órgano constitucional, elaborará su presupuesto.

2. La elaboración y ejecución del presupuesto del Consejo General del Poder Judicial se sujetará, en todo caso, a la legislación presupuestaria general.

3. El control interno del gasto del Consejo General del Poder Judicial se llevará a cabo por un funcionario perteneciente al Cuerpo Superior de Interventores y Auditores del Estado, que dependerá funcionalmente del Consejo General del Poder Judicial, y el control externo por el Tribunal de Cuentas.

4. El Consejo General del Poder Judicial, máximo órgano de gobierno del Poder Judicial, está vinculado por los principios de estabilidad y sostenibilidad presupuestaria.

- Artículo añadido por art. único.1 de Ley Orgánica núm. 4/2013, de 28 junio.

TÍTULO II
De los Vocales del Consejo General del Poder Judicial

- Título añadido por art. único.1 de Ley Orgánica núm. 4/2013, de 28 junio.

CAPÍTULO I
Designación y sustitución de los Vocales

- Capítulo añadido por art. único.1 de Ley Orgánica núm. 4/2013, de 28 junio.

566. El Consejo General del Poder Judicial estará integrado por el Presidente del Tribunal Supremo, que lo presidirá, y por veinte Vocales, de los cuales doce serán Jueces o Magistrados en servicio activo en la carrera judicial y ocho juristas de reconocida competencia.

- Artículo añadido por art. único.1 de Ley Orgánica núm. 4/2013, de 28 junio.

567. 1. Los veinte Vocales del Consejo General del Poder Judicial serán designados por las Cortes Generales del modo establecido en la Constitución y en la presente Ley Orgánica.

2. Cada una de las Cámaras elegirá, por mayoría de tres quintos de sus miembros, a diez Vocales, cuatro entre juristas de reconocida competencia con más de quince años de ejercicio en su profesión y seis correspondientes al turno judicial, conforme a lo previsto en el Capítulo II del presente Título.

3. Podrán ser elegidos por el turno de juristas aquellos Jueces o Magistrados que no se encuentren en servicio activo en la carrera judicial y que cuenten con más de quince años de experiencia profesional, teniendo en cuenta para ello tanto la antigüedad en la carrera judicial como los años de experiencia en otras profesiones jurídicas. Quien, deseando presentar su candidatura para ser designado Vocal, ocupare cargo incompatible con aquél según la legislación vigente, se comprometerá a formalizar su renuncia al mencionado cargo si resultare elegido.

4. Las Cámaras designarán, asimismo, tres suplentes para cada uno de los turnos por los que se puede acceder a la designación como Vocal, fijándose el orden por el que deba procederse en caso de sustitución.

5. En ningún caso podrá recaer la designación de Vocales del Consejo General del Poder Judicial en Vocales del Consejo saliente.

6. El cómputo de los plazos en los procedimientos de designación de Vocales del Consejo General del Poder Judicial y de elección del Presidente del Tribunal Supremo y del Consejo General del Poder Judicial, así como del Vicepresidente del Tribunal Supremo, se realizará por días hábiles cuando el plazo se señale por días, empezando a computarse desde el día siguiente, y de fecha a fecha cuando se fije en meses o años. Cuando en el mes del vencimiento no hubiera día equivalente al inicial del cómputo se entenderá que el plazo expira el último del mes.

- Ap. 6 añadido por art. único.110 de Ley Orgánica núm. 7/2015, de 21 julio.
  Artículo añadido por art. único.1 de Ley Orgánica núm. 4/2013, de 28 junio.

568. 1. El Consejo General del Poder Judicial se renovará en su totalidad cada cinco años, contados desde la fecha de su constitución. Los Presidentes del Congreso de los Diputados y del Senado deberán adoptar las medidas necesarias para que la renovación del Consejo se produzca en plazo.

2. A tal efecto, y a fin de que las Cámaras puedan dar comienzo al proceso de renovación del Consejo, cuatro meses antes de la expiración del mencionado plazo, el Presidente del Tribunal Supremo y del Consejo General del Poder Judicial dispondrá:

a) la remisión a los Presidentes del Congreso de los Diputados y del Senado de los datos del escalafón y del Registro de Asociaciones judiciales obrantes en dicha fecha en el Consejo.

b) la apertura del plazo de presentación de candidaturas para la designación de los Vocales correspondientes al turno judicial.

El Presidente del Tribunal Supremo dará cuenta al Pleno del Consejo General del Poder Judicial de los referidos actos en la primera sesión ordinaria que se celebre tras su realización.

- Artículo añadido por art. único.1 de Ley Orgánica núm. 4/2013, de 28 junio.

569. 1. Los Vocales del Consejo General del Poder Judicial serán nombrados por el Rey mediante Real Decreto, tomarán posesión de su cargo prestando juramento o promesa ante el Rey y celebrarán a continuación su sesión constitutiva.

2. La toma de posesión y la sesión constitutiva tendrán lugar dentro de los cinco días posteriores a la expiración del anterior Consejo, salvo en el supuesto previsto en el artículo 570.2 de esta Ley Orgánica.

- Artículo añadido por art. único.1 de Ley Orgánica núm. 4/2013, de 28 junio.

570. 1. Si el día de la sesión constitutiva del nuevo Consejo General del Poder Judicial no hubiere alguna de las Cámaras procedido aún a la elección de los Vocales cuya designación le corresponda, se constituirá el Consejo General del Poder Judicial con los diez Vocales designados por la otra Cámara y con los Vocales del Consejo saliente que hubieren sido designados en su momento por la Cámara que haya incumplido el plazo de designación, pudiendo desde entonces ejercer todas sus atribuciones.

2. Si ninguna de las dos Cámaras hubieren efectuado en el plazo legalmente previsto la designación de los Vocales que les corresponda, el Consejo saliente continuará en funciones hasta la toma de posesión del nuevo, no pudiendo procederse, hasta entonces, a la elección de nuevo Presidente del Consejo General del Poder Judicial.

3. El nombramiento de Vocales con posterioridad a la expiración del plazo concedido legalmente para su designación no supondrá, en ningún caso, la ampliación de la duración de su cargo más allá de los cinco años de mandato del Consejo General del Poder Judicial para el que hubieren sido designados, salvo lo previsto en el apartado anterior.

4. Una vez que se produzca la designación de los Vocales por la Cámara que haya incumplido el plazo de designación, deberá procederse a la sustitución de los Vocales salientes que formasen parte de alguna de las

Comisiones legalmente previstas. Los nuevos Vocales deberán ser elegidos por el Pleno teniendo en cuenta el turno por el que hayan sido designados los Vocales salientes, y formarán parte de la Comisión respectiva por el tiempo que resta hasta la renovación de la misma.

5. La mera circunstancia de que la designación de Vocales se produzca una vez constituido el nuevo Consejo no servirá de justificación para revisar los acuerdos que se hubieren adoptado hasta ese momento.

- Artículo añadido por art. único.1 de Ley Orgánica núm. 4/2013, de 28 junio.

571. 1. El cese anticipado de los Vocales del Consejo General del Poder Judicial dará lugar a su sustitución, procediendo el Presidente del Tribunal Supremo y del Consejo General del Poder Judicial a ponerlo en conocimiento de la Cámara competente para que proceda a la propuesta de nombramiento de un nuevo Vocal conforme al orden establecido en el artículo 567.4 de la presente Ley Orgánica.

2. El nuevo Vocal ejercerá su cargo por el tiempo que reste hasta la finalización del mandato del Consejo General del Poder Judicial.

- Artículo añadido por art. único.1 de Ley Orgánica núm. 4/2013, de 28 junio.

CAPÍTULO II
Procedimiento de designación de Vocales de origen judicial

- Capítulo añadido por art. único.1 de Ley Orgánica núm. 4/2013, de 28 junio.

572. La designación de los Vocales del Consejo General del Poder Judicial correspondientes al turno judicial se regirá por lo dispuesto en la presente Ley Orgánica.

- Artículo añadido por art. único.1 de Ley Orgánica núm. 4/2013, de 28 junio.

573. 1. Cualquier Juez o Magistrado en servicio activo en la carrera judicial podrá presentar su candidatura para ser elegido Vocal por el turno judicial, salvo que se halle en alguna de las situaciones que, conforme a lo establecido en esta Ley, se lo impidan.

2. El Juez o Magistrado que, deseando presentar su candidatura para ser designado Vocal, ocupare cargo incompatible se comprometerá a formalizar su renuncia al mencionado cargo si resultare elegido.

- Artículo añadido por art. único.1 de Ley Orgánica núm. 4/2013, de 28 junio.

574. 1. El Juez o Magistrado que desee presentar su candidatura podrá elegir entre aportar el aval de veinticinco miembros de la carrera judicial en servicio activo o el aval de una Asociación judicial legalmente constituida en el momento en que se decrete la apertura del plazo de presentación de candidaturas.

2. Cada uno de los Jueces o Magistrados o Asociaciones judiciales a los que se refiere el apartado anterior podrá avalar hasta un máximo de doce candidatos.

- Artículo añadido por art. único.1 de Ley Orgánica núm. 4/2013, de 28 junio.

575. 1. El plazo de presentación de candidaturas será de un mes a contar desde el día siguiente a la fecha en que el Presidente del Tribunal Supremo y del Consejo General del Poder Judicial ordene la apertura de dicho plazo.

2. El Juez o Magistrado que desee presentar su candidatura para ser designado Vocal por el turno de origen judicial, dirigirá escrito al Presidente del Tribunal Supremo y del Consejo General del Poder Judicial en el que ponga de manifiesto su intención de ser designado Vocal. El mencionado escrito deberá ir acompañado de una memoria justificativa de las líneas de actuación que, a su juicio, debería desarrollar el Consejo General del Poder Judicial, así como de los veinticinco avales o el aval de la Asociación judicial exigidos legalmente para su presentación como candidato.

- Artículo añadido por art. único.1 de Ley Orgánica núm. 4/2013, de 28 junio.

576. 1. Corresponde a la Junta Electoral resolver cuantas cuestiones se planteen en el proceso de presentación de candidaturas a Vocales del Consejo General del Poder Judicial por el turno judicial y proceder a la proclamación de candidaturas.

2. La Junta Electoral estará integrada por el Presidente de Sala más antiguo del Tribunal Supremo, quien la presidirá, y por dos Vocales: el Magistrado más antiguo y el más moderno del Tribunal Supremo, actuando como Secretario, con voz pero sin voto, el Secretario de Gobierno del Tribunal Supremo.

3. La Junta Electoral se constituirá dentro de los tres días siguientes al inicio del procedimiento de designación de candidatos a Vocales del Consejo General del Poder Judicial por el turno judicial y se disolverá una vez concluido definitivamente el procedimiento de presentación de candidaturas, incluida la resolución de los recursos contencioso-administrativos si los hubiere.

4. La Junta Electoral será convocada por su Presidente cuando lo considere necesario. Para que la reunión se pueda celebrar, será precisa la asistencia de todos sus miembros o de sus sustitutos.

5. En caso de ausencia del Presidente, asumirá sus funciones el siguiente Presidente de Sala del Tribunal Supremo en orden de antigüedad. Asimismo, el Magistrado más antiguo y el más moderno serán, en su caso, sustituidos

por los siguientes Magistrados del Tribunal Supremo más antiguo y moderno del escalafón, respectivamente. En caso de ausencia del Secretario, será sustituido por el secretario del Tribunal Supremo de mayor antigüedad.

6. Los acuerdos de la Junta Electoral se tomarán por mayoría simple.

7. Finalizado el plazo de presentación de candidaturas, la Junta Electoral procederá a publicar, dentro de los dos días siguientes, la lista de candidatos que reúnan los requisitos legalmente exigidos.

8. La lista será expuesta públicamente en la intranet del Consejo General del Poder Judicial, pudiendo ser impugnadas las candidaturas presentadas dentro de los tres días siguientes a su publicación.

9. Transcurrido dicho plazo, la Junta Electoral resolverá dentro de los tres días siguientes las impugnaciones que se hubieren formulado, procediendo de inmediato a la publicación del acuerdo de proclamación de candidaturas.

- Artículo añadido por art. único.1 de Ley Orgánica núm. 4/2013, de 28 junio.

577. 1. Contra la proclamación definitiva de candidaturas cabrá interponer recurso contencioso-administrativo en el plazo de dos días desde la publicación del acuerdo. En el mismo acto de interposición se deberán presentar las alegaciones que se estimen pertinentes, acompañadas de los elementos de prueba oportunos.

- Ap. 1 modificado por art. único.111 de Ley Orgánica núm. 7/2015, de 21 julio.

2. El conocimiento del recurso contencioso-administrativo corresponderá a la Sala de lo Contencioso-Administrativo del Tribunal Supremo, que deberá resolver en el plazo de tres días desde su interposición.

- Artículo añadido por art. único.1 de Ley Orgánica núm. 4/2013, de 28 junio.

578. 1. Transcurridos, en su caso, los plazos señalados en el artículo anterior, el Presidente del Tribunal Supremo y del Consejo General del Poder Judicial remitirá las candidaturas definitivamente admitidas a los Presidentes del Congreso y del Senado, a fin de que ambas Cámaras procedan a la designación de los Vocales del turno judicial conforme a lo previsto en el artículo 567 de la presente Ley Orgánica.

2. En la designación de los Vocales del turno judicial, las Cámaras tomarán en consideración el número existente en la carrera judicial, en el momento de proceder a la renovación del Consejo General del Poder Judicial, de Jueces y Magistrados no afiliados y de afiliados a cada una de las distintas Asociaciones judiciales.

3. La designación de los doce Vocales del Consejo General del Poder Judicial del turno judicial deberá respetar, como mínimo, la siguiente pro-

porción: tres Magistrados del Tribunal Supremo; tres Magistrados con más de veinticinco años de antigüedad en la carrera judicial y seis Jueces o Magistrados sin sujeción a antigüedad. Si no existieren candidatos a Vocales dentro de alguna de las mencionadas categorías, la vacante acrecerá el cupo de la siguiente por el orden establecido en este precepto.

- Artículo añadido por art. único.1 de Ley Orgánica núm. 4/2013, de 28 junio.

CAPÍTULO III
Estatuto de los Vocales del Consejo General del Poder Judicial

- Capítulo añadido por art. único.1 de Ley Orgánica núm. 4/2013, de 28 junio.

579. 1. Los Vocales del Consejo General del Poder Judicial, salvo los que integren la Comisión Permanente, permanecerán en servicio activo si pertenecen a la carrera judicial o a algún cuerpo de funcionarios, y seguirán desempeñando su actividad profesional si son abogados, procuradores de los Tribunales o ejercen cualquier otra profesión liberal.

2. Los Vocales que integren la Comisión Permanente, durante el tiempo que formen parte de la misma, desempeñarán su cargo con carácter exclusivo y pasarán, en su caso, a la situación administrativa de servicios especiales en su cuerpo de origen.

3. No podrá compatibilizarse el cargo de Vocal con dedicación exclusiva con el desempeño simultáneo de otras responsabilidades gubernativas en el ámbito judicial. En caso de concurrencia y mientras se ostente el cargo de Vocal con dedicación exclusiva, estas responsabilidades serán asumidas por quien deba sustituir al interesado según la legislación vigente.

4. Los Vocales tendrán la obligación de asistir, salvo causa justificada, a todas las sesiones del Pleno y de la Comisión de la que formen parte.

5. El Presidente, los Vocales y el Secretario General del Consejo General del Poder Judicial están sujetos al deber de efectuar una declaración de bienes y derechos y al control y gestión de activos financieros de los que sean titulares en los términos previstos en los artículos 17 y 18 de la Ley 3/2015, de 30 de marzo, reguladora del ejercicio del alto cargo de la Administración General del Estado, con las adaptaciones que sean precisas a la organización del Consejo que se establecerán en el Reglamento de Organización y Funcionamiento del mismo.

- Ap. 5 añadido por art. único.112 de Ley Orgánica núm. 7/2015, de 21 julio.
  Artículo añadido por art. único.1 de Ley Orgánica núm. 4/2013, de 28 junio.

580. 1. El ejercicio de la función de Vocal del Consejo General del Poder Judicial será incompatible con cualquier otro cargo público, electivo o no electivo, con la sola excepción en su caso del servicio en el cuerpo a que pertenezcan.

2. Regirán para los Vocales del Consejo General del Poder Judicial las causas de abstención y recusación legalmente establecidas para las autoridades y personal al servicio de la Administración General del Estado. En todo caso, deberán abstenerse de conocer aquellos asuntos en los que pueda existir un interés directo o indirecto, o cuando su intervención en los mismos pudiera afectar a la imparcialidad objetiva en su actuación como Vocal.

3. Los Vocales del Consejo General del Poder Judicial no podrán invocar o hacer uso de su condición de tales en el ejercicio de su profesión.

4. Se considerará un incumplimiento muy grave de los deberes inherentes al cargo de Vocal el quebrantamiento de la prohibición impuesta en el apartado anterior, así como la utilización de su condición de tal para cualesquiera fines, públicos o privados, ajenos al adecuado ejercicio de las atribuciones del Consejo General del Poder Judicial. Si una situación de este tipo se produjere, el Pleno por mayoría de tres quintos podrá destituir al Vocal infractor.

- Artículo añadido por art. único.1 de Ley Orgánica núm. 4/2013, de 28 junio.

581. Los Vocales del Consejo General del Poder Judicial no estarán ligados por mandato imperativo.

- Artículo añadido por art. único.1 de Ley Orgánica núm. 4/2013, de 28 junio.

582. 1. Los Vocales sólo cesarán en sus cargos por el transcurso de los cinco años para los que fueron nombrados, así como por renuncia aceptada por el Presidente del Tribunal Supremo y del Consejo General del Poder Judicial, o por incapacidad, incompatibilidad o incumplimiento grave de los deberes del cargo, apreciadas por el Pleno del Consejo General del Poder Judicial mediante mayoría de tres quintos.

2. Los Vocales de origen judicial también cesarán cuando dejen de estar en servicio activo en la carrera judicial, salvo en el supuesto previsto en el artículo 579.2 de esta Ley Orgánica, así como cuando por jubilación u otra causa prevista en esta Ley Orgánica dejen de pertenecer a la carrera judicial.

- Artículo añadido por art. único.1 de Ley Orgánica núm. 4/2013, de 28 junio.

583. La responsabilidad civil y penal de los miembros del Consejo General del Poder Judicial se exigirá por los trámites establecidos para los Magistrados del Tribunal Supremo.

- Artículo añadido por art. único.1 de Ley Orgánica núm. 4/2013, de 28 junio.

584. Los Vocales del Consejo General del Poder Judicial no podrán ser promovidos mientras dure su mandato a la categoría de Magistrado del Tribunal Supremo o a Magistrado del Tribunal Constitucional, ni nombrados para cualquier cargo de la carrera judicial de libre designación o en cuya provisión concurra apreciación de méritos.

- Artículo añadido por art. único.1 de Ley Orgánica núm. 4/2013, de 28 junio.

584 bis. 1. Los miembros del Consejo General del Poder Judicial que desempeñen su cargo con carácter exclusivo percibirán la retribución que se fije como única y exclusiva en atención a la importancia de su función en la Ley de Presupuestos Generales del Estado.

2. Los Vocales del Consejo General del Poder Judicial que no desempeñen su cargo con carácter exclusivo percibirán las dietas por asistencia al Pleno o a las Comisiones que establezca la Ley de Presupuestos Generales del Estado, sin tener derecho a ninguna otra clase de remuneración por el cargo de Vocal, salvo las indemnizaciones que por razón del servicio les puedan corresponder.

- Artículo añadido por art. único.Seis de Ley Orgánica núm. 4/2014, de 11 julio.

TÍTULO III
Del Presidente del Tribunal Supremo y del Consejo General del Poder Judicial, del Vicepresidente del Tribunal Supremo y del Gabinete de Presidencia del Tribunal Supremo y del Consejo General del Poder Judicial

- Título añadido por art. único.1 de Ley Orgánica núm. 4/2013, de 28 junio.

CAPÍTULO I
Del Presidente del Tribunal Supremo y del Consejo General del Poder Judicial y del Vicepresidente del Tribunal Supremo

- Capítulo añadido por art. único.1 de Ley Orgánica núm. 4/2013, de 28 junio.

585. El Presidente del Tribunal Supremo y del Consejo General del Poder Judicial es la primera autoridad judicial de la Nación y ostenta la representación del Poder Judicial y del órgano de gobierno del mismo, correspondiéndole el tratamiento y los honores inherentes a tal condición.

- Artículo añadido por art. único.1 de Ley Orgánica núm. 4/2013, de 28 junio.

586. 1. Para ser elegido Presidente del Tribunal Supremo y del Consejo General del Poder Judicial, será necesario ser miembro de la carrera judicial con la categoría de Magistrado del Tribunal Supremo y reunir las condiciones exigidas para ser Presidente de Sala del mismo, o bien ser un jurista de reconocida competencia con más de veinticinco años de antigüedad en el ejercicio de su profesión.

2. En la sesión constitutiva del Consejo General del Poder Judicial, que será presidida por el Vocal de más edad, deberán presentarse y hacerse públicas las diferentes candidaturas, sin que cada Vocal pueda proponer más de un nombre.

3. La elección tendrá lugar en una sesión a celebrar entre tres y siete días más tarde, siendo elegido quien en votación nominal obtenga el apoyo de la mayoría de tres quintos de los miembros del Pleno; y, si en una primera votación ninguno de los candidatos resultare elegido, se procederá inmediatamente a una segunda votación exclusivamente entre los dos candidatos más votados en aquélla, resultando elegido quien obtenga mayor número de votos.

4. El Presidente del Tribunal Supremo será nombrado por el Rey mediante Real Decreto refrendado por el Presidente del Gobierno.

5. El Presidente del Tribunal Supremo prestará juramento o promesa ante el Rey y tomará posesión de su cargo ante el Pleno de dicho Alto Tribunal.

- Artículo añadido por art. único.1 de Ley Orgánica núm. 4/2013, de 28 junio.

587. 1. La duración del mandato del Presidente del Tribunal Supremo y del Consejo General del Poder Judicial coincidirá con la del Consejo que lo haya elegido.

2. El Presidente del Tribunal Supremo y del Consejo General del Poder Judicial podrá ser reelegido y nombrado, por una sola vez, para un nuevo mandato.

- Artículo añadido por art. único.1 de Ley Orgánica núm. 4/2013, de 28 junio.

588. 1. El Presidente del Tribunal Supremo y del Consejo General del Poder Judicial cesará por las siguientes causas:

1.ª Por haber expirado el término de su mandato, que se entenderá agotado, en todo caso, en la misma fecha en que concluya el del Consejo por el que hubiere sido elegido.

2.ª Por renuncia.

3.ª Por decisión del Pleno del Consejo General del Poder Judicial, a causa de notoria incapacidad o incumplimiento grave de los deberes del cargo, apreciados por tres quintos de sus miembros.

2. Las causas segunda y tercera de este artículo se comunicarán al Gobierno por mediación del Ministro de Justicia. En tales casos se procederá

a nuevo nombramiento de Presidente del Tribunal Supremo y del Consejo General del Poder Judicial.

- Artículo añadido por art. único.1 de Ley Orgánica núm. 4/2013, de 28 junio.

589. 1. En el primer Pleno ordinario del Consejo General del Poder Judicial posterior a la elección del Presidente del Tribunal Supremo y del Consejo General del Poder Judicial, se deberá elegir al Vicepresidente del Tribunal Supremo.

2. El Vicepresidente del Tribunal Supremo será nombrado, por mayoría absoluta, por el Pleno del Consejo General del Poder Judicial, a propuesta del Presidente. Para figurar en la propuesta será preciso tener la categoría de Magistrado del Tribunal Supremo, estar en servicio activo y reunir los requisitos para ser Presidente de Sala del mismo.

3. La propuesta realizada por el Presidente del Tribunal Supremo deberá comunicarse a los Vocales al menos con siete días de antelación, y se hará pública.

4. De no alcanzarse mayoría absoluta en la votación, el Presidente del Tribunal Supremo y del Consejo General del Poder Judicial deberá efectuar una nueva propuesta de Vicepresidente.

5. El Vicepresidente del Tribunal Supremo podrá ser cesado por el Pleno del Consejo General del Poder Judicial por causa justificada, con el voto favorable de tres quintos de los miembros del Pleno.

- Artículo añadido por art. único.1 de Ley Orgánica núm. 4/2013, de 28 junio.

590. El Vicepresidente ejercerá, en funciones, el cargo de Presidente del Tribunal Supremo y del Consejo General del Poder Judicial en los casos legalmente previstos de cese anticipado del Presidente y hasta el nombramiento de un nuevo Presidente.

- Artículo añadido por art. único.1 de Ley Orgánica núm. 4/2013, de 28 junio.

591. 1. El Vicepresidente prestará al Presidente del Tribunal Supremo y del Consejo General del Poder Judicial la colaboración necesaria para el adecuado cumplimiento de sus funciones. A estos efectos, le sustituirá en los supuestos de vacante, ausencia, enfermedad u otro motivo legítimo.

2. El Vicepresidente del Tribunal Supremo podrá ejercer, por delegación del Presidente, la superior dirección del Gabinete Técnico de este Alto Tribunal, así como todas aquellas funciones que el Presidente le delegue expresamente mediando causa justificada.

- Artículo añadido por art. único.1 de Ley Orgánica núm. 4/2013, de 28 junio.

592. El Vicepresidente del Tribunal Supremo será miembro nato de la Sala de Gobierno de dicho Tribunal y le corresponderá proponer a ésta y al Presidente la adopción de aquellas decisiones orientadas a garantizar el correcto funcionamiento del Tribunal Supremo, así como velar por la exacta ejecución de los acuerdos adoptados por la Sala de Gobierno.

- Artículo añadido por art. único.1 de Ley Orgánica núm. 4/2013, de 28 junio.

593. 1. El Presidente del Tribunal Supremo y del Consejo General del Poder Judicial, si procediere de la carrera judicial, quedará en la situación administrativa de servicios especiales. De no pertenecer a la carrera judicial, su situación administrativa será, en su caso, la que corresponda a su cuerpo de procedencia.

2. El Vicepresidente del Tribunal Supremo, que permanecerá en la situación administrativa de servicio activo, ocupará el cargo durante cinco años, salvo en el supuesto previsto en el artículo 589.5 de esta Ley Orgánica.

3. La responsabilidad civil y penal del Presidente del Tribunal Supremo y del Consejo General del Poder Judicial y del Vicepresidente se exigirá por los trámites establecidos para los Magistrados de dicho Alto Tribunal.

- Artículo añadido por art. único.1 de Ley Orgánica núm. 4/2013, de 28 junio.

CAPÍTULO II
Del Gabinete de la Presidencia del Tribunal Supremo y del Consejo General del Poder Judicial

- Capítulo añadido por art. único.1 de Ley Orgánica núm. 4/2013, de 28 junio.

594. 1. El Presidente del Tribunal Supremo y del Consejo General del Poder Judicial estará asistido por un Director de Gabinete de la Presidencia, nombrado y cesado libremente por él.

2. Sólo podrán desempeñar el cargo de Director de Gabinete de la Presidencia un Magistrado del Tribunal Supremo o aquellos miembros de la carrera judicial o juristas de reconocida competencia que reúnan los requisitos legalmente exigidos para poder acceder a la categoría de Magistrado del Tribunal Supremo.

3. El Director del Gabinete de la Presidencia auxiliará al Presidente en sus funciones, ejercerá aquellas otras que le encomiende el Presidente y dirigirá los Servicios de Secretaría de Presidencia, tanto del Tribunal Supremo como del Consejo General del Poder Judicial.

4. Mientras desempeñe el cargo, el Director del Gabinete de la Presidencia tendrá, a efectos representativos, la consideración de Magistrado del Tribunal Supremo.

5. El Reglamento de Organización y Funcionamiento del Consejo General del Poder Judicial determinará la estructura y funcionamiento del Gabinete de la Presidencia.

- Artículo añadido por art. único.1 de Ley Orgánica núm. 4/2013, de 28 junio.

TÍTULO IV
De los órganos del Consejo General del Poder Judicial

- Título añadido por art. único.1 de Ley Orgánica núm. 4/2013, de 28 junio.

595. 1. Además de las funciones encomendadas a la Presidencia, el Consejo General del Poder Judicial ejerce sus atribuciones en Pleno o a través de las Comisiones previstas en esta Ley Orgánica.

2. En el Consejo General del Poder Judicial existirán las siguientes Comisiones: Permanente, Disciplinaria, De Asuntos Económicos y De Igualdad.

- Artículo añadido por art. único.1 de Ley Orgánica núm. 4/2013, de 28 junio.

596. El Vicepresidente del Tribunal Supremo no ejercerá en el Consejo General del Poder Judicial otras funciones que las previstas expresamente en esta Ley.

- Artículo añadido por art. único.1 de Ley Orgánica núm. 4/2013, de 28 junio.

CAPÍTULO I
La Presidencia

- Capítulo añadido por art. único.1 de Ley Orgánica núm. 4/2013, de 28 junio.

597. La Presidencia del Tribunal Supremo y del Consejo General del Poder Judicial es una función inherente al cargo de Presidente del Tribunal Supremo.

- Artículo añadido por art. único.1 de Ley Orgánica núm. 4/2013, de 28 junio.

598. Corresponde a la Presidencia del Consejo General del Poder Judicial:

1.ª Ostentar la representación del Consejo General del Poder Judicial.

2.ª Convocar y presidir las sesiones del Pleno y de la Comisión Permanente, decidiendo los empates con voto de calidad.

3.ª Fijar el orden del día de las sesiones del Pleno y de la Comisión Permanente.

4.ª Proponer al Pleno y a la Comisión Permanente las cuestiones que estime oportunas en materia de la competencia de éstos.

5.ª Proponer el nombramiento de ponencias para preparar la resolución o despacho de un asunto.

6.ª Autorizar con su firma los acuerdos del Pleno y de la Comisión Permanente.

7.ª Ejercer la superior dirección de las actividades de los órganos técnicos del Consejo General del Poder Judicial.

8.ª Dirigir la comunicación institucional.

9.ª Realizar la propuesta del Magistrado, de las Salas Segunda o Tercera del Tribunal Supremo, competente para conocer de la autorización de las actividades del Centro Nacional de Inteligencia que afecten a los derechos fundamentales reconocidos en el artículo 18.2 y 3 de la Constitución, así como del Magistrado de dichas Salas del Tribunal Supremo que le sustituya en caso de vacancia, ausencia o imposibilidad.

10.ª Nombrar y cesar al Director del Gabinete de la Presidencia y al Director de la Oficina de Comunicación, así como al personal eventual al servicio del Presidente.

11.ª Proponer al Pleno el nombramiento del Vicepresidente del Tribunal Supremo, del Secretario General y del Vicesecretario General, así como, en los dos últimos casos, acordar su cese.

12.ª Podrá encargar cometidos a vocales concretos o a grupos de trabajo siempre que este encargo no tenga carácter permanente ni indefinido.

13.ª Las demás previstas en la presente Ley Orgánica.

- Artículo añadido por art. único.1 de Ley Orgánica núm. 4/2013, de 28 junio.

CAPÍTULO II
El Pleno

- Capítulo añadido por art. único.1 de Ley Orgánica núm. 4/2013, de 28 junio.

599. 1. El Pleno conocerá exclusivamente de las siguientes materias:

1.ª La propuesta de nombramiento, por mayoría de tres quintos, de los dos Magistrados del Tribunal Constitucional cuya designación corresponde al Consejo General del Poder Judicial.

2.ª La propuesta de nombramiento, en los términos previstos por esta Ley Orgánica, del Presidente del Tribunal Supremo y del Consejo General del Poder Judicial, así como la emisión del informe previo sobre el nombramiento del Fiscal General del Estado.

3.ª El nombramiento, en los términos previstos por esta Ley Orgánica, del Vicepresidente del Tribunal Supremo, del Secretario General y del Vicesecretario General del Consejo General del Poder Judicial.

4.ª Todos los nombramientos o propuestas de nombramientos y promociones que impliquen algún margen de discrecionalidad o apreciación de méritos.

5.ª La interposición del conflicto de atribuciones entre órganos constitucionales del Estado.

6.ª La designación de los Vocales componentes de las diferentes Comisiones.

7.ª El ejercicio de la potestad reglamentaria en los términos previstos en esta Ley.

8.ª La aprobación del Presupuesto del Consejo General del Poder Judicial y la recepción de la rendición de cuentas de su ejecución.

9.ª La aprobación de la Memoria anual.

10.ª La resolución de aquellos expedientes disciplinarios en los que la propuesta de sanción consista en la separación de la carrera judicial.

11.ª La resolución de los recursos de alzada interpuestos contra los acuerdos sancionadores de la Comisión Disciplinaria.

12.ª La aprobación de los informes sobre los anteproyectos de ley o de disposiciones generales que se sometan a su dictamen por el Gobierno o las Cámaras legislativas.

- Artículo añadido por art. único.1 de Ley Orgánica núm. 4/2013, de 28 junio.

600. 1. El Pleno se reunirá en sesión ordinaria, a convocatoria del Presidente, una vez al mes.

2. Deberá celebrarse sesión extraordinaria si lo considerare oportuno el Presidente o si lo solicitaren cinco Vocales, para el ejercicio de alguna de las competencias referidas en el artículo anterior. De igual forma, deberá celebrarse sesión extraordinaria si así fuese necesario para dar cumplimiento en plazo a alguna de las competencias atribuidas al Pleno.

3. En la sesión en la que se tenga que proceder a la elección del Presidente del Tribunal Supremo y del Consejo General del Poder Judicial será necesaria, para la válida constitución del Pleno, al menos la presencia de doce de sus miembros.

4. En los demás casos, para la válida constitución del Pleno será siempre necesaria, como mínimo, la presencia de diez Vocales y el Presidente.

- Artículo añadido por art. único.1 de Ley Orgánica núm. 4/2013, de 28 junio.

CAPÍTULO III
La Comisión Permanente

- Capítulo añadido por art. único.1 de Ley Orgánica núm. 4/2013, de 28 junio.

601. 1. El Pleno del Consejo General del Poder Judicial elegirá anualmente a los Vocales integrantes de la Comisión Permanente.

2. La Comisión Permanente estará compuesta por el Presidente del Tribunal Supremo y del Consejo General del Poder Judicial, que la presidirá, y otros siete Vocales: cuatro de los nombrados por el turno judicial y tres de los designados por el turno de juristas de reconocida competencia. Con excepción de los miembros de la Comisión Disciplinaria, se procurará, previa propuesta del Presidente, la rotación anual del resto de los Vocales en la composición anual de la Comisión Permanente.

- Ap. 2 modificado por art. único.113 de Ley Orgánica núm. 7/2015, de 21 julio.

3. El Consejo General del Poder Judicial determinará, en el Reglamento de Organización y Funcionamiento, los casos y la forma en que, por razones de transitoria imposibilidad o ausencia justificada a las sesiones de la Comisión Permanente, deba procederse a la sustitución de los Vocales titulares por otros Vocales, a fin de garantizar la correcta composición y el adecuado funcionamiento de dicha Comisión.

- Artículo añadido por art. único.1 de Ley Orgánica núm. 4/2013, de 28 junio.

602. 1. A la Comisión Permanente compete el ejercicio de todas las atribuciones del Consejo General del Poder Judicial que no estén expresamente reservadas a la Presidencia, al Pleno, a la Comisión Disciplinaria, a la Comisión de Igualdad o a la Comisión de Asuntos Económicos por la presente Ley Orgánica.

2. Sin perjuicio de lo dispuesto en el apartado anterior, el Reglamento de Organización y Funcionamiento del Consejo General del Poder Judicial podrá atribuir competencias a los Jefes de los Servicios para supuestos que, sin estar reservados al Pleno, no supongan ejercicio de potestades discrecionales. En este caso, cabrá recurso de alzada ante la Comisión Permanente contra las resoluciones de los Jefes de los Servicios.

3. En todo caso, la Comisión Permanente preparará las sesiones del Pleno y velará por la exacta ejecución de sus acuerdos.

- Artículo añadido por art. único.1 de Ley Orgánica núm. 4/2013, de 28 junio.

CAPÍTULO IV
La Comisión Disciplinaria y el Promotor de la Acción Disciplinaria

• Capítulo añadido por art. único.1 de Ley Orgánica núm. 4/2013, de 28 junio.

603. 1. El Pleno elegirá a los Vocales integrantes de la Comisión Disciplinaria, cuyo mandato, salvo las sustituciones que procedan, será de cinco años.

2. La Comisión Disciplinaria estará compuesta por siete Vocales: cuatro del turno judicial y tres del turno de juristas de reconocida competencia.

3. La Comisión Disciplinaria deberá actuar con la asistencia de todos sus componentes y bajo la presidencia del Vocal de origen judicial con mayor categoría y antigüedad.

4. En caso de transitoria imposibilidad o ausencia justificada de alguno de sus componentes, la Comisión Permanente procederá a su sustitución por otro Vocal de idéntica procedencia.

• Artículo añadido por art. único.1 de Ley Orgánica núm. 4/2013, de 28 junio.

604. 1. A la Comisión Disciplinaria compete resolver los expedientes disciplinarios incoados por infracciones graves y muy graves e imponer, en su caso, las sanciones que correspondan a Jueces y Magistrados, con la sola excepción de aquellos supuestos en que la sanción propuesta fuere de separación del servicio.

2. Los acuerdos sancionadores de la Comisión Disciplinaria a los que se refiere el número anterior serán recurribles, en el plazo de un mes, en alzada ante el Pleno.

3. La Comisión Disciplinaria conocerá igualmente de los recursos de alzada interpuestos contra las resoluciones sancionadoras de los órganos de gobierno interno de los Tribunales.

• Artículo añadido por art. único.1 de Ley Orgánica núm. 4/2013, de 28 junio.

605. La recepción de quejas sobre el funcionamiento de los órganos judiciales, la recepción de denuncias, así como la iniciación e instrucción de expedientes disciplinarios y la presentación de los cargos ante la Comisión Disciplinaria corresponden al Promotor de la Acción Disciplinaria.

• Artículo añadido por art. único.1 de Ley Orgánica núm. 4/2013, de 28 junio.

606. 1. El Promotor de la Acción Disciplinaria será nombrado por el Pleno y su mandato coincidirá con el del Consejo que lo nombró.

2. Vacante la plaza, el Consejo General del Poder Judicial hará una convocatoria para su provisión entre Magistrados del Tribunal Supremo y Magistrados con más de veinticinco años de antigüedad en la carrera judicial.

3. En primera votación será elegido quien obtenga la mayoría absoluta; y, si nadie la obtuviere, se procederá a una segunda votación resultando elegido aquel que lograre mayor número de votos.

4. El Promotor de la Acción Disciplinaria permanecerá en servicios especiales en la carrera judicial y ejercerá exclusivamente las funciones inherentes a su cargo.

5. El Promotor de la Acción Disciplinaria sólo podrá ser cesado por incapacidad o incumplimiento grave de sus deberes, apreciados por el Pleno mediante mayoría absoluta.

6. Cuando por circunstancias excepcionales, físicas o legales, el Promotor de la Acción Disciplinaria se viese imposibilitado transitoriamente para ejercer sus funciones, la Comisión Permanente proveerá, únicamente por el tiempo que dure dicha imposibilidad, a su sustitución nombrando a un Magistrado que reúna los mismos requisitos exigidos al Promotor para su designación.

7. Mientras desempeñe el cargo, el Promotor de la Acción Disciplinaria tendrá, en todo caso, la consideración honorífica de Magistrado del Tribunal Supremo.

- Artículo añadido por art. único.1 de Ley Orgánica núm. 4/2013, de 28 junio.

607. 1. El Promotor de la Acción Disciplinaria estará asistido por el número de Letrados del Consejo General del Poder Judicial que establezca el Reglamento de Organización y Funcionamiento del mismo.

2. Los Letrados del Consejo General del Poder Judicial bajo las órdenes del Promotor de la Acción Disciplinaria no podrán ejercer ninguna otra función y sólo estarán sometidos a la Secretaría General en cuestiones estrictamente atinentes a su relación de servicio.

3. Corresponde al Promotor de la Acción Disciplinaria la instrucción de los expedientes disciplinarios. Excepcionalmente, el Promotor podrá delegar de forma expresa y motivada la realización de determinados actos de instrucción de un expediente disciplinario en alguno de los Letrados del Consejo que le asisten y que pertenezcan a la carrera judicial.

4. Los Jueces y Magistrados están obligados a colaborar con el Promotor de la Acción Disciplinaria. El Promotor podrá requerir la presencia

del Juez o Magistrado expedientado, por conducto del Presidente del correspondiente Tribunal, quien deberá emitir informe en el que se acredite la cobertura del servicio, a fin de que el Consejo General del Poder Judicial pueda otorgar al Juez o Magistrado comisión de servicios para realizar el desplazamiento requerido.

- Artículo añadido por art. único.1 de Ley Orgánica núm. 4/2013, de 28 junio.

608. 1. Frente a la decisión del Promotor de la Acción Disciplinaria de no iniciar expediente disciplinario o de archivar uno ya iniciado se podrá interponer recurso ante la Comisión Permanente.

2. Si la Comisión Permanente estimare el recurso, se iniciará o continuará el expediente disciplinario de que se trate.

3. La Comisión Permanente también podrá, de oficio, ordenar al Promotor de la Acción Disciplinaria la iniciación o continuación de un expediente disciplinario.

- Artículo añadido por art. único.1 de Ley Orgánica núm. 4/2013, de 28 junio.

CAPÍTULO V
La Comisión de Asuntos Económicos

- Capítulo añadido por art. único.1 de Ley Orgánica núm. 4/2013, de 28 junio.

609. 1. El Pleno del Consejo General del Poder Judicial elegirá anualmente a los Vocales integrantes de la Comisión de Asuntos Económicos y, de entre ellos, designará a su Presidente.

2. La Comisión de Asuntos Económicos estará integrada por tres Vocales.

- Ap. 2 modificado por art. único.114 de Ley Orgánica núm. 7/2015, de 21 julio.

3. La Comisión de Asuntos Económicos deberá actuar con la asistencia de todos sus componentes.

- Ap. 3 modificado por art. único.114 de Ley Orgánica núm. 7/2015, de 21 julio.

4. Corresponde a la Comisión de Asuntos Económicos la realización de estudios y proyectos de carácter económico y financiero que le sean encomendados por el Pleno del Consejo, el control de la actividad financiera y contable de la gerencia y aquellas otras que resulten necesarias para el correcto desempeño de las funciones del Consejo General del Poder Judicial en materia económica.

5. Asimismo, la Comisión Permanente podrá delegar en la Comisión de Asuntos Económicos la elaboración del borrador de proyecto del presupues-

to anual del Consejo, cuya aprobación corresponderá, en todo caso, a la Comisión Permanente antes de su elevación al Pleno.

- Artículo añadido por art. único.1 de Ley Orgánica núm. 4/2013, de 28 junio.

CAPÍTULO VI
La Comisión de Igualdad

- Capítulo añadido por art. único.1 de Ley Orgánica núm. 4/2013, de 28 junio.

610. 1. El Pleno del Consejo General del Poder Judicial elegirá anualmente, de entre sus Vocales, y atendiendo al principio de presencia equilibrada entre mujeres y hombres, a los componentes de la Comisión de Igualdad y designará, entre ellos, a su Presidente.

- Ap. 1 modificado por art. único.115 de Ley Orgánica núm. 7/2015, de 21 julio.

2. La Comisión de Igualdad estará integrada por tres Vocales.

- Ap. 2 modificado por art. único.115 de Ley Orgánica núm. 7/2015, de 21 julio.

3. La Comisión de Igualdad deberá actuar con la asistencia de todos sus componentes. En caso de transitoria imposibilidad o ausencia justificada de alguno de los miembros, se procederá a su sustitución por otro Vocal del Consejo General del Poder Judicial, preferentemente del mismo sexo, que será designado por la Comisión Permanente.

4. Corresponderá a la Comisión de Igualdad asesorar al Pleno sobre las medidas necesarias o convenientes para integrar activamente el principio de igualdad entre mujeres y hombres en el ejercicio de las atribuciones del Consejo General del Poder Judicial y, en particular, le corresponderá elaborar los informes previos sobre impacto de género de los Reglamentos y proponer medidas para mejorar los parámetros de igualdad en la carrera judicial.

5. Asimismo corresponderá a la Comisión de Igualdad el estudio y seguimiento de la respuesta judicial en materia de violencia doméstica y de género, sirviéndose para ello del Observatorio contra la Violencia Doméstica y de Género o de cualquier otro instrumento que se pueda establecer a estos efectos.

- Artículo añadido por art. único.1 de Ley Orgánica núm. 4/2013, de 28 junio.

TÍTULO V
De los órganos técnicos y del personal del Consejo General del Poder Judicial

- Título añadido por art. único.1 de Ley Orgánica núm. 4/2013, de 28 junio.

CAPÍTULO I
Disposiciones generales

- Capítulo añadido por art. único.1 de Ley Orgánica núm. 4/2013, de 28 junio.

611. 1. El Consejo General del Poder Judicial dispondrá de los órganos técnicos que sean necesarios para el correcto ejercicio de sus atribuciones, con el cometido de tramitar y preparar los asuntos de que hayan de conocer el Pleno y las Comisiones.

2. En lo no previsto en la presente Ley Orgánica, el Reglamento de Organización y Funcionamiento del Consejo General del Poder Judicial determinará el número de órganos técnicos, así como la estructura, funciones y forma de nombramiento de sus integrantes.

3. La composición y, en su caso, el número de integrantes de los distintos órganos técnicos del Consejo General del Poder Judicial se determinará en el Reglamento de Personal del Consejo General del Poder Judicial.

4. En particular, serán órganos técnicos del Consejo General del Poder Judicial la Secretaría General, el Servicio de Inspección, el Gabinete Técnico, la Escuela Judicial, el Centro de Documentación Judicial y la Oficina de Comunicación.

5. El Interventor al servicio del Consejo General del Poder Judicial quedará adscrito a la Comisión Permanente.

6. En ningún caso se podrán crear órganos técnicos con funciones ajenas a las atribuciones del Consejo General del Poder Judicial.

- Artículo añadido por art. único.1 de Ley Orgánica núm. 4/2013, de 28 junio.

CAPÍTULO II
Los órganos técnicos del Consejo General del Poder Judicial en particular

- Capítulo añadido por art. único.1 de Ley Orgánica núm. 4/2013, de 28 junio.

Sección 1ª
La Secretaría General

- Sección añadida por art. único.1 de Ley Orgánica núm. 4/2013, de 28 junio.

612. 1. En el Consejo General del Poder Judicial habrá una Secretaría General dirigida por el Secretario General, nombrado entre Magistrados con al menos quince años de antigüedad en la carrera judicial u otros juristas de reconocida competencia también con no menos de quince años de ejercicio de su profesión.

2. El Secretario General será nombrado por el Pleno, a propuesta del Presidente, y cesado libremente por el Presidente.

3. Corresponden al Secretario General las siguientes funciones:

1.ª La dirección y coordinación de todos los órganos técnicos y del personal al servicio del Consejo General del Poder Judicial, salvo en relación con el Gabinete de la Presidencia.

2.ª Velar por la correcta preparación, ejecución y liquidación del presupuesto, dando cuenta de todo ello al Presidente y al Pleno para su aprobación por éste último.

3.ª La gestión, tramitación y documentación de los actos del Consejo General del Poder Judicial.

4.ª Las demás funciones que le atribuya el Reglamento de Organización y Funcionamiento del Consejo General del Poder Judicial.

4. El Secretario General asistirá a las sesiones del Pleno y de la Comisión Permanente con voz y sin voto. Asimismo, podrá asistir, con voz y sin voto, a las demás Comisiones previstas legalmente.

- Artículo añadido por art. único.1 de Ley Orgánica núm. 4/2013, de 28 junio.

613. 1. El Secretario General será auxiliado y, en su caso, sustituido por el Vicesecretario General.

2. El Vicesecretario General será nombrado por el Pleno, a propuesta del Presidente, entre miembros del Cuerpo de Letrados del Consejo General del Poder Judicial que tuvieren un mínimo de cinco años de servicios efectivos en el Consejo, y cesado libremente por el Presidente.

- Artículo añadido por art. único.1 de Ley Orgánica núm. 4/2013, de 28 junio.

614. En la Secretaría General del Consejo General del Poder Judicial existirá un Servicio Central en el que se integrará la Gerencia, así como los distintos departamentos que presten servicios comunes a los órganos del Consejo General del Poder Judicial.

- Artículo añadido por art. único.1 de Ley Orgánica núm. 4/2013, de 28 junio.

Sección 2ª
El Servicio de Inspección del Consejo General del Poder Judicial

- Sección añadida por art. único.1 de Ley Orgánica núm. 4/2013, de 28 junio.

615. 1. El Servicio de Inspección llevará a cabo, bajo la dependencia de la Comisión Permanente, las funciones de comprobación y control del funcionamiento de los servicios de la Administración de Justicia a las que se refiere el apartado 1.8ª del artículo 560, de la presente Ley Orgánica, mediante la realización de las actuaciones y visitas que sean acordadas por el Consejo, todo ello sin perjuicio de la competencia de los órganos de gobierno de los Tribunales y en coordinación con éstos.

2. No obstante, la inspección del Tribunal Supremo será efectuada por el Presidente de dicho Tribunal o, en caso de delegación de éste, por el Vicepresidente del mismo.

3. El Jefe del Servicio de Inspección será nombrado y separado en la misma forma que el Promotor de la Acción Disciplinaria. El elegido permanecerá en situación de servicios especiales y tendrá la consideración, durante el tiempo que permanezca en el cargo, de Magistrado de Sala del Tribunal Supremo.

4. Integrarán, además, el Servicio de Inspección el número de Magistrados y Secretarios Judiciales que determine el Reglamento de Organización y Funcionamiento del Consejo General del Poder Judicial.

5. Los Magistrados o Secretarios Judiciales que presten sus servicios en el Servicio de Inspección quedarán en situación de servicios especiales.

- Artículo añadido por art. único.1 de Ley Orgánica núm. 4/2013, de 28 junio.

Sección 3ª
El Gabinete Técnico

- Sección añadida por art. único.1 de Ley Orgánica núm. 4/2013, de 28 junio.

616. 1. El Gabinete Técnico es el órgano encargado del asesoramiento y asistencia técnico-jurídica a los órganos del Consejo General del Poder Judicial, así como del desarrollo de la actividad administrativa necesaria para el cumplimiento de sus funciones.

2. Integrarán el Gabinete Técnico un Director de Gabinete y el número de Letrados que determine el Reglamento de Organización y Funcionamiento del Consejo General del Poder Judicial, así como el personal que resulte necesario para el correcto desarrollo de sus funciones.

3. Para poder ser nombrado Director del Gabinete Técnico deberá acreditarse el desempeño efectivo de una profesión jurídica durante al menos quince años.

- Artículo añadido por art. único.1 de Ley Orgánica núm. 4/2013, de 28 junio.

Sección 4ª
La Escuela Judicial

- Sección añadida por art. único.1 de Ley Orgánica núm. 4/2013, de 28 junio.

617. 1. Corresponde a la Escuela Judicial desarrollar y ejecutar las competencias en materia de selección y formación de los Jueces y Magistrados, de acuerdo con lo establecido en la presente Ley Orgánica y en el Reglamento de la Escuela Judicial.

2. El nombramiento del Director de la Escuela Judicial recaerá en un Magistrado con al menos quince años de antigüedad en la carrera judicial.

- Artículo añadido por art. único.1 de Ley Orgánica núm. 4/2013, de 28 junio.

618. 1. Los profesores de la Escuela Judicial serán seleccionados por la Comisión Permanente mediante concurso de méritos.

2. Su nombramiento se hará por un período inicial de dos años, pudiendo luego ser renovado anualmente, sin que en ningún caso pueda extenderse más allá de un total de diez años.

3. Quedarán en situación de servicios especiales en la carrera judicial o, en su caso, en el cuerpo de funcionarios de procedencia.

4. También podrán prestarse servicios en la Escuela Judicial en régimen de contratación laboral de duración determinada.

- Artículo añadido por art. único.1 de Ley Orgánica núm. 4/2013, de 28 junio.

Sección 5ª
El Centro de Documentación Judicial

- Sección añadida por art. único.1 de Ley Orgánica núm. 4/2013, de 28 junio.

619. 1. El Centro de Documentación Judicial es un órgano técnico del Consejo General del Poder Judicial, cuyas funciones son la selección, la ordenación, el tratamiento, la difusión y la publicación de información jurídica legislativa, jurisprudencial y doctrinal.

2. Corresponde al Centro de Documentación Judicial colaborar en la implantación de las decisiones adoptadas por el Consejo General del Poder Judicial en materia de armonización de los sistemas informáticos que redunden en una mayor eficiencia de la actividad de los Juzgados y Tribunales.

3. Solo podrá ser nombrado Director del Centro de Documentación Judicial quien acredite el desempeño efectivo de una profesión jurídica durante al menos quince años.

- Artículo añadido por art. único.1 de Ley Orgánica núm. 4/2013, de 28 junio.

Sección 6ª
La Oficina de Comunicación

- Sección añadida por art. único.1 de Ley Orgánica núm. 4/2013, de 28 junio.

620. 1. Corresponden a la Oficina de Comunicación del Consejo General del Poder Judicial las funciones de comunicación institucional.

2. La Oficina de Comunicación depende directamente del Presidente, que nombrará y cesará libremente a su Director.

3. El cargo de Director de la Oficina de Comunicación deberá recaer en un profesional con experiencia acreditada en comunicación pública.

- Artículo añadido por art. único.1 de Ley Orgánica núm. 4/2013, de 28 junio.

CAPÍTULO III
El personal del Consejo General del Poder Judicial

- Capítulo añadido por art. único.1 de Ley Orgánica núm. 4/2013, de 28 junio.

621. 1. En el Consejo General del Poder Judicial existirá un Cuerpo de Letrados. El ingreso en el mismo se realizará mediante un proceso selectivo en el que se garanticen los principios de mérito y capacidad.

2. La plantilla del Cuerpo de Letrados del Consejo General del Poder Judicial estará integrada por Letrados de carácter permanente y Letrados de carácter temporal. El número de plazas de la plantilla de Letrados, tanto las de carácter permanente como las de carácter temporal, se determinará reglamentariamente por el Pleno del Consejo.

3. Los Letrados de carácter permanente, que deberán estar en posesión del título de Licenciado en Derecho o del Título de Grado en Derecho equivalente, ingresarán mediante concurso-oposición que se adecuará a los criterios que sean aprobados por el Pleno y publicados en el "Boletín Oficial del Estado".

4. Los Letrados de carácter temporal, que deberán ser miembros de la carrera judicial o fiscal, pertenecer al Cuerpo de Secretarios Judiciales o ser funcionarios de carrera de un cuerpo incluido en el Subgrupo A1 de las distintas Administraciones Públicas, ingresarán mediante concurso de méritos y serán nombrados por un período inicial de dos años, pudiendo luego ser

renovados anualmente, sin que en ningún caso pueda extenderse más allá de un total de diez años de prestación de servicios.

5. Quienes se hallen en servicio activo en el Cuerpo de Letrados del Consejo General del Poder Judicial por ocupar una de las plazas del Cuerpo de Letrado que tenga carácter permanente, quedarán en situación de excedencia voluntaria en cualquier otro cuerpo o carrera a que pertenezcan. Los demás Letrados al servicio del Consejo General del Poder Judicial serán declarados en servicios especiales en su Administración de origen.

- Artículo añadido por art. único.1 de Ley Orgánica núm. 4/2013, de 28 junio.

622. 1. Las personas que desempeñen el cargo de Vicesecretario General, Jefe del Servicio de Inspección, Director del Gabinete Técnico, Director de la Escuela Judicial, Director del Centro de Documentación Judicial y Director de la Oficina de Comunicación ostentarán la denominación de Letrados Mayores.

2. El acceso a estos puestos, en cuanto Jefaturas de Servicio, se producirá con ocasión de vacante en aquéllos.

3. Estas Jefaturas de Servicio deberán ser objeto de renovación cada cinco años, correspondiendo al Pleno la designación de quienes vayan a ocupar dichos puestos, salvo en el caso del Director de la Oficina de Comunicación cuya designación corresponde al Presidente del Tribunal Supremo y del Consejo General del Poder Judicial.

- Artículo añadido por art. único.1 de Ley Orgánica núm. 4/2013, de 28 junio.

623. Los Letrados del Consejo General del Poder Judicial podrán desempeñar sus funciones en los distintos órganos del Consejo de acuerdo con lo establecido en la presente Ley Orgánica y en el Reglamento de Organización y Funcionamiento del Consejo General del Poder Judicial.

- Artículo añadido por art. único.1 de Ley Orgánica núm. 4/2013, de 28 junio.

624. En los órganos técnicos del Consejo General del Poder Judicial también podrán prestar servicios miembros de las carreras judicial y fiscal, del Cuerpo de Secretarios Judiciales, del Cuerpo de Gestión Procesal y Administrativa, del Cuerpo de Tramitación Procesal y Administrativa y del Cuerpo de Auxilio Judicial al servicio de la Administración de Justicia, así como funcionarios de las Administraciones Públicas, en el número que fijen las correspondientes relaciones de puestos de trabajo.

- Artículo añadido por art. único.1 de Ley Orgánica núm. 4/2013, de 28 junio.

625. 1. La provisión de los puestos de los órganos técnicos del Consejo General del Poder Judicial, salvo las excepciones previstas en esta Ley Orgánica o, en su caso, en los Reglamentos de desarrollo de la misma, se realizará mediante concurso de méritos.

2. Aquellos que hayan obtenido puestos de nivel superior previo concurso de méritos, serán nombrados por el Pleno del Consejo General del Poder Judicial por un período de dos años, prorrogable por períodos anuales con un máximo de prestación de servicios de diez años y serán declarados, en su caso, en situación de servicios especiales en su Administración de origen.

3. Cuando se trate de la prestación de servicios en los restantes puestos de los órganos técnicos del Consejo General del Poder Judicial, los funcionarios que los desempeñen se considerarán en servicio activo en sus cuerpos de origen.

4. Durante el tiempo que permanezcan ocupando un puesto de trabajo en el Consejo General del Poder Judicial, estarán sometidos al Reglamento de Personal del Consejo.

- Artículo añadido por art. único.1 de Ley Orgánica núm. 4/2013, de 28 junio.

626. 1. El Reglamento de Organización y Funcionamiento del Consejo General del Poder Judicial podrá prever que determinados puestos de trabajo de carácter técnico, por requerir una preparación específica y distinta de la jurídica, sean provistos mediante concurso de méritos entre funcionarios de aquellos cuerpos que en cada caso establezca el citado Reglamento.

2. En cualquier caso, los puestos de nivel superior en los órganos técnicos del Consejo General del Poder Judicial sólo podrán ser ocupados por quienes ostenten la titulación requerida para pertenecer a un Cuerpo incluido en el Subgrupo A1 de las distintas Administraciones Públicas.

- Artículo añadido por art. único.1 de Ley Orgánica núm. 4/2013, de 28 junio.

627. 1. Todos los funcionarios que presten servicio en el Consejo General del Poder Judicial se regirán por el Reglamento de Personal del mismo y, en lo no previsto en él, por la legislación general de la función pública estatal.

2. El Pleno del Consejo General del Poder Judicial aprobará la relación de puestos de trabajo por la que se ordena dicho personal.

3. El resto del personal no funcionario que preste servicio en el Consejo General del Poder Judicial se regirá por su respectivo Reglamento de Personal y, en lo no previsto en él, por la regulación de ámbito estatal que le resulte aplicable.

- Artículo añadido por art. único.1 de Ley Orgánica núm. 4/2013, de 28 junio.

CAPÍTULO IV
De las retribuciones de los miembros del Consejo General del Poder Judicial

...

- Capítulo suprimido por art. único.Siete de Ley Orgánica núm. 4/2014, de 11 julio.

628. ...

- Artículo suprimido por art. único.Siete de Ley Orgánica núm. 4/2014, de 11 julio.

TÍTULO VI
Del régimen de los actos del Consejo General del Poder Judicial

- Título añadido por art. único.1 de Ley Orgánica núm. 4/2013, de 28 junio.

629. Las deliberaciones de los órganos del Consejo General del Poder Judicial tendrán carácter reservado, debiendo sus componentes guardar secreto de las mismas.

- Artículo añadido por art. único.1 de Ley Orgánica núm. 4/2013, de 28 junio.

630. 1. Los acuerdos de los órganos colegiados del Consejo General del Poder Judicial serán adoptados por mayoría simple de los miembros presentes, salvo cuando esta Ley Orgánica disponga otra cosa. Quien presida tendrá voto de calidad en caso de empate.

2. Los Vocales tienen el deber inexcusable de asistir, participar y emitir voto válido sobre todas las cuestiones a decidir por el Pleno y las Comisiones. Solo podrán abstenerse en los supuestos en que concurra causa legal para ello. Asimismo, únicamente podrán emitir voto en blanco cuando la naturaleza del acuerdo lo permita y en ningún caso podrán hacerlo en materia disciplinaria y en las decisiones sobre recursos.

3. La votación será siempre nominal y no tendrá carácter secreto, recogiéndose su resultado en el acta. Los Vocales tienen derecho a conocer las actas.

4. Para el adecuado ejercicio de sus atribuciones podrán los Vocales solicitar a la Comisión Permanente la entrega de documentación sobre actividades específicas del Consejo. Dicha Comisión acordará la extensión y límites de la documentación que deba entregarse en atención a la naturaleza de la petición.

- Artículo añadido por art. único.1 de Ley Orgánica núm. 4/2013, de 28 junio.

631. 1. El Vocal que disintiere de la mayoría, si lo desea, podrá formular voto particular, escrito y fundado, que se insertará en el acta, siempre que lo anuncie una vez finalizada la votación y lo presente dentro de los dos días siguientes a aquél en que se tomó el acuerdo.

2. Cuando el Pleno haga uso de sus facultades de informe, se incorporarán al texto del acuerdo adoptado los votos particulares razonados, que se unirán a la documentación que se remita al órgano destinatario.

- Artículo añadido por art. único.1 de Ley Orgánica núm. 4/2013, de 28 junio.

632. 1. Los acuerdos de los órganos del Consejo General del Poder Judicial siempre serán motivados.

2. En los Plenos que decidan las propuestas de nombramiento se dejará constancia de la motivación del acuerdo, con expresión de las circunstancias de mérito y capacidad que justifican la elección de uno de los aspirantes con preferencia sobre los demás.

3. La motivación podrá hacerse por remisión, en lo coincidente, a la motivación de la propuesta de la Comisión Permanente.

- Artículo añadido por art. único.1 de Ley Orgánica núm. 4/2013, de 28 junio.

633. Los acuerdos de los órganos del Consejo General del Poder Judicial serán documentados por el Secretario General y suscritos por quien los haya presidido.

- Artículo añadido por art. único.1 de Ley Orgánica núm. 4/2013, de 28 junio.

634. 1. Adoptarán la forma de Real Decreto, firmado por el Rey y refrendado por el Ministro de Justicia, los acuerdos del Consejo General del Poder Judicial sobre el nombramiento de Presidentes y Magistrados.

2. Los nombramientos de Jueces se efectuarán por el Consejo General del Poder Judicial mediante Orden.

3. Todos ellos se publicarán en el «Boletín Oficial del Estado».

- Artículo añadido por art. único.1 de Ley Orgánica núm. 4/2013, de 28 junio.

635. 1. Los Reglamentos aprobados por el Consejo General del Poder Judicial se publicarán en el «Boletín Oficial del Estado».

2. Los restantes acuerdos, debidamente documentados e incorporados los votos particulares, si los hubiere, serán comunicados a las personas y órganos que deban cumplirlos o conocerlos.

- Artículo añadido por art. único.1 de Ley Orgánica núm. 4/2013, de 28 junio.

636. 1. Los acuerdos del Consejo General del Poder Judicial serán inmediatamente ejecutivos, sin perjuicio del régimen de impugnación previsto en esta Ley Orgánica.

2. No obstante, cuando se interponga recurso contra los mismos, la autoridad competente para resolverlo podrá acordar, de oficio o a instancia de parte, la suspensión de la ejecución, cuando la misma pudiere causar perjuicios de imposible o difícil reparación, o cuando esté así establecido por la ley.

- Artículo añadido por art. único.1 de Ley Orgánica núm. 4/2013, de 28 junio.

637. Corresponderá al Consejo General del Poder Judicial la ejecución de sus propios actos, que llevarán a cabo los órganos técnicos a su servicio con la colaboración, si fuere necesaria, de la Administración del Estado y de las Comunidades Autónomas.

- Artículo añadido por art. único.1 de Ley Orgánica núm. 4/2013, de 28 junio.

638. 1. Los actos de trámite que determinen la imposibilidad de continuar un procedimiento o produzcan indefensión serán impugnables en alzada ante la Comisión Permanente.

2. Los acuerdos del Pleno y de la Comisión Permanente pondrán fin a la vía administrativa y serán recurribles ante la Sala de lo Contencioso-Administrativo del Tribunal Supremo. El conocimiento de estos asuntos corresponderá a una sección integrada por el Presidente de la Sala de lo Contencioso-Administrativo del Tribunal Supremo, que la presidirá, y por los demás Presidentes de sección de dicha Sala.

3. La legitimación para impugnar los acuerdos de la Comisión Disciplinaria corresponderá al Juez o Magistrado expedientado.

4. Estará también legitimado para impugnar los acuerdos de la Comisión Disciplinaria el Ministerio Fiscal.

- Artículo añadido por art. único.1 de Ley Orgánica núm. 4/2013, de 28 junio.

639. 1. El Consejo General del Poder Judicial podrá celebrar los contratos que sean precisos para el adecuado ejercicio de sus atribuciones, con sujeción a la legislación de contratos del sector público.

2. El órgano de contratación será la Comisión Permanente, que deberá mantener informado al Pleno sobre los contratos que se celebren.

- Artículo añadido por art. único.1 de Ley Orgánica núm. 4/2013, de 28 junio.

640. 1. La indemnización de los daños y perjuicios causados por el

Consejo General del Poder Judicial queda sometida al régimen de la responsabilidad patrimonial de las Administraciones Públicas.

2. La reclamación de responsabilidad patrimonial se presentará ante el Consejo de Ministros, que resolverá.

- Artículo añadido por art. único.1 de Ley Orgánica núm. 4/2013, de 28 junio.

641. La defensa en juicio de los actos del Consejo General del Poder Judicial corresponde a la Abogacía del Estado.

- Artículo añadido por art. único.1 de Ley Orgánica núm. 4/2013, de 28 junio.

642. 1. En todo cuanto no se hallare previsto en esta Ley Orgánica y en los Reglamentos del Consejo General del Poder Judicial, se observarán, en materia de procedimiento, recursos y forma de los actos del Consejo General del Poder Judicial, en cuanto sean aplicables, las disposiciones de la Ley de Régimen Jurídico de las Administraciones Públicas y del Procedimiento Administrativo Común, sin que, en ningún caso, sea necesaria la intervención del Consejo de Estado.

2. Lo dispuesto en el apartado anterior no será de aplicación a la materia disciplinaria.

3. Tratándose de actos declarativos de derechos, la revisión de oficio y, en su caso, la previa declaración de lesividad, se adoptarán por el Pleno del Consejo General del Poder Judicial por mayoría absoluta de sus miembros.

- Artículo añadido por art. único.1 de Ley Orgánica núm. 4/2013, de 28 junio.

DISPOSICIONES ADICIONALES

Primera. 1. En el plazo de un año, el Gobierno remitirá a las Cortes Generales los proyectos de Ley de planta, de demarcación judicial, de reforma de la legislación tutelar de menores, del proceso contencioso-administrativo, de conflictos jurisdiccionales y del jurado.

2. El Gobierno, o en su caso, las Comunidades Autónomas con competencias en la materia, aprobarán los reglamentos que exija el desarrollo de la presente Ley Orgánica, salvo cuando la competencia para ello corresponda al Consejo General del Poder Judicial a tenor de lo que dispone el artículo 110. Cuando afecten a condiciones accesorias para el ejercicio de los derechos y deberes de los Jueces y Magistrados estarán sujetos a los mismos límites y condiciones establecidos para el Consejo General del Poder Judicial.

- Ap. 2 modificado por art. 10.4 de Ley Orgánica núm. 16/1994, de 8 noviembre.

Segunda. 1. Los Tribunales Superiores de Justicia tendrán su sede en la ciudad que indiquen los respectivos Estatutos de Autonomía.

2. Si no la indicaren, tendrán su sede en la misma ciudad en que la tenga la Audiencia Territorial existente en la Comunidad Autónoma a la fecha de entrada en vigor de esta Ley.

3. En aquellas Comunidades Autónomas donde exista más de una Audiencia Territorial en el momento de entrar en vigor esta Ley, una ley de la propia Comunidad Autónoma establecerá la sede del Tribunal Superior de Justicia en alguna de las sedes de dichas Audiencias Territoriales, salvo que las instituciones de autogobierno de la respectiva Comunidad Autónoma hubieran ya fijado dicha sede de acuerdo con lo previsto en su Estatuto.

4. En los restantes casos, el Tribunal Superior de Justicia tendrá su sede en la capital de la Comunidad Autónoma.

Tercera. 1. En aquellas Comunidades Autónomas en las que, a la entrada en vigor de esta Ley, exista más de una Audiencia Territorial, se crean, de conformidad con lo dispuesto en el artículo 78, una Sala de lo Contencioso-Administrativo y otra de lo Social, integradas en el correspondiente Tribunal Superior de Justicia. Tendrán la composición y extenderán su jurisdicción a las provincias que señale la legislación de planta y demarcación, y su sede en la ciudad en que la tenga, a la entrada en vigor de esta Ley, una de las Audiencias Territoriales, siempre que en ella no haya de radicarse el Tribunal Superior de Justicia de la Comunidad Autónoma.

2. En Santa Cruz de Tenerife se crean una Sala de lo Social y otra de lo Contencioso-Administrativo, integradas en el Tribunal Superior de Justicia de Canarias. Extenderán su jurisdicción a la provincia de Santa Cruz de Tenerife, y su composición vendrá determinada en la Ley de Planta.

Cuarta. Dentro de los seis meses siguientes a la entrada en vigor de esta Ley se procederá a la constitución del órgano colegiado al que corresponde resolver los conflictos de jurisdicción que se planteen entre los Tribunales y la Administración. Los Plenos del Consejo General del Poder Judicial y del Consejo de Estado designarán a los miembros respectivos con antelación suficiente. Una vez constituido dicho órgano colegiado en la propia sede del Tribunal Supremo, se anunciará ello en el «Boletín Oficial del Estado», a fin de que asuma, desde el día siguiente, las competencias que la Ley de Conflictos Jurisdiccionales, de 17 de julio de 1948, atribuye al Jefe del Estado y al Consejo de Ministros, incluso respecto de los conflictos que se hallaren en tramitación.

Quinta. 1. El recurso de reforma podrá interponerse contra todos los autos del Juez de Vigilancia Penitenciaria.

2. Las resoluciones del Juez de Vigilancia Penitenciaria en materia de ejecución de penas serán recurribles en apelación y queja ante el tribunal sentenciador, excepto cuando se hayan dictado resolviendo un recurso de apelación contra resolución administrativa que no se refiera a la clasificación del penado.

En el caso de que el penado se halle cumpliendo varias penas, la competencia para resolver el recurso corresponderá al juzgado o tribunal que haya impuesto la pena privativa de libertad más grave, y en el supuesto de que coincida que varios juzgados o tribunales hubieran impuesto pena de igual gravedad, la competencia corresponderá al que de ellos la hubiera impuesto en último lugar.

3. Las resoluciones del Juez de Vigilancia Penitenciaria en lo referente al régimen penitenciario y demás materias no comprendidas en el apartado anterior serán recurribles en apelación o queja siempre que no se hayan dictado resolviendo un recurso de apelación contra resolución administrativa. Conocerá de la apelación o de la queja la Audiencia Provincial que corresponda, por estar situado dentro de su demarcación el establecimiento penitenciario.

4. El recurso de queja a que se refieren los apartados anteriores sólo podrá interponerse contra las resoluciones en que se deniegue la admisión de un recurso de apelación.

5. Cuando la resolución objeto del recurso de apelación se refiera a materia de clasificación de penados o concesión de la libertad condicional y pueda dar lugar a la excarcelación del interno, siempre y cuando se trate de condenados por delitos graves, el recurso tendrá efecto suspensivo que impedirá la puesta en libertad del condenado hasta la resolución del recurso o, en su caso, hasta que la Audiencia Provincial o la Audiencia Nacional se haya pronunciado sobre la suspensión.

Los recursos de apelación a que se refiere el párrafo anterior se tramitarán con carácter preferente y urgente.

- Ap. 5 añadido por art. 2.1 de Ley Orgánica núm. 7/2003, de 30 junio.

6. Cuando quien haya dictado la resolución recurrida sea un Juzgado Central de Vigilancia Penitenciaria, tanto en materia de ejecución de penas como de régimen penitenciario y demás materias, la competencia para conocer del recurso de apelación y queja, siempre que no se haya dictado resolviendo un recurso de apelación contra resolución administrativa, corresponderá a la Sala de lo Penal de la Audiencia Nacional.

- Ap. 6 renumerado por art. 2.2 de Ley Orgánica núm. 7/2003, de 30 junio. Su anterior numeración era Ap. 5.

7. Contra el auto por el que se determine el máximo de cumplimiento o se deniegue su fijación, cabrá recurso de casación por infracción de ley ante la Sala de lo Penal del Tribunal Supremo, que se sustanciará conforme a lo prevenido en la Ley de Enjuiciamiento Criminal.

- Ap. 7 renumerado por art. 2.2 de Ley Orgánica núm. 7/2003, de 30 junio. Su anterior numeración era Ap. 6. Tras la modificación de esta disposición por la Ley Orgánica 5/2003, de 27 mayo (RCL 2003, 1399) consideramos que la inserción del nuevo ap. 5 ha cambiado la numeración, no sólo del antiguo ap. 5 como 6, sino también de los siguientes.

8. Contra los autos de las Audiencias Provinciales y, en su caso, de la Audiencia Nacional, resolviendo recursos de apelación, que no sean susceptibles de casación ordinaria, podrán interponer, el Ministerio Fiscal y el letrado del penado, recurso de casación para la unificación de doctrina ante la Sala de lo Penal del Tribunal Supremo, el cual se sustanciará conforme a lo prevenido en la Ley de Enjuiciamiento Criminal para el recurso de casación ordinario, con las particularidades que de su finalidad se deriven. Los pronunciamientos del Tribunal Supremo al resolver los recursos de casación para la unificación de doctrina en ningún caso afectarán a las situaciones jurídicas creadas por las sentencias precedentes a la impugnada.

- Ap. 8 renumerado por art. 2.2 de Ley Orgánica núm. 7/2003, de 30 junio. Su anterior numeración era Ap. 7. Tras la modificación de esta disposición por la Ley Orgánica 5/2003, de 27 mayo (RCL 2003, 1399) consideramos que la inserción del nuevo ap. 5 ha cambiado la numeración, no sólo del antiguo ap. 5 como 6, sino también de los siguientes.

9. El recurso de apelación a que se refiere esta disposición se tramitará conforme a lo dispuesto en la Ley de Enjuiciamiento Criminal para el procedimiento abreviado. Estarán legitimados para interponerlo el Ministerio Fiscal y el interno o liberado condicional. En el recurso de apelación será necesaria la defensa de letrado y, si no se designa procurador, el abogado tendrá también habilitación legal para la representación de su defendido. En todo caso, debe quedar garantizado siempre el derecho a la defensa de los internos en sus reclamaciones judiciales.

- Ap. 9 renumerado por art. 2.2 de Ley Orgánica núm. 7/2003, de 30 junio. Su anterior numeración era Ap. 8. Tras la modificación de esta disposición por la Ley Orgánica 5/2003, de 27 mayo (RCL 2003, 1399) consideramos que la inserción del nuevo ap. 5 ha cambiado la numeración, no sólo del antiguo ap. 5 como 6, sino también de los siguientes.

10. En aquellas Audiencias donde haya más de una sección, mediante las normas de reparto, se atribuirá el conocimiento de los recursos que les

correspondan según esta disposición, con carácter exclusivo, a una o dos secciones.

- Ap. 10 renumerado por art. 2.2 de Ley Orgánica núm. 7/2003, de 30 junio. Su anterior numeración era Ap. 9. Tras la modificación de esta disposición por la Ley Orgánica 5/2003, de 27 mayo (RCL 2003, 1399) consideramos que la inserción del nuevo ap. 5 ha cambiado la numeración, no sólo del antiguo ap. 5 como 6, sino también de los siguientes.

  Disposición adicional modificada por art. 1.4 de Ley Orgánica núm. 5/2003, de 27 mayo.

Sexta. 1. Quedan suprimidos los Tribunales Arbitrales de Censos de las provincias de Barcelona, Tarragona, Lérida y Gerona.

2. La competencia para tramitar y decidir en primera instancia los procesos civiles en materia de censos en Cataluña, regulados por la Ley de 31 de diciembre de 1945, queda atribuida a los Jueces de Primera Instancia competentes en razón del lugar en que esté situada la finca, que conocerán de esta materia por los trámites del juicio declarativo que corresponda por la cuantía.

3. Los Tribunales Arbitrales de Censos de Cataluña, sin perjuicio de lo dispuesto en párrafos anteriores, continuarán la tramitación de los procedimientos en curso, incoados con anterioridad a la entrada en vigor de esta Ley, hasta su terminación, incluida la ejecución de sentencias.

4. La respectiva Audiencia Provincial se hará cargo de los archivos de los Tribunales suprimidos.

Séptima. Cuando el conocimiento del recurso gubernativo contra la calificación negativa de un Registrador de la Propiedad basada en normas de derecho foral esté atribuido por los Estatutos de Autonomía a los órganos jurisdiccionales radicados en la Comunidad Autónoma en que esté demarcado el Registro de la Propiedad, se interpondrá ante el órgano jurisdiccional competente. Si se hubiera interpuesto ante la Dirección General de los Registros y Notariado, ésta lo remitirá a dicho órgano.

- Disposición adicional modificada por art. único.126 de Ley Orgánica núm. 19/2003, de 23 diciembre.

Octava. 1. La competencia para tramitar y decidir en primera instancia los procesos civiles sobre impugnación de acuerdos sociales establecidos en el Real Decreto Legislativo 1564/1989, de 22 de diciembre, por el que se aprueba el Texto Refundido de la Ley de Sociedades Anónimas, en la Ley 2/1995, de 23 de marzo, de Sociedades de Responsabilidad Limitada; en la Ley 27/1999, de 16 de julio, de Cooperativas, así como los que versen sobre la nulidad de registro de cualquiera de las modalidades de la Propiedad Industrial a las que se refiere la Ley 11/1986, de 20 de marzo, de Patentes, quedará en todo caso atribuida a los jueces de lo mercantil que resulten competentes.

- Ap. 1 modificado por art. 2.13 de Ley Orgánica núm. 8/2003, de 9 julio.

2. Sus resoluciones serán apelables para ante la Sala competente, cuyas sentencias serán, a su vez, susceptibles de recurso de casación cuando ello proceda conforme a la Ley de Enjuiciamiento Civil.

Novena. El artículo 34 de la Ley 50/1981, de 30 de diciembre, por la que se regula el Estatuto del Ministerio Fiscal, quedará redactado como sigue:

«Las categorías de la Carrera Fiscal serán las siguientes:

1ª Fiscales de Sala del Tribunal Supremo, equiparados a Magistrados del Alto Tribunal. El Teniente Fiscal del Tribunal Supremo tendrá la consideración de Presidente de Sala.

2ª Fiscales equiparados a Magistrados.

3ª Abogados fiscales equiparados a Jueces».

Décima. 1. La Ley de planta determinará las plazas que, en el Ministerio de Justicia, serán servidas por miembros de la Carrera Judicial.

2. Las referidas plazas se cubrirán por concurso de méritos, que convocará y resolverá el Ministro de Justicia en la forma que se determine reglamentariamente.

Undécima. Queda autorizado el Gobierno para actualizar cada cinco años las cuantías de las multas mencionadas en el texto.

Duodécima. El Gobierno, a propuesta del Ministro de Justicia y previo dictamen del Consejo de Estado, aprobará en el plazo de un año un nuevo texto refundido de la Ley de Procedimiento Laboral, en el que se contengan las modificaciones derivadas de la legislación posterior a la misma y se regularicen, aclaren y armonicen los textos legales refundidos.

Decimotercera. 1. Queda suprimido el Tribunal Arbitral de Seguros. Se atribuye a los órganos del orden jurisdiccional civil el conocimiento de todos los asuntos litigiosos anteriormente asignados a la competencia de aquél.

2. Sin perjuicio de lo anterior, el Tribunal Arbitral de Seguros resolverá expresamente, en el plazo máximo de un año, todos los asuntos litigiosos que se hallasen pendientes ante él con anterioridad a la entrada en vigor de la presente Ley Orgánica. Dictada resolución expresa o, en cualquier caso,

transcurrido el citado plazo de un año, que se contará a partir de la entrada en vigor de la presente Ley Orgánica, los interesados podrán deducir sus pretensiones directamente ante los correspondientes órganos de la jurisdicción civil.

Decimocuarta. La accesibilidad para personas con discapacidad y mayores de dependencias y servicios de carácter jurisdiccional constituye un criterio de calidad, que ha de ser garantizado por las autoridades competentes. Las dependencias y servicios judiciales de nueva creación deberán cumplir con las disposiciones normativas vigentes en materia de promoción de la accesibilidad y eliminación de barreras de todo tipo que les sean de aplicación. Las Administraciones y autoridades competentes, en la esfera de sus respectivas atribuciones, promoverán programas para eliminar las barreras de las dependencias y servicios que por razón de su antigüedad u otros motivos presenten obstáculos para los usuarios con problemas de movilidad o comunicación.

- Disposición adicional añadida por art. único.127 de Ley Orgánica núm. 19/2003, de 23 diciembre.

Decimoquinta. *Depósito para recurrir*

1. La interposición de recursos ordinarios y extraordinarios, la revisión y la rescisión de sentencia firme a instancia del rebelde, en los órdenes jurisdiccionales civil, social y contencioso-administrativo, precisarán de la constitución de un depósito a tal efecto.

En el orden penal este depósito será exigible únicamente a la acusación popular.

En el orden social y para el ejercicio de acciones para la efectividad de los derechos laborales en los procedimientos concursales, el depósito será exigible únicamente a quienes no tengan la condición de trabajador o beneficiario del régimen público de la Seguridad Social.

2. El depósito únicamente deberá consignarse para la interposición de recursos que deban tramitarse por escrito.

3. Todo el que pretenda interponer recurso contra sentencias o autos que pongan fin al proceso o impidan su continuación, consignará como depósito:

a) 30 euros, si se trata de recurso de queja.

b) 50 euros, si se trata de recurso de apelación o de rescisión de sentencia firme a instancia del rebelde.

c) 50 euros, si se trata de recurso extraordinario por infracción procesal.

d) 50 euros, si el recurso fuera el de casación, incluido el de casación para la unificación de doctrina.

e) 50 euros, si fuera revisión.

4. Asimismo, para la interposición de recursos contra resoluciones dictadas por el Juez o Tribunal que no pongan fin al proceso ni impidan su continuación en cualquier instancia será precisa la consignación como depósito de 25 euros. El mismo importe deberá consignar quien recurra en revisión las resoluciones dictadas por el Secretario Judicial.

Se excluye de la consignación de depósito la formulación del recurso de reposición que la ley exija con carácter previo al recurso de queja.

5. El Ministerio Fiscal también quedará exento de constituir el depósito que para recurrir viene exigido en esta Ley.

El Estado, las Comunidades Autónomas, las entidades locales y los organismos autónomos dependientes de todos ellos quedarán exentos de constituir el depósito referido.

6. Al notificarse la resolución a las partes, se indicará la necesidad de constitución de depósito para recurrir, así como la forma de efectuarlo.

La admisión del recurso precisará que, al interponerse el mismo si se trata de resoluciones interlocutorias, a la presentación del recurso de queja, al presentar la demanda de rescisión de sentencia firme en la rebeldía y revisión, o al anunciarse o prepararse el mismo en los demás casos, se haya consignado en la oportuna entidad de crédito y en la «Cuenta de Depósitos y Consignaciones» abierta a nombre del Juzgado o del Tribunal, la cantidad objeto de depósito, lo que deberá ser acreditado. El Secretario verificará la constitución del depósito y dejará constancia de ello en los autos.

7. No se admitirá a trámite ningún recurso cuyo depósito no esté constituido.

Si el recurrente hubiera incurrido en defecto, omisión o error en la constitución del depósito, se concederá a la parte el plazo de dos días para la subsanación del defecto, con aportación en su caso de documentación acreditativa.

De no efectuarlo, se dictará auto que ponga fin al trámite del recurso, o que inadmita la demanda, quedando firme la resolución impugnada.

8. Si se estimare total o parcialmente el recurso, o la revisión o rescisión de sentencia, en la misma resolución se dispondrá la devolución de la totalidad del depósito.

9. Cuando el órgano jurisdiccional inadmita el recurso o la demanda, o confirme la resolución recurrida, el recurrente o demandante perderá el depósito, al que se dará el destino previsto en esta disposición.

10. Los depósitos perdidos y los rendimientos de la cuenta quedan afectados a las necesidades derivadas de la actividad del Ministerio de Justicia, destinándose específicamente a sufragar los gastos correspondientes al derecho a la asistencia jurídica gratuita, y a la modernización e informatización integral de la Administración de Justicia. A estos efectos, los ingresos procedentes de los depósitos perdidos y los rendimientos de la cuenta generarán crédito en los estados de gastos de la sección 13 "Ministerio de Justicia".

11. El Ministerio de Justicia transferirá anualmente a cada Comunidad Autónoma con competencias asumidas en materia de Justicia, para los fines anteriormente indicados, el cuarenta por ciento de lo ingresado en su territorio por este concepto, y destinará un veinte por ciento de la cuantía global para la financiación del ente instrumental participado por el Ministerio de Justicia, las Comunidades Autónomas y el Consejo General del Poder Judicial, encargado de elaborar una plataforma informática que asegure la conectividad entre todos los Juzgados y Tribunales de España.

12. La cuantía del depósito para recurrir podrá ser actualizada y revisada anualmente mediante Real Decreto.

13. La exigencia de este depósito será compatible con el devengo de la tasa exigida por el ejercicio de la potestad jurisdiccional.

14. El depósito previsto en la presente disposición no será aplicable para la interposición de los recursos de suplicación o de casación en el orden jurisdiccional social, ni de revisión en el orden jurisdiccional civil, que continuarán regulándose por lo previsto, respectivamente, en la Ley de Procedimiento Laboral y en la Ley de Enjuiciamiento Civil.

- Disposición adicional añadida por art. 1.19 de Ley Orgánica núm. 1/2009, de 3 noviembre.

Decimosexta. *Límite a los llamamientos*

En ningún caso procederá llamamiento alguno si no hubiese disponibilidad presupuestaria a la vista de las comunicaciones que periódicamente realiza el Ministerio de Justicia de conformidad con lo previsto en el Real Decreto 431/2004, de 12 de marzo, por el que se regulan las retribuciones previstas en la disposición transitoria tercera de la Ley 15/2003, de 26 de mayo, reguladora del régimen retributivo de las carreras judicial y fiscal.

- Disposición adicional añadida por art. único.30 de Ley Orgánica núm. 8/2012, de 27 diciembre.

Decimoséptima. *Presentación de los planes anuales de sustitución y de las listas del artículo 200*

Los Presidentes de los órganos colegiados correspondientes, en el marco de sus respectivas competencias y, en su caso, a través de los decanos, velarán porque los planes anuales de sustitución y las listas a las que se refiere el artículo 200 de esta Ley obren en el Consejo General del Poder Judicial al menos dos meses antes del uno de enero de cada año.

En todo caso, el Consejo General del Poder Judicial podrá adecuar los planes anuales aprobados cuando como consecuencia de un concurso de traslado o cualquier otra circunstancia, fuese necesario.

- Disposición adicional añadida por art. único.31 de Ley Orgánica núm. 8/2012, de 27 diciembre.

Decimoctava. *Previsiones de los planes anuales de sustitución*

Los planes anuales de sustitución preverán aquellos supuestos en los que el posible sustituto participe en medidas de apoyo o refuerzo, o quede adscrito con relevación de funciones a otro órgano, a fin de relevarle de la sustitución que pudiese corresponderle, salvo que expresamente manifestase lo contrario. Del mismo modo preverán la solución que deba adoptarse ante cualquier otra situación de posible duplicidad de señalamientos.

- Disposición adicional añadida por art. único.32 de Ley Orgánica núm. 8/2012, de 27 diciembre.

Decimonovena. *Planes de sustitución correspondientes de partidos judiciales*

De considerarse oportuno, a iniciativa de los decanos, Juntas de Jueces de los partidos afectados, Presidente de la Audiencia Provincial, Presidente del Tribunal Superior de Justicia o del propio Consejo General del Poder Judicial, se podrán aprobar planes de sustitución que incluyan varios partidos judiciales, asumiendo el Decano del partido judicial con más habitantes las labores propias que le encomienda la presente Ley.

- Disposición adicional añadida por art. único.33 de Ley Orgánica núm. 8/2012, de 27 diciembre.

Vigésima. *Delegación de atribuciones en materia de sustituciones*

Los Presidentes de los Tribunales Superiores de Justicia podrán delegar las atribuciones que les reconoce la presente Ley en materia de sustituciones en aquellos Presidentes de las Audiencias Provinciales de su territorio que consideren oportuno.

- Disposición adicional añadida por art. único.34 de Ley Orgánica núm. 8/2012, de 27 diciembre.

Vigésima primera. *Apoyo judicial en la instrucción de causas complejas*

Además de lo dispuesto en el capítulo IV bis del título II del libro III de esta Ley, dentro de las excepcionales medidas de apoyo judicial, el Consejo General del Poder Judicial podrá acordar, para la mejor instrucción de causas complejas y previa propuesta de su titular, la adscripción a un órgano determinado de otro u otros Jueces o Magistrados que sin funciones jurisdiccionales y bajo la dirección del titular de aquél, realicen exclusivamente labores de colaboración, asistencia o asesoramiento. Para idéntico fin e iguales condiciones, podrá interesarse la adscripción de uno o varios Letrados de la Administración de Justicia.

A tal efecto el Consejo General del Poder Judicial propondrá un programa concreto de actuación especificando, en todo caso, su objeto, ámbito de aplicación, duración y el tipo de comisiones en cuanto a la relevación de funciones. La aprobación del mismo precisará la autorización del Ministerio de Justicia.

En el caso de que se interese la adscripción de Letrados de la Administración de Justicia, el Consejo General del Poder Judicial dirigirá su petición al Ministerio para la aprobación de las correspondientes comisiones.

- Disposición adicional añadida por art. único.116 de Ley Orgánica núm. 7/2015, de 21 julio.

DISPOSICIONES TRANSITORIAS

Primera. *Salas de lo Contencioso-Administrativo del Tribunal Supremo*

1. Hasta que entre en vigor la Ley de Planta, continuarán funcionando las tres Salas de lo Contencioso-Administrativo existentes en el Tribunal Supremo.

2. En dicha Ley se regulará la situación de quienes en la fecha de su entrada en vigor sean Presidentes de las citadas Salas.

Segunda. *Tribunales Superiores de Justicia*

1. En el plazo de un año, a partir de la entrada en vigor de esta Ley, se constituirán los Tribunales Superiores de Justicia y, una vez en funcionamiento, desaparecerán las Audiencias Territoriales.

2. En tanto no entren en funcionamiento los Tribunales Superiores de Justicia, subsistirán las Audiencias Territoriales existentes a la fecha de entrada en vigor de esta Ley, así como la Sala de lo Contencioso-Administrativo de la Audiencia Provincial de Santa Cruz de Tenerife.

3. Hasta que entren en funcionamiento los Tribunales Superiores de Justicia, las competencias que la presente Ley atribuye a su Sala de lo Civil y Penal continuarán residenciadas en las Salas del Tribunal Supremo que actualmente las tienen atribuidas, salvo que los Estatutos de Autonomía las atribuyan a la respectiva Audiencia Territorial.

4. Los Magistrados destinados en las Salas de lo Civil de las Audiencias Territoriales pasarán, cuando éstas sean suprimidas, a prestar servicio en el Tribunal Superior o Audiencias correspondientes de la sede donde aquéllas se encuentren radicadas, de conformidad con los criterios que establezca la Ley de Planta.

5. Los Magistrados de las Salas de lo Contencioso-Administrativo de las Audiencias Territoriales, cuando éstas sean suprimidas, se integrarán en las Salas de lo Contencioso-Administrativo de los Tribunales Superiores de Justicia.

Tercera. *Juzgados de Primera Instancia e Instrucción y Juzgados de Distrito*

1. El Gobierno, dentro del año siguiente a la promulgación de la Ley de demarcación, oído el Consejo General del Poder Judicial, efectuará la conversión de los actuales Juzgados de Distrito en Juzgados de Primera Instancia e Instrucción, o, en su caso, de Paz, con arreglo a las siguientes reglas:

1ª En las poblaciones donde estuvieran separados los órdenes civil y penal, los Juzgados de Distrito pasarán a ser Juzgados de Primera Instancia o de Instrucción, servidos por el mismo personal que tienen en la actualidad, excepto los encargados con exclusividad del Registro Civil, que pasarán a ser Juzgados de Primera Instancia.

2ª En las demás poblaciones, cuyos Juzgados de Primera Instancia e Instrucción se hallaren servidos por Magistrados, los Juzgados de Distrito se convertirán en Juzgados de Primera Instancia e Instrucción y continuarán prestando servicio en los mismos los Jueces titulares y demás personal en ellos destinados.

3ª En los Juzgados de Distrito a convertir según la regla anterior, los Jueces titulares a quienes por antigüedad correspondiera ascender, durante el plazo previsto para la conversión, permanecerán con la categoría de Magistrados, conservando su número en el escalafón en el mismo Juzgado, no surtiendo efectos económicos el ascenso hasta que la conversión se efectúe. El ascendido podrá optar por la efectividad inmediata del ascenso, con cambio de destino.

4ª En las poblaciones con Juzgados de Primera Instancia e Instrucción servidos por Jueces se aplicará lo dispuesto en la norma anterior, salvo que, por el escaso volumen de trabajo, resulte procedente la supresión del Juzgado o Juzgados de Distrito existentes.

En este último supuesto, el Juez y Secretario destinados en el Juzgado que se suprima gozarán, por una sola vez, de preferencia para ocupar las vacantes existentes en el Juzgado o Juzgados de Primera Instancia e Instrucción de la localidad, al que, en otro caso, quedarán adscritos en la forma y con las funciones que, con carácter general, establezca el Consejo General del Poder Judicial, hasta tanto ocupen otra plaza en propiedad en su propio Cuerpo o Carrera, en los concursos que reglamentariamente se convoquen y a los que necesariamente habrán de concurrir, reconociéndoseles preferencia para ocupar las vacantes que se produzcan dentro de la misma provincia.

Si no obtuvieren destino en los tres primeros concursos que se convoquen, podrán ser destinados con carácter forzoso a las vacantes existentes.

El personal asistencial y colaborador quedará adscrito al Juzgado o Juzgados de Primera Instancia e Instrucción al que pertenezca el de Distrito, y gozará de preferencia para ocupar las vacantes que en ellos se produzcan.

5ª Los Juzgados de Distrito que radiquen en poblaciones que no sean cabeza de Partido Judicial se convertirán en Juzgados de Primera Instancia e Instrucción cuando las necesidades del servicio lo aconsejaren, y continuarán servidos por los Jueces y demás personal en ellos destinados.

Los restantes Juzgados de Distrito serán sustituidos por Juzgados de Paz, y el Juez, Secretario y el personal que en aquéllos prestaban servicios gozarán, en su caso, de la adscripción provisional y preferencias establecidas en la regla 4ª.

6ª En aquellas poblaciones en las que en la actualidad hubiese dos o más Juzgados de Distrito y no estuviese unificado el Registro Civil, se determinará el Juzgado de Primera Instancia o de Primera Instancia e Instrucción encargado de llevar aquel servicio.

2. Producida la conversión de Juzgados a que se refiere la norma anterior, se observarán las reglas siguientes:

1ª Los Juzgados de Distrito convertidos en Juzgados de Primera Instancia o en Juzgados de Instrucción continuarán conociendo hasta su terminación de cuantos asuntos civiles y penales tuvieran en trámite, y, desde la fecha de la conversión, comenzarán a entender de los civiles o de los penales que les correspondieren, por reparto o por el servicio de guardia.

2ª Los Juzgados de Distrito convertidos en Juzgados de Primera Instancia e Instrucción, cuando existieren otro u otros de esta clase, seguirán conociendo igualmente hasta su terminación de los procedimientos civiles y penales pendientes, y en la fecha de la conversión asumirán el conocimiento de los asuntos civiles y penales que, por reparto o servicio de guardia, les correspondiere.

3ª Los asuntos pendientes en los Juzgados de Distrito convertidos en Juzgados de Paz pasarán a conocimiento del respectivo Juzgado de Primera Instancia e Instrucción, excepto en aquello que con arreglo a esta Ley corresponda al Juzgado de Paz.

4ª Las apelaciones civiles y penales interpuestas contra las resoluciones de los Juzgados de Distrito con anterioridad a la fecha de la conversión, seguirán sustanciándose ante los Juzgados de Primera Instancia e Instrucción. Las que se promuevan con posterioridad a aquella fecha se tramitarán ante la Audiencia Provincial, de conformidad con lo dispuesto en esta Ley.

Cuarta. *Juzgados de Menores*

Los actuales Tribunales Tutelares de Menores continuarán ejerciendo sus funciones hasta que entren en funcionamiento los Juzgados de Menores.

Quinta. *Jueces y Fiscales de ingreso y ascenso*

1. A la entrada en vigor de la presente Ley quedará sin efecto la distinción, dentro de las categorías de Juez y Fiscal, de los grados de ingreso y de ascenso.

2. A tal efecto, quienes, de acuerdo con lo dispuesto en la Ley Orgánica 5/1981, de 16 de noviembre, de integración de la Carrera Judicial y del Secretariado de la Administración de Justicia, ostentasen la categoría y grado de Jueces de ingreso, quedarán situados por su orden, a continuación del último de los que ostentaren la categoría y grado de Juez de ascenso, dentro del escalafón de la Carrera Judicial.

Sexta. *Integración de Abogados Fiscales de ascenso y de ingreso*

1. Quienes, de acuerdo con lo dispuesto en la Ley 50/1981, de 30 de diciembre, ostentaran la categoría y grado de Abogado Fiscal de ascenso, a efectos de categoría personal y de Abogado Fiscal de ingreso, quedarán situados, por su orden, dentro del escalafón de la Carrera Fiscal, a continuación del último de los que ostentaren la categoría y grado de Abogado Fiscal de ascenso.

2. Los Abogados Fiscales de ingreso que hubieren ejercido el derecho de opción reconocido en la disposición transitoria segunda de la citada Ley y ostentaren, a efectos de categoría personal, el grado de ascenso, recuperarán, desde la entrada en vigor de la presente Ley, todos los derechos a que renunciaron, pudiendo, cuando les corresponda la promoción a la segunda categoría por antigüedad, optar por continuar en la misma categoría, renunciando a todos los efectos del ascenso. Igual derecho tendrán los Abogados Fiscales de ingreso procedentes del antiguo Cuerpo de Fiscales de Distrito.

3. Los tres años de servicios efectivos en la categoría tercera exigidos por el artículo 37, primero, dos, del Estatuto Orgánico del Ministerio Fiscal, para acceder a la segunda categoría a través de las pruebas selectivas, se entenderán referidos para todos los Abogados Fiscales de ingreso, ostenten o no el grado de ascenso a título personal, a los servicios prestados en la categoría a partir de la entrada en vigor de esta Ley.

Séptima. *Escuela Judicial*

1. A la entrada en vigor de la presente Ley, la Escuela Judicial pasará a denominarse Centro de Estudios Judiciales. El personal, el patrimonio y los medios y recursos económicos se transfieren al Centro de Estudios Judiciales.

2. El Director, el Jefe de Estudios y el Secretario de la Escuela Judicial continuarán en sus funciones hasta que tomen posesión los titulares de los correspondientes órganos directivos del Centro de Estudios Judiciales.

3. Los cursos que se estuvieren celebrando serán asumidos por el Centro de Estudios Judiciales, que desarrollará también los siguientes hasta que se promulgue su reglamento.

Octava. *Situaciones de Jueces y Magistrados*

1. Los Jueces y Magistrados que se hallaren en situación de excedencia especial o supernumerario y les correspondiere, con arreglo a esta Ley, la de excedencia voluntaria, deberán solicitar el reingreso al servicio activo dentro del plazo de tres meses contados, a partir de la entrada en vigor de la Ley de Planta. Si no formularen petición en el indicado plazo, pasarán automáticamente a la situación de excedencia voluntaria por interés particular, con efectos desde la fecha de entrada en vigor de la presente Ley.

2. Los que se encontraren en situación de supernumerario o de excedencia voluntaria y les correspondiere la de servicios especiales, en aquel último supuesto, se considerarán en la situación que corresponda a partir de la entrada en vigor de la presente Ley, contándoles como servicios efec-

tivos en la Carrera el tiempo que permanecieron en excedencia voluntaria, correspondiendo la de servicios especiales, según lo dispuesto en esta Ley.

3. Cuando cesen en la situación de excedencia especial a menos que hubiesen obtenido plaza, quedarán adscritos con carácter provisional a las Salas del Tribunal Supremo, a las de los Tribunales Superiores de Justicia o de la Audiencia, o a los Juzgados de la población en los que se encontraban destinados al cesar en el servicio activo que designe la Sala de Gobierno respectiva, en función de su categoría y orden jurisdiccional en que servían.

4. Esta adscripción se mantendrá hasta que se produzca la primera vacante de su categoría, y en su caso, turno en el Tribunal Supremo, Tribunales Superiores de Justicia, Audiencias o Juzgados a que estuvieren adscritos, la que se les adjudicará fuera de concurso y con carácter preferente.

5. El plazo de diez años a que se refiere el apartado 3 del artículo 357 comenzará a contarse, para los Jueces y Magistrados que se encontraran en situación de excedencia voluntaria el día de la entrada en vigor de la presente Ley, a partir de esta última fecha.

6. Los miembros de la Carrera Judicial que, a la fecha de aprobación de los apartados 6, 7 y 8 de la presente disposición transitoria, se encontraren en situación de excedencia voluntaria por la causa prevista en la letra *f)* del artículo 356, serán considerados, cuando así lo soliciten, en situación de servicios especiales desde la fecha de su nombramiento o aceptación del cargo, computándose como servicios efectivos en la Carrera Judicial el tiempo que hayan permanecido en dicha excedencia voluntaria.

Este régimen, y lo dispuesto en las letras *f)* de los artículos 351 y 356, es aplicable a los miembros de la Carrera Fiscal y del Cuerpo de Secretarios, cualquiera que fuera su categoría.

- Ap. 6 modificado por art. único.3 de Ley Orgánica núm. 12/2011, de 22 septiembre.

7. Cuando cesen en la situación de servicios especiales, salvo que hubiesen obtenido nueva plaza por concurso, quedarán adscritos con carácter provisional a las Salas del Tribunal Supremo, a las de los Tribunales Superiores de Justicia o de la Audiencia o a los Juzgados de la población en los que se encontraban destinados al cesar en el servicio activo, en función de la categoría y orden jurisdiccional en que servían.

- Ap. 7 modificado por art. único.3 de Ley Orgánica núm. 12/2011, de 22 septiembre.

8. Esta adscripción se mantendrá hasta que se produzca la primera vacante de su categoría y, en su caso, turno en el Tribunal Supremo, Tribunales Superiores de Justicia, Audiencia o Juzgados a que estuvieren adscritos, la que se les adjudicará fuera de concurso y con carácter preferente.

- Ap. 8 modificado por art. único.3 de Ley Orgánica núm. 12/2011, de 22 septiembre.

Novena. *Comisiones de Servicio*

Los Jueces y Magistrados que a la entrada en vigor de la presente Ley estuvieran en comisión en órganos jurisdiccionales, en el Ministerio de Justicia o en el Ministerio de Trabajo y Seguridad Social, o en cualquier otro Departamento ministerial u organismo administrativo, cesarán en dicha comisión, reintegrándose a su destino judicial en el plazo de dos meses siguientes a la entrada en vigor de la presente Ley.

Décima. *Procedimientos disciplinarios*

1. Los procedimientos disciplinarios iniciados a la entrada en vigor de esta Ley se adaptarán a lo dispuesto en la misma sobre competencia, procedimientos y recursos.

2. En cuanto a la tipificación de los hechos o de las conductas y la imposición de sanciones, se aplicará el principio de irretroactividad, salvo que lo establecido en esta Ley fuera más favorable para el sometido a procedimiento disciplinario, a juicio del mismo.

Undécima. *Presidentes de Sala del Tribunal Supremo*

Los actuales Presidentes de Sala del Tribunal Supremo continuarán desempeñando su cargo hasta que, constituido el Consejo General del Poder Judicial de conformidad con lo dispuesto en esta Ley, sean ratificados o sustituidos por aquél en el plazo de tres meses.

Duodécima. *Provisión de plazas en el Tribunal Supremo*

1. Las vacantes que se produzcan en las Salas del Tribunal Supremo a partir de la entrada en vigor de la presente Ley se proveerán conforme a lo dispuesto en la misma, aplicándose transitoriamente las siguientes reglas:

1ª Las vacantes producidas por cese de Magistrados no procedentes de la Carrera Judicial se proveerán entre Abogados y otros Juristas de reconocido prestigio.

2ª Las vacantes que dejen los procedentes de la Carrera Judicial se proveerán de la manera siguiente:

a) La primera, con Magistrados que hubieren prestado diez años de servicios en órganos especializados en el orden jurisdiccional propio de la Sala de que se trate.

b) La segunda, con Magistrados que reunieren las condiciones generales para el acceso al Tribunal Supremo.

c) La tercera, por igual turno que la primera, y la cuarta, por el mismo turno que la segunda.

2. No obstante lo anterior y en cuanto a la Sala de lo Contencioso-Administrativo, los turnos segundo y cuarto se proveerán en la forma que establece la letra *a)* del artículo 344 de la presente Ley.

3. Las reglas anteriores se aplicarán siempre de manera que no se vulnere la proporción establecida en el artículo 344 de esta Ley.

4. Cuando se hubiere alcanzado la composición prevista en esta Ley, seguirán aplicándose las normas generales de provisión previstas en la misma.

Decimotercera. *Presidentes de las Audiencias Territoriales y Provinciales*

1. Los actuales Presidentes de las Audiencias Territoriales y Provinciales continuarán desempeñando el cargo hasta que, constituido el Consejo General del Poder Judicial de conformidad con lo dispuesto en esta Ley, sean ratificados o sustituidos por aquél en el plazo de tres meses.

2. Constituidos los Tribunales Superiores de Justicia, cesarán en su cargo quienes en tal fecha fueran presidentes de Audiencia Territorial y se procederá a efectuar el nombramiento de los Presidentes de aquélla.

3. Los Presidentes de Audiencias Provinciales y Territoriales que cesaren en su cargo quedarán adscritos, respectivamente, a la Audiencia o al Tribunal Superior y serán destinados para ocupar la primera vacante que se produzca en la Audiencia o Tribunal a que estuvieran adscritos, si no obtuvieran otra plaza, a su instancia, con anterioridad.

No obstante, los Presidentes de las Audiencias Territoriales de Madrid y Barcelona, si cesaren en su cargo, serán adscritos al Tribunal Supremo.

Decimocuarta. *Jueces Decanos*

Los actuales Decanos de Juzgados de Primera Instancia e Instrucción en las poblaciones donde haya diez o más, continuarán desempeñando sus cargos hasta que la respectiva Junta de Jueces efectúe la elección a que se refiere el artículo 166 de esta Ley, en el plazo de dos meses. Si no fueren elegidos o nombrados para el cargo, serán adscritos, en su caso, a la Audiencia de la respectiva capital hasta que obtengan destino en propiedad.

Decimoquinta. *Magistrados por oposición de lo Contencioso-administrativo*

1. Los Magistrados que hubieran ingresado por oposición en el orden contencioso-administrativo tendrán derecho a ser promovidos por el turno de la letra *a)* del artículo 344 y conservarán la reserva a su favor de dos de cada cinco plazas de Magistrado de la Sala de lo Contencioso-Administrativo del Tribunal Supremo. Ello no obstante, el Consejo General del Poder Judicial gozará de libertad de criterio, en la promoción, cuando no hubiese

Magistrados de esta clase que reunieren las condiciones legales, o ninguno de ellos ostentare méritos suficientes para la promoción. Los que sean promovidos en virtud del párrafo anterior, se entenderán comprendidos, a efectos de la proporción en la composición de la Sala, en el turno de la letra *a)* del artículo 344 de la presente Ley.

2. Los Magistrados a que se refiere el apartado anterior conservarán los derechos reconocidos en la disposición final primera de la Ley 17/1980, de 24 de abril, que establece el régimen retributivo de los funcionarios al servicio del Poder Judicial.

3. Tendrán preferencia sobre los demás miembros de la Carrera Judicial para la provisión de plazas especialistas en las Salas de lo Contencioso-Administrativo y de las plazas en los Juzgados especializados en dicho orden jurisdiccional en los términos previstos en los artículos 329.2 y 330.2.

4. Los Magistrados de lo Contencioso-Administrativo por oposición procedentes de la Carrera Fiscal quedarán en la misma en situación de excedencia voluntaria.

- Ap. 4 modificado por art. 1.16 de Ley Orgánica núm. 16/1994, de 8 noviembre.

Decimosexta. *Magistrados suplentes*

Hasta que termine el año judicial en que entre en vigor la presente Ley continuarán desempeñando sus cargos los actuales Magistrados suplentes. En el plazo de tres meses siguientes a su entrada en vigor, las Salas de Gobierno harán nueva propuesta de Magistrados suplentes para el próximo, cumpliendo lo establecido en la misma.

Decimoséptima. *Cuerpo de Magistrados de Trabajo*

1. Desde la entrada en vigor de la presente Ley no se convocarán concursos para el ingreso en el Cuerpo de Magistrados de Trabajo.

2. Los actuales Magistrados de Trabajo procedentes de la Carrera Judicial se integrarán en la misma con la categoría que tuvieran en ella y ocupando el puesto escalafonal que les corresponda, rigiéndose en lo sucesivo, para la provisión de destinos y promoción de categorías, por las disposiciones de esta Ley.

Los pertenecientes al Cuerpo de Magistrados de Trabajo a que se refiere el párrafo anterior tendrán la consideración de especialistas a los efectos de lo establecido en el artículo 344 *a)* de la Ley.

- Ap. 2 modificado por art. 3.11 de Ley Orgánica núm. 16/1994, de 8 noviembre.

3. Los que procedan de la Carrera Fiscal se integrarán en la Judicial, colocándose en el escalafón en el número bis que les corresponde en razón de su antigüedad en aquélla, en la que permanecerán en excedencia voluntaria.

- Ap. 3 modificado por art. 1.17 de Ley Orgánica núm. 16/1994, de 8 noviembre.

4. A efectos de la preferencia para cubrir las plazas de especialistas en las Salas y Juzgados de lo Social, establecida en los artículos 329.2 y 330.2, de esta Ley, los actuales Magistrados de Trabajo la tendrán sobre los demás miembros de la Carrera Judicial.

5. El actual escalafón del Cuerpo de Magistrados de Trabajo se mantendrá como escala anexa al de la Carrera Judicial, conservando todos sus componentes la colocación, categoría y antigüedad que tienen en él; esta escala determinará entre ellos el orden de preferencia para la provisión de plazas en las Salas de lo Social y en los Juzgados de lo Social.

Decimoctava. *Tribunal Central de Trabajo*

El Tribunal Central del Trabajo quedará suprimido en la fecha en que entren en funcionamiento las Salas de lo Social de la Audiencia Nacional y de los Tribunales Superiores de Justicia, que serán establecidas por la Ley que fije la planta de los Tribunales. Serán de aplicación las reglas siguientes:

1ª Los Presidentes y Magistrados del Tribunal Central que, en virtud de lo dispuesto en la disposición transitoria anterior, se integren en la Carrera Judicial, pasarán a constituir la Sala de lo Social de la Audiencia Nacional y del Tribunal Superior de Justicia de Madrid, según exija la Ley de Planta, y si excedieren de la plantilla que se establezca, se seguirá un orden de preferencia atendiendo a la mayor antigüedad en el cargo, quedando los restantes adscritos a la Sala de lo Social del Tribunal Superior de Justicia de Madrid hasta que obtengan destino en propiedad. Dicha Sala conocerá de todos los asuntos pendientes en el Tribunal Central, con excepción de los que correspondan a la Sala de lo Social de la Audiencia Nacional.

2ª Los Secretarios de Sala y de Gobierno del Tribunal Central de Trabajo pasarán a prestar servicio en la Sala de lo Social de la Audiencia Nacional y en la del Tribunal Superior de Justicia de Madrid, y si excedieren de la plantilla que se establezca, se seguirá un orden de preferencia atendiendo a la mayor antigüedad en el cargo, quedando los restantes adscritos a la Sala de lo Social del Tribunal Superior de Justicia de Madrid hasta que obtengan destino en propiedad.

Decimonovena. *Magistraturas de Trabajo*

1. Hasta la entrada en funcionamiento de los Juzgados de lo Social, continuarán ejerciendo sus funciones las actuales Magistraturas de Trabajo.

2. Mientras continúen en funcionamiento las Magistraturas de Trabajo, las plazas vacantes se proveerán en la forma establecida en el artículo 329 de esta Ley.

Vigésima. *Personal al servicio de la jurisdicción laboral*

1. El personal administrativo, auxiliar y subalterno que, a la entrada en vigor de la presente Ley, preste servicios en las Magistraturas de Trabajo o en el Tribunal Central de Trabajo, continuará prestándolos en los mismos órganos y, desde que se establezcan, en los Juzgados de lo Social y Sala de lo Social de la Audiencia Nacional, con sujeción al régimen que en la actualidad es aplicable hasta que se dicten los reglamentos de personal al servicio de la Administración de Justicia, los cuales establecerán las normas para su integración en los distintos Cuerpos de aquélla.

2. Será aplicable al personal a que se refiere esta disposición, desde la entrada en vigor de la presente Ley, el régimen de incompatibilidades establecido en el artículo 489.

Vigésima primera. *Secretarios de la Jurisdicción de Trabajo*

En la fecha de entrada en vigor de la Ley de Planta, el Cuerpo de Secretarios de la Jurisdicción de Trabajo se integrará en el Cuerpo de Secretarios judiciales conforme a las siguientes reglas:

1ª Los Secretarios de la Magistratura de Trabajo, de las categorías A y B, pasarán a integrar la categoría segunda del Cuerpo de Secretarios judiciales, escalafonándose por orden del mayor tiempo de servicios prestados en el Cuerpo de procedencia.

2ª Los Secretarios procedentes de la Jurisdicción de Trabajo tendrán preferencia para ocupar las plazas de los Juzgados de lo Social y en las Salas de lo Social de la Audiencia Nacional o Tribunales Superiores de Justicia.

3ª En el momento en que se estructuren y entren en funcionamiento las Salas de lo Social de los Tribunales Superiores de Justicia, gozarán de absoluta preferencia los Secretarios de la Jurisdicción de Trabajo de la actual categoría A, sobre los de la B, para servir aquéllos.

Vigésima segunda. *Secretarios judiciales*

1. A la entrada en vigor de la presente Ley quedará sin efecto la distinción, dentro de la tercera categoría del Cuerpo de Secretarios judiciales, de los grados de ingreso y de ascenso.

2. A tal efecto, quienes, de acuerdo con lo dispuesto en la Ley Orgánica 5/1981, de 16 de noviembre, ostentaren el grado de ingreso de la tercera categoría, quedarán situados, por su orden, a continuación del último de

los que ostentaren el grado de ascenso de la tercera categoría, dentro del escalafón del Cuerpo de Secretarios judiciales.

3. Los Secretarios judiciales que, al amparo de lo establecido en la norma sexta del artículo sexto de la Ley Orgánica 5/1981, de 16 de noviembre, y por ocupar plaza de inferior categoría que la que les correspondía hubieran adquirido la categoría superior a todos los efectos, excepto los económicos, conservarán la misma situación hasta tanto ocupen plaza de su categoría.

4. Los funcionarios que estén en posesión del título de Licenciado en Derecho y que procedan de los Cuerpos declarados a extinguir de Oficiales de Sala del Tribunal Supremo y Audiencias Oficiales de los Tribunales de lo Contencioso-Administrativo y escala técnica del Cuerpo Administrativo de los Tribunales, que estén en situación de activo a la entrada en vigor de la presente Ley, quedarán integrados en el Cuerpo de Secretarios judiciales en la tercera categoría, a continuación del último que figure en ella, por orden de antigüedad de servicio.

5. Los Secretarios judiciales destinados en Fiscalías serán adscritos provisionalmente, a la entrada en vigor de esta Ley, a los Tribunales y Audiencias existentes en la misma población donde prestan servicios, hasta tanto adquieran destino en propiedad en los concursos de provisión ordinarios, en los que gozarán de preferencia, por una sola vez, para ocupar las vacantes que se produzcan en aquélla.

Vigésima tercera. *Retribuciones de Secretarios judiciales*

Los Secretarios judiciales remunerados exclusivamente por arancel o acogidos al sistema mixto de retribución mediante sueldo y participación arancelaria, únicamente percibirán, desde la entrada en vigor de la presente Ley, los sueldos y complementos con arreglo a su categoría y destino, establecidos con carácter general para el Secretariado, más un treinta por ciento del sueldo que les corresponda, en concepto de gratificación, sin que puedan percibir participación arancelaria de clase alguna, y tendrán derecho a la percepción de haberes pasivos en la forma y cuantía establecida para los funcionarios públicos, considerándose como servicios abonables los prestados en el Cuerpo desde la fecha de ingreso.

Vigésima cuarta. *Secretarios de Juzgados de Paz de Municipios de más de siete mil habitantes*

1. Desde la entrada en vigor de la presente Ley, no se convocarán más oposiciones para el ingreso en el Cuerpo de Secretarios de Juzgados de Paz de Municipios de más de siete mil habitantes, que se declara a extinguir.

2. Los funcionarios del Cuerpo a extinguir de Secretarios de Juzgados de Paz de Municipios de más de siete mil habitantes que, a la entrada en vigor de esta Ley, estén en posesión del título de Licenciado en Derecho, se integrarán en la tercera categoría del Secretariado de la Administración de Justicia, cubriendo por riguroso orden de antigüedad de servicios efectivos, mediante concurso específico a este Cuerpo, las vacantes que en ese momento existieren en la citada categoría.

3. Las Secretarías de Juzgados de Paz de poblaciones de más de siete mil habitantes, mientras queden miembros del Cuerpo a que se refiere esta Disposición que reúnan los requisitos legales para cubrirlas, se anunciarán, cuando vacaren, a concurso entre los mismos.

4. Declarada desierta una plaza que esté servida por Secretario del Cuerpo de Secretarios de Juzgados de Paz de Municipios de más de siete mil habitantes por falta de peticionario, quedará reservada la plaza para su provisión de acuerdo con lo establecido en el artículo 481 de esta Ley.

5. Los funcionarios del Cuerpo declarado a extinguir de Secretarios de Juzgados de Paz de Municipios de más de siete mil habitantes con cinco años de servicios efectivos que, a partir de la entrada en vigor de la presente Ley, obtengan la licenciatura en Derecho, podrán participar en los concursos a que se refiere el artículo 478.

Vigésima quinta. *Letrados del Ministerio de Justicia*

Los miembros de la Carrera Judicial que se hallaren en situación de supernumerario, por pertenecer en activo o en servicios especiales al Cuerpo Especial Técnico de Letrados del Ministerio de Justicia, integrado en la actualidad en el Cuerpo Superior de Letrados del Estado, si al ingresar en el servicio activo no obtuvieren en el Ministerio de Justicia alguna plaza de aquellas a las que se refiere la disposición adicional décima, quedarán adscritos al Tribunal Superior de Justicia o Audiencia Provincial de Madrid hasta que obtengan destino en propiedad.

Vigésima sexta. *De los funcionarios de los actuales Tribunales Tutelares de Menores*

1. La escala de Jueces unipersonales de menores queda declarada a extinguir. Sus miembros podrán seguir ocupando plaza en los nuevos Juzgados de Menores de la localidad en la que hubieren venido prestando servicio. En el desempeño de las funciones jurisdiccionales se les aplicará el estatuto jurídico de la Carrera Judicial.

2. Quienes pertenezcan a la escala de Secretarios de Tribunales Tutelares de Menores se integrarán en el Cuerpo de Secretarios judiciales, ocu-

pando en el escalafón un número bis según la antigüedad que ostentaren en la escala de procedencia.

3. El personal que a la entrada en vigor de la presente Ley preste servicios en los Tribunales de Tutelares de Menores continuará prestándolos en dichos órganos y desde que se establezcan en los Juzgados de Menores, con sujeción al régimen que en la actualidad les es aplicable, hasta que se dicten los reglamentos de personal al servicio de la Administración de Justicia, los cuales establecerán las normas para su integración en los distintos Cuerpos de aquélla.

Será aplicable al personal a que se refiere esta Disposición, desde la entrada en vigor de la presente Ley, el régimen de incompatibilidades establecido en el artículo 489.

- Ap. 3 derogado en lo referente al personal de la Escala de Delegados Profesionales Técnicos de los Tribunales Tutelares de Menores por disp. adic. 5.4 de Ley Orgánica núm. 4/1992, de 5 junio.

Vigésima séptima. *Juzgados de Peligrosidad y Rehabilitación Social*

1. Los actuales Juzgados de Peligrosidad y Rehabilitación Social que tengan atribuidas funciones de vigilancia penitenciaria, así como aquellos que las tengan atribuidas con exclusividad, continuarán ejerciendo tales funciones como Juzgados de Vigilancia Penitenciaria hasta que la Ley de Planta establezca estos últimos. A partir de la entrada en vigor de la presente Ley, los referidos Juzgados se denominarán de Vigilancia Penitenciaria y desarrollarán las funciones que como tales correspondan, sin perjuicio de cuanto al respecto establezca la Ley de Planta.

2. Las funciones en materia de peligrosidad y rehabilitación social corresponderán a los Juzgados de Instrucción. Será competente el Juzgado de Instrucción en cuyo territorio se haya manifestado de modo principal la presunta peligrosidad.

3. Mientras no se disponga otra cosa, la actual Sala de Peligrosidad y Rehabilitación Social, constituida en la Audiencia Nacional, seguirá conociendo de los recursos de apelación y de queja contra las resoluciones que dicten los Juzgados de Instrucción en la materia a que se refiere el apartado anterior.

4. Los asuntos en trámite serán resueltos por el Juzgado al que correspondía de acuerdo con la legislación anterior.

Vigésima octava. *Régimen transitorio de jubilaciones*

1. ...

- Ap. 1 derogado por disp. derog. única de Ley Orgánica núm. 7/1992, de 20 noviembre.

2. Los miembros de los restantes Cuerpos de la Administración de Justicia que, a la entrada en vigor de la Ley, tengan más de sesenta y dos años y menos de sesenta y cinco, se jubilarán cuando haya transcurrido la mitad del tiempo que en dicha fecha les falte para cumplir los sesenta y ocho años de edad. Los que a la referida fecha hubiesen cumplido los sesenta y cinco años se jubilarán a los dos años de su entrada en vigor, salvo que antes cumplan los setenta.

Vigésima novena. Los procesos a que se refiere la disposición adicional octava que se hayan iniciado antes de la fecha de entrada en vigor de la presente Ley, continuarán su tramitación con arreglo a las normas vigentes en el momento de su iniciación.

Trigésima. En tanto la legislación de planta y demarcación no disponga otra cosa, las ciudades de Ceuta y Melilla conservarán la adscripción judicial que tienen en la actualidad.

Trigésima primera. En el plazo de tres meses a partir de la entrada en vigor de la Ley de Planta y conforme a lo dispuesto en esta Ley serán elegidos los Jueces de Paz, cesando en su cargo los que hasta ese momento lo viniesen desempeñando.

Trigésima segunda. Dentro del mes siguiente a la publicación de esta Ley Orgánica en el «Boletín Oficial del Estado», todos los miembros de la Carrera Judicial y personal al servicio de la Administración de Justicia que aún no lo hubieren realizado, prestarán el juramento o promesa previsto, respectivamente, en los artículos 318 y 460 de la presente Ley.

Trigésima tercera. Las pruebas selectivas y los concursos para ingresar en los Cuerpos a que se refiere esta Ley, para promoción interna o para provisión de vacantes, que estén convocadas a la fecha de su entrada en vigor, serán resueltos por el órgano a quien correspondía la resolución conforme a la legislación anterior.

Trigésima cuarta. Mientras no se apruebe la Ley de Planta, los órganos jurisdiccionales existentes continuarán con la organización y competencias que tienen a la fecha de entrada en vigor de esta Ley.

Trigésima quinta. Lo previsto en el artículo 307 de esta Ley Orgánica del Poder Judicial, respecto del período de prácticas tuteladas, como Juez adjunto, del curso teórico y práctico de selección, será de seis meses para todos los aspirantes a ingreso en la Carrera Judicial que hayan superado o superen las pruebas de acceso ya convocadas, y para quienes superen las de la siguiente convocatoria que se realicen a partir de la entrada en vigor de esta disposición transitoria.

- Disposición transitoria añadida por art. 3 de Ley Orgánica núm. 9/2000, de 22 diciembre.

Trigésima sexta. Hasta el 31 de diciembre de 2003, la jubilación por edad de los Jueces y Magistrados prevista en el artículo 386.1 se fija en los setenta y dos años. Hasta el 31 de diciembre de 2004, la jubilación por edad de los Jueces y Magistrados se fija en los setenta y un años.

- Disposición transitoria añadida por art. 4.1 de Ley Orgánica núm. 9/2000, de 22 diciembre.

Trigésima séptima. Hasta el 31 de diciembre de 2003 podrán ser propuestos como Magistrados suplentes quienes, con los requisitos previstos en el artículo 201, no hayan alcanzado la edad de setenta y cinco años.

- Disposición transitoria añadida por art. 4.1 de Ley Orgánica núm. 9/2000, de 22 diciembre.

Trigésima octava. Durante un plazo no superior a cuatro años, el Consejo General del Poder Judicial podrá, en función de las necesidades generales de planificación y ordenación de la Carrera Judicial y adaptación de la misma a la planta judicial dispensar a los miembros de la Carrera Judicial del requisito, al que se refiere el artículo 311.2 de la Ley Orgánica 6/1985, de 1 de julio, del Poder Judicial, de haber prestado tres años de servicios efectivos como jueces para acceder a la categoría de Magistrado en los supuestos contemplados en el párrafo primero del apartado 1 del citado artículo.

- Disposición transitoria añadida por disp. adic. 2 de Ley Orgánica núm. 9/2002, de 10 diciembre.

Trigésima novena. Los jueces que, por haber renunciado al ascenso conforme a la legislación anterior, estuviesen obligados a permanecer por un tiempo determinado en dicha categoría, no podrán ascender hasta que haya transcurrido este plazo. Tras el ascenso, si optasen por continuar en la plaza que venían ocupando no podrán participar en los concursos ordinarios de traslado durante tres años.

- Disposición transitoria añadida por art. 1.21 de Ley Orgánica núm. 1/2009, de 3 noviembre.

Cuadragésima. *Régimen transitorio*

Los jueces y magistrados que, a la entrada en vigor de esta disposición transitoria, se encuentren en comisión de servicios con relevación de funciones desempeñando funciones al servicio del Tribunal Supremo, pasarán en ese momento a la situación de servicios especiales en la carrera judicial, situación en la que permanecerán hasta que las plazas sean cubiertas mediante el oportuno concurso.

- Disposición transitoria añadida por art. 1.22 de Ley Orgánica núm. 1/2009, de 3 noviembre.

Cuadragésima primera. *Suspensión de la percepción de la paga extraordinaria del mes de diciembre de 2012*

La supresión de la percepción de la paga extraordinaria del mes de diciembre de 2012 a los miembros del Cuerpo de Secretarios Judiciales y al resto del personal al servicio de la Administración de Justicia tendrá lugar en la forma que establece el Real Decreto-ley 20/2012, de 13 de julio, de medidas para garantizar la estabilidad presupuestaria y de fomento de la competitividad, adecuando dicha paga a fin de que la minoración resultante sea análoga a la de los restantes funcionarios.

- Disposición transitoria añadida por art. único.35 de Ley Orgánica núm. 8/2012, de 27 diciembre.

DISPOSICIÓN DEROGATORIA

1. Quedan derogadas las siguientes Leyes y disposiciones:

Ley Provisional sobre organización del Poder Judicial de 15 de septiembre de 1870.

Ley Adicional a la Orgánica del Poder Judicial de 14 de octubre de 1882.

Ley Orgánica de las Magistraturas de Trabajo de 17 de octubre de 1940.

Ley de Bases de la Justicia Municipal de 19 de julio de 1944.

Ley de 17 de julio de 1947, Orgánica del Cuerpo Nacional de Médicos Forenses.

Ley de la Jurisdicción Contencioso-Administrativa, de 27 de diciembre de 1956, en los particulares que regulan aquella jurisdicción y la estructura de sus órganos.

Ley 11/1966, de 18 de marzo, sobre Ordenación Orgánica de los Funcionarios de la Administración de Justicia.

Ley 33/1966, de 31 de mayo, sobre Reforma Orgánica de los Cuerpos de la Jurisdicción de Trabajo.

Las disposiciones de la Ley 42/1974, de 28 de noviembre, de Bases, Orgánica de la Justicia, declaradas en vigor por el Real Decreto-ley 24/1976, de 26 de noviembre, por el que se prorroga el plazo para la articulación de la Ley 42/1974, de 28 de noviembre, de Bases, Orgánica de la Justicia.

Real Decreto-ley 1/1977, de 4 de enero, por el que se crea la Audiencia Nacional.

Real Decreto 2104/1977, de 29 de julio, por el que se aprueba el texto articulado parcial de la Ley de Bases Orgánica de la Justicia, de 28 de noviembre de 1974, sobre Juzgados de Distrito y otros extremos.

Ley Orgánica 1/1980, de 10 de enero, del Consejo General del Poder Judicial.

La disposición adicional primera de la Ley 17/1980, de 24 de abril, por la que se establece el régimen retributivo de los funcionarios al servicio del Poder Judicial.

La Ley Orgánica 5/1981, de 16 de noviembre, sobre Integración de la Carrera Judicial y del Secretariado de la Administración de Justicia.

Ley Orgánica 12/1983, de 16 de noviembre, de Modificación de Competencias de la Audiencia Nacional.

Ley Orgánica 4/1984, de 30 de abril, por la que se modifica la 5/1981, de 16 de noviembre.

Cuantas otras leyes y disposiciones se opongan a lo establecido por esta Ley Orgánica.

2. Queda, no obstante, en vigor la Ley Orgánica 6/1984, de 24 de mayo, Reguladora del Procedimiento de «Habeas Corpus».

Disposición final primera. En el Libro VIII de esta Ley Orgánica, el Título V tiene rango de ley ordinaria.

- Disposición final añadida por art. único.2 de Ley Orgánica núm. 4/2013, de 28 junio.

Disposición final segunda. La presente Ley Orgánica entrará en vigor al siguiente día de su publicación en el «Boletín Oficial del Estado».

- Disposición final renumerada por art. único.1 de Ley Orgánica núm. 4/2013, de 28 junio. Su anterior numeración era DF.

§ 2. **LEY 38/1988, DE 28 DICIEMBRE.** DEMARCACIÓN Y PLANTA JUDICIAL

(BOE núm. 313, de 30 diciembre; rect. BOE núm. 122, de 23 mayo 1989)

- En atención a la naturaleza y características de esta obra, se omite la inclusión de los anexos de la Ley de Demarcación y Planta Judicial.

PREÁMBULO

I

La Ley Orgánica 6/1985, de 1 de julio, del Poder Judicial, constituye el pilar normativo sobre el que se apoya el cumplimiento de los fines constitucionalmente atribuidos al Poder Judicial en el Estado social y democrático de Derecho.

La Ley Orgánica ha atribuido contenido cabal a los principios de independencia, plenitud y unidad de la jurisdicción, garantía e imperio de la Ley; ha hecho efectivo, asimismo, el gobierno autónomo del Poder Judicial, destacando el carácter de órgano constitucional del Consejo General del Poder Judicial y ha configurado, sobre unas bases nuevas y sentadas para el logro de la tutela jurisdiccional eficaz, el estatuto de los Jueces y Magistrados y el de los Secretarios judiciales y demás personal al servicio de la Administración de Justicia.

La Ley Orgánica del Poder Judicial sin embargo, contiene otro conjunto de mandatos cuyo denominador común radica en la necesidad de un desarrollo normativo, organizativo y financiero complejo, por suponer la creación de Tribunales y de Juzgados de nueva planta, el crecimiento notable de los ya existentes y, en algunas ocasiones, el cambio de su naturaleza, de su competencia, o de la circunscripción a la que se extiende su jurisdicción.

Con la presente Ley, dentro de los principios y de las finalidades expuestas, se da cumplimiento, por ende, al mandato de la disposición adicional primera de la Ley Orgánica del Poder Judicial en lo que se refiere a la regulación legislativa de la demarcación y planta judicial. La reforma de la regulación legislativa del proceso en los diversos órdenes jurisdiccionales, paralelamente emprendida en idéntico contexto de desarrollo de la Ley Orgánica, constituye el complemento indispensable de aquélla.

La demarcación se ha elaborado teniendo en cuenta las propuestas de las Comunidades Autónomas y el Proyecto de Ley ha sido sometido a informe del Consejo General del Poder Judicial, cumpliendo con ello, en ambos casos, las previsiones de la Ley Orgánica del Poder Judicial. Las observaciones formuladas han tenido un alto valor y han acrecentado notablemente el conocimiento de los datos y circunstancias necesarios para una adecuada decisión.

II

El Estado social y democrático de Derecho, en la búsqueda de un contenido efectivo y real en los derechos de los ciudadanos, insiste en la nota de efectividad de la protección judicial de los derechos, que llega a plasmarse como derecho fundamental específico en el artículo 24 de la Constitución.

El adecuado desarrollo de la Ley Orgánica del Poder Judicial ha de hacer frente, por lo tanto, en primer término, al enorme déficit acumulado durante decenios por una organización judicial estructurada más en función de la presencia que de la eficacia; distribuida con criterios geográficos imperfectos y desequilibrados e infradotada en cuanto al número de sus titulares y sus órganos decisorios, con la consiguiente insuficiencia de los medios personales y económicos puestos a su servicio e inadecuación de las normas de procedimiento por las que se rige.

En segundo término, al déficit histórico de la justicia se añade el mayor grado de exigencia social de buen funcionamiento que frente a ella, y en contraste con la pasividad tradicional, conlleva la proclamación del sistema constitucional del Estado social y democrático de Derecho. A mayor abundamiento, fenómenos tales como la judicialización del Estado y de la vida social, la mayor conciencia ciudadana de los derechos y de la garantía de su contenido real, la desaparición de vínculos sociales y políticos restrictivos de la libertad individual y del derecho de defensa de las personas, el control democrático de los defectos de funcionamiento de todas las instituciones públicas, la mayor conflictividad social derivada de la creciente complejidad demográfica y de los episodios de crisis económica, y la culminación del Estado de Derecho mediante el reconocimiento del valor normativo de la Constitución, han provocado en los últimos años un considerable incremento de la litigiosidad.

Este incremento afecta especialmente a los órdenes jurisdiccionales más influidos por la conflictividad socioeconómica y la garantía de los derechos del ciudadano frente al poder público, el penal y el contencioso-administrativo, sin que sean de despreciar los incrementos de asuntos civiles y sociales.

III

Aun cuando la definitiva actualización de la infraestructura del Poder Judicial, en función de las necesidades de la sociedad actual, exige su programación normativa a través de la presente Ley, los poderes públicos han iniciado ya en el último lustro una decidida actuación de incremento de sus dotaciones, adelantando así las bases de la transformación cuantitativa y cualitativa que ha de alcanzar con esta Ley su pleno desarrollo.

Los créditos presupuestarios estrictamente dedicados a la Administración de Justicia se duplican desde el año 1982 al 1987, y sólo en el período 1987-1988 se produce un incremento cercano a una tercera parte.

Ello ha permitido desarrollar una intensa labor de gestión, en la línea de atender a las previsiones iniciales de la normativa proyectada, que ha cristalizado en la efectiva puesta en funcionamiento, durante el quinquenio expresado, de más de trescientos órganos judiciales, con los medios instrumentales personales y materiales a su servicio, lo que representa un acelerado ritmo de implantación de más de un órgano judicial cada semana, de promedio. Sólo por lo que se refiere a los órganos unipersonales, en el orden jurisdiccional social se ha puesto en funcionamiento, en este período, un número de Magistraturas de Trabajo que representa una cuarta parte del total de los órganos de esta clase existentes hoy en España. En los órdenes jurisdiccionales civil y penal, la puesta en funcionamiento de un elevado número de Juzgados de Primera Instancia, de Instrucción y de Primera Instancia e Instrucción ha permitido pasar de una relación en 1980 de 73.010 habitantes por Juzgado, la más desfavorable desde 1877, en que era de 34.434 habitantes por Juzgado, a una proporción de 55.726 habitantes por Juzgado en 1985, lo que no sólo supone recuperar el nivel correspondiente a dos décadas atrás, sino lo que es aún más notable, invertir decididamente el constante e ininterrumpido proceso histórico de deterioro de la relación, que en 1988 alcanzará a 50.958 habitantes por Juzgado.

IV

La nueva división territorial de lo judicial no plantea especiales problemas en las esferas autonómica, provincial y municipal, por lo que la presente Ley, en punto a la demarcación, se limita a ratificar el ámbito territorial de la jurisdicción de los distintos órganos de alcance autonómico, provincial y municipal, que resulta de las correspondientes circunscripciones determinadas ya a efectos político-administrativos.

Por el contrario, es objeto primordial de la presente Ley realizar una redefinición de los partidos judiciales en cuanto divisiones territoriales judiciales básicas en las que se inscribe el primer escalón de órganos judiciales servidos por Jueces de Carrera, el de los Juzgados de Primera Instancia e Instrucción, respetando la competencia de las Comunidades Autónomas para fijar la capitalidad.

La nota de efectividad con que el artículo 24 de la Constitución consagra el derecho a la tutela por los Jueces y Tribunales de los derechos e intereses legítimos de los ciudadanos ha exigido tener presente, en primer lugar, la garantía de fácil acceso de aquéllos a los Juzgados y, en segundo lugar, la necesidad de evitar una dispersión excesiva de medios personales y materiales que quebrantaría los principios de racionalidad y economía por los que se rige toda organización eficaz. Se parte, por consiguiente, de una tendencia a la concentración en la medida necesaria para conseguir tales fines, y siguiendo, con ello, la tendencia general en la comarcalización de los servicios, lo que contribuirá a la debida coordinación entre ellos y a su mejor aprovechamiento por los ciudadanos.

Como modelo general de partido se ha manejado el de una circunscripción general de configuración circular, de un mínimo deseable de 50.000 habitantes y de una superficie media de 700 a 1.000 kilómetros cuadrados, es decir, a partir de unos 15 kilómetros de radio, por considerarse una distancia media fácilmente superable en principio con los actuales medios de comunicación. La cifra de los habitantes viene dada por el hecho de que el número ideal de habitantes en proporción a cada Juzgado se estima en 25.000. Esta proporción no ha sido alcanzada nunca en nuestra historia. Se considera asimismo conveniente que los partidos judiciales, en la medida de lo posible, estén dotados de un número mínimo de dos Juzgados de Primera Instancia e Instrucción, con el fin de facilitar las sustituciones y la división de trabajo entre dos Jueces, especialmente en el orden penal, y de permitir un aprovechamiento de los servicios racional desde el punto de vista económico y con una organización de la oficina judicial óptima para la comodidad de los profesionales y de los ciudadanos.

Los referidos parámetros, aparte de su modulación en función de los volúmenes de litigiosidad, las comunicaciones, y las características orográficas y comarcales, han sufrido alteraciones especialmente significativas en virtud de las peculiaridades de la población de cada zona. Así, la superficie de los partidos se reduce considerablemente en lugares de acumulación urbana, de condensación industrial y de carácter turístico, por la presencia en estos últimos de una población difícilmente registrable, de carácter estacional o permanente. Ello no obstante, el nivel poblacional de estos partidos suele mantenerse muy alto. Por el contrario, las zonas en que la densidad demográfica es muy baja, bien como consecuencia del fenómeno de la despoblación, bien por tratarse de zonas difícilmente habitables, determinan un considerable aumento de la superficie del partido, sin alcanzar siempre el número de población deseable en término medio.

La demarcación establecida en la presente Ley no puede consistir en una transposición en partidos de los actuales distritos judiciales, puesto que la propia Ley Orgánica del Poder Judicial ordena que no se mantengan los Juzgados de Distrito cuando por el escaso volumen de trabajo resulte procedente su conversión en Juzgados de Paz (disposición transitoria tercera).

Ello no obstante, y a pesar de que el examen de la situación existente en el momento en que se promulga la Ley Orgánica del Poder Judicial pone de relieve que la implantación de la justicia de Distrito no tiene el mismo grado de penetración en todas las zonas del territorio nacional, se ha procurado mantener como partidos aquellos distritos que, aun por debajo del módulo medio, reúnen condiciones especiales, teniendo en cuenta especialmente los que generan un volumen importante de litigiosidad o se hallan radicados en municipios de elevada población, siempre que su proximidad a la cabeza de otro partido, o las dificultades de configuración de éste no aconsejen lo contrario. La demarcación aprobada prescinde, en consecuencia, de todos aquellos intereses que no sean cohonestables con el principio de eficacia de la justicia, único norte de esta Ley, y se atiene rigurosamente, mediante la fijación de parámetros objetivos, a los criterios establecidos en la Ley Orgánica del Poder Judicial.

En definitiva, se crean 105 nuevos partidos judiciales, que vienen a añadirse a los 317 actualmente existentes. El total de partidos judiciales es de 422, cifra que coincide exactamente con el número de partidos de la demarcación histórica existente en la promulgación de la Ley de 1870, lo que revela un elevado grado de equilibrio de la división territorial lograda, aun cuando, como se verá, los aumentos demográficos repercuten de forma muy notable en el aumento del número de órganos de cada circunscripción y en el conjunto, con respecto a aquella planta histórica.

V

La presente Ley, al configurar de modo completo la planta diseñada por la Ley Orgánica del Poder Judicial, articula los distintos órdenes jurisdiccionales de manera equilibrada, haciendo plena realidad el principio de unidad jurisdiccional. Al mismo tiempo, supone la reafirmación del carácter expansivo del orden jurisdiccional civil, del principio de garantía de los derechos fundamentales en el orden penal, de la voluntad del poder ejecutivo de hacer posible un efectivo control jurisdiccional de su actuación administrativa en el orden contencioso-administrativo y la de llevar a cabo en el orden social, una eficaz tutela de las pretensiones planteadas en este sector del Derecho. Todos los órdenes jurisdiccionales, con las modulaciones que para cada uno de ellos impone su peculiar cometido dentro del marco genérico del ejercicio de la potestad jurisdiccional, quedan organizados con una estructura semejante, basada en una primera instancia o grado funcional ante un órgano unipersonal, una segunda instancia o grado funcional ante un órgano colegiado y un recurso de casación cuya función primordial es la de unificación en la interpretación de la Ley y la salvaguarda del principio de legalidad.

VI

El Tribunal Supremo, órgano jurisdiccional superior en todos los órdenes, salvo lo dispuesto en materia de garantías constitucionales, constituye el órgano de relevancia constitucional que culmina la organización del Poder Judicial, por lo que no es de extrañar que esta Ley le dedique atención especial.

En la determinación de la planta del Tribunal Supremo se reequilibra levemente la composición de las distintas Salas, en beneficio sobre todo de la penal, pero se mantiene un número total de Magistrados similar al actual. Se estima, en efecto, que la prohibición constitucional de las ulteriores instancias extraterritoriales supone al atribuir decididamente al Tribunal Supremo, como órgano jurisdiccional superior en todos los órdenes, con jurisdicción en toda España, la condición de un Tribunal con funciones específicamente casacionales, salvo las pocas excepciones previstas en la Ley Orgánica por motivos especiales, justificados en cada caso.

El recurso de casación es un recurso especial y, por ende, limitado, que no puede convertirse en una segunda o tercera instancia. La regulación procesal del mismo, adecuadamente realizada, permitirá que, sin convertir al Tribunal Supremo, a través de un artificial y desproporcionado incremento de sus titulares, en un órgano de difícil funcionalidad, asuma plenamente, mediante la adecuada selección objetiva de las materias a que dedica su atención, su labor de unificar la interpretación del ordenamiento jurídico efectuada por todos los Juzgados y Tribunales, con el carácter de supremo garante del principio de legalidad y de la unidad de acción del Poder Judicial en su conjunto, la importancia de esta función para el cumplimiento del principio de igualdad y del papel constitucional del Poder Judicial no puede pasar inadvertida.

VII

Se destaca, asimismo, dentro de los órganos colegiados, la inmediata constitución de la Sala de lo Social de la Audiencia Nacional llamada a mantener en línea con el carácter exclusivamente estatal de la legislación aplicable, la interpretación uniforme en todo el territorio del Estado en materias tan dignas de atención como los conflictos y los convenios colectivos de ámbito superior al estrictamente autonómico. Las Salas de lo Penal y de lo Contencioso-Administrativo de la Audiencia Nacional se dotan, asimismo, del número de Magistrados suficiente para desarrollar la competencia que les corresponde.

La regulación de los Tribunales Superiores de Justicia se ha efectuado de tal manera que su rápida puesta en funcionamiento, sea compatible con el respeto a la facultad de las Asambleas legislativas de las Comunidades Autónomas, reconocida en la Ley Orgánica del Poder Judicial, de intervenir en la designación de algunos de sus Magistrados. Esta facultad ha sido objeto de la interpretación más favorable a la amplitud de su aplicación, entre las diversas posibles. Se ha puesto especial atención en la competencia de casación atribuida a los Tribunales Superiores de Justicia, como órganos que culminan la organización judicial en la Comunidad Autónoma. La integridad de dicha competencia ha sido garantizada mediante una norma de efectos transitorios, en tanto se aprueben las correspondientes leyes procesales.

Particular consideración merecen, en este mismo capítulo, las Audiencias Provinciales, a las que se dota de un número de Magistrados suficiente para hacer frente a los asuntos penales y civiles que les corresponde asumir tras la Ley Orgánica. Con ello se sientan las bases para la implantación del Jurado, institución que se desenvuelve en el ámbito de estos Tribunales, y se contribuye a acelerar la justicia penal. Coadyuvarán a este fin otras medidas legislativas emprendidas paralelamente para lograr el ajuste competencial de las cargas de trabajo de los diferentes órganos, que contribuirán a descargar a las Audiencias de un número excesivo de apelaciones que amenazaría con desequilibrar su regular funcionamiento.

VIII

En materia de órganos unipersonales, la Ley lleva a efecto la conversión de los Juzgados de Distrito en Juzgados de Primera Instancia e Instrucción, de Primera Instancia o de Instrucción, en el plazo previsto en la Ley Orgánica del Poder Judicial. Se trata de una medida, ya solicitada por el Consejo General del Poder Judicial en el año 1985, que se plasma en la Ley Orgánica del Poder Judicial y que afecta a Juzgados históricamente vinculados a un Cuerpo suprimido en aplicación del principio constitucional de unidad de la Carrera Judicial, a la que corresponden unos únicos sistemas de acceso, esta medida evitará que estén conociendo en materias iguales, sin una adecuada articulación funcional en instancias, Jueces técnicos distintos sin más justificación que la distinta importancia teórica del asunto, y reinstaurará la unidad de la primera instancia técnica, reintegrando a la misma el papel expansivo y conjunto sin el cual es difícil de construir una primera instancia civil y un primer escalón funcional en materia penal articulados con el suficiente grado de coherencia interna. Bien es cierto que esta conversión, por su novedad, puede suponer dificultades de adaptación, que se evitarán con las medidas procesales paralelamente iniciadas, especialmente para garantizar el carácter exclusivamente jurisdiccional de las funciones que corresponde desempeñar a los órganos de primera instancia.

La Ley recoge, por otro lado, las previsiones necesarias para articular los Juzgados de lo Penal derivados de la Ley Orgánica de los Juzgados de lo Penal y por la que se modifican diversos preceptos de las Leyes Orgánicas del Poder Judicial y de Enjuiciamiento Criminal. Ello permitirá hacer realidad la distinción entre la función instructora y enjuiciadora que viene exigida por el artículo 24 de la Constitución en la interpretación que de el mismo han dado el Tribunal Constitucional y el Tribunal Europeo de Derechos Humanos. A tal efecto, la Ley configura una planta de los Juzgados de lo penal adecuada para hacer frente a las necesidades que, previsiblemente, se plantearán a estos órganos del Orden Jurisdiccional Penal.

En la planta de los Juzgados de Instrucción, se dedica una especial atención a las funciones que han de corresponderles en materia de instrucción y de primera instancia en la futura configuración del proceso penal. Los Juzgados de lo Social, por otra parte, se configuran en número suficiente para atender el volumen de trabajo previsible, a partir de un examen crítico de los datos estadísticos de que se dispone.

En los restantes órdenes jurisdiccionales, se presta particular atención a sectores o actividades sociales que constituyen, hoy, zonas materialmente exentas o que no son atendidas con la suficiente intensidad y grado de especialización por la jurisdicción. Tal es el principio que se observa en la implantación efectuada en cuanto a Juzgados de lo Contencioso-Administrativo (que constituirán una eficaz primera instancia en asuntos para los que funcionalmente puede resultar ventajoso este sistema o que hoy es excesivamente gravoso llevar a las Salas, como ocurre con algunas materias económico-administrativas), de Vigilancia Penitenciaria y de Menores. Con respecto a estos últimos, se ha diseñado una planta que ofrece las máximas oportunidades para especializar la función de reforma con respecto a la función de protección del menor, haciendo posible, desde el ángulo de la organización judicial, la efectividad de la reforma de la legislación del menor, de la que esta Ley constituye complemento necesario.

Es de destacar, finalmente, el elevado grado de proximidad de la planta diseñada con la propuesta por el Consejo General del Poder Judicial en su informe.

Los Juzgados de Paz se conciben por la Ley Orgánica del Poder Judicial como órganos incardinados en el ámbito del municipio, cuyos titulares son elegidos por el Pleno del Ayuntamiento. De ahí que no se haya renunciado a la tradicional colaboración de los municipios en el mantenimiento de los medios personales y materiales de dichos órganos, estableciendo el soporte económico del Estado o, en su caso, de las Comunidades Autónomas, directamente o por medio de subvenciones.

IX

El número de Jueces y Magistrados en destinos estrictamente jurisdiccionales pasa a ser, en la presente Ley, de 3.570, lo que significa el establecimiento de una proporción de un miembro de la Carrera Judicial por cada 10.800 habitantes, que es similar, no obstante sus variaciones, a las proporciones que se observan en otros países de la Comunidad Europea. La relación entre los Juzgados de Primera Instancia e Instrucción y de lo Penal y los habitantes, de 1 por 19.000 habitantes, responde a una media que debe considerarse muy satisfactoria y nunca alcanzada en nuestra historia. Teniendo en cuenta que el número de Jueces y Magistrados en activo pertenecientes a la Carrera Judicial se sitúa en torno a los 2.000, es menester un gran esfuerzo para obtener el máximo de rendimiento posible de los sistemas de selección durante los años de programación de la nueva planta. Para lograr esta finalidad, se ha reestructurado el centro de Estudios Judiciales, se ha reformado profundamente el sistema de oposición y se ha dado efectividad a los criterios de selección de Jueces y Magistrados mediante concurso entre juristas.

X

La planta establecida es objeto de las adecuadas previsiones temporales para su ejecución. La efectiva constitución de los distintos órganos se articula escalonadamente, teniendo en cuenta las posibilidades reales de implantación y atribuyendo al Gobierno la preparación de los programas económico-financieros necesarios.

Como plazo máximo de programación, dentro del cual necesariamente han de alcanzarse en toda su integridad las previsiones de la Ley en materia de planta, se fija el período 1989-1992. Se trata de un plazo cierto, y aun escaso en su extensión, suficiente para, mediante un importante esfuerzo de carácter organizativo y financiero, articular, dentro de ese estrecho margen de tiempo, las medidas necesarias para llevar al terreno de la realidad la profunda actualización que esta ley supone en las estructuras de la Administración de Justicia, dada su inaplazable necesidad. Para garantizar el cumplimiento del expresado plazo se prevén con carácter gradual las medidas de tipo orgánico y financiero necesarias para evitar quiebras en los procesos de implantación y se establecen las garantías pertinentes para asegurar la cobertura presupuestaria mediante el adecuado plan de financiación. Durante cada ejercicio se irán efectuando las creaciones de órganos necesarias para lograr el deseable equilibrio en el desarrollo de la programación, sin esperar a la última etapa y continuando la línea seguida en años anteriores.

La demarcación y la planta así establecidas, con criterios plenamente suficientes para garantizar su permanencia durante un largo período de tiempo, es susceptible, no obstante, de medidas de adaptación y perfeccionamiento. Independientemente de las revisiones generales periódicas de la planta y de la demarcación que establece la Ley Orgánica del Poder Judicial, se regula y desarrolla la facultad del Gobierno para crear Secciones, Juzgados o plazas de Magistrados por encima de las previsiones de la planta establecida, con modificación de ésta. Esta medida ha de permitir en todo caso la permanente actualización cuantitativa del diseño orgánico establecido en la Ley Orgánica del Poder Judicial a las nuevas necesidades que puedan surgir.

TÍTULO I
De la demarcación judicial

CAPÍTULO I
Circunscripción territorial de los órganos judiciales

1. El Tribunal Supremo, la Audiencia Nacional, los Juzgados Centrales de Instrucción, los Juzgados Centrales de lo Penal, los Juzgados Centrales de lo Contencioso-Administrativo, los Juzgados Centrales de Vigilancia Penitenciaria y el Juzgado Central de Menores tienen jurisdicción en toda España.

- Artículo modificado por art. 3.1 de Ley Orgánica núm. 5/2003, de 27 mayo.

2. 1. Los Tribunales Superiores de Justicia tienen jurisdicción en el ámbito territorial de su respectiva Comunidad Autónoma.

2. Tienen jurisdicción limitada a las provincias de Cádiz, Córdoba, Huelva y Sevilla las Salas de lo Contencioso-Administrativo y de lo Social del Tribunal Superior de Justicia de Andalucía que tienen su sede en Sevilla; y a las provincias de Almería, Granada y Jaén, las que tienen su sede en Granada. Las Salas de lo Contencioso-Administrativo y de lo Social del Tribunal Superior de Justicia de Andalucía con sede en Málaga tienen jurisdicción limitada a su provincia.

3. Tienen jurisdicción limitada a las provincias de León, Palencia, Salamanca, Valladolid y Zamora las Salas de lo Contencioso-Administrativo y de lo Social del Tribunal Superior de Justicia de Castilla y León que tienen su sede en Valladolid; y a las provincias de Avila, Burgos, Segovia y Soria, las que tienen su sede en Burgos.

4. Tiene jurisdicción limitada a la provincia de Las Palmas, las Salas de lo Contencioso-Administrativo y de lo Social del Tribunal Superior de Justicia de Canarias que tienen su sede en Las Palmas de Gran Canaria, y a la provincia de Santa Cruz de Tenerife, las que tienen su sede en Santa Cruz de Tenerife.

5. A efectos de la demarcación judicial, las ciudades de Ceuta y Melilla quedan integradas en la circunscripción territorial del Tribunal Superior de Justicia de Andalucía.

2 bis. 1. En cada Tribunal Superior de Justicia, y para el ámbito territorial de la provincia, se crean las plazas de Jueces de adscripción territorial que se fijan en el anexo IV de esta Ley, de acuerdo con lo previsto en el artículo 347 bis de la LOPJ.

2. El desarrollo posterior de estas plazas de Jueces de adscripción territorial así como su modificación se efectuará mediante Real Decreto, de acuerdo con lo establecido en el artículo 20 de esta Ley.

- Artículo añadido con efectos desde 5 mayo 2010 por disp. adic. 5 de Ley núm. 4/2010, de 10 marzo.

3. 1. Las Audiencias Provinciales, los Juzgados de lo Penal, los Juzgados de lo Contencioso-Administrativo, los Juzgados de lo Social, los Juzgados de Vigilancia Penitenciaria, los Juzgados de Menores y los Juzgados de lo Mercantil tienen jurisdicción en el ámbito territorial de su respectiva provincia.

2. Sin embargo, tienen su jurisdicción limitada a un solo partido judicial, o a varios o, por el contrario, ampliada a varias provincias los juzgados de los órdenes a que se refiere el párrafo anterior en los casos previstos en los anexos VII, VIII, IX, X, XI y XII de esta Ley.

3. A efectos de la demarcación judicial, las Ciudades de Ceuta y Melilla quedan integradas en la circunscripción territorial de la Sección Sexta de la Audiencia Provincial de Cádiz, con sede en Ceuta y de la Sección Octava de la Audiencia Provincial de Málaga, con sede en Melilla, respectivamente.

4. Los órganos judiciales que tienen su sede en Ceuta y Melilla tienen la jurisdicción limitada al respectivo partido judicial.

5. En los casos en que el anexo V de esta Ley prevea la existencia de Secciones de una Audiencia Provincial fuera de la capital de la provincia, la jurisdicción de dichas Secciones se ejercerá en los partidos judiciales que, según el citado anexo, estén adscritos a las mismas.

6. Los Juzgados de lo Mercantil de Alicante que se especialicen tendrán competencia, además, para conocer, en primera instancia y de forma exclusiva, de todos aquellos litigios que se promuevan al amparo de lo previsto en los Reglamentos núm. 40/94 del Consejo de la Unión Europea, de 20 de diciembre de 1993, sobre la marca comunitaria y 6/2002, del Consejo de la Unión Europa, de 12 de diciembre de 2001, sobre los dibujos y modelos comunitarios. En el ejercicio de esta competencia dichos juzgados extende-

rán su jurisdicción a todo el territorio nacional, y únicamente a estos solos efectos se denominarán Juzgados de Marca Comunitaria.

7. La Sección o Secciones de la Audiencia Provincial de Alicante que se especialicen, conocerán además, en segunda instancia y de forma exclusiva de todos aquellos recursos a los que se refiere el artículo 101 del Reglamento núm. 40/94 del Consejo de la Unión Europea, de 20 de diciembre de 1993, sobre la marca comunitaria y el Reglamento 6/2002, del Consejo de la Unión Europea, de 12 de diciembre de 2001, sobre los dibujos y modelos comunitarios. En el ejercicio de esta competencia extenderán su jurisdicción a todo el territorio nacional y a estos solos efectos se denominarán Tribunales de Marca Comunitaria.

- Artículo modificado por disp. adic. 11.1 de Ley Orgánica núm. 19/2003, de 23 diciembre.

4. 1. Los Juzgados de Primera Instancia e Instrucción y los Juzgados de Violencia sobre la Mujer tienen jurisdicción en el ámbito territorial de su respectivo partido.

No obstante lo anterior, y atendidas las circunstancias geográficas, de ubicación y población, podrán crearse Juzgados de Violencia sobre la Mujer que atiendan a más de un partido judicial.

- Ap. 1 modificado por art. 48 de Ley Orgánica núm. 1/2004, de 28 diciembre.

2. Los partidos judiciales tienen el ámbito territorial del municipio o municipios que los integran, conforme se establece en el Anexo I de esta Ley.

3. La modificación de los límites de los municipios actuales comporta la adaptación automática de la demarcación judicial a la nueva delimitación geográfica.

A los efectos de lo previsto en el párrafo anterior, se seguirán las siguientes reglas:

a) Cuando se constituya un nuevo municipio por segregación de otro, continuará perteneciendo al mismo partido judicial.

b) Cuando se incorporen o fusionen dos o más municipios pertenecientes al mismo partido judicial, continuarán perteneciendo a éste.

c) Cuando se incorporen o fusionen dos o más municipios pertenecientes a distintos partidos judiciales, el municipio resultante se integrará en el partido judicial al que correspondía el municipio que tuviera mayor población de derecho entre los afectados.

d) Cuando se constituya un nuevo municipio por segregación de parte del territorio de municipios pertenecientes a partidos diferentes, el nuevo municipio se integrará en el partido judicial al que correspondía la parte segregada con mayor población de derecho.

e) Cuando se incorpore a un municipio parte del territorio de otro municipio limítrofe por segregación, el territorio segregado se integrará en el partido del municipio al que ha sido agregado.

- Ap. 3 modificado por art. 3 de Ley núm. 3/1992, de 20 marzo.

4. Las Comunidades Autónomas determinan, por Ley, la capitalidad de los partidos judiciales, que corresponde a un solo municipio.

5. Los partidos judiciales se identifican por el nombre del municipio al que corresponde su capitalidad.

5. Los Juzgados de Paz tienen jurisdicción en el término del respectivo municipio, del que toman su nombre.

CAPÍTULO II
Sede de los órganos judiciales

6. El Tribunal Supremo, la Audiencia Nacional, los Juzgados Centrales de Instrucción, los Juzgados Centrales de lo Penal, los Juzgados Centrales de lo Contencioso-Administrativo, los Juzgados Centrales de Vigilancia Penitenciaria y el Juzgado Central de Menores tienen su sede en la villa de Madrid.

- Artículo modificado por art. 3.2 de Ley Orgánica núm. 5/2003, de 27 mayo.

7. 1. Los Tribunales Superiores de Justicia tienen su sede en la ciudad que indiquen sus respectivos Estatutos de Autonomía y, si no la indicaren, en la ciudad en que la tenga la Audiencia Territorial existente en el momento de entrada en vigor de la Ley Orgánica del Poder Judicial, y, cuando no exista, en la capital de la Comunidad Autónoma.

2. Los Tribunales Superiores de Justicia de Castilla y León y de Andalucía tienen su sede en alguna de las sedes de las Audiencias Territoriales existentes en el momento de la entrada en vigor de la Ley Orgánica del Poder Judicial, según lo establecido por la respectiva Comunidad Autónoma.

3. Las Salas de lo Contencioso-Administrativo y de lo Social con jurisdicción limitada a una o varias provincias tienen su sede donde la establece el artículo 2 de esta Ley.

8. 1. Las Audiencias Provinciales y los Juzgados con jurisdicción provincial tienen su sede en la capital de la provincia.

2. Las Secciones de las Audiencias Provinciales a que se refiere el apartado 5 del artículo 3 de esta Ley, así como los Juzgados de lo Penal, los Juzgados de lo Contencioso-administrativo, los Juzgados de lo Social, los Juzgados de Menores, los Juzgados de lo Mercantil y los Juzgados de Violencia sobre la Mujer, con jurisdicción de extensión territorial inferior o superior a la de una provincia, tienen su sede en la capital del partido que se señale por Ley de la correspondiente Comunidad Autónoma y toman el nombre del municipio en que aquélla esté situada.

- Ap. 2 modificado por disp. final 1.1 de Ley Orgánica núm. 7/2015, de 21 julio.

3. La sede de los Juzgados de Vigilancia Penitenciaria se establece por el Gobierno, oídos previamente la Comunidad Autónoma afectada y el Consejo General del Poder Judicial.

9. Los Juzgados de Primera Instancia e Instrucción y los Juzgados de Violencia sobre la Mujer tienen su sede en la capital del partido.

- Artículo modificado por art. 49 de Ley Orgánica núm. 1/2004, de 28 diciembre.

10. 1. La determinación del edificio, edificios o inmuebles sede de los órganos judiciales, y de aquellos en que deban constituirse cuando se desplacen fuera de su sede habitual, conforme prevé el artículo 269 de la Ley Orgánica del Poder Judicial, es competencia del Ministerio de Justicia o de la Comunidad Autónoma respectiva. Cuando se trate de Juzgados de Paz, la determinación del edificio se efectúa a propuesta del respectivo Ayuntamiento.

2. Todas las Salas y secciones de cada órgano judicial se hallan en el municipio de su sede, salvo las excepciones previstas en esta Ley.

TÍTULO II
De la planta judicial

CAPÍTULO I
Planta de los Tribunales y Juzgados

11. La planta del Tribunal Supremo es la establecida en el Anexo II de esta Ley.

12. 1. La planta de la Audiencia Nacional es la establecida en el Anexo III de esta Ley.

2. El Presidente de la Sala de lo Penal y el Presidente de la Sala de lo Contencioso-Administrativo lo son también de su respectiva Sección Primera.

13. 1. La planta de los Tribunales Superiores de Justicia es la establecida en el Anexo IV de esta Ley.

2. El Presidente del Tribunal Superior de Justicia lo es también de su Sala de lo Civil y Penal. De los demás Magistrados que la componen, uno de ellos, en el caso de ser dos, o dos de ellos, en el caso de ser cuatro, son nombrados a propuesta en terna de la Asamblea legislativa de la Comunidad Autónoma, en la forma prevista por el artículo 330 de la Ley Orgánica del Poder Judicial.

3. El Gobierno, previo informe del Consejo General del Poder Judicial, puede ampliar hasta cinco el número de Magistrados de la Sala de lo Civil y Penal, en todos o en algunos de los Tribunales Superiores de Justicia que tienen asignada para dicha Sala una plantilla de tres Magistrados.

14. 1. La planta de las Audiencias Provinciales es la establecida en el Anexo V de esta Ley.

2. Las Secciones de las Audiencias Provinciales, cuando haya varias, se constituyen con tres Magistrados. Los que exceden del múltiplo de tres se integrarán en las Secciones existentes, a razón de uno por Sección, comenzando por la Primera. La creación de nuevas plazas de Magistrados en una Audiencia Provincial dará lugar, si procede, a la creación de una Sección completa con las plazas de nueva creación y las que resulten de la reducción a tres del número de Magistrados existentes en otra u otras Secciones. Para la designación de los Magistrados de la nueva Sección procedentes de las ya existentes se atiende a los que lo soliciten de entre los ya destinados en las demás Secciones de la misma sede con mejor puesto escalafonal, y no existiendo o siendo insuficiente el número de los solicitantes que reúnan los requisitos legales, al criterio de menor antigüedad en la categoría. Lo dispuesto en el presente apartado será de aplicación sin perjuicio de lo establecido en el artículo 20.3 de esta Ley.

- Ap. 2 modificado por art. 5 de Ley núm. 3/1992, de 20 marzo.

15. 1. La planta de los Juzgados Centrales de Instrucción, de los Juzgados Centrales de lo Penal, de los Juzgados de lo Penal, de los Juzgados de Primera Instancia, de los Juzgados de Instrucción y de los Juzgados de

Primera Instancia e Instrucción es la establecida en los Anexos VI y VII de esta Ley.

2. Son servidos por Magistrados los Juzgados de lo Penal, los que tienen su sede en una capital de provincia y los demás juzgados en que así se establezca en el Anexo VI.

15 bis. 1. La planta inicial de los Juzgados de Violencia sobre la Mujer será la establecida en el anexo XIII de esta Ley.

2. La concreción de la planta inicial y la que sea objeto de desarrollo posterior, será realizada mediante Real Decreto de conformidad con lo establecido en el artículo 20 de la presente Ley y se ajustará a los siguientes criterios:

a) Podrán crearse Juzgados de Violencia sobre la Mujer en aquellos partidos judiciales en los que la carga de trabajo así lo aconseje.

b) En aquellos partidos judiciales en los que, en atención al volumen de asuntos, no se considere necesario el desarrollo de la planta judicial, se podrán transformar algunos de los Juzgados de Instrucción y de Primera Instancia e Instrucción en funcionamiento en Juzgados de Violencia sobre la Mujer.

c) Asimismo cuando se considere, en función de la carga de trabajo, que no es precisa la creación de un órgano judicial específico, se determinará, de existir varios, qué Juzgados de Instrucción o de Primera Instancia e Instrucción, asumirán el conocimiento de las materias de violencia sobre la mujer en los términos del artículo 1 de la Ley Orgánica de Medidas de Protección Integral contra la Violencia de Género con carácter exclusivo junto con el resto de las correspondientes a la jurisdicción penal o civil, según la naturaleza del órgano en cuestión.

3. Serán servidos por Magistrados los Juzgados de Violencia sobre la Mujer que tengan su sede en la capital de la provincia y los demás Juzgados que así se establecen en el anexo XIII de esta Ley.

- Artículo añadido por art. 50 de Ley Orgánica núm. 1/2004, de 28 diciembre.

16. La planta de los Juzgados Centrales de lo Contencioso-Administrativo y de los Juzgados de lo Contencioso-Administrativo es la establecida en el Anexo VIII de esta Ley.

- Artículo modificado por art. 3 de Ley núm. 37/1999, de 28 octubre.

17. La planta de los Juzgados de lo Social es la establecida en el Anexo IX de esta Ley.

18. 1. La planta de los Juzgados Centrales de Vigilancia Penitenciaria y de los Juzgados de Vigilancia Penitenciaria, en régimen de exclusividad de funciones, o compatibilizando con las del orden de jurisdicción penal, es la establecida en el anexo X de esta Ley.

- Ap. 1 modificado por art. 3.3 de Ley Orgánica núm. 5/2003, de 27 mayo.

2. Los Juzgados de Vigilancia Penitenciaria son servidos por Magistrados. En el caso del artículo 94.4 de la Ley Orgánica del Poder Judicial, la categoría de sus titulares es la que corresponde a los Juzgados de Primera Instancia e Instrucción en el partido de su sede.

19. 1. La planta del Juzgado Central de Menores y de los Juzgados de Menores es la establecida en el anexo XI de esta Ley.

2. El Juzgado Central de Menores y los Juzgados de Menores deberán ser servidos por Magistrados.

3. La provisión del Juzgado Central de Menores y de los Juzgados de Menores se hace mediante concurso, que se resuelve a favor de quienes acrediten la especialización correspondiente en la Escuela Judicial y tengan mejor puesto en el escalafón y, en su defecto, a favor de los Magistrados con mejor puesto en el escalafón.

- Artículo modificado por art. 4.3 de Ley Orgánica núm. 7/2000, de 22 diciembre.

19 bis. 1. La planta inicial de los Juzgados de lo Mercantil es la establecida en el anexo XII de esta Ley. Para la concreción de esta planta inicial y la que sea objeto de desarrollo posterior, realizado mediante Real Decreto de conformidad con lo establecido en el artículo 20 de esta Ley, se ajustará a los siguientes criterios:

a) Creación de Juzgados de lo Mercantil.

1º) Podrán crearse Juzgados de lo Mercantil con sede en la capital de la provincia y jurisdicción en toda ella, cuando las cargas de trabajo así lo aconsejen.

2º) Igualmente se podrán establecer Juzgados de lo Mercantil en poblaciones distintas de la capital de la provincia cuando criterios poblacionales, industriales o mercantiles así lo aconsejen, con jurisdicción en uno o varios partidos judiciales.

b) Transformación de Juzgados de Primera Instancia y de Primera Instancia e Instrucción en Juzgados de lo Mercantil.

En aquellas provincias donde, en atención al volumen de asuntos no sea necesaria la ampliación de la Planta se transformarán algunos Juzgados de

Primera Instancia y de Primera Instancia e Instrucción en Juzgados de lo Mercantil.

c) Compatibilización, en un mismo Juzgado de las materias mercantiles con el resto de las de la jurisdicción civil.

En aquellos supuestos en que el volumen de asuntos así lo aconseje se compatibilizarán en un mismo juzgado las materias mercantiles con el resto de las de la jurisdicción civil.

2. Los Juzgados de lo Mercantil son servidos por Magistrados.

3. La provisión de los Juzgados de lo Mercantil se hace mediante concurso, que se resolverá a favor de quienes, acreditando la especialización correspondiente en los asuntos propios de dichos Juzgados obtenida mediante la superación de las pruebas selectivas que reglamentariamente determine el Consejo General del Poder Judicial, tengan mejor puesto en su escalafón. En su defecto, se cubrirá con los Magistrados que acrediten haber permanecido más años en el Orden Jurisdiccional Civil. A falta de éstos, por el orden de antigüedad establecido en el apartado primero del artículo 329 de la Ley Orgánica del Poder Judicial.

- Artículo añadido por disp. adic. 11.2 de Ley Orgánica núm. 19/2003, de 23 diciembre.

CAPÍTULO II
Modificación de la planta judicial

20. 1. El Gobierno podrá modificar el número y composición de los órganos judiciales establecidos por esta Ley, mediante la creación de Secciones y Juzgados, sin alterar la demarcación judicial, oído el Consejo General del Poder Judicial y, en su caso, la Comunidad Autónoma afectada.

Por real decreto, a propuesta del Ministro de Justicia, previo informe del Consejo General del Poder Judicial y previa audiencia con carácter preceptivo de la Comunidad Autónoma afectada, se podrán transformar Juzgados de una clase en Juzgados de clase distinta de la misma sede, cualquiera que sea su orden jurisdiccional.

- Ap. 1 párr. 2º modificado por art. 4 de Ley núm. 2/1999, de 11 enero.

Cuando el Juzgado que se transforme esté en funcionamiento y tenga procedimientos pendientes, conservará su competencia sobre éstos hasta su conclusión.

- Ap. 1 modificado por art. 3 de Ley núm. 26/1998, de 13 julio.

2. En la creación de Secciones y Juzgados se tendrá en cuenta, preferentemente, el volumen de litigiosidad de la circunscripción.

3. El Gobierno, conforme a los mismos requisitos, podrá acordar el aumento de plazas de Magistrados cuando no se estime necesario crear una Sección completa.

4. El real decreto de creación de Secciones, Juzgados o plazas de Magistrado dispondrá la modificación que proceda de los Anexos de esta Ley relativos a la planta judicial.

5. La fecha de puesta en funcionamiento e inicio de actividades de las Secciones y Juzgados de nueva creación será fijada por el Ministro de Justicia, oído el Consejo General del Poder Judicial, y publicada en el «Boletín Oficial del Estado».

6. Para el ejercicio de las facultades que se reconocen en los apartados anteriores al Gobierno y al Ministerio de Justicia, será necesaria la previa inclusión de las dotaciones de gastos especificadas en la Ley Presupuestaria del ejercicio correspondiente.

21. 1. El Gobierno, a propuesta del Consejo General del Poder Judicial y con el informe previo de las Comunidades Autónomas con competencias transferidas en materia de justicia, podrá establecer la separación entre Juzgados de Primera Instancia y Juzgados de Instrucción en aquellos partidos judiciales en los que el número de Juzgados de Primera Instancia e Instrucción así lo aconseje.

- Ap. 1 modificado por disp. adic. 2 de Ley núm. 38/2002, de 24 octubre.

2. El Ministro de Justicia podrá establecer que los Juzgados de Primera Instancia y de Instrucción o de Primera Instancia e Instrucción y los Juzgados de Violencia sobre la Mujer, sean servidos por Magistrados, siempre que estén radicados en un partido judicial superior a 150.000 habitantes de derecho o experimenten aumentos de población de hecho que superen dicha cifra, y el volumen de cargas competenciales así lo exija.

- Ap. 2 modificado por art. 51 de Ley Orgánica núm. 1/2004, de 28 diciembre.

3. En los casos previstos en el presente artículo se dispondrá la modificación que proceda de los Anexos de esta Ley relativos a la planta judicial.

CAPÍTULO III
Destinos de carácter técnico o con funciones exclusivas de Decanato y de Registro Civil

22. En el Consejo General del Poder Judicial prestarán servicio los miembros de la Carrera Judicial que se determinen en su plantilla, con independencia de los que integran la planta prevista en esta Ley.

23. Las retribuciones de los Letrados al servicio del Gabinete Técnico del Tribunal Supremo serán las correspondientes a un Letrado de la Administración de Justicia de Sala del Tribunal Supremo. No obstante, los Letrados que desarrollen labores de coordinación conforme a lo previsto en el apartado 4 del artículo 61 bis de la Ley Orgánica 6/1985, de 1 de julio, del Poder Judicial, y que además pertenezcan a la Carrera judicial, percibirán las previstas en el Anexo II.2 de la Ley 15/2003 para los Magistrados del Gabinete Técnico del Tribunal Supremo.

- Artículo modificado por disp. final 1.2 de Ley Orgánica núm. 7/2015, de 21 julio.

24. La Jefatura del Servicio de Inspección del Consejo General del Poder Judicial será cubierta por Magistrado del Tribunal Supremo o por quien sea promovido a dicha categoría. El Jefe del Servicio de Inspección, cuando cese en su cargo, quedará adscrito al Tribunal Supremo hasta que obtenga destino definitivo.

25. En el Ministerio de Justicia, con la adscripción que determine su Reglamento Orgánico, podrán existir hasta diez plazas servidas por jueces o magistrados, diez por fiscales, diez por secretarios judiciales y dos por médicos forenses. Se proveerán mediante concurso de méritos que convocará y resolverá el Ministerio de Justicia en la forma que se determine reglamentariamente.

- Inciso 1º modificado por disp. final 3 de Ley núm. 54/2007, de 28 diciembre.

Dichas plazas no incrementarán la relación de puestos de trabajo que tenga aprobada el Ministerio y los funcionarios que las ocupen mantendrán el régimen retributivo de sus Cuerpos de origen.

- Artículo modificado por art. 113 de Ley núm. 13/1996, de 30 diciembre.

26. 1. La liberación total del trabajo, en el orden jurisdiccional respectivo, que corresponde al titular del Decanato de los Juzgados, a que se refiere el artículo 166.3 de la Ley Orgánica del Poder Judicial, se efectuará en aquellos partidos judiciales que cuenten con cuarenta o más Juzgados de los diversos órdenes jurisdiccionales.

2. En las demás circunscripciones en que fuere necesario, el Decanato estará dotado de una oficina independiente, para el ejercicio de las funciones que como tal le correspondan.

27. 1. Las plazas de Jueces o Magistrados encargados con exclusividad del Registro Civil serán las del Registro Civil Central de Madrid y las demás previstas en el Anexo VI. En las poblaciones que cuenten con más de 500.000 habitantes y en aquellas otras en que se juzgue conveniente en atención al volumen de población y al alto número de actuaciones de esta naturaleza, podrán establecerse mediante Orden ministerial otras plazas de Jueces o Magistrados encargados con exclusividad del Registro Civil.

2. En las demás poblaciones en que existan varios Juzgados de Primera Instancia o de Primera Instancia e Instrucción, ejercerán las funciones de Registro Civil los Juzgados procedentes de la conversión prevista en la disposición transitoria tercera de la Ley Orgánica del Poder Judicial que las vinieren ejerciendo en el momento de producirse la misma y, en su defecto, el Juzgado número 1. Por Orden ministerial podrá disponerse que asuma las funciones de Registro Civil el Juzgado único que se determine.

TÍTULO III
De las disposiciones orgánicas para la efectividad de la planta judicial

CAPÍTULO I
Establecimiento de la planta del Tribunal Supremo y de la Audiencia Nacional

28. 1. Las actuales Salas Tercera, Cuarta y Quinta de lo Contencioso-Administrativo del Tribunal Supremo se constituirán en Sala única de lo Contencioso-Administrativo en el plazo de treinta días, a partir de la entrada en vigor de esta Ley.

2. El Consejo General del Poder Judicial designará al Magistrado del Tribunal Supremo a quien corresponderá la presidencia de la Sala de lo Contencioso-Administrativo en lo sucesivo entre los Presidentes de las Salas actualmente existentes.

29. 1. Los Magistrados actualmente destinados en las Salas de lo Civil y de lo Contencioso-Administrativo del Tribunal Supremo continuarán prestando servicios en ellas.

2. La composición de la Sala de lo Civil del Tribunal Supremo se acomodará a la prevista en el Anexo II, a cuyo efecto, a partir de la entrada en vigor de esta Ley, no se cubrirán y quedarán amortizadas las vacantes que se produzcan hasta que se alcance la nueva composición.

3. La composición de la Sala de lo Contencioso-Administrativo se acomodará a la prevista en el Anexo II.

- Ap. 3 modificado por art. 7 de Ley núm. 3/1992, de 20 marzo.

30. A partir de la entrada en vigor de la presente Ley, el Consejo General del Poder Judicial propondrá los nombramientos necesarios para completar las Salas de lo Penal y de lo Social del Tribunal Supremo.

31. 1. En el plazo de tres meses a partir de la entrada en vigor de esta Ley, el Consejo General del Poder Judicial efectuará las adscripciones de Presidentes de Sala y Magistrados del Tribunal Central de Trabajo a la Sala de lo Social de la Audiencia Nacional y a la Sala de lo Social del Tribunal Superior de Justicia de Madrid, siguiendo el orden de preferencia establecido en la disposición transitoria decimoctava de la Ley Orgánica del Poder Judicial. Efectuadas las adscripciones, el Gobierno, en el plazo de un mes a partir de su publicación, fijará la fecha, que se publicará en el «Boletín Oficial del Estado», en que comenzará el ejercicio de su competencia.

2. El personal al servicio de la Administración de Justicia que presta servicio en el Tribunal Central de Trabajo será destinado a la Audiencia Nacional o al Tribunal Superior de Justicia de Madrid. La adscripción se determinará con arreglo a lo dispuesto reglamentariamente.

CAPÍTULO II
Constitución y establecimiento de la planta de los Tribunales Superiores de Justicia

32. 1. La constitución de los Tribunales Superiores de Justicia tendrá carácter preferente dentro de la programación a que se refiere el artículo 62 de esta Ley.

2. Dentro del plazo de tres meses a partir de la entrada en vigor de esta Ley, las Asambleas legislativas de las Comunidades Autónomas presentarán las ternas de juristas de reconocido prestigio con más de diez años de ejercicio profesional en la Comunidad Autónoma respectiva, para cubrir plaza de Magistrado de la Sala de lo Civil y Penal del Tribunal Superior de Justicia. Recibida la terna en cualquier momento, el Consejo General del Poder Judicial procederá a proponer el nombramiento correspondiente.

3. En el mismo plazo de tres meses, háyase o no recibido la terna a que se refiere el apartado 2 de este artículo, el Consejo General del Poder Judicial propondrá los nombramientos de los restantes Magistrados de las Salas de lo Civil y Penal y de lo Contencioso-Administrativo de los Tribunales Superiores de Justicia.

4. Una vez hayan sido nombrados los Magistrados de los Tribunales Superiores de Justicia, el Consejo General del Poder Judicial propondrá el nombramiento de los Presidentes de los expresados Tribunales y fijará la fecha, que será publicada en el «Boletín Oficial del Estado», en la que tendrá lugar la toma de posesión de los miembros del Tribunal y su constitución, sin

perjuicio de la publicación en el «Boletín Oficial» de la Comunidad Autónoma correspondiente.

5. En la provisión de la plaza de Presidente del Tribunal Superior de Justicia en aquellas Comunidades Autónomas que gocen de Derecho Civil especial o foral, así como de idioma oficial propio, el Consejo General del Poder Judicial valorará como mérito la especialización en este Derecho Civil especial o foral y el conocimiento del idioma propio de la Comunidad.

- Ap. 5 declarado constitucional según interpretación dada por el fundamento 6º *i)* por fallo de Sentencia Tribunal Constitucional de 30 marzo núm. 62/1990. Recursos de Inconstitucionalidad núms. 505/1989, 548/1989, 583/1989 y 588/1989 (acum.).

33. 1. La Sala de lo Civil y Penal y la de lo Contencioso-Administrativo del Tribunal Superior de Justicia iniciarán el ejercicio de su competencia el día de la constitución del Tribunal.

2. Si no se hubiera efectuado aún el nombramiento de Magistrado de la Sala de lo Civil y Penal presentado en terna por la Asamblea legislativa de la Comunidad Autónoma, se aplicará el procedimiento previsto por la Ley para completar la Sala.

3. El ámbito territorial de la jurisdicción del Tribunal Superior de Justicia tendrá efectividad, para cada una de sus Salas, el día del inicio del ejercicio de su competencia.

34. 1. Los Magistrados destinados en las Salas de lo Contencioso-Administrativo de las Audiencias Territoriales quedarán integrados en las Salas de lo Contencioso-Administrativo del Tribunal Superior de Justicia que tengan su sede donde la tuviesen aquéllas en el momento de la entrada en vigor de esta Ley.

2. Los Magistrados destinados en la Sala de lo Contencioso-Administrativo que tienen su sede en Murcia quedarán integrados en la Sala del mismo orden del Tribunal Superior de Justicia de dicha Comunidad Autónoma.

3. El Consejo General del Poder Judicial propondrá los nombramientos de los Magistrados a que se refieren los apartados anteriores de este artículo en el plazo previsto en el artículo 32.3.

4. La Sala de lo Contencioso-Administrativo del Tribunal Superior de Justicia será presidida por el Magistrado que desempeñe la presidencia de la Sala de lo Contencioso-Administrativo de la Audiencia Territorial. En caso de ser varios, por el Presidente de mayor antigüedad en la categoría de Magistrado.

5. El personal al servicio de la Administración de Justicia que preste servicios en las Salas de lo Contencioso-Administrativo de las Audiencias

Territoriales quedará destinado en el Tribunal Superior de Justicia y adscrito a la Sala de lo Contencioso-Administrativo. Dicha adscripción podrá ser modificada con arreglo a lo dispuesto reglamentariamente.

35. 1. El Gobierno, previo informe del Consejo General del Poder Judicial, determinará la fecha en que serán efectivas las plazas que correspondan a cada una de las Salas del Tribunal Superior de Justicia, con arreglo a las previsiones de la planta, atendiendo a un criterio de preferencia según las cargas competenciales de cada órgano.

2. La composición plena de todas las Salas se alcanzará dentro del período de programación previsto en el artículo 62 de esta Ley.

36. 1. El Consejo General del Poder Judicial podrá limitar las propuestas iniciales de nombramiento de miembros de las Salas de lo Social de los Tribunales Superiores de Justicia al Presidente de la Sala y, si procediese, al Magistrado o a los Magistrados que se estimen necesarios en cada Tribunal, sin perjuicio de completar progresivamente la planta, hasta alcanzar su composición plena.

2. Las propuestas a que se refiere el apartado anterior se efectuarán en el momento en que se estime conveniente, con sujeción a criterios de gradualidad, teniendo en cuenta las posibilidades de cobertura de las plazas correspondientes y las vacantes que puedan originarse en otros órganos.

3. Efectuados los nombramientos, el Consejo General del Poder Judicial determinará la fecha en que cada Sala iniciará el ejercicio de la competencia, que se publicará en el «Boletín Oficial del Estado», sin perjuicio de la publicación en el «Boletín Oficial» de la Comunidad Autónoma correspondiente.

37. En los supuestos previstos en los artículos anteriores, el plazo de cese en los órganos de procedencia y el plazo de toma de posesión de los Magistrados y de los miembros del personal que haya de integrarse en las respectivas Salas, se computará con sujeción a lo que se determine en el acuerdo de nombramiento o destino.

38. El Consejo General del Poder Judicial, una vez hayan iniciado el ejercicio de su competencia la Sala de lo Social de la Audiencia Nacional y las Salas de lo Social de todos los Tribunales Superiores de Justicia, y efectuadas las integraciones que prevé la disposición transitoria decimoctava de la Ley Orgánica del Poder Judicial, determinará la fecha de supresión del Tribunal Central de Trabajo y finalización del ejercicio de su competencia y ordenará su publicación en el «Boletín Oficial del Estado». A partir de esta fecha, la Sala de lo Social del Tribunal Superior de Justicia de Madrid, en la forma que establece la disposición transitoria ya citada, conocerá de los asuntos pendientes ante el Tribunal Central de Trabajo, con excepción de lo que corresponda a la Sala de lo Social de la Audiencia Nacional.

CAPÍTULO III
Establecimiento de la planta de las Audiencias Provinciales

39. 1. La composición inicial de las Audiencias Provinciales será la actual. El Gobierno, oído el Consejo General del Poder Judicial, a tenor de las disponibilidades presupuestarias de cada ejercicio económico, y atendiendo a criterios de preferencia según las mayores cargas competenciales, determinará la fecha de efectividad de las plazas correspondientes, hasta alcanzar la planta definitiva en el plazo de programación establecido en el artículo 62 de esta Ley.

2. Cuando la planta fijada en esta Ley comprendiera un número de Magistrados inferior al actualmente previsto para la Audiencia Provincial, se amortizarán las plazas correspondientes a partir de la entrada en vigor de esta Ley, a tenor de las vacantes que se fueran produciendo.

40. 1. Las Audiencias Provinciales radicadas en localidades donde actualmente existen Salas de lo Civil quedarán integradas, además de por los Magistrados que actualmente las componen, por los Magistrados de las Salas de lo Civil de las Audiencias Territoriales de la sede, distribuidos en las correspondientes Secciones a tenor de lo que determine, según criterio de posición escalafonal, el Consejo General del Poder Judicial, hasta completar la planta prevista en esta Ley. El resto de Magistrados de la Sala o Salas de lo Civil quedarán integrados en la propia Audiencia, en calidad de adscritos, con arreglo al orden de preferencia escalafonal.

2. Los Magistrados adscritos según lo establecido en el apartado anterior ocuparán automáticamente las primeras vacantes que se produzcan en la Audiencia Provincial.

3. El personal al servicio de la Administración de Justicia que preste servicios en las Salas de lo Civil de la Audiencia Territorial quedará destinado en la Audiencia Provincial. La adscripción se determinará con arreglo a lo dispuesto reglamentariamente.

CAPÍTULO IV
Establecimiento de la planta de los Juzgados

41. 1. El Gobierno, en el marco de la Ley de Presupuestos, previo informe del Consejo General del Poder Judicial, teniendo en cuenta el desarrollo de los procesos de selección de miembros de la Carrera Judicial y atendiendo a criterios de preferencia según las mayores cargas competenciales y, asimismo, a la concentración urbana, industrial o turística del ámbito territorial de la jurisdicción, procederá de manera escalonada a la constitución, así como a la conversión y supresión de Juzgados necesaria para la plena efectividad de la planta prevista en esta Ley, con sujeción a los criterios que se establecen en este artículo y en los siguientes.

2. La constitución de aquellos Juzgados cuya entrada en funcionamiento sea necesaria para la efectividad de los partidos de nueva creación se efectuará dentro de los plazos previstos en el artículo 42 de esta Ley.

3. Los límites geográficos de los actuales partidos judiciales se mantendrán a la entrada en vigor de esta Ley.

4. El ámbito territorial de la jurisdicción de los distintos Juzgados, conforme a la demarcación establecida por esta Ley, tendrá efectividad en la fecha que se determine con arreglo a lo dispuesto en el artículo 42.2.

5. La fecha de entrada en funcionamiento de los Juzgados a que se refiere el presente capítulo se fijará de conformidad con lo dispuesto en el artículo 20.5 de esta Ley.

42. 1. El Gobierno, en el plazo de seis meses, a partir de la fecha de promulgación de la presente Ley, oído el Consejo General del Poder Judicial, determinará la fecha en que los Juzgados de lo Penal entrarán en funcionamiento mediante Real Decreto con arreglo a la planta inicial que se determine y sin perjuicio de lo dispuesto en el artículo 41.

2. En el plazo de un año, a partir de la fecha de la promulgación de la presente Ley, el Gobierno, oído el Consejo General del Poder Judicial, efectuará la conversión de los actuales Juzgados de Distrito en Juzgados de Primera Instancia, de Instrucción, de Primera Instancia e Instrucción o, en su caso, de Paz, con arreglo a lo dispuesto en la disposición transitoria tercera de la Ley Orgánica del Poder Judicial.

3. Cuando el Consejo General del Poder Judicial haga uso de la facultad prevista en el artículo 98 de la Ley Orgánica del Poder Judicial con ocasión de la conversión de los Juzgados de Distrito en Juzgados de Primera Instancia, de Instrucción o de Primera Instancia e Instrucción, la fecha de producción de efectos del acuerdo podrá ser la de conversión a que se refiere el apartado anterior.

43. 1. En la fecha de entrada en vigor de esta Ley dejarán de ejercer sus funciones las actuales Magistraturas de Trabajo y entrarán en funcionamiento los Juzgados de lo Social, con los correspondientes titulares y funcionarios adscritos a aquéllas.

2. El Gobierno, en el marco de la Ley de Presupuestos, dispondrá, previo informe del Consejo General del Poder Judicial, la constitución de los Juzgados de lo Social que resulte necesaria, hasta completar la planta prevista en esta Ley en el plazo general de programación establecido en el artículo 62.

44. El Gobierno, en el marco de la Ley de Presupuestos, dispondrá, previo informe del Consejo General del Poder Judicial, la constitución de los distintos Juzgados de lo Contencioso-Administrativo previstos en esta Ley, dentro del plazo general de programación establecido en el artículo 62.

45. El Gobierno, en el marco de la Ley de Presupuestos, previo informe del Consejo General del Poder Judicial, acordará la constitución y determinará la sede de los Juzgados de Vigilancia Penitenciaria necesarios para alcanzar el número total fijado en esta Ley en el plazo general de programación establecido en el artículo 62.

46. 1. El Gobierno, en el marco de la Ley de Presupuestos acordará la constitución de los distintos Juzgados de Menores, previo informe del Consejo General del Poder Judicial, en el plazo general de programación establecido en el artículo 62.

2. La fecha de entrada en funcionamiento se fijará de acuerdo con lo dispuesto en el artículo 20.5 de esta Ley.

46 bis. El Gobierno, dentro del marco de la respectiva Ley de Presupuestos, oído el Consejo General del Poder Judicial, y en su caso la Comunidad Autónoma afectada, procederá de forma escalonada, mediante Real Decreto, a la constitución, compatibilización y transformación de Juzgados de Primera Instancia y de Juzgados de Primera Instancia e Instrucción para la plena efectividad de la planta correspondiente a los Juzgados de lo Mercantil.

- Artículo añadido por disp. adic. 11.2 de Ley Orgánica núm. 19/2003, de 23 diciembre.

46 ter. 1. El Gobierno, dentro del marco de la Ley de Presupuestos Generales del Estado, oído el Consejo General del Poder Judicial y, en su caso, la Comunidad Autónoma afectada, procederá de forma escalonada y mediante Real Decreto a la constitución, compatibilización y transformación de Juzgados de Instrucción y de Primera Instancia e Instrucción para la plena efectividad de la planta de los Juzgados de Violencia sobre la Mujer.

2. En tanto las Comunidades Autónomas no fijen la sede de los Juzgados de Violencia sobre la Mujer, ésta se entenderá situada en aquellas poblaciones que se establezcan en el anexo XIII de la presente Ley.

- Artículo añadido por art. 52 de Ley Orgánica núm. 1/2004, de 28 diciembre.

47. La entrada en funcionamiento del Juzgado o Juzgados de Menores supondrá el cese de los actuales titulares del Tribunal Tutelar de Menores cuyo ámbito territorial se corresponda con el de aquél o aquéllos y la integración del resto del personal en el Juzgado o Juzgados constituidos.

48. 1. En la fecha de entrada en vigor de esta Ley quedará suprimido y cesará en el ejercicio de su competencia el Tribunal de Apelación de los Tribunales Tutelares de Menores.

2. El personal que preste servicios en el Tribunal de Apelación será destinado a los órganos judiciales de Madrid que tengan competencia en materia de menores, en régimen de titularidad de la plaza o, en su defecto, de adscripción con ocupación automática de la primera vacante.

49. 1. Los Jueces de Paz percibirán una retribución con arreglo a los módulos que se fijen en la Ley de Presupuestos Generales del Estado en función del número de habitantes de derecho de la localidad.

2. La percepción a que se refiere el apartado anterior de este artículo será compatible con las percepciones ordinarias obtenidas por el interesado en el ejercicio de actividades profesionales o mercantiles. En ningún caso supondrá reconocimiento de dependencia alguna con respecto al Ayuntamiento.

50. 1. La Secretaría de los Juzgados de Paz de poblaciones de más de 7.000 habitantes y la de aquellos otros Juzgados de Paz o Agrupaciones de Secretarías de los mismos, en los que la carga de trabajo lo justifique, será desempeñada por un Oficial al servicio de la Administración de Justicia, conforme se determine en la plantilla del Cuerpo.

2. La Orden de plantilla determinará las agrupaciones a que se refiere el artículo 99.2 de la Ley Orgánica del Poder Judicial.

3. En los demás Juzgados de Paz, el Ayuntamiento nombrará una persona idónea para el desempeño de la Secretaría y lo comunicará al Ministerio de Justicia para su aprobación.

- Ap. 3 declarado constitucional según interpretación dada por el fundamento 12º por fallo de Sentencia Tribunal Constitucional de 30 marzo núm. 62/1990. Recursos de Inconstitucionalidad núms. 505/1989, 548/1989, 583/1989 y 588/1989 (acum.).

4. Con sujeción al régimen local, las Comunidades Autónomas y los Ayuntamientos podrán promover y efectuar Agrupaciones de Secretarías para que sean servidas por un solo funcionario.

51. 1. En los Juzgados de Paz se prestará servicio por personal dependiente del Ayuntamiento, sin perjuicio de la normativa aplicable al ejercicio de su función.

2. No obstante, en los Juzgados de Paz de poblaciones de más de 7.000 habitantes y en aquellos otros Juzgados de Paz en los que la carga de trabajo lo justifique prestarán servicio funcionarios de los Cuerpos al servicio de la Administración de Justicia, con arreglo a las plazas que se prevean en la plantilla de dichos Cuerpos.

3. Las instalaciones y medios instrumentales del Juzgado de Paz, salvo cuando fuere conveniente su gestión total o parcial por el Ministerio de Justicia o la Comunidad Autónoma respectiva, estarán a cargo del Ayuntamiento respectivo.

52. En los Presupuestos Generales del Estado se establecerá un crédito para subvencionar a los Ayuntamientos por la atención de los conceptos a que se refieren los dos artículos anteriores. La subvención se modulará en función del número de habitantes de derecho del municipio.

TÍTULO IV
De las disposiciones de orden procesal para la efectividad de la planta judicial

53. 1. Los órganos judiciales se atendrán a las normas orgánicas, procesales y de funcionamiento establecidas en la Ley Orgánica del Poder Judicial y en las disposiciones actualmente en vigor, salvo las modificaciones de estas últimas que resultan de la presente Ley.

2. De no establecerse lo contrario, los órganos de nueva planta ajustarán su funcionamiento a las normas procesales vigentes aplicables a los órganos suprimidos de naturaleza similar.

3. La composición de las Secciones se ajustará a lo dispuesto en el artículo 198 de la Ley Orgánica del Poder Judicial, sin más limitaciones que las que se infieren del artículo 12.2 y del artículo 14.2 de la presente Ley.

4. La iniciación del ejercicio de la competencia por los órganos de nueva planta o de nueva creación previstos en esta Ley no supondrá la asunción de los procedimientos en trámite ante otros órganos ya existentes, salvo en los casos de supresión de éstos y sin perjuicio de lo que pueda acordarse por vía de reparto.

54. ...

- Artículo que queda sin contenido por art. 5 de Ley núm. 10/1992, de 30 abril.

55. Los Magistrados de la Sala de lo Civil y Penal del Tribunal Superior de Justicia completarán las demás Salas del Tribunal, con arreglo al turno que se establezca en aplicación del artículo 199 de la Ley Orgánica del Poder Judicial.

56. 1. Las Audiencias Provinciales de Albacete, Asturias, Ávila, Baleares, Barcelona, Burgos, Cáceres, Cantabria, La Coruña, Granada, Guadalajara, Guipúzcoa, Madrid, Murcia, Las Palmas, Navarra, La Rioja, Santa Cruz de Tenerife, Segovia, Sevilla, Toledo, Valencia, Valladolid, Vizcaya y Zaragoza asumirán plena competencia en el orden civil a partir del día de la entrada en vigor de la presente Ley.

2. Las restantes Audiencias Provinciales conservarán las atribuciones de orden civil que les corresponden en el momento de la entrada en vigor de esta Ley. En el plazo de un año a partir de su vigencia, el Gobierno dispondrá lo pertinente para que todas las Audiencias Provinciales asuman la plenitud de competencias en el orden civil.

3. En tanto no asuman la plenitud de su competencia en el orden civil las Audiencias Provinciales a que se refiere el párrafo anterior, la competencia no asumida será ejercida por la Audiencia Provincial radicada en la localidad donde a la entrada en vigor de esta Ley existía Sala de lo Civil de la Audiencia Territorial.

57. Las Salas de lo Contencioso-Administrativo de los Tribunales Superiores de Justicia tendrán la competencia que a la entrada en vigor de esta Ley corresponde a las Salas de lo Contencioso-Administrativo de las Audiencias Territoriales, en tanto no se pongan en funcionamiento los Juzgados de lo Contencioso-Administrativo.

58. 1. No procederá el recurso de apelación ante la Sala de lo Contencioso-Administrativo del Tribunal Supremo en los recursos de que conozcan las Salas de lo Contencioso-Administrativo de los Tribunales Superiores de Justicia contra actos o disposiciones provenientes de los Órganos de la Comunidad Autónoma, salvo si el escrito de interposición del recurso se fundase en la infracción de normas no emanadas de los Órganos de aquélla.

2. Lo establecido en el apartado anterior se entiende sin perjuicio de lo dispuesto en el artículo 102 de la Ley Reguladora de la Jurisdicción Contencioso-Administrativa sobre el recurso de revisión.

3. Las dudas sobre competencia que pudieran suscitarse entre la atribuida al Tribunal Supremo y al Tribunal Superior de Justicia se resolverán de conformidad con lo dispuesto en el apartado *d)* del artículo 54.1.

59. 1. En tanto no se regulen los procesos especiales de impugnación de convenios colectivos y los procesos sobre conflictos colectivos a que se refiere el artículo 67 de la Ley Orgánica del Poder Judicial, la Sala de lo Social de la Audiencia Nacional conocerá de los recursos de suplicación que se interpongan contra las sentencias dictadas por los Juzgados de lo Social en tales materias, con arreglo a la legislación vigente, siempre que el ámbito territorial de aplicación del convenio colectivo o el en que hayan de surtir efecto la resolución del conflicto colectivo sea superior al de una Comunidad Autónoma.

2. Las Salas de lo Social de los Tribunales Superiores de Justicia entenderán de los recursos interpuestos contra resoluciones de los Juzgados de lo Social en el ámbito de la Comunidad Autónoma, de los que en el momento de la entrada en vigor de esta Ley conoce el Tribunal Central de Trabajo, salvo los previstos en el apartado anterior.

3. En tanto no hubiesen iniciado el ejercicio de su competencia las Salas de lo Social de los Tribunales Superiores de Justicia respectivos, el conocimiento de los recursos previstos en el apartado anterior seguirá correspondiendo al Tribunal Central de Trabajo.

4. Las cuestiones de competencia entre la Sala de lo Social de la Audiencia Nacional y el Tribunal Central de Trabajo o las Salas de lo Social de los Tribunales Superiores de Justicia se resolverán con arreglo a lo dispuesto en el artículo 51 de la Ley Orgánica del Poder Judicial.

60. Los Juzgados de lo Social conocerán de todos los asuntos atribuidos a las Magistraturas de Trabajo en el momento de la entrada en vigor de esta Ley, en tanto no se promulgue la ley reguladora del proceso laboral.

61. 1. Los Juzgados de Menores tendrán la competencia establecida en la legislación reguladora de la responsabilidad penal de los menores.

2. Las Audiencias Provinciales conocerán de los recursos interpuestos contra las resoluciones de los Juzgados de Menores en el ámbito de su respectiva provincia, sin perjuicio de lo dispuesto en la legislación reguladora de la responsabilidad penal de los menores para la Audiencia Nacional.

- Artículo modificado por art. 4.4 de Ley Orgánica núm. 7/2000, de 22 diciembre.

TÍTULO V
De las medidas económico-financieras para la implantación y sostenimiento de la planta judicial

62. El Gobierno elaborará los programas necesarios para la aplicación efectiva de la nueva planta judicial, en el período comprendido entre 1989 y 1992. Corresponderá al Ministerio de Justicia su desarrollo y ejecución.

No obstante lo dispuesto en el apartado anterior, el Gobierno, previo informe del Consejo General del Poder Judicial, podrá acordar la extensión de los mencionados programas durante los años 1993 y 1994.

- Párr. 2º añadido por disp. adic. 4 de Ley núm. 31/1991, de 30 diciembre.

63. Para la determinación de los créditos a que se refiere el artículo anterior, el Gobierno elaborará anualmente los programas necesarios, de acuerdo con los criterios objetivos de prioridades a que se refieren los artículos 32, 39, 41, 43.2, 44, 45 y 46 de la presente Ley. El Ministerio de Justicia presentará, a tal efecto, Memoria de las realizaciones llevadas a cabo.

64. A los efectos prevenidos en el artículo 10 de la Ley de Expropiación Forzosa, se declaran de utilidad pública las obras de construcción, modificación y ampliación de edificios para sede de Juzgados, Tribunales y Centros, Organismos y Servicios de la Administración de Justicia necesarias para la ejecución de la planta establecida en esta Ley.

DISPOSICIONES TRANSITORIAS

Primera. En tanto las Comunidades Autónomas no determinen la capitalidad de los partidos judiciales, de conformidad con lo dispuesto en el artículo 35.6 de la Ley Orgánica del Poder Judicial, ésta se entenderá reconocida al municipio que la tuviese a la entrada en vigor de esta Ley; si existiesen varios, al municipio en que radicasen más Juzgados de Primera Instancia e Instrucción; en caso de igualdad, al de mayor población de derecho. En su defecto, al municipio o municipios en que radicasen Juzgados de

Distrito, con iguales criterios de preferencia y, en último término, al de mayor población de derecho.

Segunda. Los dos Presidentes de las actuales Salas de lo Contencioso-Administrativo del Tribunal Supremo que no sean nombrados para la Presidencia de la Sala de lo Contencioso-Administrativo del mismo mantendrán, a título personal, los derechos económicos que correspondan a un Presidente de la Sala del Tribunal Supremo y presidirán las Secciones que puedan constituirse.

Tercera. 1. Los Presidentes de las actuales Salas de lo Contencioso-Administrativo de las Audiencias Territoriales a los que no correspondiere la Presidencia de la Sala de lo Contencioso-Administrativo del Tribunal Superior de Justicia presidirán, en su caso, las Secciones que pudieran constituirse y mantendrán los derechos económicos correspondientes a un Presidente de Sala, mientras no obtuviesen otro destino.

2. Los Presidentes de las Salas de lo Civil de las Audiencias Territoriales presidirán, en su caso, las Secciones que pudieran constituirse y mantendrán los derechos económicos correspondientes a un Presidente de Sala, mientras no obtuviesen otro destino.

Cuarta. En tanto no se produzca la constitución de los Juzgados de Menores, y sin perjuicio de lo establecido en la disposición transitoria vigésimo sexta de la Ley Orgánica del Poder Judicial, el Consejo General del Poder Judicial podrá proceder al nombramiento de miembros de la Carrera Judicial para las plazas correspondientes a los Tribunales Tutelares de Menores que no se hallen ocupadas por Jueces pertenecientes a la Escala de Jueces Unipersonales de Menores, disponiendo el cese de sus actuales titulares.

Quinta. Los actuales Secretarios de Juzgados de Paz continuarán desempeñando sus funciones con sujeción al régimen actual hasta que se produzca el nombramiento de persona idónea.

Sexta. Los actuales Jueces de Paz continuarán ejerciendo sus funciones hasta la entrada en funcionamiento del Juzgado de Paz constituido de conformidad con lo establecido en la Ley Orgánica del Poder Judicial.

Séptima. Las percepciones a que se refiere el artículo 49 únicamente corresponderán a los Jueces de Paz nombrados a partir de la entrada en vigor de la presente Ley.

Octava. Los miembros de la Carrera Judicial a que se refiere la disposición transitoria vigésimo quinta de la Ley Orgánica del Poder Judicial podrán participar en el concurso de méritos a que se hace referencia en el artículo 25 de la presente Ley. Si no obtuviesen plaza en el referido concurso o no tomasen parte en el mismo, en el plazo de tres meses, a partir de la fecha de la resolución, deberán optar entre pasar al servicio activo en la Carrera Judicial, quedando adscritos al Tribunal Superior de Justicia o a la Audiencia Provincial de Madrid hasta que obtengan destino en propiedad, o pasar a la situación de excedencia voluntaria en la misma.

Novena. 1. En tanto las Comunidades Autónomas respectivas no fijen la sede de los Juzgados de lo Penal, ésta se entenderá situada en donde se hubieran constituido los Juzgados de lo Penal correspondientes según lo dispuesto en el anexo VII de esta Ley.

2. En tanto las Comunidades Autónomas respectivas no fijen la sede de los Juzgados de lo Mercantil, ésta se entenderá situada en aquellas capitales de provincia o poblaciones que, tanto por ser núcleos en donde los procedimientos concursales son estadísticamente más frecuentes, como por tener atribuido el conocimiento exclusivo de determinadas competencias con exclusividad al resto, resulte así conveniente para el adecuado cumplimiento de la función jurisdiccional con respecto a los plazos procesales.

- Disposición transitoria añadida por disp. adic. 11.5 de Ley Orgánica núm. 19/2003, de 23 diciembre.

Décima. En tanto no entren en funcionamiento los Juzgados de Primera Instancia e Instrucción, de lo Penal y de lo Mercantil correspondientes a las nuevas circunscripciones territoriales creadas por esta Ley, mantendrán su competencia los órganos judiciales que tuvieran a la entrada en vigor de la disposición, conociendo de los asuntos pendientes ante ellos hasta su definitiva conclusión.

- Disposición transitoria añadida por disp. adic. 11.5 de Ley Orgánica núm. 19/2003, de 23 diciembre.

DISPOSICIONES ADICIONALES

Primera. El cese de sus funciones como Juzgados de Primera Instancia e Instrucción o como Juzgados de Instrucción de los que resulten transformados se acomodará a las siguientes reglas:

1ª A los veinte días de la entrada en vigor de la presente Ley, los Juzgados cesarán en sus funciones de instrucción de procedimientos penales, respecto de las causas que deban enjuiciar, asumiendo las mismas los restantes Juzgados de Instrucción.

2ª Desde la fecha que señale el Real Decreto a que se refiere el apartado 1 del artículo 42 cesarán en sus funciones como Juzgados de Primera Instancia, salvo para dictar, dentro de los plazos señalados, las sentencias en los asuntos que hubiesen quedado conclusos y sólo pendientes de fallo. Notificadas las resoluciones finales, remitirán los asuntos sentenciados, así como los pendientes, al Juzgado que corresponda, conforme a las reglas aprobadas por la correspondiente Sala de Gobierno, notificándolo a las partes.

3ª Desde la misma fecha cesarán en sus funciones como Juzgados de Instrucción respecto a las causas que deba enjuiciar la Audiencia Provincial.

Segunda. El titular y Secretario de los Juzgados transformados pasarán a ocupar los puestos correspondientes en los Juzgados de lo Penal. El personal adscrito a los Juzgados transformados pasará a estarlo al Juzgado de lo Penal correspondiente, sin perjuicio de las adscripciones que puedan realizarse conforme a los Reglamentos vigentes y de los que puedan disponerse con arreglo al Real Decreto a que se refiere el artículo 42.1 de esta Ley. Los Juzgados a transformar serán los de Instrucción o Primera Instancia e Instrucción de creación más reciente. De ellos, el de creación más lejana será el número 1, y así sucesivamente.

Tercera. En la fecha en que señale el Real Decreto a que se refiere el apartado 1 del artículo 42 de la presente Ley, y oído el Consejo General del Poder Judicial, se transformarán en Juzgados de lo penal los siguientes:

Juzgados de Primera Instancia e Instrucción:

Dos en Algeciras.

Uno en Huesca.

Uno en Gijón.

Uno en Tenerife.

Uno en Palencia.

Uno en Segovia.

Uno en Cuenca.

Uno en Ciudad Real.

Uno en Cáceres.

Uno en Santiago de Compostela.

Uno en Lugo.

Uno en Vigo.

Dos en Alicante.

Juzgados de Instrucción:

Uno en Córdoba.

Dos en Granada.

Tres en Málaga.

Cinco en Sevilla.

Dos en Zaragoza.

Dos en Palma de Mallorca.

Dos en Las Palmas.

Uno en Valladolid.

Nueve en Barcelona.

Uno en la Coruña.

Doce en Madrid.

Uno en Murcia.

Uno en Pamplona.

Cinco en Valencia.

Tres en Bilbao.

Uno en San Sebastián.

Disposición final única. Facultad de desarrollo

El Gobierno dictará cuantas disposiciones sean precisas en la ejecución y desarrollo de lo previsto en esta Ley.

- Disposición final añadida por disp. adic. 11.6 de Ley Orgánica núm. 19/2003, de 23 diciembre.

[...]

§ 3. LEY ORGÁNICA 2/1987, DE 18 MAYO. CONFLICTOS JURISDICCIONALES

(BOE núm. 120, de 20 mayo)

La ordenación actual de los conflictos jurisdiccionales está contenida en la Ley de 17 de julio de 1948 que, inspirada en el principio de concentración de poder propio de un régimen autoritario, atribuyó al Jefe del Estado la competencia para resolver por Decreto tales conflictos. Tal principio es incompatible con nuestro ordenamiento constitucional, y con la posición que en el mismo ocupa el Rey. La Ley Orgánica 6/1985, de 1 de julio, del Poder Judicial ha solucionado esa primera incompatibilidad con la Constitución, al otorgar a órganos mixtos, formados por representantes del Poder Judicial y del Consejo de Estado, en unos casos, y de aquél y de la jurisdicción militar, en otros, siempre bajo la presidencia de la más alta autoridad judicial de la nación, la competencia para la resolución de los conflictos de jurisdicción.

No obstante, la ordenación procedimental de la resolución de los conflictos ha de ser modificada para cubrir las insuficiencias que aún son imputables a la Ley de 1948. En efecto, la nueva organización de los poderes del Estado hace precisa una nueva y correlativa enumeración de los órganos legitimados para suscitar los conflictos. Desde el punto de vista del Poder Judicial tal legitimación se extiende a todos sus órganos, a diferencia de lo que dispone la Ley de 1948. Desde el punto de vista de las Administraciones Públicas, la Ley, congruente con la nueva organización territorial del Estado, extiende la legitimación a las Comunidades Autónomas y a las diversas Administraciones Locales, asumiendo así, en lo que a estas últimas respecta, la doctrina del Tribunal Constitucional.

La regulación del procedimiento para el planteamiento y la resolución de los conflictos es objeto de una notoria simplificación. Esta es especialmente visible en la regulación de los llamados conflictos negativos, inspirada en la que se contiene en la Ley Orgánica del Tribunal Constitucional.

La Ley no contiene norma alguna sobre las llamadas «competencias» como conflictos intrajurisdiccionales que son, ni sobre los «conflictos de atribuciones». Las «competencias» están hoy reguladas bajo el nombre de «conflictos de competencia» en el Capítulo II del Título III del Libro I de la Ley Orgánica del Poder Judicial. Los conflictos de atribuciones, en todo aquello que no son conflictos sometidos a la Ley Orgánica del Tribunal Constitucional, han de ser objeto de una norma distinta. La exclusión de esta materia hace imposible proceder a la derogación total e incondicionada de la Ley de 17 de julio de 1948.

CAPÍTULO I
De los conflictos de jurisdicción entre los Juzgados o Tribunales y la Administración

1. Los conflictos de jurisdicción entre los Juzgados o Tribunales y la Administración, serán resueltos por el órgano colegiado a que se refiere el artículo 38 de la Ley Orgánica 6/1985, de 1 de julio, del Poder Judicial, que recibirá el nombre de Tribunal de Conflictos de Jurisdicción.

2. Cualquier Juzgado o Tribunal podrá plantear conflictos jurisdiccionales a la Administración. Sin embargo, los Juzgados de Paz tramitarán la cuestión al Juez de Primera Instancia e Instrucción, que, de estimarlo, actuará conforme a lo dispuesto en el artículo 9.

3. Podrán plantear conflictos de jurisdicción a los Juzgados y Tribunales:

1. En la Administración del Estado:

a) Los miembros del Gobierno.

b) Los Delegados del Gobierno en las Comunidades Autónomas.

c) Los Generales con mando de región militar o zona militar, los Almirantes con mando de zona marítima, el Almirante Jefe de la jurisdicción central, el Comandante General de la Flota y los Generales Jefes de región aérea o zona aérea.

d) Los Gobernadores civiles.

e) Los Delegados de Hacienda.

2. En la Administración autonómica, el órgano que señale el correspondiente Estatuto de Autonomía. A falta de previsión en el Estatuto de Autonomía, podrán plantear conflictos, el Consejo de Gobierno de la Comunidad Autónoma o cualquiera de sus miembros, por conducto del Presidente.

3. En la Administración Local:

a) Los Presidentes de las Diputaciones Provinciales u órganos de la Administración Local de ámbito provincial.

b) Los Presidentes de los Cabildos y Consejos Insulares.

c) Los Alcaldes Presidentes de los Ayuntamientos.

4. 1. Cuando los demás órganos de las Administraciones Públicas estimen que deben proponer la promoción de un conflicto jurisdiccional en defensa de su esfera de competencias, podrán solicitar su planteamiento al órgano correspondiente de los mencionados en el artículo anterior. A tal efecto, se dirigirán a él por conducto reglamentario, destacando los motivos que aconsejen el planteamiento del conflicto y razonando, con invocación de los preceptos legales en que se funde, los términos de la propuesta.

2. Si el órgano que recibió la propuesta decide aceptarla, promoverá el conflicto y dirigirá las demás actuaciones que se sigan, sin perjuicio de recabar del órgano solicitante toda la información que necesite.

5. Sólo los titulares de los órganos a que se refiere el artículo 3 podrán plantear conflictos de jurisdicción a los Juzgados y Tribunales, y únicamente lo harán para reclamar el conocimiento de los asuntos que, de acuerdo con la legislación vigente, les corresponda entender a ellos mismos, a las autoridades que de ellos dependan, o a los órganos de la Administración Pública en los ramos que representan.

6. No podrán plantearse conflictos frente a la iniciación o seguimiento de un procedimiento de «habeas corpus» o de adopción en el mismo de las resoluciones de puesta en libertad o a disposición judicial.

7. No podrán plantearse conflictos de jurisdicción a los Juzgados y Tribunales en los asuntos judiciales resueltos por auto o sentencia firmes o pendientes sólo de recurso de casación o de revisión, salvo cuando el conflicto nazca o se plantee con motivo de la ejecución de aquéllos o afecte a facultades de la Administración que hayan de ejercitarse en trámite de ejecución.

8. Los Jueces y Tribunales no podrán suscitar conflictos de jurisdicción a las Administraciones Públicas en relación con los asuntos ya resueltos por medio de acto que haya agotado la vía administrativa, salvo cuando el conflicto verse sobre la competencia para la ejecución del acto.

9. 1. El Juez o Tribunal que, por su propia iniciativa o a instancia de parte, considere de su jurisdicción un asunto de que está conociendo un órgano administrativo, deberá, antes de requerirle de inhibición, solicitar el informe del Ministerio Fiscal, que habrá de evacuarlo en plazo de cinco días. Si decide a su vista formalizar el conflicto de jurisdicción, dirigirá directamente al órgano que corresponda de los enumerados en el artículo 3, un requerimiento de inhibición citando los preceptos legales que sean de aplicación al caso y aquellos en que se apoye para reclamar el conocimiento del asunto.

2. El órgano requerido, una vez que reciba el oficio de inhibición, dará vista, si los hubiere, a los interesados en el procedimiento, para que se pronuncien en el plazo común de diez días, debiendo, en nuevo término de cinco días, pronunciar si mantiene su jurisdicción o si acepta la solicitud de inhibición. Contra esta decisión no cabrá recurso alguno.

10. 1. Cuando un órgano administrativo de los habilitados especialmente para ello por esta Ley entienda, de oficio o a instancia de parte, que debe plantear a un Juzgado o Tribunal un conflicto de jurisdicción, dará, en primer lugar, audiencia a los interesados en el expediente, si los hubiere.

2. Si el órgano administrativo acuerda, cumpliendo los requisitos establecidos por las normas sobre procedimiento administrativo y, en su caso, las previsiones de la presente Ley, tomar la iniciativa para plantear el conflicto de jurisdicción, dirigirá oficio de inhibición al Juez o Tribunal, que esté conociendo de las actuaciones, expresando los preceptos legales a que se refiere el artículo 9.1.

3. Si el órgano que planteare el conflicto fuere uno de los comprendidos en el número 3, del artículo 3, el acuerdo de suscitarlo deberá ser adoptado, en todo caso, por la mayoría absoluta de los miembros del Pleno de la Corporación, previo informe del Secretario, quien deberá emitirlo en un plazo no superior a diez días.

4. Recibido el requerimiento, el Juez o Tribunal dará vista a las partes y al Ministerio Fiscal por plazo común de diez días para que se pronuncien y dictará auto, en el plazo de cinco días, manteniendo o declinando su jurisdicción.

5. Si el Juez o Tribunal declinara su competencia podrán las partes personadas y el Ministerio Fiscal interponer recurso de apelación ante el órgano jurisdiccional superior, a cuya resolución se dará preferencia y sin que contra ella quepa ulterior recurso. Los autos que dicte el Tribunal Supremo no serán, en ningún caso, susceptibles de recurso.

11. 1. El órgano administrativo o jurisdiccional, tan pronto como reciba el oficio de inhibición, suspenderá el procedimiento en lo que se refiere al asunto cuestionado, hasta la resolución del conflicto, adoptando, en todo caso, con carácter provisional, aquellas medidas imprescindibles para evitar que se eluda la acción de la justicia, que se cause grave perjuicio al interés público o que se originen daños graves e irreparables.

2. Cuando el requerimiento se dirija a un órgano jurisdiccional del orden penal o que esté conociendo de un asunto tramitado por el procedimiento preferente para la tutela de los derechos y libertades fundamentales previsto en el artículo 53.2 de la Constitución no se suspenderá el procedimiento, sino, en su caso, hasta el momento de dictar sentencia. El Tribunal de Conflictos otorgará preferencia a la tramitación de los conflictos en que concurran estas circunstancias.

3. Al remitirse las actuaciones al Tribunal de Conflictos se expresarán las medidas que, en su caso, se hubieren adoptado en cumplimiento de lo dispuesto en el párrafo primero de este artículo.

12. 1. Cuando el requerido muestre su conformidad con el oficio de inhibición lo hará saber, en el plazo de cinco días, al órgano que tomó la iniciativa, remitiéndole las actuaciones y extendiendo la oportuna diligencia, sin perjuicio de lo previsto en el párrafo 5 del artículo 10.

2. Si el requerido decide mantener su jurisdicción, oficiará inmediatamente al órgano administrativo o Tribunal requirente, anunciándole que queda así formalmente planteado el conflicto de jurisdicción, y que envía en el mismo día las actuaciones al Presidente del Tribunal de Conflictos, requiriéndole a que él haga lo propio en el mismo día de recepción. Ello no obstante, requirente y requerido conservarán, en su caso, testimonio de lo necesario para realizar las actuaciones provisionales que hayan de adoptarse o mantenerse para evitar que se eluda la acción de la justicia, que se cause grave perjuicio al interés público o que se originen daños graves e irreparables.

13. 1. Quien viere rechazado el conocimiento de un asunto de su interés tanto por el Juez o Tribunal como por el órgano administrativo que él estime competentes, podrá instar un conflicto negativo de jurisdicción.

2. Una vez que se haya declarado incompetente, en resolución firme, la autoridad judicial o administrativa a la que inicialmente se hubiese dirigido, el interesado se dirigirá, acompañando copia auténtica o testimonio fehaciente de la resolución denegatoria dictada, a la otra autoridad.

3. Si también se declara incompetente, el interesado podrá formalizar sin más trámites y en el plazo improrrogable de quince días el conflicto negativo de jurisdicción, mediante escrito dirigido al Tribunal de Conflictos de Jurisdicción al que se unirán copias de las resoluciones de las autoridades administrativa y judicial, que se presentará ante el órgano jurisdiccional que se hubiera declarado incompetente. Este elevará las actuaciones al Tribunal de Conflictos de Jurisdicción y requerirá al órgano administrativo que hubiera intervenido para que actúe de igual forma, todo ello en plazo de diez días.

4. En todo caso se notificarán al interesado las resoluciones que se adopten.

14. 1. Para resolver cualquier conflicto de jurisdicción, el Tribunal de Conflictos dará vista de las actuaciones al Ministerio Fiscal y a la Administración interviniente por plazo común de diez días, dictando sentencia dentro de los diez días siguientes.

2. Las actuaciones del Tribunal de conflictos jurisdiccionales se regirán, en cuanto a deliberación y votación, por lo previsto en el Título III del Libro III de la Ley Orgánica 6/1985, de 1 de julio, del Poder Judicial, sin perjuicio del voto de calidad que corresponde al Presidente en caso de empate.

15. 1. Si en cualquier momento anterior a la sentencia apreciare el Tribunal la existencia de irregularidades procedimentales de tal entidad que impidan la formulación de un juicio fundado acerca del contenido del conflicto planteado, pero que puedan ser subsanadas, oficiará al contendiente o contendientes que hubieren ocasionado las irregularidades, dándoles a su discreción un breve plazo para subsanarlas.

2. Igualmente, el Tribunal podrá, si lo estima conveniente para formar su juicio, requerir a las partes en conflicto o a otras autoridades, para que en el plazo que señale le remitan los antecedentes que estime pertinentes.

3. De estimar el Tribunal de Conflictos de Jurisdicción que a través de las actuaciones previstas en los párrafos anteriores se han incorporado nuevos datos relevantes, dará nueva vista al Ministerio Fiscal y a la Administración Pública contendiente, por plazo común de cinco días, y en los diez días siguientes dictará su sentencia.

16. 1. El Tribunal de Conflictos de Jurisdicción podrá apercibir o imponer multa, no superior a 50.000 pesetas, a aquellas personas, investidas o no de poder público, que no prestaren la necesaria colaboración y diligencia para la tramitación de los conflictos de jurisdicción, previo, en todo caso, el pertinente requerimiento.

2. La multa a que hace referencia el párrafo anterior podrá ser reiterada, si es preciso, y se impondrá sin perjuicio de las demás responsabilidades a que hubiere lugar.

17. 1. La sentencia declarará a quién corresponde la jurisdicción controvertida, no pudiendo extenderse a cuestiones ajenas al conflicto jurisdiccional planteado.

2. El Tribunal podrá también declarar que el conflicto fue planteado incorrectamente, en cuyo caso ordenará la reposición de las actuaciones al momento en que se produjo el defecto procedimental.

18. 1. El Tribunal de Conflictos podrá imponer una multa no superior a 100.000 pesetas, a aquellas personas, investidas o no de poder público, que hubieren promovido un conflicto de jurisdicción con manifiesta temeridad o mala fe o para obstaculizar el normal funcionamiento de la Administración o de la Justicia.

2. Igual sanción podrá imponerse a la autoridad administrativa o judicial que, por haberse declarado incompetente de forma manifiestamente injustificada, hubiere dado lugar a un conflicto de jurisdicción.

3. Lo dispuesto en los párrafos anteriores se entiende sin perjuicio de la exigencia de las demás responsabilidades a que hubiere lugar.

19. La sentencia se notificará inmediatamente a las partes y se publicará en el «Boletín Oficial del Estado», devolviéndose las actuaciones a quien corresponda.

20. 1. Contra las sentencias del Tribunal de Conflictos de Jurisdicción no cabrá otro recurso que el de amparo constitucional, cuando proceda. No obstante, podrá interponerse escrito de aclaración en los tres días siguientes a la notificación de la sentencia.

2. Las demás resoluciones del Tribunal de Conflictos serán susceptibles de recurso de súplica ante el propio Tribunal que se interpondrá en los tres días siguientes a la notificación de la resolución recurrida.

21. El procedimiento para la sustanciación y resolución de los conflictos de jurisdicción será gratuito.

CAPÍTULO II
De los conflictos de jurisdicción entre los Juzgados o Tribunales y la jurisdicción militar

22. Los conflictos de jurisdicción entre los Juzgados y Tribunales ordinarios y los órganos de la jurisdicción militar serán resueltos por la Sala a que se refiere el artículo 39 de la Ley Orgánica del Poder Judicial, que se denominará Sala de Conflictos de Jurisdicción.

23. 1. El Juez o Tribunal que, por propia iniciativa o a instancia de parte, considere de su jurisdicción un asunto del que esté conociendo un órgano de la jurisdicción militar, solicitará el informe del Ministerio Fiscal, que deberá evacuarlo en término de cinco días. Si decide a su vista formalizar el conflicto de jurisdicción, se dirigirá directamente al órgano de la jurisdicción militar requerido.

2. Si un órgano de la jurisdicción militar considera de su jurisdicción un asunto del que esté conociendo un Juez o Tribunal ordinario, solicitará el parecer del Fiscal Jurídico Militar. Si visto éste, decide formalizar el conflicto, se dirigirá directamente al Juez o Tribunal requerido.

3. En los dos supuestos previstos en los párrafos anteriores, el requerimiento deberá ir acompañado de una exposición de los argumentos jurídicos y preceptos legales en que se funda.

24. Recibido el requerimiento, el órgano requerido actuará según lo previsto en los párrafos 1 y, en su caso 2, del artículo 11, y dará vista a las partes y al Ministerio Fiscal o Fiscal Jurídico Militar, según corresponda, por plazo común de diez días, transcurrido el cual dictará auto, contra el que no cabrá recurso alguno, manteniendo o declinando su jurisdicción.

25. Cuando el requerido muestre su conformidad con el oficio de inhibición, lo hará saber inmediatamente al órgano que tomó la iniciativa, remitiéndole las actuaciones y extendiendo la oportuna diligencia.

26. 1. Si el requerido decide mantener su jurisdicción, lo comunicará inmediatamente al órgano requirente, anunciándole que queda así planteado formalmente el conflicto de jurisdicción y que envía en el mismo día las actuaciones a la Sala de Conflictos de Jurisdicción, instándole a que él haga lo propio.

2. No obstante, ambos órganos conservarán los testimonios precisos para garantizar las medidas cautelares que, en su caso, hubiera adoptado.

27. 1. Quien viere rechazado el conocimiento de un asunto de su interés, tanto por los Jueces y Tribunales ordinarios como por los órganos de la jurisdicción militar, podrá instar un conflicto negativo de jurisdicción.

2. A tal fin, deberá agotar la vía jurisdiccional, ordinaria o militar, por la que inicialmente hubiera deducido su pretensión, y se dirigirá después a la alternativa, acompañando copia auténtica o testimonio fehaciente de la resolución denegatoria dictada por los órganos de la jurisdicción a la que inicialmente se dirigió.

3. Si también este órgano jurisdiccional se declara incompetente, podrá formalizar sin más trámite, y en el plazo improrrogable de quince días, el conflicto negativo de jurisdicción, mediante escrito dirigido a la Sala de Conflictos de Jurisdicción, al que se acompañarán copias de las resoluciones de los órganos de la jurisdicción ordinaria y militar y que se presentará ante el órgano de aquella que se hubiera declarado incompetente. Este elevará las actuaciones a la Sala de Conflictos, y requerirá al órgano de la jurisdicción militar que hubiera intervenido para que actúe de igual forma, todo ello en el plazo de diez días.

4. En todo caso, se notificarán al interesado las resoluciones que se adopten.

28. Recibidas las actuaciones, la Sala de Conflictos de Jurisdicción dará vista de las mismas al Ministerio Fiscal y al Fiscal Jurídico Militar, por plazo de quince días, dictando sentencia dentro de los diez días siguientes.

29. Será de aplicación, para la tramitación de los conflictos regulados en este capítulo, lo dispuesto en los artículos 15 a 21 de la presente Ley, sin más especialidades que las derivadas de la sustitución de la autoridad administrativa por los órganos correspondientes de la jurisdicción militar.

CAPÍTULO III
De los conflictos de jurisdicción entre los Juzgados o Tribunales de la jurisdicción militar y la Administración

30. Lo dispuesto en esta Ley en su Capítulo I, es aplicable en su totalidad a los conflictos de jurisdicción que surjan entre los Juzgados o Tribunales de la jurisdicción militar y la Administración, sin más que entender referida la expresión Juzgados o Tribunales del articulado del capítulo a los Juzgados Militares o Tribunales Militares y la del Ministerio Fiscal, a la Fiscalía Jurídico Militar.

CAPÍTULO IV
De los conflictos con la jurisdicción contable

31. 1. Los conflictos de jurisdicción que se susciten entre los órganos de la jurisdicción contable y la Administración y los que surjan entre los primeros y los órganos de la jurisdicción militar, serán resueltos por el Tribunal de Conflictos de Jurisdicción y por la Sala de Conflictos de Jurisdicción, respectivamente, según el procedimiento establecido en la presente Ley Orgánica.

2. A los efectos de los conflictos de competencia y cuestiones de competencia regulados en los Capítulos II y III del Título III de la Ley Orgánica 6/1985, de 1 de julio, del Poder Judicial, los órganos de la jurisdicción contable se entenderán comprendidos en el orden jurisdiccional contencioso-administrativo.

DISPOSICIONES ADICIONALES

Primera. Se autoriza al Gobierno para revisar la cuantía de las multas previstas en los artículos 16 y 18 a fin de adaptarla a las modificaciones del índice de precios al consumo, así como para dictar las disposiciones necesarias para el desarrollo y ejecución de la presente Ley.

Segunda. Al artículo 12 de la Ley Orgánica 3/1980, de 22 de abril, del Consejo de Estado, se añadirá un nuevo párrafo redactado en los siguientes términos:

«3. Sin perjuicio de las otras funciones que les encomiende la presente Ley Orgánica, tres Consejeros Permanentes designados para cada año por el Pleno a propuesta de la Comisión Permanente se integrarán en el Tribunal de Conflictos previsto en el artículo 38 de la Ley Orgánica 6/1985, de 1 de julio».

Tercera. Se suprime el inciso «y cuestiones de competencia» que figura en el texto del párrafo séptimo, del artículo 22 de la Ley Orgánica 3/1980, de 22 de abril, del Consejo de Estado.

Cuarta. No tienen carácter orgánico los artículos 9, 10, 12, 13, 15, 17.2, 19, 20, 21, 23, 25, 26 y 27, así como las disposiciones adicional primera y transitoria primera.

DISPOSICIONES TRANSITORIAS

Primera. Los conflictos jurisdiccionales en curso seguirán tramitándose, cualquiera que sea su estado, de acuerdo con lo dispuesto en la presente Ley Orgánica, si bien no retrocederán en su tramitación.

Segunda. En tanto no se promulgue y entre en vigor la Ley Orgánica de competencia y organización de la jurisdicción militar, y a los efectos del artículo 30, tendrán competencia para promover y sostener conflictos jurisdiccionales con la Administración, las Autoridades Judiciales Militares que enumera el artículo 49 del Código de Justicia Militar y el Consejo Supremo de Justicia Militar, en el ámbito de sus respectivas competencias. Los autos que dicte el Consejo Supremo de Justicia Militar, a los efectos del número 5 del artículo 10, no serán susceptibles de recurso.

DISPOSICIONES DEROGATORIAS

Primera. 1. Quedan derogados:

a) La Ley de 17 de julio de 1948, de Conflictos Jurisdiccionales, salvo los artículos 48 a 53 ambos inclusive, subsistiendo la vigencia, a los solos efectos de lo dispuesto en dichos artículos, de los Capítulos II y III.

b) El Título III del Libro I de la Ley de Enjuiciamiento Civil, cuyos artículos 125 a 152 quedan sin contenido y los artículos 48 a 50 de la Ley de Enjuiciamiento Criminal y 381 del Código Penal, que también quedan sin contenido.

2. Quedan derogados, igualmente, los artículos 459 y 460 del Código de Justicia Militar en cuanto tengan por objeto conflictos jurisdiccionales de los comprendidos en esta Ley, así como el artículo 462 del mismo Código.

Segunda. Quedan derogadas, además, cuantas disposiciones se opongan a la presente Ley Orgánica.

§ 4. LEY 50/1981, DE 30 DICIEMBRE. REGULA EL ESTATUTO ORGÁNICO DEL MINISTERIO FISCAL

(BOE núm. 11, de 13 enero 1982)

TÍTULO I
Del Ministerio Fiscal y sus funciones

CAPÍTULO I
Del Ministerio Fiscal

1. El Ministerio Fiscal tiene por misión promover la acción de la justicia en defensa de la legalidad, de los derechos de los ciudadanos y del interés público tutelado por la ley, de oficio o a petición de los interesados, así como velar por la independencia de los Tribunales, y procurar ante éstos la satisfacción del interés social.

2. 1. El Ministerio Fiscal es un órgano de relevancia constitucional con personalidad jurídica propia, integrado con autonomía funcional en el Poder Judicial, y ejerce su misión por medio de órganos propios, conforme a los principios de unidad de actuación y dependencia jerárquica y con sujeción, en todo caso, a los de legalidad e imparcialidad.

- Ap. 1 modificado por art. único.1 de Ley núm. 24/2007, de 9 octubre.

2. Corresponde al Ministerio Fiscal esta denominación con carácter exclusivo.

CAPÍTULO II
De las funciones del Ministerio Fiscal

3. Para el cumplimiento de las misiones establecidas en el artículo 1, corresponde al Ministerio Fiscal:

1. Velar por que la función jurisdiccional se ejerza eficazmente conforme a las leyes y en los plazos y términos en ellas señalados, ejercitando, en su caso, las acciones, recursos y actuaciones pertinentes.

2. Ejercer cuantas funciones le atribuya la Ley en defensa de la independencia de los jueces y tribunales.

3. Velar por el respeto de las instituciones constitucionales y de los derechos fundamentales y libertades públicas con cuantas actuaciones exija su defensa.

4. Ejercitar las acciones penales y civiles dimanantes de delitos y faltas u oponerse a las ejercitadas por otros, cuando proceda.

5. Intervenir en el proceso penal, instando de la autoridad judicial la adopción de las medidas cautelares que procedan y la práctica de las diligencias encaminadas al esclarecimiento de los hechos o instruyendo directamente el procedimiento en el ámbito de lo dispuesto en la Ley Orgánica Reguladora de la Responsabilidad Penal de los Menores, pudiendo ordenar a la Policía Judicial aquellas diligencias que estime oportunas.

- Ap. 5 modificado por art. único.2 de Ley núm. 24/2007, de 9 octubre.

6. Tomar parte, en defensa de la legalidad y del interés público o social, en los procesos relativos al estado civil y en los demás que establezca la Ley.

7. Intervenir en los procesos civiles que determine la ley cuando esté comprometido el interés social o cuando puedan afectar a personas menores, incapaces o desvalidas en tanto se provee de los mecanismos ordinarios de representación.

8. Mantener la integridad de la jurisdicción y competencia de los jueces y tribunales, promoviendo los conflictos de jurisdicción y, en su caso, las cuestiones de competencia que resulten procedentes, e intervenir en las promovidas por otros.

9. Velar por el cumplimiento de las resoluciones judiciales que afecten al interés público y social.

10. Velar por la protección procesal de las víctimas y por la protección de testigos y peritos, promoviendo los mecanismos previstos para que reciban la ayuda y asistencia efectivas.

- Ap. 10 modificado por art. único.2 de Ley núm. 24/2007, de 9 octubre.

11. Intervenir en los procesos judiciales de amparo así como en las cuestiones de inconstitucionalidad en los casos y forma previstos en la Ley Orgánica del Tribunal Constitucional.

- Ap. 11 modificado por art. único.2 de Ley núm. 24/2007, de 9 octubre.

12. Interponer el recurso de amparo constitucional, así como intervenir en los procesos de que conoce el Tribunal Constitucional en defensa de la legalidad, en la forma en que las leyes establezcan.

13. Ejercer en materia de responsabilidad penal de menores las funciones que le encomiende la legislación específica, debiendo orientar su actuación a la satisfacción del interés superior del menor.

14. Intervenir en los supuestos y en la forma prevista en las leyes en los procedimientos ante el Tribunal de Cuentas. Defender, igualmente, la legali-

dad en los procesos contencioso-administrativos y laborales que prevén su intervención.

15. Promover o, en su caso, prestar el auxilio judicial internacional previsto en las leyes, tratados y convenios internacionales.

16. Ejercer las demás funciones que el ordenamiento jurídico estatal le atribuya.

Con carácter general, la intervención del fiscal en los procesos podrá producirse mediante escrito o comparecencia. También podrá producirse a través de medios tecnológicos, siempre que aseguren el adecuado ejercicio de sus funciones y ofrezcan las garantías precisas para la validez del acto de que se trate. La intervención del fiscal en los procesos no penales, salvo que la ley disponga otra cosa o actúe como demandante, se producirá en último lugar.

- Artículo modificado por art. único.1 de Ley núm. 14/2003, de 26 mayo.

4. El Ministerio Fiscal, para el ejercicio de sus funciones, podrá:

Uno. Interesar la notificación de cualquier resolución judicial y la información sobre el estado de los procedimientos, pudiendo pedir que se le dé vista de éstos cualquiera que sea su estado, o que se le remita copia de cualquier actuación, para velar por el exacto cumplimiento de las leyes, plazos y términos, promoviendo, en su caso, las correcciones oportunas. Asimismo, podrá pedir información de los hechos que hubieran dado lugar a un procedimiento, de cualquier clase que sea, cuando existan motivos racionales para estimar que su conocimiento pueda ser competencia de un órgano distinto del que está actuando. También podrá acceder directamente a la información de los Registros oficiales, cuyo acceso no quede restringido a control judicial.

Dos. Visitar en cualquier momento los centros o establecimientos de detención, penitenciarios o de internamiento de cualquier clase de su respectivo territorio, examinar los expedientes de los internos y recabar cuanta información estime conveniente.

Tres. Requerir el auxilio de las autoridades de cualquier clase y de sus agentes.

Cuatro. Dar a cuantos funcionarios constituyen la Policía Judicial las órdenes e instrucciones procedentes en cada caso.

Cinco. Informar a la opinión pública de los acontecimientos que se produzcan, siempre en el ámbito de su competencia y con respeto al secreto del sumario y, en general, a los deberes de reserva y sigilo inherentes al cargo y a los derechos de los afectados.

Las autoridades, funcionarios u organismos o particulares requeridos por el Ministerio Fiscal en el ejercicio de las facultades que se enumeran en este artículo y en el siguiente deberán atender inexcusablemente el requerimiento dentro de los límites legales. Igualmente, y con los mismos límites, deberán comparecer ante el Fiscal cuando éste lo disponga.

Seis. Establecer en las sedes de las Fiscalías Provinciales y en las que se considere necesario, centros de relación con las víctimas y perjudicados de las infracciones criminales cometidas en su circunscripción y por las que se sigue proceso penal en los Juzgados o Tribunales de la misma, con la finalidad de conocer los daños y perjuicios sufridos por ellas y para que aporten los documentos y demás pruebas de que dispongan para acreditar su naturaleza y alcance.

- Artículo modificado por art. único.3 de Ley núm. 24/2007, de 9 octubre.

5. Uno. El Fiscal podrá recibir denuncias, enviándolas a la autoridad judicial o decretando su archivo, cuando no encuentre fundamentos para ejercitar acción alguna, notificando en este último caso la decisión al denunciante.

Dos. Igualmente, y para el esclarecimiento de los hechos denunciados o que aparezcan en los atestados de los que conozca, puede llevar a cabo u ordenar aquellas diligencias para las que esté legitimado según la Ley de Enjuiciamiento Criminal, las cuales no podrán suponer la adopción de medidas cautelares o limitativas de derechos. No obstante, podrá ordenar el Fiscal la detención preventiva.

Todas las diligencias que el Ministerio Fiscal practique o que se lleven a cabo bajo su dirección gozarán de presunción de autenticidad.

Los principios de contradicción, proporcionalidad y defensa inspirarán la práctica de esas diligencias.

A tal fin, el Fiscal recibirá declaración al sospechoso, quien habrá de estar asistido de letrado y podrá tomar conocimiento del contenido de las diligencias practicadas. La duración de esas diligencias habrá de ser proporcionada a la naturaleza del hecho investigado, sin que pueda exceder de seis meses, salvo prórroga acordada mediante decreto motivado del Fiscal General del Estado. No obstante, las diligencias de investigación en relación con los delitos a que se hace referencia en el apartado Cuatro del artículo Diecinueve del presente Estatuto, tendrán una duración máxima de doce meses salvo prórroga acordada mediante Decreto motivado del Fiscal General del Estado.

Tres. Transcurrido el oportuno plazo, si la investigación hubiera evidenciado hechos de significación penal y sea cual fuese el estado de las diligencias, el Fiscal procederá a su judicialización, formulando al efecto la oportuna denuncia o querella, a menos que resultara procedente su archivo.

También podrá el Fiscal incoar diligencias preprocesales encaminadas a facilitar el ejercicio de las demás funciones que el ordenamiento jurídico le atribuye.

- Artículo modificado por art. único.4 de Ley núm. 24/2007, de 9 octubre.

CAPÍTULO III
De los principios de legalidad e imparcialidad

6. Por el principio de legalidad el Ministerio Fiscal actuará con sujeción a la Constitución, a las leyes y demás normas que integran el ordenamiento jurídico vigente, dictaminando, informando y ejercitando, en su caso, las acciones procedentes u oponiéndose a las indebidamente actuadas en la medida y forma en que las leyes lo establezcan.

Si el Fiscal estimare improcedente el ejercicio de las acciones o la actuación que se le haya confiado, usará de las facultades previstas en el artículo 27 de este Estatuto.

7. Por el principio de imparcialidad el Ministerio Fiscal actuará con plena objetividad e independencia en defensa de los intereses que le estén encomendados.

CAPÍTULO IV
De las relaciones del Ministerio Fiscal con los poderes públicos

8. 1. El Gobierno podrá interesar del Fiscal General del Estado que promueva ante los Tribunales las actuaciones pertinentes en orden a la defensa del interés público.

2. La comunicación del Gobierno con el Ministerio Fiscal se hará por conducto del Ministro de Justicia a través del Fiscal General del Estado. Cuando el Presidente del Gobierno lo estime necesario podrá dirigirse directamente al mismo.

El Fiscal General del Estado, oída la Junta de Fiscales de Sala del Tribunal Supremo, resolverá sobre la viabilidad o procedencia de las actuaciones interesadas y expondrá su resolución al Gobierno de forma razonada. En todo caso, el acuerdo adoptado se notificará a quien haya formulado la solicitud.

9. 1. El Fiscal General del Estado elevará al Gobierno una memoria anual sobre su actividad, la evolución de la criminalidad, la prevención del delito y las reformas convenientes para una mayor eficacia de la Justicia. En ella se recogerán las observaciones de las memorias que, a su vez, habrán de elevarle los fiscales de los distintos órganos, en la forma y tiempo que reglamentariamente se establezca. De esta memoria se remitirá copia a las Cortes Generales y al Consejo General del Poder Judicial. En todo caso, la citada memoria será presentada por el Fiscal General del Estado a las Cortes Generales en el período ordinario de sesiones más próximo a su presentación pública.

2. El Fiscal General del Estado informará al Gobierno, cuando éste lo interese y no exista obstáculo legal, respecto a cualquiera de los asuntos en que intervenga el Ministerio Fiscal, así como sobre el funcionamiento, en general, de la Administración de Justicia. En casos excepcionales podrá ser llamado a informar ante el Consejo de Ministros.

- Artículo modificado por art. único.4 de Ley núm. 14/2003, de 26 mayo.

10. El Ministerio Fiscal colaborará con las Cortes Generales a requerimiento de éstas y siempre que no exista obstáculo legal, sin perjuicio de comparecer ante las mismas para informar de aquellos asuntos para los que especialmente fuera requerido. Las Cortes Generales se comunicarán con el Ministerio Fiscal a través de los Presidentes de las Cámaras.

11. Uno. En el marco de sus competencias y cuando los órganos de Gobierno de las Comunidades Autónomas interesen la actuación del Ministerio Fiscal en defensa de interés público se dirigirán, poniéndolo en conocimiento del Ministerio de Justicia, al Fiscal Superior de la Comunidad Autónoma, que lo pondrá en conocimiento del Fiscal General del Estado, quien, oída la Junta de Fiscales de Sala, resolverá lo procedente, ajustándose en todo caso al principio de legalidad. Cualquiera que sea el acuerdo adoptado, se dará cuenta del mismo a quien haya formulado la solicitud.

Dos. Los Fiscales Superiores de las Comunidades Autónomas elaborarán una memoria sobre la actividad de las Fiscalías de su ámbito territorial que elevarán al Fiscal General del Estado. Asimismo, remitirán copia al Gobierno, al Consejo de Justicia y a la Asamblea Legislativa de la Comunidad. Deberán presentar la Memoria ante la Asamblea Legislativa de la misma dentro de los seis meses siguientes al día en que se hizo pública.

Los Fiscales Superiores de las Comunidades Autónomas colaborarán con la Asamblea Legislativa de la Comunidad Autónoma en los mismos términos y condiciones que se prevén en el artículo anterior para las relaciones entre el Fiscal General del Estado y las Cortes Generales.

Tres. Los miembros del Ministerio Fiscal colaborarán con las Comunidades Autónomas que ostenten competencias en materia de Justicia para la efectividad de las funciones que éstas ostentan en materia de medios materiales y personales al servicio de la Administración de Justicia y participarán en los órganos de colaboración que en el ámbito territorial de éstas se constituyan entre los distintos operadores e instancias implicados en la Administración de Justicia con el fin de analizar, debatir y realizar estudios sobre materias relacionadas con la Administración de Justicia. Se podrán celebrar convenios con las Comunidades Autónomas previa autorización del Fiscal General del Estado.

- Artículo modificado por art. único.5 de Ley núm. 24/2007, de 9 octubre.

TÍTULO II
De los órganos del Ministerio Fiscal y de los principios que lo informan

CAPÍTULO I
De la organización, competencias y planta

12. Son órganos del Ministerio Fiscal:

a) El Fiscal General del Estado.

b) El Consejo Fiscal.

c) La Junta de Fiscales de Sala.

d) La Junta de Fiscales Superiores de las Comunidades Autónomas.

e) La Fiscalía del Tribunal Supremo.

f) La Fiscalía ante el Tribunal Constitucional.

g) La Fiscalía de la Audiencia Nacional.

h) Las Fiscalías Especiales.

i) La Fiscalía del Tribunal de Cuentas, que se regirá por lo dispuesto en la Ley Orgánica de dicho Tribunal.

j) La Fiscalía Jurídico Militar.

k) Las Fiscalías de las Comunidades Autónomas.

l) Las Fiscalías Provinciales.

m) Las Fiscalías de Área.

- Artículo modificado por art. único.6 de Ley núm. 24/2007, de 9 octubre.

13. Uno. El Fiscal General del Estado dirige la Fiscalía General del Estado, integrada por la Inspección Fiscal, la Secretaría Técnica, la Unidad de Apoyo, y por los Fiscales de Sala que se determinen en plantilla.

Corresponde al Fiscal General del Estado, además de las facultades reconocidas en otros preceptos de este Estatuto, la de proponer al Gobierno los ascensos y nombramientos para los distintos cargos, previo informe del Consejo Fiscal, oído el Fiscal Superior de la Comunidad Autónoma respectiva cuando se trate de cargos en las Fiscalías de su ámbito territorial.

Dos. La Inspección Fiscal de la Fiscalía General del Estado será dirigida por un Fiscal Jefe Inspector y estará integrada por un Teniente Fiscal Inspector y los inspectores fiscales que se determine en plantilla. Ejercerá con carácter permanente sus funciones por delegación del Fiscal General del Estado en la forma que el reglamento establezca, sin perjuicio de las funciones Inspectoras que al Fiscal Jefe de cada Fiscalía corresponden respecto a los funcionarios que de él dependan. En todo caso, corresponde al Fiscal Superior de la Comunidad Autónoma ejercer la inspección ordinaria de las Fiscalías de su ámbito territorial.

En la Inspección Fiscal se creará una Sección Permanente de Valoración, a los efectos de centralizar toda la información sobre méritos y capacidad de los Fiscales, con la finalidad de apoyar al Consejo Fiscal a la hora de informar las diferentes propuestas de nombramientos discrecionales en la Carrera Fiscal.

Tres. La Secretaría Técnica de la Fiscalía General del Estado será dirigida por un Fiscal Jefe y estará integrada por un Teniente Fiscal y los fiscales que se determinen en plantilla, que realizarán los trabajos preparatorios que se les encomienden en aquellas materias en las que corresponda a la Junta de Fiscales de Sala asistir al Fiscal General del Estado, así como cuantos otros estudios, investigaciones e informes estime éste procedente.

Asimismo, la Secretaría Técnica colaborará en la planificación de la formación de los miembros de la carrera fiscal cuya competencia corresponde al Centro de Estudios Jurídicos.

Sin perjuicio de las competencias encomendadas a otros órganos, la Secretaría Técnica asumirá las funciones que las leyes atribuyan al Ministerio Fiscal en materia de cooperación judicial internacional, en el marco de las directrices de política exterior emanadas del Gobierno.

Cuatro. La Unidad de Apoyo será dirigida por un Fiscal Jefe y estará integrada por los fiscales que se determinen en plantilla. Para el cumplimiento de sus funciones podrán ser adscritos a la Unidad de Apoyo funcionarios de la Administración General del Estado y de la Administración de Justicia, en el número que igualmente se determine en plantilla, quedando en todo caso en servicio activo en sus cuerpos de origen. Su función será realizar labores de asistencia a la Fiscalía General del Estado en materia de:

a) Representación institucional y relaciones con los poderes públicos.

b) Comunicación, relaciones con los medios y gestión de la atención al ciudadano.

c) Análisis y evaluación de las propuestas relativas a necesidades de organización y funcionamiento del Ministerio Fiscal en materia de estadística, informática, personal, medios materiales, información y documentación.

d) En general, aquellas funciones de asistencia o apoyo al Fiscal General del Estado, a los Fiscales de Sala adscritos a la Fiscalía General del Estado, al Consejo Fiscal y a la Junta de Fiscales de Sala que no correspondan a la Inspección o a la Secretaría Técnica.

Cinco. Los Fiscales de Sala integrados en la Fiscalía General del Estado contarán con los fiscales adscritos que se determinen en plantilla.

El régimen de designación y cese de estos Fiscales de Sala será el previsto en el apartado uno del artículo treinta y seis y en el apartado uno del artículo cuarenta y uno de este Estatuto.

El régimen de designación y cese de los fiscales adscritos a los Fiscales de Sala será el previsto en el apartado tres del artículo treinta y seis.

- Artículo modificado por art. único.7 de Ley núm. 24/2007, de 9 octubre.

14. Uno. El Consejo Fiscal se constituirá, bajo la Presidencia del Fiscal General del Estado, por el Teniente Fiscal del Tribunal Supremo, el Fiscal Jefe Inspector y nueve Fiscales pertenecientes a cualquiera de las categorías. Todos los miembros del Consejo Fiscal, excepto el Fiscal General del Estado, el Teniente Fiscal del Tribunal Supremo y el Fiscal Inspector, se elegirán, por un período de cuatro años, por los miembros del Ministerio Fiscal en servicio activo, constituidos en un único colegio electoral en la forma que reglamentariamente se determine.

Dos. No podrán ser elegidos vocales del Consejo Fiscal los Fiscales que presten sus servicios en la Inspección Fiscal, la Unidad de Apoyo y la Secretaría Técnica de la Fiscalía General del Estado.

Tres. El Consejo Fiscal podrá funcionar en Pleno y en Comisión Permanente y sus acuerdos se adoptarán por mayoría simple, siendo dirimente, en caso de empate, el voto de su Presidente.

Cuatro. Corresponde al Consejo Fiscal:

a) Elaborar los criterios generales en orden a asegurar la unidad de actuación del Ministerio Fiscal, en lo referente a la estructuración y funcionamiento de sus órganos.

b) Asesorar al Fiscal General del Estado en cuantas materias éste le someta.

c) Informar las propuestas pertinentes respecto al nombramiento de los diversos cargos.

d) Elaborar los informes para ascensos de los miembros de la carrera fiscal.

e) Resolver los expedientes disciplinarios y de mérito que sean de su competencia, así como apreciar las posibles incompatibilidades a que se refiere este Estatuto.

f) Resolver los recursos interpuestos contra resoluciones dictadas en expedientes disciplinarios por los Fiscales Jefes de los distintos órganos del Ministerio Fiscal.

g) Instar las reformas convenientes al servicio y al ejercicio de la función fiscal.

h) Conocer los planes anuales de la Inspección Fiscal.

i) Conocer e informar los planes de formación y selección de los Fiscales.

j) Informar los proyectos de ley o normas reglamentarias que afecten a la estructura, organización y funciones del Ministerio Fiscal. A estos efectos, el Consejo Fiscal deberá emitir el informe correspondiente en el plazo de treinta días hábiles. Cuando en la orden de remisión se haga constar la urgencia del informe, el plazo será de quince días hábiles.

k) Dirigir al Fiscal General del Estado cuantas peticiones y solicitudes relativas a su competencia se consideren oportunas.

Habrá de integrarse en el seno del Consejo Fiscal una Comisión de Igualdad para el estudio de la mejora de los parámetros de igualdad en la carrera fiscal, cuya composición quedará determinada en la normativa que rige la constitución y funcionamiento del Consejo Fiscal.

- Artículo modificado por art. único.8 de Ley núm. 24/2007, de 9 octubre.

15. La Junta de Fiscales de Sala se constituirá, bajo la presidencia del Fiscal General del Estado, por el Teniente Fiscal del Tribunal Supremo y los Fiscales de Sala. Actuará como Secretario el Fiscal Jefe de la Secretaría Técnica.

La Junta asiste al Fiscal General del Estado en materia doctrinal y técnica, en orden a la formación de los criterios unitarios de interpretación y actuación legal, la resolución de consultas, elaboración de las memorias y circulares, preparación de proyectos e informes que deban ser elevados al Gobierno y cualesquiera otras, de naturaleza análoga, que el Fiscal General del Estado estime procedente someter a su conocimiento y estudio, así como en los supuestos previstos en el artículo veinticinco de este Estatuto.

- Artículo modificado por art. único.9 de Ley núm. 24/2007, de 9 octubre.

16. La Junta de Fiscales Superiores de las Comunidades Autónomas, presidida por el Fiscal General del Estado, estará integrada por el Teniente Fiscal del Tribunal Supremo, por dichos Fiscales Superiores, y por el Fiscal Jefe de la Secretaría Técnica, que actuará como Secretario. Su función será asegurar la unidad y coordinación de la actuación y funcionamiento de las Fiscalías en todo el territorio del Estado, sin perjuicio de las competencias atribuidas al Consejo Fiscal por este Estatuto.

En atención a los asuntos a tratar, podrá ser convocado a la Junta cualquier miembro del Ministerio Fiscal.

- Artículo modificado por art. único.10 de Ley núm. 24/2007, de 9 octubre.

17. La Fiscalía del Tribunal Supremo, bajo la jefatura del Fiscal General del Estado se integrará, además, con un Teniente Fiscal, los Fiscales de Sala y los Fiscales del Tribunal Supremo que se determinen en la plantilla, los cuales deberán pertenecer a la categoría segunda.

El Teniente Fiscal del Tribunal Supremo desempeñará las siguientes funciones, sin perjuicio de las demás que le atribuya este Estatuto o el reglamento que lo desarrolle, o que pueda delegarle el Fiscal General del Estado:

a) Sustituirá al Fiscal General del Estado en caso de ausencia, imposibilidad o vacante.

b) Dirigirá y coordinará por delegación del Fiscal General del Estado la actividad ordinaria de la Fiscalía del Tribunal Supremo.

Los Fiscales del Tribunal Supremo desempeñarán sus funciones en el ámbito de dicho Tribunal, y en consecuencia disfrutarán de la consideración, tratamiento y régimen retributivo acordes a la relevancia de su cometido y al rango y naturaleza de dicho órgano.

- Artículo modificado por art. único.11 de Ley núm. 24/2007, de 9 octubre.

18. Las Fiscalías se constituirán y organizarán de acuerdo con las siguientes reglas:

Uno. La Fiscalía ante el Tribunal Constitucional, la Fiscalía del Tribunal de Cuentas, la Fiscalía de la Audiencia Nacional y las Fiscalías Especiales estarán integradas por un Fiscal de Sala, por un Teniente Fiscal y por los Fiscales que determine la plantilla, que deberán pertenecer a la categoría segunda.

La Fiscalía del Tribunal de Cuentas se regirá por lo dispuesto en la Ley Orgánica de dicho Tribunal.

Dos. La Fiscalía Jurídico Militar estará integrada por la Fiscalía Togada, la Fiscalía del Tribunal Militar Central y las Fiscalías de los Tribunales Militares Territoriales. La Fiscalía Togada será dirigida por el Fiscal Togado y estará integrada al menos por un General Auditor y por un Fiscal de Sala perteneciente a la Carrera Fiscal y designado con arreglo a lo dispuesto en el artículo Trece de este Estatuto. La Fiscalía del Tribunal Militar Central y las Fiscalías de los Tribunales Militares Territoriales se formarán y organizarán conforme a lo dispuesto en la Ley Orgánica de Competencia y Organización de la Jurisdicción Militar.

Tres. Las Fiscalías de las Comunidades Autónomas y las Fiscalías Provinciales serán dirigidas por su Fiscal Jefe y estarán integradas por un Teniente Fiscal, los Fiscales Decanos necesarios para su correcto funcionamiento según el tamaño y el volumen de trabajo de las Fiscalías, y los demás Fiscales que determine la plantilla. En las Comunidades Autónomas con competencias en materia de Justicia, podrán crearse unidades de apoyo al Fiscal Superior de la Comunidad Autónoma, en las que podrán integrarse funcionarios de la Comunidad Autónoma en el número que se determine en la plantilla, para labores de apoyo y asistencia en materias de estadística, informática, traducción de lenguas extranjeras, gestión de personal u otras que no sean de las que con arreglo a este Estatuto tengan encomendadas los Fiscales. Corresponde al Fiscal Superior de la Comunidad Autónoma informar al Gobierno de la Comunidad Autónoma de las necesidades de organización y funcionamiento de las Fiscalías de su ámbito territorial en materia de medios informáticos, nuevas tecnologías y demás medios materiales.

Estas Fiscalías podrán contar con Secciones especializadas en aquellas materias que se determinen legal o reglamentariamente, o que por su singularidad o por el volumen de actuaciones que generen requieran de una organización específica. Dichas Secciones podrán constituirse, si se estima necesario para su correcto funcionamiento según el tamaño de las mismas, bajo la dirección de un Fiscal Decano, y a ellas serán adscritos uno o más Fiscales pertenecientes a la plantilla de la Fiscalía, teniendo preferencia aquellos que por razón de las anteriores funciones desempeñadas, cursos impartidos o superados o por cualquier otra circunstancia análoga, se hayan especializado en la materia. No obstante, cuando las necesidades del servicio así lo aconsejen podrán actuar también en otros ámbitos o materias.

Las Secciones ejercerán las funciones que les atribuyan los respectivos Fiscales Jefes, en el ámbito de la materia que les corresponda, con arreglo a lo dispuesto en este Estatuto, en el reglamento que lo desarrolle y en las Instrucciones del Fiscal General del Estado. Además, en estas Secciones se integrarán los Fiscales Delegados de las Fiscalías Especiales cuando proceda conforme a lo dispuesto en el artículo Diecinueve de esta Ley. Las instrucciones que se den a las Secciones especializadas en las distintas Fiscalías, cuando afecten a un ámbito territorial determinado, deberán comunicarse al Fiscal Superior de la Comunidad Autónoma correspondiente.

En todo caso, en la Fiscalía de la Audiencia Nacional y en las Fiscalías Provinciales existirá una Sección de Menores a la que se encomendarán las funciones y facultades que al Ministerio Fiscal atribuye la Ley Orgánica Reguladora de la Responsabilidad Penal de los Menores. Estas Secciones podrán constituirse en las Fiscalías de las Comunidades Autónomas cuando sus competencias, el volumen de trabajo o la mejor organización y prestación del servicio así lo aconsejen. Asimismo, en las Fiscalías Provinciales existirá una Sección contra la Violencia sobre la Mujer, que coordinará o en su caso asumirá directamente la intervención del Ministerio Fiscal en los procedimientos penales y civiles cuya competencia esté atribuida a los Juzgados de Violencia sobre la Mujer. En la Sección contra la Violencia sobre la Mujer deberá llevarse un registro de los procedimientos que se sigan relacionados con estos hechos que permitirá la consulta de los Fiscales cuando conozcan de un procedimiento de los que tienen atribuida la competencia, al efecto en cada caso procedente. Estas Secciones podrán constituirse en las Fiscalías de las Comunidades Autónomas cuando sus competencias, el volumen de trabajo o la mejor organización y prestación del servicio así lo aconsejen.

En las Fiscalías Provinciales, cuando por el volumen de actuaciones que generen requieran de una organización específica podrán constituirse Secciones de seguridad vial y siniestralidad laboral.

También existirá una Sección de Medio Ambiente especializada en delitos relativos a la ordenación del territorio, la protección del patrimonio histórico, los recursos naturales y el medio ambiente, la protección de la flora, fauna y animales domésticos, y los incendios forestales. Estas Secciones podrán constituirse en las Fiscalías de las Comunidades Autónomas cuando sus competencias, el volumen de trabajo o la mejor organización y prestación del servicio así lo aconsejen.

Cuatro. Cuando el volumen de asuntos, el número de órganos judiciales dentro de una provincia o la creación de una sección de la Audiencia Provincial en sede distinta de la capital de la misma lo aconsejen, el Fiscal General del Estado, oído el Consejo Fiscal y el Fiscal Superior de la respectiva Comunidad, podrá proponer al Ministro de Justicia la constitución de Fiscalías de Área, que serán dirigidas por un Fiscal Jefe y estarán integradas por los Fiscales que determine la plantilla. Se creará una Fiscalía de Área en todas aquellas localidades en las que exista una Sección desplazada de la Audiencia Provincial, tomando su nombre del lugar de su sede. Las Fiscalías de Área asumirán el despacho de los asuntos correspondientes al ámbito territorial que prevea la norma que las establezca, que podrá comprender uno o varios partidos judiciales.

Cuando no se den las circunstancias señaladas en el párrafo anterior, pero la dispersión geográfica de los órganos judiciales o la mejor prestación del servicio lo hagan necesario, el Fiscal General del Estado, oído el Consejo Fiscal y el Fiscal Superior de la respectiva Comunidad, podrá proponer al Ministro de Justicia la constitución de Secciones Territoriales de la Fiscalía Provincial que atenderán los órganos judiciales de uno o más partidos de la misma provincia. Dichas Secciones se constituirán por los Fiscales que se determinen en plantilla y estarán dirigidas por un Fiscal Decano que será designado y ejercerá sus funciones en los términos previstos en este Estatuto.

Por las mismas circunstancias señaladas en los dos párrafos anteriores, el Fiscal Superior de la Comunidad Autónoma, oídos los respectivos Fiscales Jefes Provinciales, podrá proponer al Fiscal General del Estado la constitución de Fiscalías de Área y de Secciones Territoriales en las Fiscalías de su ámbito territorial.

Cinco. El número de las Fiscalías, las Secciones Territoriales en su caso, y sus respectivas plantillas se fijarán, de acuerdo con los criterios establecidos en los números anteriores, por Real Decreto, a propuesta del Ministro de Justicia, previo informe del Fiscal General del Estado, oído el Consejo Fiscal.

La referida plantilla orgánica tendrá en todo caso, las limitaciones que se deriven de las previsiones presupuestarias que correspondan y será revisada al menos cada cinco años para adaptarla a las nuevas necesidades.

Seis. Las decisiones referidas a las materias previstas en los apartados números tres, cuatro y Cinco de este precepto deberán contar con el informe previo del órgano competente de la Comunidad Autónoma en materia de medios personales y materiales de la Administración de Justicia.

- Artículo modificado por art. único.12 de Ley núm. 24/2007, de 9 octubre.

18 bis a 18 quinquies. ...

- Artículos suprimidos por art. único.13 de Ley núm. 24/2007, de 9 octubre.

19. Uno. La Fiscalía de la Audiencia Nacional es competente para conocer de los asuntos que correspondan a dicho órgano judicial, con excepción de los que resulten atribuidos a otra Fiscalía Especial de acuerdo con las disposiciones de este Estatuto.

Dos. Son Fiscalías Especiales la Fiscalía Antidroga y la Fiscalía contra la Corrupción y la Criminalidad Organizada.

Tres. La Fiscalía Antidroga ejercerá las siguientes funciones:

a) Intervenir directamente en todos los procedimientos relativos al tráfico de drogas, estupefacientes y sustancias psicotrópicas, o blanqueo de capitales relacionado con dicho tráfico, que sean competencia de la Audiencia Nacional y de los Juzgados Centrales de Instrucción conforme a los artículos 65 y 88 de la Ley Orgánica del Poder Judicial.

b) Investigar, en los términos del artículo Cinco de este Estatuto, los hechos que presenten indicios de ser constitutivos de alguno de los delitos mencionados en el apartado anterior.

c) Coordinar las actuaciones de las distintas Fiscalías en orden a la prevención y represión del tráfico ilegal de drogas y el blanqueo de capitales relacionado con dicho tráfico. Las Fiscalías de los Tribunales Militares colaborarán con la Fiscalía Antidroga en relación con los hechos cometidos en centros, establecimientos y unidades militares.

d) Colaborar con la autoridad judicial en el control del tratamiento de los drogodependientes a quienes se haya aplicado la remisión condicional, recibiendo los datos precisos de los centros acreditados que participen en dicho tratamiento.

Cuatro. La Fiscalía contra la Corrupción y la Criminalidad Organizada practicará las diligencias a que se refiere el artículo Cinco de esta Ley e intervendrá directamente en procesos penales, en ambos casos siempre que se trate de supuestos de especial trascendencia, apreciada por el Fiscal General del Estado, en relación con:

a) Delitos contra la Hacienda Pública, contra la Seguridad Social y de contrabando.

b) Delitos de prevaricación.

c) Delitos de abuso o uso indebido de información privilegiada.

d) Malversación de caudales públicos.

e) Fraudes y exacciones ilegales.

f) Delitos de tráfico de influencias.

g) Delitos de cohecho.

h) Negociación prohibida a los funcionarios.

i) Defraudaciones.

j) Insolvencias punibles.

k) Alteración de precios en concursos y subastas públicos.

l) Delitos relativos a la propiedad intelectual e industrial, al mercado y a los consumidores.

m) Delitos societarios.

n) Blanqueo de capitales y conductas afines a la receptación, salvo cuando por su relación con delitos de tráfico de drogas o de terrorismo corresponda conocer de dichas conductas a las otras Fiscalías Especiales.

ñ) Delitos de corrupción en transacciones comerciales internacionales.

o) Delitos de corrupción en el sector privado.

p) Delitos conexos con los anteriores.

q) La investigación de todo tipo de negocios jurídicos, transacciones o movimientos de bienes, valores o capitales, flujos económicos o activos patrimoniales, que indiciariamente aparezcan relacionados con la actividad de grupos delictivos organizados o con el aprovechamiento económico de actividades delictivas, así como de los delitos conexos o determinantes de tales actividades; salvo cuando por su relación con delitos de tráfico de drogas o de terrorismo corresponda conocer de dichas conductas a la Fiscalía Antidroga o a la de la Audiencia Nacional.

Cinco. Cuando el número de procedimientos así lo aconseje, el Fiscal General del Estado podrá designar en cualquier Fiscalía uno o varios Fiscales Delegados de las Fiscalías Especiales, que se integrarán en éstas. Dicha designación se hará, oído el Consejo Fiscal, previo informe de los Fiscales Jefes de la Fiscalía Especial y la Fiscalía territorial correspondiente, entre los Fiscales de la plantilla de esta última que lo soliciten, acreditando su especialización en la materia en los términos que reglamentariamente se establezcan. Cuando en la Fiscalía territorial exista una Sección especializada, constituida con arreglo a lo dispuesto en el artículo anterior, cuyo ámbito de actuación coincida total o parcialmente con la materia para la que es competente la Fiscalía Especial, el Fiscal Delegado se integrará en dicha Sección.

El Fiscal Jefe de la Fiscalía Especial tendrá, con respecto a los Fiscales así designados y sólo en el ámbito específico de su competencia, las mismas facultades y deberes que corresponden a los Fiscales Jefes de los demás órganos del Ministerio Fiscal. Sin perjuicio de las Instrucciones que con carácter general pueda impartir el Fiscal General del Estado, el Decreto de nombramiento concretará las funciones y el ámbito de actuación de los

Fiscales Delegados, especificando su grado de dedicación a los asuntos competencia de la Fiscalía Especial. En todo caso los Fiscales Delegados deberán informar de los asuntos de los que conozcan en su calidad de tales al Fiscal Jefe del órgano en que desempeñen sus funciones.

Seis. Para su adecuado funcionamiento, se podrán adscribir a las Fiscalías Especiales unidades de Policía Judicial y cuantos profesionales y expertos sean necesarios para auxiliarlas de manera permanente u ocasional.

- Artículo modificado por art. único.14 de Ley núm. 24/2007, de 9 octubre.

20. Uno. En la Fiscalía General del Estado existirá un Fiscal contra la Violencia sobre la Mujer, con categoría de Fiscal de Sala, que ejercerá las siguientes funciones:

a) Practicar las diligencias a que se refiere el artículo Cinco del Estatuto Orgánico del Ministerio Fiscal, e intervenir directamente en aquellos procesos penales de especial trascendencia apreciada por el Fiscal General del Estado, referentes a los delitos por actos de violencia de género comprendidos en el artículo 87 ter.1 de la Ley Orgánica del Poder Judicial.

b) Intervenir, por delegación del Fiscal General del Estado, en los procesos civiles comprendidos en el artículo 87 ter.2 de la Ley Orgánica del Poder Judicial.

c) Supervisar y coordinar la actuación de las Secciones contra la Violencia sobre la Mujer, y recabar informes de las mismas, dando conocimiento al Fiscal Jefe de las Fiscalías en que se integren.

d) Coordinar los criterios de actuación de las diversas Fiscalías en materias de violencia de género, para lo cual podrá proponer al Fiscal General del Estado la emisión de las correspondientes instrucciones.

e) Elaborar semestralmente, y presentar al Fiscal General del Estado, para su remisión a la Junta de Fiscales de Sala del Tribunal Supremo, y al Consejo Fiscal, un informe sobre los procedimientos seguidos y actuaciones practicadas por el Ministerio Fiscal en materia de violencia de género.

Para su adecuada actuación se le adscribirán los profesionales y expertos que sean necesarios para auxiliarlo de manera permanente u ocasional.

Dos. En la Fiscalía General del Estado existirá un Fiscal contra los delitos relativos a la ordenación del territorio y la protección del patrimonio histórico, del medio ambiente e incendios forestales, con categoría de Fiscal de Sala, que ejercerá las siguientes funciones:

a) Practicar las diligencias a que se refiere el artículo Cinco a intervenir, directamente o a través de instrucciones impartidas a los delegados, en aquellos procesos penales de especial trascendencia apreciada por el

Fiscal General del Estado, referentes a delitos relativos a la ordenación del territorio, la protección del patrimonio histórico, los recursos naturales y el medio ambiente, la protección de la flora, fauna y animales domésticos, y los incendios forestales.

b) Ejercitar la acción pública en cualquier tipo de procedimiento, directamente o a través de instrucciones impartidas a los delegados, cuando aquélla venga prevista en las diferentes leyes y normas de carácter medioambiental, exigiendo las responsabilidades que procedan.

c) Supervisar y coordinar la actuación de las secciones especializadas de medio ambiente y recabar los informes oportunos, dirigiendo por delegación del Fiscal General del Estado la red de Fiscales de medio ambiente.

d) Coordinar las Fiscalías en materia de medio ambiente unificando los criterios de actuación, para lo cual podrá proponer al Fiscal General la emisión de las correspondientes instrucciones y reunir, cuando proceda, a los Fiscales integrantes de las secciones especializadas.

e) Elaborar anualmente y presentar al Fiscal General del Estado un informe sobre los procedimientos seguidos y actuaciones practicadas por el Ministerio Fiscal en materia de medio ambiente, que será incorporado a la memoria anual presentada por el Fiscal General del Estado.

Para su adecuada actuación se le adscribirá una Unidad del Servicio de Protección de la Naturaleza de la Guardia Civil, así como, en su caso, los efectivos necesarios del resto de las Fuerzas y Cuerpos de Seguridad que tengan competencias medioambientales, de conformidad con la Ley Orgánica 2/1986, de 13 de marzo, de Fuerzas y Cuerpos de Seguridad. Igualmente, podrán adscribirse los profesionales y expertos técnicos necesarios para auxiliarlo de manera permanente u ocasional. La Fiscalía podrá recabar el auxilio de los agentes forestales o ambientales de las administraciones públicas correspondientes, dentro de las funciones que estos colectivos tienen legalmente encomendadas.

Tres. Igualmente existirán, en la Fiscalía General del Estado, Fiscales de Sala Especialistas responsables de la coordinación y supervisión de la actividad del Ministerio Fiscal en materia de protección y reforma de menores, y en aquellas otras materias en que el Gobierno, a propuesta del Ministro de Justicia, oído el Fiscal General del Estado, y previo informe, en todo caso, del Consejo Fiscal, aprecie la necesidad de creación de dichas plazas. Los referidos Fiscales de Sala tendrán facultades y ejercerán funciones análogas a las previstas en los apartados anteriores de este artículo, en el ámbito de su respectiva especialidad, así como las que en su caso pueda delegarles el Fiscal General del Estado, todo ello sin perjuicio de las atribuciones de los Fiscales Jefes de los respectivos órganos territoriales.

- Artículo modificado por art. único.15 de Ley núm. 24/2007, de 9 octubre.

21. Uno. Las Fiscalías del Tribunal Supremo, ante el Tribunal Constitucional, del Tribunal de Cuentas, la Fiscalía Togada, la Fiscalía de la Audiencia Nacional y las Fiscalías Especiales tienen su sede en Madrid y extienden sus funciones a todo el territorio del Estado para los asuntos de su competencia. La Fiscalía del Tribunal Militar Central también tendrá su sede en la capital de España y ejercerá sus funciones ante dicho Tribunal y ante los Juzgados Togados Militares Centrales. Las Fiscalías de los Tribunales Militares Territoriales tendrán su sede donde resida el Tribunal Militar Territorial respectivo y ejercerán las funciones en el ámbito competencial del mismo.

Dos. Las Fiscalías de las Comunidades Autónomas tendrán su sede donde resida el Tribunal Superior de Justicia respectivo, y ejercerán sus funciones en el ámbito competencial del mismo.

En el supuesto de que existan o se establezcan Salas de los Tribunales Superiores de Justicia con jurisdicción limitada a una o varias provincias de la Comunidad Autónoma, a propuesta o previo informe del Fiscal Superior de la Comunidad Autónoma, el Fiscal General del Estado, oído el Consejo Fiscal, podrá proponer al Ministro de Justicia la constitución en su sede de una Sección Territorial de la Fiscalía Superior de la Comunidad Autónoma. La propuesta se comunicará a la Comunidad Autónoma con competencias en materia de justicia para el ejercicio de las mismas.

Tres. Las Fiscalías Provinciales tendrán su sede donde la tenga la Audiencia Provincial y extenderán sus funciones a todos los órganos judiciales de la provincia, salvo que con arreglo a las disposiciones de este Estatuto sea competente otro órgano del Ministerio Fiscal. También despacharán los asuntos competencia de órganos judiciales unipersonales de ámbito superior al provincial, cuando así lo disponga el Fiscal General del Estado, oído el Consejo Fiscal, y el Fiscal Superior de la Comunidad Autónoma.

En el caso de Comunidades Autónomas uniprovinciales, atendiendo a su volumen de actividad, el Gobierno, a propuesta del Fiscal General del Estado, oído el Consejo Fiscal y el Fiscal Superior de la Comunidad Autónoma, podrá establecer que la Fiscalía de la Comunidad Autónoma asuma también las funciones de la Fiscalía Provincial.

Cuatro. Las Fiscalías de Área ejercerán sus funciones en el ámbito territorial inferior a la provincia en el que proceda su creación dado el volumen de asuntos, el número de órganos judiciales o la existencia de una sección de la Audiencia Provincial en sede distinta de la capital de la misma, pudiendo abarcar uno o más partidos judiciales de dicha provincia, y teniendo su sede en el lugar que determine la norma que las establezca.

Cinco. Los miembros del Ministerio Fiscal podrán actuar y constituirse en cualquier punto del territorio de su Fiscalía.

No obstante, cuando el volumen o la complejidad de los asuntos lo requiera, el Fiscal General del Estado, de oficio o a propuesta del Fiscal Superior de la Comunidad Autónoma, oídos el Consejo Fiscal y los Fiscales Jefes de los órganos afectados, podrá ordenar que se destaquen temporalmente uno o varios Fiscales a una Fiscalía determinada. Igualmente, con la autorización del Fiscal General del Estado, cualquier Fiscal podrá actuar en cualquier punto del territorio del Estado.

Seis. Lo establecido en este artículo deberá entenderse sin perjuicio de que, cuando los Tribunales y Juzgados se constituyan en lugar distinto de su sede legal o cuando el ejercicio de sus funciones lo requiera, pueda el Ministerio Fiscal, por medio de sus miembros, constituirse ante un órgano judicial con sede distinta a la de la Fiscalía respectiva.

- Artículo modificado por art. único.16 de Ley núm. 24/2007, de 9 octubre.

CAPÍTULO II
De la unidad y dependencia del Ministerio Fiscal

22. 1. El Ministerio Fiscal es único para todo el Estado.

2. El Fiscal General del Estado ostenta la jefatura superior del Ministerio Fiscal y su representación en todo el territorio español. A él corresponde impartir las órdenes e instrucciones convenientes al servicio y al orden interno de la institución y, en general, la dirección e inspección del Ministerio Fiscal.

3. El Fiscal General del Estado podrá delegar a los Fiscales de Sala funciones relacionadas con la materia propia de su competencia. Los Fiscales de Sala Delegados asumirán dichas funciones en los términos y con los límites que establezca el acto de delegación, que será revocable y en todo caso se extinguirá cuando cese el Fiscal General. Dentro de tales límites, los Fiscales de Sala podrán proponer al Fiscal General del Estado las Circulares e Instrucciones que considere necesarias, participar en la determinación de los criterios para la formación de los Fiscales especialistas y coordinar a nivel estatal la actuación de las Fiscalías, sin perjuicio de las facultades de los respectivos Fiscales Jefes de los órganos territoriales.

- Ap. 3 modificado por art. único.17 de Ley núm. 24/2007, de 9 octubre.

4. Los Fiscales Superiores de las Comunidades Autónomas, además de dirigir su Fiscalía, actuarán en todo el territorio de la Comunidad Autónoma

correspondiente, asumiendo en el mismo la representación y la jefatura del Ministerio Fiscal, sin perjuicio de las atribuciones del Fiscal General del Estado. En consecuencia, presidirán la Junta de Fiscales Jefes de su territorio, y ejercerán dentro del mismo las funciones previstas en los artículos Once, Veintiuno, Veinticinco y Veintiséis de este Estatuto, las que delegue el Fiscal General del Estado, así como las que les correspondan en materia disciplinaria con arreglo a esta Ley o al reglamento que la desarrolle. En el caso de las Comunidades Autónomas uniprovinciales mencionadas en el artículo Veintiuno, apartado Tres, el Fiscal Superior asumirá también las funciones que, con arreglo a este Estatuto o a las normas que lo desarrollen, correspondan al Fiscal Jefe de la Fiscalía Provincial.

- Ap. 4 modificado por art. único.17 de Ley núm. 24/2007, de 9 octubre.

5. El Fiscal Jefe de cada órgano ejercerá la dirección de éste y actuará siempre en representación del Ministerio Fiscal bajo la dependencia de sus superiores jerárquicos y del Fiscal General del Estado.

Corresponde a los Fiscales Jefes de cada órgano:

a) Organizar los servicios y la distribución del trabajo entre los Fiscales de la plantilla y la adscripción de los componentes de la Sección de Menores, oída la Junta de Fiscalía.

b) Conceder los permisos y licencias de su competencia.

c) Ejercer la facultad disciplinaria en los términos que establezcan el presente Estatuto y su Reglamento.

d) Hacer las propuestas de recompensas, de méritos y las menciones honoríficas que procedan.

e) Las demás facultades que este Estatuto u otras disposiciones le confieran.

Lo dispuesto en este apartado se entiende sin perjuicio de las facultades que atribuye al Ministro de Defensa el artículo 92 de la Ley Orgánica 4/1987, de 15 de julio, de Competencia y Organización de la Jurisdicción Militar.

- Ap. 5 modificado por art. único.17 de Ley núm. 24/2007, de 9 octubre.

6. El Teniente Fiscal, en las Fiscalías donde exista, asumirá las funciones de dirección o coordinación que le delegue el Fiscal Jefe, y sustituirá a éste en caso de ausencia, vacante o imposibilidad.

- Ap. 6 añadido por art. único.17 de Ley núm. 24/2007, de 9 octubre.

7. Los Fiscales Jefes de las Fiscalías Provinciales estarán jerárquicamente subordinados al Fiscal Superior de la Comunidad Autónoma y se in-

tegrarán, bajo la presidencia de éste, en la Junta de Fiscales Jefes de la Comunidad Autónoma.

- Ap. 7 añadido por art. único.17 de Ley núm. 24/2007, de 9 octubre.

8. Los Fiscales Jefes de las Fiscalías de Área estarán jerárquicamente subordinados a los Fiscales Jefes de las Fiscalías Provinciales. En caso de ausencia, vacante o imposibilidad serán sustituidos por el Fiscal Decano más antiguo de la Fiscalía de Área, y en su defecto, por el propio Fiscal Jefe de la Fiscalía Provincial o en quien éste delegue mientras subsista la situación que motivó la sustitución.

- Ap. 8 añadido por art. único.17 de Ley núm. 24/2007, de 9 octubre.

9. Los Fiscales Decanos ejercerán la dirección y coordinación de las Secciones de Fiscalía de acuerdo con las instrucciones del Fiscal Jefe Provincial y, en su caso, del Fiscal superior de la Comunidad Autónoma, y por delegación de éstos.

- Ap. 9 añadido por art. único.17 de Ley núm. 24/2007, de 9 octubre.

10. El Teniente Fiscal de la Fiscalía Provincial, los Fiscales Jefes de Área y los Fiscales Decanos integran la Junta de Coordinación de la Fiscalía Provincial, que será convocada periódicamente y dirigida por el Fiscal Jefe Provincial, con el fin de coordinar la dirección del Ministerio Fiscal en su ámbito territorial.

- Ap. 10 añadido por art. único.17 de Ley núm. 24/2007, de 9 octubre.
  Artículo modificado por art. único.9 de Ley núm. 14/2003, de 26 mayo.

23. Los miembros del Ministerio Fiscal son autoridad a todos los efectos y actuarán siempre en representación de la Institución. En cualquier momento de la actividad que un Fiscal esté realizando en cumplimiento de sus funciones o antes de iniciar la que le estuviese asignada en virtud del sistema de distribución de asuntos entre los miembros de la Fiscalía, podrá su superior jerárquico inmediato, mediante resolución motivada, avocar para sí el asunto o designar a otro Fiscal para que lo despache. Si existe discrepancia resolverá el superior jerárquico común a ambos. La sustitución será comunicada en todo caso al Consejo Fiscal, que podrá expresar su parecer.

- Artículo modificado por art. único.18 de Ley núm. 24/2007, de 9 octubre.

24. Uno. Para mantener la unidad de criterios, estudiar los asuntos de especial trascendencia o complejidad o fijar posiciones respecto a temas relativos a su función, cada Fiscalía celebrará periódicamente juntas de todos sus componentes. A las Juntas de las Fiscalías especiales podrán ser convocados sus Fiscales Delegados.

Los acuerdos de la mayoría tendrán carácter de informe, prevaleciendo después del libre debate el criterio del Fiscal Jefe. Sin embargo, si esta opinión fuese contraria a la manifestada por la mayoría de los asistentes, deberá someter ambas a su superior jerárquico. Hasta que se produzca el acuerdo del superior jerárquico, de requerirlo el tema debatido, el criterio del Fiscal Jefe gozará de ejecutividad en los extremos estrictamente necesarios.

Dos. Con la finalidad prevista en el número anterior, los Fiscales adscritos a las distintas secciones que integran la Fiscalía del Tribunal Supremo celebrarán Juntas de Sección, que estarán presididas por el Fiscal de Sala respectivo. En los casos en que el criterio del Fiscal Jefe fuera contrario a la opinión mantenida por la mayoría de los integrantes de la Junta, resolverá el Fiscal General del Estado, oído el Consejo Fiscal o la Junta de Fiscales de Sala según el ámbito propio de sus respectivas funciones.

Aquellas secciones de la Fiscalía del Tribunal Supremo cuya jefatura estuviera integrada por más de un Fiscal de Sala podrán celebrar juntas que agrupen a los Fiscales distribuidos en las diferentes unidades organizativas que integren cada sección. Sin embargo, los asuntos de especial trascendencia o complejidad y aquellos que afecten a la unidad de criterio habrán de ser debatidos en Junta de Sección que será presidida por el Fiscal de Sala más antiguo. A los efectos previstos en el párrafo primero de este apartado, bastará que la discrepancia respecto del criterio de la mayoría sea provocada por el parecer de uno solo de los Fiscales de Sala que integran la sección.

Con el fin de dar cuenta de la actividad estadística de las distintas secciones y para el tratamiento de aquellas cuestiones que pudieran afectar a la organización de los diferentes servicios de carácter general, los Fiscales celebrarán Junta de Fiscales del Tribunal Supremo. Estas juntas serán presididas por el Fiscal General del Estado, que podrá ser sustituido por el Teniente Fiscal del Tribunal Supremo.

Tres. Sin perjuicio de las Juntas de Fiscales previstas en el apartado Uno de este artículo, los Fiscales Jefes Provinciales podrán convocar las juntas de coordinación previstas en el artículo 22.Diez, con el fin de tratar cuestiones relativas a la dirección y coordinación de los distintos servicios, sin que en ningún caso puedan sustituir en sus funciones a la Junta General.

Asimismo, para mantener la unidad de criterios o fijar posiciones respecto a temas relativos a su función, los Fiscales Superiores de las Comunidades Autónomas podrán convocar, como superiores jerárquicos, Junta de Fiscales que integre a quienes desempeñaren la jefatura de las Fiscalías Provinciales en los respectivos ámbitos territoriales.

Cuatro. Las Juntas de Fiscales podrán ser ordinarias o extraordinarias. Las ordinarias se celebrarán al menos semestralmente. Su orden del día será fijado por el Fiscal Jefe, si bien deberán incluirse en el mismo aquellos otros asuntos o temas que propongan por escrito y antes del comienzo de la Junta, un quinto, al menos, de los Fiscales destinados en las Fiscalías. También podrá deliberarse, fuera del orden del día, sobre aquellos asuntos que proponga cualquiera de los asistentes a la Junta y el Fiscal Jefe acuerde someter a debate.

Las Juntas extraordinarias se convocarán para debatir cuestiones que por su urgencia o complejidad se estime oportuno no relegar a la Junta ordinaria. La convocatoria, que expresará el orden del día, deberá hacerla el Fiscal Jefe, bien por propia iniciativa, bien en virtud de moción suscrita por un tercio de los Fiscales destinados en la Fiscalía.

La asistencia a las Juntas es obligatoria para todos los Fiscales según su respectiva composición, salvo ausencia justificada apreciada por el Fiscal Jefe. Los Fiscales sustitutos asistirán a las Juntas con voz pero sin voto, cuando sean convocados por el Fiscal Jefe.

- Artículo modificado por art. único.19 de Ley núm. 24/2007, de 9 octubre.

25. El Fiscal General del Estado podrá impartir a sus subordinados las órdenes e instrucciones convenientes al servicio y al ejercicio de las funciones, tanto de carácter general como referidas a asuntos específicos. Cuando dichas instrucciones se refieran a asuntos que afecten directamente a cualquier miembro del Gobierno, el Fiscal General deberá oír con carácter previo a la Junta de Fiscales de Sala.

Los miembros del Ministerio Fiscal pondrán en conocimiento del Fiscal General del Estado los hechos relativos a su misión que por su importancia o trascendencia deba conocer. Las órdenes, instrucciones y comunicaciones a que se refieren este párrafo y el anterior se realizarán a través del superior jerárquico, a no ser que la urgencia del caso aconseje hacerlo directamente, en cuyo supuesto se dará ulterior conocimiento al mismo.

Análogas facultades tendrán los Fiscales Superiores de las Comunidades Autónomas respecto a los Fiscales Jefes de su ámbito territorial, y ambos respecto de los miembros del Ministerio que les estén subordinados.

El Fiscal que reciba una orden o instrucción concerniente al servicio y al ejercicio de sus funciones, referida a asuntos específicos, deberá atenerse a las mismas en sus dictámenes pero podrá desenvolver libremente sus intervenciones orales en lo que crea conveniente al bien de la justicia.

- Artículo modificado por art. único.20 de Ley núm. 24/2007, de 9 octubre.

26. El Fiscal General del Estado podrá llamar a su presencia a cualquier miembro del Ministerio Fiscal para recibir directamente sus informes y darle las instrucciones que estime oportunas, trasladando, en este caso, dichas instrucciones al Fiscal Jefe respectivo. El Fiscal General del Estado podrá designar a cualquiera de los miembros del Ministerio Fiscal para que actúe en un asunto determinado, ante cualquiera de los órganos jurisdiccionales en que el Ministerio Fiscal está legitimado para intervenir, oído el Consejo Fiscal.

- Artículo modificado por art. único.21 de Ley núm. 24/2007, de 9 octubre.

27. 1. El Fiscal que recibiere una orden o instrucción que considere contraria a las leyes o que, por cualquier otro motivo estime improcedente, se lo hará saber así, mediante informe razonado, a su Fiscal Jefe. De proceder la orden o instrucción de éste, si no considera satisfactorias las razones alegadas, planteará la cuestión a la Junta de Fiscalía y, una vez que ésta se manifieste, resolverá definitivamente reconsiderándola o ratificándola. De proceder de un superior, elevará informe a éste, el cual, de no admitir las razones alegadas, resolverá de igual manera oyendo previamente a la Junta de Fiscalía. Si la orden fuere dada por el Fiscal General del Estado, éste resolverá oyendo a la Junta de Fiscales de Sala.

2. Si el superior se ratificase en sus instrucciones lo hará por escrito razonado con la expresa relevación de las responsabilidades que pudieran derivarse de su cumplimiento o bien encomendará a otro Fiscal el despacho del asunto a que se refiera.

28. Los miembros del Ministerio Fiscal no podrán ser recusados. Se abstendrán de intervenir en los pleitos o causas cuando les afecten algunas de las causas de abstención establecidas para los Jueces y Magistrados en la Ley Orgánica del Poder Judicial, en cuanto les sean de aplicación. Las partes intervinientes en los referidos pleitos o causas podrán acudir al superior jerárquico del Fiscal de que se trate interesando que, en los referidos supuestos, se ordene su no intervención en el proceso.

Cuando se trate del Fiscal General del Estado resolverá la Junta de Fiscales de Sala, presidida por el Teniente Fiscal del Tribunal Supremo.

Contra las decisiones anteriores no cabrá recurso alguno.

- Artículo modificado por art. único.22 de Ley núm. 24/2007, de 9 octubre.

TÍTULO III
Del Fiscal General del Estado, de los Fiscales Superiores de las Comunidades Autónomas y de la Carrera Fiscal

- Rúbrica modificada por art. único.23 de Ley núm. 24/2007, de 9 octubre.

CAPÍTULO I
Del Fiscal General del Estado

29. Uno. El Fiscal General del Estado será nombrado por el Rey, a propuesta del Gobierno, oído previamente el Consejo General del Poder Judicial, eligiéndolo entre juristas españoles de reconocido prestigio con más de quince años de ejercicio efectivo de su profesión.

Dos. Recibido el informe del Consejo General del Poder Judicial, el Gobierno comunicará su propuesta al Congreso de los Diputados, a fin de que pueda disponer la comparecencia de la persona elegida ante la Comisión correspondiente de la Cámara, en los términos que prevea su Reglamento a los efectos de que se puedan valorar los méritos e idoneidad del candidato propuesto.

Tres. Una vez nombrado, el Fiscal General del Estado prestará ante el Rey el juramento o promesa que previene la Ley y tomará posesión del cargo ante el Pleno del Tribunal Supremo.

- Artículo modificado por art. único.24 de Ley núm. 24/2007, de 9 octubre.

30. El Fiscal General del Estado tendrá carácter de autoridad en todo el territorio español y se le guardará y hará guardar el respeto y las consideraciones debidos a su alto cargo. En los actos oficiales ocupará el lugar inmediato siguiente al del Presidente del Tribunal Supremo.

31. Uno. El mandato del Fiscal General del Estado tendrá una duración de cuatro años. Antes de que concluya dicho mandato únicamente podrá cesar por los siguientes motivos:

a) A petición propia,

b) por incurrir en alguna de las incompatibilidades o prohibiciones establecidas en esta Ley,

c) en caso de incapacidad o enfermedad que lo inhabilite para el cargo,

d) por incumplimiento grave o reiterado de sus funciones,

e) cuando cese el Gobierno que lo hubiera propuesto.

Dos. El mandato del Fiscal General del Estado no podrá ser renovado, excepto en los supuestos en que el titular hubiera ostentado el cargo durante un período inferior a dos años.

Tres. La existencia de las causas de cese mencionadas en los apartados *a)*, *b)*, *c)* y *d)* del número anterior será apreciada por el Consejo de Ministros.

Cuatro. Serán aplicables al Fiscal General del Estado las incompatibilidades establecidas para los restantes miembros del Ministerio Fiscal, sin perjuicio de las facultades o funciones que le encomienden otras disposiciones del mismo rango.

Cinco. Su régimen retributivo será idéntico al del Presidente del Tribunal Supremo.

Seis. Si el nombramiento de Fiscal General recayese sobre un miembro de la Carrera Fiscal quedará en situación de servicios especiales.

- Artículo modificado por art. único.25 de Ley núm. 24/2007, de 9 octubre.

CAPÍTULO II

De la Carrera Fiscal, de las categorías que la integran y de la provisión de destinos en la misma

32. La Carrera Fiscal está integrada por las diversas categorías de Fiscales que forman un Cuerpo único, organizado jerárquicamente.

33. 1. Los miembros de la Carrera Fiscal están equiparados en honores, categorías y retribuciones a los de la Carrera Judicial.

2. En los actos oficiales a que asisten los representantes del Ministerio Fiscal ocuparán el lugar inmediato siguiente al de la autoridad judicial.

Cuando deban asistir a las reuniones de gobierno de los Tribunales y Juzgados ocuparán el mismo lugar respecto de quien las presida.

34. Las categorías de la carrera fiscal serán las siguientes:

1ª Fiscales de Sala del Tribunal Supremo, equiparados a Magistrados del Alto Tribunal. El Teniente Fiscal del Tribunal Supremo tendrá la consideración de Presidente de Sala.

2ª Fiscales, equiparados a Magistrados.

3ª Abogados-Fiscales, equiparados a Jueces.

- Artículo modificado por art. único.26 de Ley núm. 24/2007, de 9 octubre.

35. Uno. Será preciso pertenecer a la categoría primera para servir los siguientes destinos:

a) Teniente Fiscal del Tribunal Supremo, que además deberá contar con tres años de antigüedad en la dicha categoría.

b) Fiscal Jefe Inspector.

c) Fiscal Jefe de la Secretaría Técnica.

d) Fiscal Jefe de la Unidad de Apoyo.

e) Fiscal Jefe de la Audiencia Nacional.

f) Fiscal Jefe de las Fiscalías Especiales.

g) Fiscal Jefe de la Fiscalía ante el Tribunal Constitucional.

h) Fiscal Jefe del Tribunal de Cuentas.

i) Fiscal de Sala del Tribunal Supremo.

j) Fiscal de Sala de la Fiscalía Togada.

k) Los demás puestos de Fiscales de Sala que se determinen en plantilla con arreglo a las disposiciones de este Estatuto.

Dos. Los Fiscales Superiores de las Comunidades Autónomas y los Fiscales Jefes de las Fiscalías Provinciales tendrán la categoría equiparada a la de los Presidentes de los Tribunales Superiores de Justicia y Presidentes de las Audiencias Provinciales, respectivamente.

Tres. Será preciso pertenecer a la categoría segunda para servir los restantes cargos en las Fiscalías del Tribunal Supremo, ante el Tribunal Constitucional, Fiscalía de la Audiencia Nacional, Fiscalías Especiales, Tribunal de Cuentas, Inspección Fiscal, Unidad de Apoyo y Secretaría Técnica. También será preciso pertenecer a la categoría segunda para servir el cargo de Fiscal Jefe y Teniente Fiscal.

Cuatro. La plantilla orgánica fijará la categoría necesaria para servir los restantes destinos fiscales dentro de la segunda y de la tercera categoría.

- Artículo modificado por art. único.27 de Ley núm. 24/2007, de 9 octubre.

36. Uno. Sin perjuicio de lo dispuesto en el apartado Tres de este artículo, los destinos correspondientes a la categoría primera, los de Fiscales del Tribunal Supremo, los de Fiscales Superiores de Comunidades Autónomas y los de Fiscales Jefes se proveerán por el Gobierno, a propuesta del Fiscal General del Estado, de acuerdo con lo previsto en el artículo 13 de este Estatuto. De igual modo serán designados los Tenientes Fiscales de las Fiscalías de las Comunidades Autónomas y los Fiscales que integren la plantilla de todos aquellos órganos cuyo jefe pertenezca a la categoría primera. Cuando los Estatutos de Autonomía prevean la existencia del Consejo de Justicia de la Comunidad Autónoma, éste será oído necesariamente con carácter previo al nombramiento del Fiscal Superior de la Comunidad Autónoma.

Recibido el informe del Consejo de Justicia de la Comunidad Autónoma, se comunicará la propuesta de candidato a la respectiva Asamblea Legislativa autonómica, a fin de que pueda disponer la comparecencia de la persona propuesta ante la Comisión correspondiente de la Cámara, en los términos que prevea su Reglamento, a los efectos de que pueda valorar los méritos e idoneidad del candidato propuesto.

Para los cargos de Fiscal del Tribunal Supremo, de Fiscal Superior de las Comunidades Autónomas, de Fiscal ante el Tribunal Constitucional, de Fiscal del Tribunal de Cuentas y de Inspector Fiscal, será preciso contar con al menos 15 años de servicio en la carrera y pertenecer ya a la categoría segunda.

Para los cargos de Fiscal de la Audiencia Nacional y de Fiscal Jefe de Fiscalía Provincial será preciso contar con, al menos, diez años de servicio en la carrera y pertenecer ya a la categoría segunda. Igual antigüedad se exigirá a los Fiscales de las Fiscalías Especiales y al Teniente Fiscal de la Secretaría Técnica.

Para los cargos de Fiscales adscritos a los Fiscales de Sala integrados en la Fiscalía General del Estado será preciso contar con, al menos, diez años de servicio en la carrera, pertenecer a la categoría segunda y tener una mínima especialización acreditable en la materia a la que son adscritos.

Para acceder al cargo de Fiscal Jefe de área será preciso pertenecer a la segunda categoría.

Dos. El Teniente Fiscal Inspector y los Fiscales de la Inspección Fiscal serán designados por un plazo máximo de 10 años. Una vez cesen en sus cargos, se incorporarán en calidad de adscritos, a su elección, a la Fiscalía en la que estuvieren destinados antes de ocupar la plaza de la Inspección o a la Fiscalía de la Comunidad Autónoma o Provincial de Madrid, hasta ocupar plaza en propiedad.

Tres. El Fiscal Jefe, el Teniente Fiscal y los Fiscales de la Secretaría Técnica, los Fiscales de la Unidad de Apoyo y los Fiscales adscritos a los Fiscales de Sala integrados en la Fiscalía General del Estado serán designados y relevados directamente por el propio Fiscal General del Estado, y cesarán con éste, si bien continuarán ejerciendo sus funciones hasta que sean relevados o confirmados en sus cargos por el nuevo Fiscal General. Los nombramientos a los que se refiere este apartado, así como, en su caso, el correspondiente ascenso a la primera categoría del candidato a Fiscal Jefe de la Secretaría Técnica, serán comunicados por el Fiscal General al

Consejo Fiscal antes de elevar la correspondiente propuesta al Gobierno, sin que sea de aplicación lo dispuesto en el artículo trece y en el apartado primero de este artículo.

Una vez relevados o cesados, el Teniente fiscal de la Secretaría Técnica y los Fiscales a los que se refiere el párrafo anterior se incorporarán en calidad de adscritos, a su elección y hasta obtener plaza en propiedad, a la Fiscalía de la Comunidad Autónoma o Provincial de Madrid o a la Fiscalía en la que estuviesen destinados antes de ocupar plaza en la Secretaría Técnica, en la Unidad de Apoyo o antes de haber sido adscritos a los Fiscales de Sala integrados en la Fiscalía General del Estado.

Cuatro. Los Fiscales Decanos de las Secciones de las Fiscalías en las que existan serán nombrados y, en su caso, relevados mediante resolución dictada por el Fiscal General del Estado, a propuesta motivada del Fiscal Jefe respectivo.

La plantilla orgánica determinará el número máximo de Fiscales Decanos que se puedan designar en cada Fiscalía, atendiendo a las necesidades organizativas de las mismas. Para la cobertura de estas plazas será preciso, con carácter previo a la propuesta del Fiscal Jefe correspondiente, realizar una convocatoria entre los Fiscales de la plantilla. A la propuesta se acompañará relación del resto de los Fiscales que hayan solicitado el puesto con aportación de los méritos alegados.

Cinco. Los demás destinos fiscales se proveerán mediante concurso entre funcionarios de la categoría, atendiendo al mejor puesto escalafonal. Para solicitar nuevo destino habrá de permanecerse, cuando menos, dos años en el anterior, siempre que se hubiera accedido a aquél a petición propia, salvo en el primer destino para aquellos Fiscales tras su ingreso en la carrera fiscal una vez superado el proceso selectivo, en cuyo caso el plazo será de un año.

Los destinos que queden desiertos se cubrirán con los Fiscales que asciendan a la categoría necesaria.

Seis. Para la provisión de plazas en las Fiscalías con sede en Comunidades Autónomas con idioma cooficial será mérito determinante la acreditación, con arreglo a los criterios que reglamentariamente se establezcan, del conocimiento de dicho idioma.

Se valorará, como mérito preferente, con arreglo a los criterios que reglamentariamente se establezcan, el conocimiento del Derecho propio de la Comunidad.

Siete. La provisión de destinos de la Fiscalía Jurídico Militar se llevará a cabo con arreglo a lo dispuesto en la Ley Orgánica Reguladora de la Competencia y Organización de la Jurisdicción Militar.

- Artículo modificado por art. único.28 de Ley núm. 24/2007, de 9 octubre.

37. 1. Las vacantes que se produzcan en la categoría primera se cubrirán por ascenso entre fiscales que cuenten, al menos, con 20 años de servicio en la carrera y pertenezcan a la categoría segunda.

- Ap. 1 modificado por art. único.14 de Ley núm. 14/2003, de 26 mayo.

2. Las vacantes que se produzcan en la categoría segunda se cubrirán, por orden de antigüedad, entre los pertenecientes a la categoría tercera.

- Ap. 2 modificado por art. único.14 de Ley núm. 14/2003, de 26 mayo.

3. ...

- Ap. 3 derogado por disp. derog. única de Ley núm. 14/2003, de 26 mayo.

38. 1. El nombramiento de los fiscales de las dos primeras categorías se hará por Real Decreto. Los demás nombramientos se harán por orden del Ministro de Justicia.

2. La declaración de las situaciones administrativas de los fiscales, sea cual sea su categoría, se efectuará por orden del Ministro de Justicia.

- Artículo modificado por art. único.15 de Ley núm. 14/2003, de 26 mayo.

39. Los miembros del Ministerio Fiscal podrán ser trasladados:

1. Por propia petición conforme a lo dispuesto en este Estatuto.

2. Para ocupar plaza de la categoría a que fueran promovidos.

3. Por incurrir en las incompatibilidades relativas establecidas en esta Ley.

40. También podrán ser trasladados:

1. Por disidencias graves con el Fiscal Jefe respectivo por causas a aquéllos imputables.

2. Cuando asimismo por causas imputables a ellos tuvieran enfrentamientos graves con el Tribunal.

El traslado forzoso se dispondrá por el órgano que hubiese acordado su nombramiento en expediente contradictorio, previo informe favorable del Consejo Fiscal.

41. Uno. El Teniente fiscal del Tribunal Supremo, los Fiscales de Sala a que se refieren los artículos Veinte y Treinta y Cinco. Uno *k)* de este Estatuto y los demás Fiscales Jefes pertenecientes a la primera categoría serán nombrados por un período de cinco años, transcurridos los cuales cesarán en sus cargos, salvo que sean nombrados de nuevo para esa jefatura por sucesivos períodos de idéntica duración. A la expiración del plazo legal, si no fueran confirmados o nombrados para otra jefatura, quedarán adscritos a la Fiscalía del Tribunal Supremo o a cualquiera de las Fiscalías cuyo Jefe pertenezca a la primera categoría, conservando en todo caso su categoría.

A los efectos del párrafo anterior tendrán la consideración de Fiscales Jefes los que lo sean de las distintas secciones de la Fiscalía del Tribunal Supremo.

Dos. Para el nombramiento y cese del Fiscal Jefe de la Secretaría Técnica se procederá con arreglo al artículo Treinta y seis. Una vez cesado, quedará en la misma situación prevista en el número anterior.

Tres. Los Fiscales Jefes pertenecientes a la segunda categoría, los Tenientes Fiscales de las Fiscalías cuyo Jefe pertenezca a la primera categoría y los Tenientes Fiscales de las Fiscalías de las Comunidades Autónomas serán nombrados por un período de cinco años, transcurridos los cuales cesarán en sus cargos, salvo que sean nombrados de nuevo para el mismo cargo por sucesivos períodos de idéntica duración.

Cuatro. Los Fiscales Superiores de las Comunidades Autónomas, los Fiscales Jefes pertenecientes a la segunda categoría y los Tenientes Fiscales mencionados en el apartado tres de este artículo, una vez relevados o cesados en sus cargos, o en caso de renuncia aceptada por el Fiscal General del Estado, quedarán adscritos, a su elección y hasta la obtención de un destino con carácter definitivo, a la Fiscalía en la que han desempeñado la jefatura o tenencia, o a la Fiscalía en la que prestaban servicio cuando fueron nombrados para el cargo.

Cinco. Sin perjuicio de lo anterior, los Fiscales Jefes de los respectivos órganos y los Tenientes Fiscales mencionados en el apartado tres de este artículo podrán ser removidos por el Gobierno a propuesta del Fiscal General del Estado, que deberá oír previamente al Consejo Fiscal y al interesado y, en su caso, al Fiscal Superior de la Comunidad Autónoma. Los Fiscales Superiores de las Comunidades Autónomas podrán proponer también al Fiscal General del Estado la remoción por el Gobierno de los Fiscales Jefes de los órganos de su ámbito territorial.

- Artículo modificado por art. único.29 de Ley núm. 24/2007, de 9 octubre.

CAPÍTULO III
De la adquisición y pérdida de la condición del Fiscal

42. El ingreso en la Carrera Fiscal se hará por oposición libre entre quienes reúnan las condiciones de capacidad exigidas en esta Ley, que se realizará conjuntamente con la de ingreso en la carrera Judicial, en los términos previstos en la Ley Orgánica del Poder Judicial.

- Artículo modificado por disp. adic. 1 de Ley Orgánica núm. 9/2000, de 22 diciembre.

43. Para ser nombrado miembro del Ministerio Fiscal se requerirá ser español, mayor de dieciocho años, doctor o licenciado en Derecho y no hallarse comprendido en ninguna de las incapacidades establecidas en la presente Ley.

44. Están incapacitados para el ejercicio de funciones fiscales:

1º Los que no tengan la necesaria aptitud física o intelectual.

2º Los que hayan sido condenados por delito doloso, mientras no hayan obtenido rehabilitación. En los casos en que la pena no fuera superior a seis meses, el Fiscal General del Estado, de forma motivada y atendiendo a la entidad del delito cometido, podrá sustituir la pérdida de la condición de Fiscal por la sanción de suspensión de hasta tres años.

3º Los concursados no rehabilitados.

4º Los que pierdan la nacionalidad española.

- Artículo modificado por art. único.30 de Ley núm. 24/2007, de 9 octubre.

45. Uno. La condición de miembro del Ministerio Fiscal se adquiere, una vez hecho válidamente el nombramiento, por el juramento o promesa, y la toma de posesión.

Dos. Los miembros del Ministerio Fiscal, antes de tomar posesión de su primer destino, prestarán juramento o promesa de guardar y hacer guardar la Constitución y las leyes y desempeñar fielmente las funciones fiscales con lealtad al Rey. El juramento o promesa se prestará ante la Sala de Gobierno del Tribunal Superior de Justicia a cuyo territorio hayan sido destinados, junto a cuyo Presidente se situará el Fiscal Superior de la Comunidad Autónoma.

Igualmente, jurarán o prometerán su cargo los Fiscales de Sala, al acceder a la primera categoría de la carrera fiscal. Dicho acto tendrá lugar ante la Sala de Gobierno del Tribunal Supremo, junto a cuyo Presidente se situará el Fiscal General del Estado.

Tres. Los Fiscales Superiores de las Comunidades Autónomas tomarán posesión en la ciudad donde tenga la sede su Fiscalía, en un acto presidido por el Fiscal General del Estado.

Los Fiscales Jefes de las Fiscalías Provinciales y de las Fiscalías de Área tomarán posesión en el lugar donde tenga la sede su Fiscalía, en un acto presidido por el Fiscal Superior de la Comunidad Autónoma, salvo que asista el Fiscal General del Estado, en cuyo caso será éste quien presida el acto.

El resto de los Fiscales tomarán posesión ante el Fiscal Jefe de la Fiscalía a la que vayan destinados, salvo que asista al acto el Fiscal General del Estado u otro miembro de rango superior a la escala jerárquica del Ministerio Fiscal, en cuyo caso será éste quien presida el acto.

En todos los casos previstos en este apartado, el Presidente del Tribunal Superior de Justicia y, en su caso, el de la respectiva Audiencia Provincial, ocuparán el lugar preferente que les corresponda en la presidencia del acto.

Cuatro. La toma de posesión tendrá lugar dentro de los veinte días naturales siguientes a la publicación del nombramiento para el destino de que se trate, o en el plazo superior que se conceda cuando concurran circunstancias que lo justifiquen, y se conferirá por el Jefe de la Fiscalía o quien ejerza sus funciones.

- Artículo modificado por art. único.31 de Ley núm. 24/2007, de 9 octubre.

46. 1. La condición de Fiscal se pierde en virtud de alguna de las causas siguientes:

a) Renuncia.

b) Pérdida de la nacionalidad española.

c) Sanción disciplinaria de separación del servicio.

d) Pena principal o accesoria de inhabilitación para cargos públicos.

e) Haber incurrido en alguna de las causas de incapacidad.

2. La integración activa en el Ministerio Fiscal cesa también en virtud de jubilación forzosa o voluntaria, que se acordará por el Gobierno en los mismos casos y condiciones que se señalan en la Ley Orgánica del Poder Judicial para los Jueces y Magistrados.

CAPÍTULO IV
De las situaciones en la Carrera Fiscal

47. Las situaciones administrativas en la Carrera Fiscal se acomodarán a lo dispuesto en la Ley Orgánica del Poder Judicial para Jueces y Magistrados y serán desarrolladas reglamentariamente.

CAPÍTULO V
De los deberes y derechos de los miembros del Ministerio Fiscal

48. Los miembros del Ministerio Fiscal tendrán el primordial deber de desempeñar fielmente el cargo que sirvan, con prontitud y eficacia en cumplimiento de las funciones del mismo, conforme a los principios de unidad y dependencia jerárquica y con sujeción, en todo caso, a los de legalidad e imparcialidad.

49. Los miembros del Ministerio Fiscal deberán residir en la población donde tengan su destino oficial. Sólo podrán ausentarse de la misma con permiso de sus superiores jerárquicos.

Asimismo deberán asistir, durante el tiempo necesario, y de conformidad con las instrucciones del Jefe de la Fiscalía, al despacho de la misma y a los Tribunales en que deban actuar.

50. Los miembros del Ministerio Fiscal guardarán el debido secreto de los asuntos reservados de que conozcan por razón de su cargo.

51. Los miembros del Ministerio Fiscal tendrán derecho al cargo y a la promoción en la Carrera, en las condiciones legalmente establecidas. Los cargos del Ministerio Fiscal, llevarán anejos los honores que reglamentariamente se establezcan.

52. Los miembros del Ministerio Fiscal gozarán de los permisos y licencias, y del régimen de recompensas, que reglamentariamente se establezcan, inspirados unos y otros en lo dispuesto para Jueces y Magistrados por la Ley Orgánica del Poder Judicial.

53. El régimen retributivo de los miembros del Ministerio Fiscal, se regirá por ley y estarán equiparados en retribuciones a los miembros de la Carrera Judicial. Asimismo gozarán, en los términos legales, de la adecuada asistencia y Seguridad Social.

54. De acuerdo con lo establecido en el artículo 127 de la Constitución, se reconoce el derecho de asociación profesional de los Fiscales, que se ejercerá libremente en el ámbito del artículo 22 de la Constitución y que se ajustará a las reglas siguientes:

1. Las Asociaciones de Fiscales tendrán personalidad jurídica y plena capacidad para el cumplimiento de sus fines.

Podrán tener como fines lícitos la defensa de los intereses profesionales de sus miembros en todos los aspectos y la realización de estudios y actividades encaminados al servicio de la justicia en general.

2. Sólo podrán formar parte de las mismas quienes ostenten la condición de Fiscales, sin que puedan integrarse en ellas miembros de otros cuerpos o carreras.

3. Los Fiscales podrán libremente afiliarse o no a Asociaciones profesionales. Estas deberán hallarse abiertas a la incorporación de cualquier miembro de la Carrera Fiscal.

4. Las Asociaciones profesionales quedarán válidamente constituidas desde que se inscriban en el Registro, que será llevado al efecto por el Ministerio de Justicia. La inscripción se practicará a solicitud de cualquiera de los promotores, a la que se acompañará el texto de los Estatutos y una relación de afiliados.

5. Los Estatutos deberán expresar, como mínimo, las siguientes menciones:

1ª Nombre de la Asociación, que no podrá contener connotaciones políticas.

2ª Fines específicos.

3ª Organización y representación de la Asociación. Su estructura interna y funcionamiento deberán ser democráticos.

4ª Régimen de afiliación.

5ª Medios económicos y régimen de cuota.

6ª Forma de elegirse los cargos directivos de la Asociación.

6. Cuando las Asociaciones profesionales incurrieren en actividades contrarias a la ley o que excedieren del marco de los Estatutos, el Fiscal General del Estado podrá instar, por los trámites de juicio declarativo ordinario, la disolución de la Asociación. La correspondencia para acordarla corresponderá a la Sala 1ª del Tribunal Supremo que, con carácter cautelar, podrá acordar la suspensión de la misma.

55. Ningún miembro del Ministerio Fiscal podrá ser obligado a comparecer personalmente, por razón de su cargo o función, ante las autoridades administrativas, sin perjuicio de los deberes de auxilio o asistencia entre autoridades.

Tampoco podrá recibir ningún miembro del Ministerio Fiscal órdenes o indicaciones relativas al modo de cumplir sus funciones más que de sus superiores jerárquicos.

Respecto del Fiscal General del Estado se estará a lo dispuesto en el artículo 8 y siguientes.

56. Los miembros de la Carrera Fiscal en activo no podrán ser detenidos sin autorización del superior jerárquico de quien dependan, excepto por orden de la autoridad judicial competente o en caso de flagrante delito. En este último supuesto se pondrá inmediatamente el detenido a disposición de la autoridad judicial más próxima, dándose cuenta en el acto, en ambos casos, a su superior jerárquico.

CAPÍTULO VI
De las incompatibilidades y prohibiciones

57. El ejercicio de cargos fiscales es incompatible:

1. Con el de juez o magistrado y con los empleos de todas clases en los tribunales y juzgados en cualquier orden jurisdiccional.

2. Con el de cualquier otra jurisdicción, así como la participación en actividades u órganos de arbitraje.

3. Con cualquier cargo de elección popular o designación política del Estado, Comunidades Autónomas, provincias y demás entidades locales y organismos dependientes de cualquiera de ellos.

4. Con los empleos o cargos dotados o retribuidos por la Administración del Estado, las Cortes Generales, la Casa Real, Comunidades Autónomas, provincias, municipios, y cualesquiera entidades, organismos o empresas dependientes de unos u otras.

5. Con todo empleo, cargo o profesión retribuida, salvo la docencia o investigación jurídica, así como la producción y creación literaria, artística, científica y técnica, debidamente notificada a su superior jerárquico, y las publicaciones derivadas de aquélla, de conformidad con lo dispuesto en la legislación sobre incompatibilidades del personal al servicio de las Administraciones públicas.

6. Con el ejercicio de la abogacía, excepto cuando tenga por objeto asuntos personales del Fiscal, de su cónyuge o persona a quien se halle ligado de forma estable por análoga relación de afectividad, de los hijos sujetos a su patria potestad o de las personas sometidas a su tutela, con el

ejercicio de la procuraduría, así como todo tipo de asesoramiento jurídico, sea o no retribuido.

La incompatibilidad con el ejercicio de la abogacía se extenderá en todo caso a la llevanza, directamente o mediante persona interpuesta, de aquellos asuntos en los que el Fiscal hubiese intervenido como tal, aun cuando haya pasado con posterioridad a la situación de excedencia. A este supuesto le será aplicable el régimen de responsabilidad disciplinaria previsto en el Estatuto General de la Abogacía para quienes ejerzan la profesión de abogado estando incursos en causa de incompatibilidad.

- Ap. 6 modificado por art. único.32 de Ley núm. 24/2007, de 9 octubre.

7. Con el ejercicio directo o mediante persona interpuesta de toda actividad mercantil. Se exceptúa la transformación y venta de productos obtenidos de los bienes propios, operaciones que podrán realizarse, pero sin tener establecimiento abierto al público.

8. Con las funciones de director, gerente, administrador, consejero, socio colectivo o cualquier otra que implique intervención directa, administrativa o económica en sociedades o empresas mercantiles, públicas o privadas de cualquier género.

- Artículo modificado por art. único.17 de Ley núm. 14/2003, de 26 mayo.

58. Los miembros del Ministerio Fiscal no podrán ejercer sus cargos:

Uno. En las Fiscalías que comprendan dentro de su circunscripción territorial una población en la que su cónyuge o persona a quien se halle ligado de forma estable por análoga relación de afectividad ejerza una actividad industrial o mercantil que obstaculice el imparcial desempeño de su función, a juicio del Consejo Fiscal.

Dos. En la misma Fiscalía o sección en la que ejerzan sus parientes, dentro del segundo grado de consanguinidad o afinidad, o su cónyuge, o persona a quien se halle ligado de forma estable por análoga relación de afectividad, cargos de la Carrera Fiscal, siempre que exista dependencia jerárquica inmediata entre ambos.

A los efectos de este apartado se considerará dependencia jerárquica inmediata la que vincula al Fiscal Jefe de la Fiscalía con el Teniente Fiscal y con el Decano de cada Sección, así como a este último con los Fiscales integrados en la Sección respectiva.

A los mismos efectos, se entenderá que existe dependencia jerárquica inmediata entre el Fiscal Superior de la Comunidad Autónoma y los Fiscales Jefes Provinciales de la misma Comunidad, y asimismo entre el Fiscal Jefe Provincial y los Fiscales Jefes de Área en la misma provincia.

Tres. Cuando la Ley Orgánica del Poder Judicial establezca incompatibilidades entre miembros de la carrera judicial y fiscal.

Cuatro. Como Fiscales Jefes en las Fiscalías donde ejerzan habitualmente como abogado o procurador su cónyuge o persona a quien se halle ligado de forma estable por análoga relación de afectividad o un pariente dentro del segundo grado de consanguinidad o afinidad, salvo que se trate de circunscripciones territoriales de más de quinientos mil habitantes y sin perjuicio del deber de abstención cuando proceda.

Cinco. En una Fiscalía en cuyo territorio hayan ejercido como Abogado o Procurador en los dos años anteriores a su nombramiento.

- Artículo modificado por art. único.33 de Ley núm. 24/2007, de 9 octubre.

59. No podrán los miembros del Ministerio Fiscal pertenecer a partidos políticos o sindicatos o tener empleo al servicio de los mismos, dirigir a los poderes y funcionarios públicos o a corporaciones oficiales, felicitaciones o censuras por sus actos, ni concurrir con carácter o atributos oficiales a cualesquiera actos o reuniones públicas en que ello no proceda en el ejercicio de sus funciones. Asimismo, tampoco podrán tomar parte en las elecciones legislativas, autonómicas o locales más que para emitir su voto personal.

- Artículo modificado por art. único.34 de Ley núm. 24/2007, de 9 octubre.

CAPÍTULO VII
De la responsabilidad de los miembros del Ministerio Fiscal

60. La exigencia de responsabilidad civil y penal a los miembros del Ministerio Fiscal y la repetición contra los mismos por parte de la Administración del Estado, en su caso, se regirá, en cuanto les sea de aplicación, por lo dispuesto en la Ley Orgánica del Poder Judicial para Jueces y Magistrados.

61. Los miembros del Ministerio Fiscal incurrirán en responsabilidad disciplinaria cuando cometieran alguna de las faltas previstas en la presente Ley.

Las faltas cometidas por los miembros del Ministerio Fiscal podrán ser leves, graves y muy graves.

62. Se consideran faltas muy graves:

Uno. El incumplimiento consciente del deber de fidelidad a la Constitución establecido en el artículo cuarenta y cinco de esta Ley, cuando así se apreciara en sentencia firme.

Dos. El incumplimiento de las órdenes particulares y requerimientos personales dirigidos por escrito en la forma establecida en este Estatuto, cuando de aquél se haya derivado perjuicio en el proceso o alteración relevante en el funcionamiento interno de la Fiscalía.

Tres. La afiliación a partidos políticos o sindicatos, o el desempeño de empleos o cargos a su servicio.

Cuatro. La provocación reiterada de enfrentamientos graves con las autoridades de la circunscripción en que el Fiscal desempeñe el cargo, por motivos ajenos al ejercicio de su función.

Cinco. Las acciones y omisiones que hayan dado lugar en sentencia firme a una declaración de responsabilidad civil contraída en el ejercicio de la función por dolo o culpa grave conforme al artículo Sesenta de esta Ley.

Seis. El ejercicio de cualquiera de las actividades incompatibles con el cargo de Fiscal, establecidas en el artículo Cincuenta y siete de esta Ley, salvo las que puedan constituir falta grave con arreglo a lo dispuesto en su artículo Sesenta y Tres.

Siete. Provocar el propio nombramiento para alguna Fiscalía cuando concurra en el nombrado alguna de las situaciones de incompatibilidad o prohibición previstas en el artículo Cincuenta y ocho de esta Ley, o mantenerse en el desempeño del cargo en dichos órganos sin poner en conocimiento de la Fiscalía General del Estado las circunstancias necesarias para proceder al traslado forzoso previsto en el artículo Treinta y Nueve, apartado tres.

Ocho. La inobservancia del deber de abstención a sabiendas de que concurre alguna de las causas legalmente previstas.

Nueve. La desatención o el retraso injustificado y reiterado en el despacho de los asuntos o en el ejercicio de cualesquiera otras de las funciones que le fueran encomendadas.

Diez. El abandono del servicio o la ausencia injustificada y continuada por siete días naturales o más de la sede de la Fiscalía en que se hallase destinado.

Once. Faltar a la verdad en la solicitud de obtención de permisos, autorizaciones, declaraciones de compatibilidad, dietas y ayudas económicas.

Doce. La revelación por el Fiscal de hechos o datos conocidos en el ejercicio de su función o con ocasión de ésta, cuando se cause algún perjuicio a la tramitación de un proceso o a cualquier persona.

Trece. El abuso de la condición de Fiscal para obtener un trato favorable e injustificado de autoridades, funcionarios o profesionales.

Catorce. La comisión de una falta grave cuando el Fiscal hubiera sido anteriormente sancionado por otras dos graves, que hayan adquirido firmeza, sin que hubieran sido canceladas o procedido la cancelación de las correspondientes anotaciones, conforme a lo establecido en el artículo Sesenta y Nueve de esta Ley.

Quince. La ignorancia inexcusable en el cumplimiento de sus deberes.

Dieciséis. La absoluta y manifiesta falta de motivación en los informes y dictámenes que la precisen de conformidad con las Instrucciones de la Fiscalía General del Estado.

- Artículo modificado por art. único.35 de Ley núm. 24/2007, de 9 octubre.

63. Se consideran faltas graves:

Uno. La falta de respeto a los superiores en el orden jerárquico, en su presencia, en escrito que se les dirija o con publicidad.

Dos. El incumplimiento de las órdenes o requerimientos recibidos en la forma establecida en este Estatuto.

Tres. El exceso o abuso de autoridad, o falta grave de consideración respecto de los ciudadanos, instituciones, jueces y magistrados, fiscales, secretarios, médicos forenses, funcionarios de los cuerpos de gestión, tramitación y auxilio judicial, abogados y procuradores, graduados sociales y funcionarios de la policía judicial y demás personal al servicio de la Administración de Justicia o que preste servicios en la oficina fiscal.

Cuatro. Dejar de promover la exigencia de responsabilidad disciplinaria que proceda a los secretarios y personal auxiliar subordinado, cuando conocieran o debieran conocer el incumplimiento grave por aquéllos de los deberes que les corresponden.

Cinco. Revelar hechos o datos conocidos por el Fiscal en el ejercicio de su función o con ocasión de éste, cuando no constituya la falta muy grave del apartado Doce del artículo sesenta y dos de esta Ley.

Seis. La ausencia injustificada y continuada por más de tres días naturales y menos de siete de la sede de la Fiscalía en que el Fiscal se halle destinado.

Siete. La inasistencia injustificada a los actos procesales con audiencia pública que estuvieran señalados y a los que hubiera sido citado en la forma legalmente prevista, cuando no constituya falta muy grave.

Ocho. El retraso injustificado en el despacho de los asuntos de que conozca el Fiscal en el ejercicio de su función, si no constituye falta muy grave.

Nueve. El ejercicio de cualquier actividad susceptible de declaración de compatibilidad sin obtener la pertinente autorización o habiéndola obtenido con falta de veracidad en los presupuestos alegados.

Diez. La comisión de una falta de carácter leve habiendo sido sancionado anteriormente por resolución firme por otras dos leves sin que hubieran sido canceladas o procedido la cancelación de las correspondientes anotaciones, conforme a lo establecido en esta Ley.

Once. Las restantes infracciones de los deberes inherentes a la condición de fiscal, establecidos en esta Ley, cuando mereciesen la calificación de graves, atendidas la intencionalidad del hecho, su trascendencia para la Administración de Justicia y el quebranto sufrido por la dignidad de la función fiscal.

Doce. Dirigir a los poderes, autoridades o funcionarios públicos o corporaciones oficiales felicitaciones o censuras por sus actos, invocando la condición de fiscal, o sirviéndose de esa condición. Cuando estas actuaciones sean realizadas por Junta de Fiscales se entenderán responsables los que hubieran tomado parte en la votación excepto quienes hayan salvado individualmente su voto.

- Artículo modificado por art. único.36 de Ley núm. 24/2007, de 9 octubre.

64. Se consideran faltas leves:

Uno. La falta de respeto a los superiores jerárquicos cuando no concurran las circunstancias que calificarían la conducta de falta grave.

Dos. La desatención o desconsideración con iguales o inferiores en el orden jerárquico, con los ciudadanos, instituciones, jueces y magistrados, fiscales, secretarios, médicos forenses, funcionarios de los cuerpos de gestión, tramitación y auxilio judicial, abogados y procuradores, graduados sociales, funcionarios de la policía judicial y demás personal al servicio de la Administración de Justicia y demás personal que preste servicio en la oficina fiscal, cuando por sus circunstancias no mereciere la calificación de falta grave.

Tres. El incumplimiento injustificado o inmotivado de los plazos legalmente establecidos en el despacho de los asuntos que tenga encomendados.

Cuatro. La ausencia injustificada y continuada de uno a tres días naturales de la sede de la Fiscalía o adscripción en que el Fiscal se halle destinado.

Cinco. La simple recomendación de cualesquiera asuntos de que conozcan los juzgados y tribunales.

Seis. La desatención a las órdenes, requerimientos u observaciones verbales recibidas de sus jefes, salvo que constituya una infracción más grave, conforme a lo prevenido en los dos artículos anteriores.

Siete. La desatención o desconsideración con ciudadanos, instituciones, jueces y magistrados, ante la petición de intervenir en una lengua cooficial, en el caso en que se haya acreditado un conocimiento adecuado y suficiente como mérito.

- Artículo modificado por art. único.37 de Ley núm. 24/2007, de 9 octubre.

65. 1. Las faltas muy graves prescribirán a los dos años, las graves, al año, y las leves, en el plazo previsto en el Código Penal para la prescripción de las faltas.

El plazo de prescripción comenzará a contarse desde que la falta se hubiera cometido. No obstante, en el supuesto previsto en el artículo 62.5 de esta Ley, el plazo de prescripción se iniciará a partir de la firmeza de la sentencia que declare la responsabilidad civil del fiscal.

2. La prescripción se interrumpirá desde la fecha de notificación del acuerdo de iniciación del procedimiento disciplinario o, en su caso, de las diligencias informativas relacionadas con la conducta investigada del fiscal.

El plazo de prescripción vuelve a correr si las diligencias o el procedimiento permanecen paralizados durante seis meses por causa no imputable al fiscal sujeto al expediente disciplinario.

- Artículo modificado por art. único.22 de Ley núm. 14/2003, de 26 mayo.

66. 1. Las sanciones que se pueden imponer a los fiscales por faltas cometidas en el ejercicio de sus cargos son:

a) Advertencia.

b) Multa de hasta tres mil euros.

c) Traslado forzoso a Fiscalía con sede separada, al menos, en cien kilómetros de aquella en que estuviera destinado.

d) Suspensión de hasta tres años.

e) Separación.

El fiscal sancionado con traslado forzoso no podrá concursar en el plazo de uno a tres años. La duración de la prohibición de concursar habrá de determinarse necesariamente en la resolución que ponga fin al procedimiento.

El Fiscal Jefe sancionado en virtud de una falta grave o muy grave, podrá ser removido de la jefatura, a propuesta del Fiscal General del Estado, oído el Consejo Fiscal.

2. Las faltas leves sólo podrán sancionarse con advertencia o multa de hasta trescientos euros o con ambas; las graves, con multa de trescientos euros a tres mil euros, y las muy graves, con suspensión, traslado forzoso o separación.

3. En la imposición de cualquier sanción se atenderá a los principios de graduación y proporcionalidad en la respuesta sancionadora, que se agravará o atenuará en relación con las circunstancias del hecho y del presunto infractor.

4. Las sanciones impuestas por faltas muy graves prescribirán a los dos años, las impuestas por faltas graves, al año, y por faltas leves, en el plazo previsto en el Código Penal para la prescripción de las faltas. Dichos plazos de prescripción comenzarán a computarse desde el día siguiente a aquel en que adquiera firmeza la resolución por la que se impusieron las sanciones.

- Artículo modificado por art. único.23 de Ley núm. 14/2003, de 26 mayo.

67. Serán competentes para la imposición de sanciones:

1. Para imponer la de advertencia, el Fiscal Jefe respectivo.

2. Para imponer hasta la de suspensión, el Fiscal General del Estado.

3. Para imponer la de separación del servicio, el Ministro de Justicia, a propuesta del Fiscal General del Estado, previo informe favorable del Consejo Fiscal.

Las resoluciones del Fiscal Jefe serán recurribles ante el Consejo Fiscal.

Las resoluciones del Fiscal General del Estado serán recurribles en alzada ante el Ministro de Justicia.

Las resoluciones del Consejo Fiscal y del Ministro de Justicia que agoten la vía administrativa serán susceptibles del recurso contencioso-administrativo ante la Sala correspondiente de la Audiencia Nacional.

- Artículo modificado por art. único.24 de Ley núm. 14/2003, de 26 mayo.

68. La sanción de advertencia podrá imponerse de plano, previa audiencia del interesado. Para la imposición de las restantes, será preceptiva la instrucción de expediente contradictorio, con audiencia del interesado.

69. Las sanciones disciplinarias firmes se anotarán en el expediente personal del interesado, de lo cual cuidará la Autoridad que la hubiere impuesto.

Las anotaciones serán canceladas por acuerdo del Fiscal General del Estado, una vez cumplida la sanción, y transcurridos seis meses, dos años o cuatro años desde su imposición, respectivamente, según que la falta hubiere sido leve, grave o muy grave, si en dicho período el funcionario no hubiere incurrido en la comisión de hechos sancionables.

Las sanciones impuestas por faltas leves se cancelarán automáticamente. La cancelación de las restantes se hará en expediente iniciado a petición del interesado y con informe del Consejo Fiscal.

La cancelación borrará el antecedente a todos los efectos, incluso a las de apreciación de reincidencia o reiteración.

70. La rehabilitación de los Fiscales separados disciplinariamente se regirá, en cuanto les sea de aplicación, por lo dispuesto en la Ley Orgánica del Poder Judicial para Jueces y Magistrados.

TÍTULO IV
Del personal y medios materiales

CAPÍTULO ÚNICO

71. Habrá en los órganos fiscales el personal técnico y auxiliar necesario para atender al servicio, que dependerá de los Fiscales Jefes respectivos sin perjuicio de la competencia que corresponda a otros órganos en la esfera que les sea propia.

72. Uno. Las Fiscalías tendrán en todo caso una instalación adecuada en la sede de los Tribunales y Juzgados correspondientes, y además podrán contar con sus propias instalaciones fuera de dichas sedes cuando ello convenga a la mejor prestación del servicio.

Dos. Las instalaciones del Ministerio Fiscal se hallarán dotadas de los medios precisos que se consignen en las Leyes de Presupuestos.

Tres. Los Presupuestos Generales del Estado y los de las Comunidades Autónomas que hayan asumido competencias en materia de Administración de Justicia contemplarán, dentro de la Sección que corresponda, y previa ponderación de las necesidades funcionales del Ministerio Fiscal propuestas por el Fiscal General del Estado, previa audiencia, en su caso, a las Comunidades Autónomas con competencias en la materia, las correspondientes partidas presupuestarias adecuadamente singularizadas para atender a aquéllas.

En todo caso, una de estas partidas será gestionada por la Unidad de Apoyo del Fiscal General y estará destinada a atender los gastos de funcionamiento de la administración de la Fiscalía General del Estado.

- Artículo modificado por art. único.38 de Ley núm. 24/2007, de 9 octubre.

DISPOSICIONES TRANSITORIAS

Primera a Sexta. ...

- Disposiciones transitorias derogadas por disp. derog. 1 de Ley núm. 24/2007, de 9 octubre..

Séptima. El período máximo de diez años, previsto en el apartado Dos del artículo Treinta y seis, por el que son designados los fiscales destinados en la Inspección Fiscal, comenzará a computarse, para los que actualmente están destinados en la misma, a partir de la entrada en vigor de la presente Ley.

- Disposición transitoria modificada por art. único.39 de Ley núm. 24/2007, de 9 octubre.

Octava. En el plazo de un año desde la entrada en vigor de esta Ley se constituirán las Fiscalías de las Comunidades Autónomas de acuerdo con lo previsto en el artículo Veintiuno. En el momento de su constitución, los actuales Fiscales Jefes de los Tribunales Superiores de Justicia pasarán a denominarse, automáticamente, Fiscales Superiores de las Comunidades Autónomas, permaneciendo en dicho cargo hasta agotar el plazo de cinco años por el que en su día fueron nombrados, sin perjuicio de su ulterior renovación con arreglo a lo dispuesto en el artículo Cuarenta y uno, apartado tres. Del mismo modo los Tenientes Fiscales de los Tribunales Superiores de Justicia pasarán a ocupar el cargo de Teniente Fiscal de la Fiscalía Superior de la Comunidad Autónoma por el período que reste de su mandato, computado con arreglo a lo dispuesto en el apartado tres del artículo Cuarenta y uno y en esta Disposición Transitoria, sin perjuicio, igualmente, de su ulterior renovación.

A tal fin, una vez fijadas las plantillas de las Fiscalías Superiores de las Comunidades Autónomas, se convocará, dentro del plazo indicado, el correspondiente concurso con arreglo a lo dispuesto en el artículo Treinta y seis, apartado cinco, de este Estatuto Orgánico. Resuelto dicho concurso, los Fiscales que, estando en ese momento destinados en las Fiscalías de los Tribunales Superiores de Justicia, no hayan obtenido plaza en las nuevas Fiscalías Superiores, pasarán automáticamente a integrar las respectivas Fiscalías Provinciales.

En el mismo plazo de un año, se constituirán las Fiscalías de Área, a cuyo fin el Gobierno, previo informe del Fiscal General del Estado, oído el Consejo Fiscal y los Fiscales Jefes de los territorios afectados, adoptará las disposiciones necesarias, en particular para la provisión de las plazas de Fiscal Jefe de las mismas. Las Adscripciones Permanentes que no se constituyan como Fiscalías de Área a través del procedimiento previsto en esta disposición, quedarán automáticamente convertidas en Secciones Territoriales de las Fiscalías Provinciales, en los términos previstos en el párrafo segundo del apartado cuatro y el apartado cinco del artículo Dieciocho de esta Ley.

A la entrada en vigor de esta Ley finalizará el mandato de los Tenientes Fiscales comprendidos en el Artículo Cuarenta y uno, apartado tres, que lleven desempeñando su cargo más de cinco años. Las plazas resultantes serán ofrecidas para su cobertura en los términos previstos en esta Ley, pudiendo concurrir a las mismas los afectados por la presente disposición, quienes en todo caso continuarán ejerciendo sus funciones en tanto no se produzcan los nuevos nombramientos. Los nombrados con anterioridad a la entrada en vigor de esta Ley que no hubieran desempeñado su cargo por más de cinco años finalizarán su mandato en el momento en que se cumpla dicho plazo, computado desde la fecha de su nombramiento.

- Disposición transitoria añadida por art. único.40 de Ley núm. 24/2007, de 9 octubre.

Novena. Quien desempeñe las funciones de Fiscal General del Estado a la entrada en vigor de la presente Ley continuará en el ejercicio de su cargo hasta que se produzca su cese, que sólo tendrá lugar cuando concurra alguno de los supuestos previstos por los apartados *a)*, *b)*, *c)*, *d)* y *e)* del artículo Treinta y Uno, apartado uno del Estatuto Orgánico del Ministerio Fiscal.

Quienes hubieran desempeñado el cargo de Fiscal General del Estado con anterioridad a la entrada en vigor de la presente Ley no quedarán por ello excluidos de la posibilidad de ser propuestos por el Gobierno conforme al artículo Veintinueve del Estatuto Orgánico del Ministerio Fiscal.

- Disposición transitoria añadida por art. único.41 de Ley núm. 24/2007, de 9 octubre.

Disposición adicional primera. En cuanto a la adquisición y pérdida de la condición de miembro de la Carrera Fiscal, incapacidades, situaciones administrativas, deberes y derechos, incompatibilidades, prohibiciones y responsabilidades de los mismos, será de aplicación supletoria lo dispuesto para Jueces y Magistrados en la Ley Orgánica del Poder Judicial.

- Disposición adicional modificada, con efectos desde 5 mayo 2010 por disp. adic. 4 de Ley núm. 4/2010, de 10 marzo.

Disposición adicional segunda. 1. El Ministerio Fiscal contará con un sistema de información y una red de comunicaciones electrónicas plenamente integrados, a través de los cuales se asegurará eficazmente su unidad de actuación de conformidad con lo establecido en el artículo 124 de la Constitución.

2. El sistema de información y la red integrada de comunicaciones electrónicas del Ministerio Fiscal serán definidos y gestionados por los órganos competentes de la Fiscalía General del Estado. A estos efectos contarán con el soporte administrativo y tecnológico del Ministerio de Justicia.

Las Comunidades Autónomas que hubiesen asumido competencias en materia de provisión de medios materiales para la Administración de Justicia participarán junto al Ministerio de Justicia en la dotación de los equipamientos informáticos del Ministerio Fiscal, con sujeción a lo dispuesto en este Estatuto Orgánico y a los acuerdos y resoluciones adoptados por la Comisión Nacional de Informática y Comunicaciones Electrónicas del Ministerio Fiscal.

3. La red integrada de comunicaciones del Ministerio Fiscal garantizará:

a) Un sistema de identificación y de codificación único de los procedimientos y actuaciones en que intervenga el Ministerio Fiscal.

b) La obtención inmediata, actualizada y rigurosa de información estadística. A estos efectos, existirá una base de datos centralizada de los procedimientos de que conozca el Ministerio Fiscal.

c) El acceso telemático de todas las fiscalías a los registros, bases de datos, sistemas de información y aplicaciones informáticas de ámbito nacional gestionados por el Ministerio de Justicia.

d) La conexión telemática permanente del Fiscal General del Estado y de los restantes órganos centrales del Ministerio Fiscal con todas las fiscalías y los miembros de la Carrera Fiscal, así como de ellos entre sí. A estos efectos se implantará un sistema único de identificación y de comunicaciones electrónicas.

4. La Comisión Nacional de Informática y Comunicaciones Electrónicas del Ministerio Fiscal, presidida por el Fiscal General del Estado, dictará instrucciones y criterios de obligado cumplimiento en todas las Fiscalías sobre la implantación, utilización, gestión y explotación de todos los sistemas informáticos y de comunicaciones electrónicas. La estructura, composición y funciones de esta Comisión Nacional, así como la organización, funcionamiento y características técnicas de la red integrada de comunicaciones electrónicas del Ministerio Fiscal, será establecida reglamentariamente, mediante Real Decreto.

- Disposición adicional añadida por disp. adic. 16 de Ley Orgánica núm. 19/2003, de 23 diciembre.

Disposición adicional tercera. *Fiscales eméritos del Tribunal Supremo*

Los Fiscales de Sala del Tribunal Supremo, una vez jubilados y a propuesta del Fiscal General del Estado, oído el Consejo Fiscal, serán designados anualmente por el Gobierno Fiscales de Sala eméritos en el Tribunal Supremo, cuando así lo soliciten, siempre que reúnan los requisitos exigidos en la Ley Orgánica 6/1985, de 1 de julio, del Poder Judicial, para los Magistrados eméritos en el Tribunal Supremo y de acuerdo con las necesidades de refuerzo en la Fiscalía del Tribunal Supremo.

- Disposición adicional añadida por disp. adic. única de Ley Orgánica núm. 2/2004, de 28 diciembre.

Disposición adicional cuarta. 1. Los miembros de la Carrera Fiscal se sustituirán entre sí, de acuerdo con lo dispuesto en este Estatuto, en las normas reglamentarias que lo desarrollen y en las Instrucciones que, con carácter general, dicte el Fiscal General del Estado.

2. Cuando no pueda acudirse al sistema de sustituciones ordinarias, podrán ser nombrados con carácter excepcional Fiscales sustitutos en los casos de vacantes, licencias, servicios especiales u otras causas que lo justifiquen.

3. El régimen jurídico de los Fiscales sustitutos será objeto de desarrollo reglamentario en términos análogos a lo previsto para los Magistrados suplentes y Jueces sustitutos en la Ley Orgánica del Poder Judicial, que será aplicable supletoriamente en esta materia.

- Disposición adicional añadida con efectos desde 5 mayo 2010 por disp. adic. 4 de Ley núm. 4/2010, de 10 marzo.

DISPOSICIONES FINALES

Primera. Se faculta al Gobierno:

A. Para que, en el plazo de un año, y a propuesta del Ministro de Justicia, dicte el Reglamento que desarrolle la presente Ley.

B. Para redistribuir las plantillas entre las distintas Fiscalías, tanto del personal fiscal que las sirve, como del auxiliar adscrito a las mismas, siempre que no implique incremento en las plantillas presupuestarias respectivas.

Segunda. Queda derogado el Estatuto del Ministerio Fiscal de 21 de junio 1926. En tanto no se dicte el Reglamento a que se refiere la disposición anterior, seguirá aplicándose el hoy vigente en lo que no se oponga a la presente Ley.

ÍNDICE ANALÍTICO

BIBLIOTECA DE LEGISLACIÓN

Textos Legales Anotados

---

1. Arrendamientos Urbanos, Propiedad Horizontal,Viviendas de Protección Oficial y normas complementarias
2. Arrendamientos Rústicos y legislación agraria básica
3. Imposición directa e indirecta
4. Legislación sobre Tráfico, Circulación y Seguridad Vial
5. Código Civil
6. Código de Comercio y leyes complementarias
7. Código Penal y legislación complementaria
9. Legislación de Marcas, Patentes y Diseño Industrial
10. Constitución y Tribunal Constitucional
11. Contratos del Sector Público
12. Legislación sobre Enjuiciamiento Civil
13. Enjuiciamiento Criminal
14. Expropiación Forzosa y legislación complementaria
15. Tratados y Legislación Institucional de la Unión Europea
16. Impuesto sobre Actividades Económicas
17. Código de Extranjería
18. Legislación Notarial
19. Legislación de la Justicia Administrativa
20. Legislación de Seguros
21. Legislación Hipotecaria y del Registro Mercantil
24. Legislación Social Básica
25. Legislación estatal del Suelo
26. Leyes Generales del Derecho Financiero y Tributario
27. Legislación de Régimen Local
28. Leyes Políticas del Estado
29. Código de Derechos Fundamentales
32. Legislación sobre Registro Civil
33. Propiedad Intelectual
37. Legislación Eclesiástica
46. Legislación sobre Aguas
50. Legislación sobre Medio Ambiente
51. Legislación de Caza y Pesca
55. Legislación sobre Cooperativas y Sociedades Laborales
56. Legislación Presupuestaria estatal y local
57. Legislación sobre Arbitraje (edición bilingüe: español/inglés)
58. Leyes del Trabajo
59. Plan General de Contabilidad y Plan General de Contabilidad de PYMES
60. Plan General de Contabilidad Pública